Brehmer (Hg.) · Mütterlichkeit als Profession?

Frauen in Geschichte und Gesellschaft

Herausgegeben von Annette Kuhn und Valentine Rothe

Band 4/1

Mütterlichkeit als Profession?

Lebensläufe deutscher Pädagoginnen in der ersten Hälfte dieses Jahrhunderts

Band 1

herausgegeben von
Ilse Brehmer

Centaurus-Verlagsgesellschaft
Pfaffenweiler 1990

Umschlagabbildung:
Mary Cassatt, *Mother and Child (Mutter und Kind)*
© National Gallery of Art, Washington
Chester Dale Collection

CIP-Titelaufnahme der Deutschen Bibliothek

Mütterlichkeit als Profession? : Lebensläufe dt. Pädagoginnen
in d. ersten Hälfte dieses Jh. — Pfaffenweiler : Centaurus-Verl.-
Ges.
 ISBN 3-89085-331-5
NE: Brehmer, Ilse [Hrsg.]

Bd. 1. Ilse Brehmer (Hrsg.). — 1990
 (Frauen in Geschichte und Gesellschaft ; Bd. 4)
 ISBN 3-89085-258-0
NE: Brehmer, Ilse [Hrsg.]; GT

ISSN 0933-0313

© *CENTAURUS-Verlagsgesellschaft mit beschränkter Haftung, Pfaffenweiler 1990*

Satz: Der Schreibservice, Freiburg i. Br.
Druck: difo-druck schmacht, Bamberg

Inhaltsverzeichnis

Schulgründerinnen und Reformpädagoginnen

Pädagoginnen in der beruflichen Bildung, Erwachsenenbildung und Mutterschulung

Sozialpädagoginnen

Dozentinnen an Universitäten

Einleitung

Mütterlichkeit als Profession?

Ilse Brehmer

1. Vorbemerkungen der Herausgeberin

Das Abenteuer dieses Buches begann mit Empörung - ein bekannter Erziehungswissenschaftler gab ein Buch über deutsche Pädagogen heraus, ohne eine einzige Wissenschaftlerin darin aufzunehmen. Hierauf angesprochen meinte er noch zusätzlich, es gäbe keine bedeutenden Pädagoginnen - zu klären was bedeutend ist oder nicht, könnte viele Seiten füllen. Sicher ist nur das eine, das in dem sanktionierten Kanon der erziehungswissenschaftlichen Prominenz für ihn keine Frau aufgetaucht ist.

Unsere Empörung wurde zum Anfang eines Handelns. Zwei Kolleginnen gaben ein Buch über gegenwärtige Pädagoginnen heraus (Kaiser, Oubaid 1986). Ihr Anliegen war die Breite des Erziehungshandelns in Praxis und Theorie von Frauen zu dokumentieren. Ich machte mich auf die langwierige Suche nach Pädagoginnen in der ersten Hälfte des 20. Jahrhunderts. Dabei nahm ich auch Frauen mit auf, die zwar den größten Teil ihres Schaffens bereits im letzten Drittel des 19. Jahrhunderts hatten, aber deren Wirkungen weit in dieses Jahrhundert mit hineinstrahlen.

Schwierig war die Spurensicherung. Zuerst verfolgte auch ich die geringen Zeichen des Lebens von Mathilde Vaerting und stieß immer nur auf lose Enden, Margret Kraul hatte mit ihren Recherchen mehr Erfolg - aber auch sie mußte viel Zeit und detektivisches Gespür aufwenden. Mir blieb bei diesem Buch dann in erster Linie die Koordination und der immer vergebliche Versuch, eine Vollständigkeit zu erreichen. Letzteres scheiterte an mehreren Dingen: Das Leben einiger Pädagoginnen war kaum dokumentiert, geschweige denn aufgearbeitet, bei anderen konnten Autorinnen aus unterschiedlichen Gründen ihre versprochenen Aufsätze nicht beenden. So mußten leider Waldorflehrerinnen, die katholische und evangelische Lehrerinnenbewegung wie die psychoanalytischen Pädagoginnen mit größeren Aufsätzen herausfallen.

Dies bewog mich, einen zweiten Band zu organisieren, in dem zahlreiche Kurzbiographien aufgenommen wurden. Hierfür fand ich in Frau Karin Ehrich eine gute Mitarbeiterin. Diese Kurzbiographien sind nun der Kompromiß, um die Annäherung an die Vollständigkeit zu erreichen. So können wir die große Zahl der Pädagoginnen, die Vielfalt ihrer Tätigkeitsfelder und ihren gesellschaftlichen Einfluß dokumentieren.

Aber was heißt Vollständigkeit? Auch dies ist nur ein vorläufiges Ergebnis - alle die sich mit Erziehung beschäftigen, in Praxis und Theorie, wissen, daß es nie einen Schlußstrich gibt und ein "das ist es".

Sehen Sie, liebe Leserinnen, liebe Leser, diese Bücher an als ein Mittel zur Informationserweiterung, zur Diskussion und zur weiteren Forschung.

1

Aber nicht nur das Problem der Unvollständigkeit irritierte mich als Herausgeberin, sondern auch der Umgang mit den Biographien der Frauen - und dies war auch für viele der Autor/Innen diffizil. Es ist schwieriger, auf eine erst kürzlich vergangene Zeit zu schauen, als auf Zurückliegendes, die Irritationen sind stärker - besonders die Konzeption von Weiblichkeit und Mütterlichkeit (siehe später) trafen besonders bei mir (?) auf emotionale und intellektuelle Abwehr. Die Bedeutung dieser Konstrukte durchzieht fast alle Aufsätze. Eine weitere Irritation entstand dadurch, daß ich den Wunsch hatte, daß in den Aufsätzen der Bezug zwischen Privatem und Beruflichem, pädagogischer Praxis und Theorie sichtbar für die einzelnen Pädagoginnen dargestellt wurden. Diesem konnte nur selten entsprochen werden. Das Private war oft nicht zu fassen oder nur in wenigen Details. In Lebenserinnerungen der Frauen oder in den Berichten über sie blieb das Persönliche weitgehend ausgespart. Das Interesse galt überwiegend dem öffentlichen Auftreten, dem gesellschaftlichen Handeln. Nur hin und wieder (etwa bei Klara Zetkin, siehe Höppel) tauchen blitzlichtartig Bezüge zwischen eigener familialer Erfahrung und pädagogischer Zielvorstellung auf. Erziehung reflektiert zwar auf allgemeine gesellschaftliche Bedürfnisse, jedoch dies jeweils aus einem sehr persönlichen individuellen Blickwinkel heraus. War die Bedeutung, die der Mütterlichkeit - in den Variationen von natürlich, sozial, geistig ... usw. - etwa ein Spezifikum kinderloser Frauen (und nicht gebärfähiger Männer)?

Nach der Empörung, die den Anstoß zu diesem Buch gab und der Irritation im Umgang mit den Biographien, kommt für die Herausgeberin die Mühsal, die Aufsätze fertig vorliegen zu haben, ein Register zu erstellen, und was in diesem Fall besonders langwierig war, auch einen Verlag zu finden. Diese Bücher sollen dazu dienen, so hoffe ich, ein Stück Frauengeschichte sichtbar zu machen, die Diskussion um pädagogisches Handeln von Frauen in Theorie und Praxis voranzutreiben und der Erziehungswissenschaft allgemein ihren verleugneten Anteil bewußt zu machen.

2. Mütterlichkeit als pädagogischer Begriff

Mütter und Kinder mögen die erste feste soziale Gruppe in der menschlichen Entwicklung gewesen sein, wie die Prähistoriker/Innen Marie König und Fester (Fester/König 1980) annehmen. In der Beziehung zwischen weiblichen Erwachsenen und hilfsbedürftigen Kind/Kindern soll Kommunikation zur menschlichen Sprache, der Gebrauch von Naturgütern zu Handwerkszeugen für die alltägliche Reproduktion, Kulturgüter wie Kleidung, Gefäße, Windschirme u.ä. entwickelt worden sein. Fürsorge für die Nachkommen, also die Interaktion der Erziehung, soll so nach der Meinung von König und Fester zum Kulturagens geworden sein und nicht etwa, wie bei Freud, die Unterdrückung aggressiver Triebe, durch deren Sublimierung Kulturleistung möglich wurde.

Solche Grundannahmen, die eine glückliche, matriarchal geprägte Frühzeit der Menschen annimmt, scheinen auch in den theoretischen Konstrukten über Mütterlichkeit als Grundmedium der Erziehung vorzufinden zu sein. Seit die Begriffe "geistige" oder/und "soziale Mütterlichkeit" durch Fröbel als Konzept des professionellen Handelns von Pädagoginnen eingeführt wurde, gibt es sowohl eine Begrifflichkeit wie eine inhaltliche Zielsetzung für öffentliches Erziehungshandeln von Frauen.

Wie der Benennung "Mütterlichkeit" schon zu entnehmen ist, schließt diese an die biologischen und sozialen Potenzen zur Erziehung der nächsten Generation an. Erziehungshandeln von Frauen wird ausgehend von der Basis familialer Beziehung definiert. Selbst wenn sie diese Gruppe verläßt und im beruflichen Bereich arbeitet, ist in diesem Konzept die Grundlage ihrer Kompetenz ihre biologische Fruchtbarkeit. Die "geistige" oder "soziale Mütterlichkeit" ist sowohl Ersatz für biologische Mutterschaft wie deren Transformation hinein ins gesellschaftlich Allgemeine. Die inhaltliche Konzeption des Begriffes bewegt sich in dem Spektrum von Fürsorglichkeit, Helfen und Heilen. Die kapitalistische Leistungs- und Konkurrenzgesellschaft bedarf neben der Familie als Hort der privaten Reproduktion auch sozialpädagogisches Handeln in Öffentlichkeit, um die Wunden, die die kapitalistische Welt dem einzelnen schlägt, nicht nur privat, sondern auch öffentlich zu behandeln (siehe Brick 1983, S. 99f.). Den Frauen wird entsprechend ihrem Wirken in der Familie auch im öffentlichen Bereich der Ausgleich zur männlichen konkurrenz- und leistungsorientierten Welt abverlangt. Die dualistische Geschlechterideologie, die sich am Ende des 18. Jahrhunderts entwickelte (Hausen 1976), wird auch in dieser Konzeption sichtbar. Allerdings befindet sich bereits eine tendenzielle Aufweichung einiger inhaltlicher Bestimmungen, da die Frau nicht mehr allein dem Haus und dem passiv emphatischen Handeln zugeordnet wird. Durch ein Konzept außerhäuslichen pädagogischen Handelns muß sie den Schutzraum der primären Beziehungen verlassen und aktiv in Teile des sozialen öffentlichen Lebens eingreifen. So bietet des Konzept der "geistigen Mütterlichkeit" auch eine Möglichkeit für die bürgerlichen Frauen, ihre Forderungen nach Erwerbstätigkeit zu legitimieren (Brehmer 1983, S. 88ff.).

Allerdings schränkt diese theoretische Konzeption, da sie auf der traditionellen Geschlechterideologie basiert, Erwerbstätigkeit auf wenige hausarbeitsnahe Bereiche ein, insbesondere auf Erziehung im öffentlichen Bereich.

Insbesondere in Deutschland ist die dualistische Geschlechterphilosophie kaum in Frage gestellt worden, außer Johann Gottlieb Hippel, der die Unterschiede zwischen Frauen und Männern auf eine unterschiedliche Erziehung zurückführte, haben auch diejenigen Frauen, die am Beginn des 19. Jahrhunderts selbständig Mädchenschulen gründeten, wie z.B. Amalie von Holst, Betty Gleim, Hedwig Rudophi, die Geschlechterunterschiedlichkeit als natur- und/oder gottgegeben hingestellt. In der 48er Revolution konnten Frauen, wie Luise Otto Peters und Franziska Anneke die für sich persönlich erweiterte politische und schriftstellerische Möglichkeiten wahrnehmen, nicht die Ideen einer gleichen Ausbildung für Frauen und Männer durchsetzen. Auch die 1848 gegründete Frauenhochschule in Hamburg wollte die Frau nur in pädagogischen und sozialen Bereichen ausbilden. Die Diskussion um die onthologische Bestimmung der Geschlechtscharaktere von Frau und Mann ist bis zum heutigen Tag nicht beendet. Die Zuweisung eines eingeschränkten Gebietes von Erwerbstätigkeit für Frauen ermöglicht es, Frauen aus vielen Bereichen der öffentlichen Tätigkeiten herauszuhalten und sie andererseits in Krisenzeiten auf ihre vermeintlich natürliche Bestimmung in der Familie zurückzuverweisen. Des weiteren bietet diese Konzeption Fürsorglichkeit, Helfen und Heilen an ein Geschlecht zu binden, dem anderen Geschlecht die Möglichkeit, diese Aufgaben nicht wahrzunehmen, sondern sich in erster Linie über individuelle Leistung, Konkurrenz und Herrschaft zu definieren. Den Frauen erlaubt diese polaristische Geschlechterideologie sich aus der politischen

Verantwortung herauszuziehen, den Männern die Abstinenz von individueller und allgemeiner Fürsorglichkeit.

3. Die Situation bürgerlicher Frauen im 19. Jahrhundert

Die Situation, insbesondere der bürgerlichen Frauen verschlechterte sich im Laufe des 19. Jahrhunderts immer mehr, da in den Kreisen sowohl der kleinen und mittleren Selbständigen wie des Beamtenstandes die finanziellen Ressourcen für Ausbildung der Söhne und für die Aussteuer der Töchter zurückgingen. Es wurde in erster Linie in die Ausbildung der Söhne investiert, Mädchen ohne Mitgift hatten Schwierigkeiten, sich zu verehelichen. Die Zahl der Ledigen, besonders in den bildungsbürgerlichen Kreisen war sehr hoch und das Heiratsalter bei den Frauen lag bei etwa 27 Jahre (siehe für diese Aussagen und Folgendes Frevert 1986). Hieraus ergaben sich zwei Problembereiche, zum einen das Problem der Beschäftigung. Die bürgerlichen Mädchen gingen bis ca. 14 Jahren (in den protestantischen Gegenden bis zu ihrer Konfirmation) zur Schule. Wenn es die finanziellen Verhältnisse der Familie erlaubten, gingen sie danach noch 1 oder 2 Jahre auf ein Pensionat. Ihre Ausbildung, die sich überwiegend auf geisteswissenschaftliche Fächer und ästhetische Tätigkeiten (Malen, Sticken, Klavierspielen) richtete, war damit abgeschlossen. Sie kamen jetzt in einen Wartezustand, der nur schwer durch Tätigkeiten im Haushalt auszufüllen war. Dies zeigen verschiedene autobiographische Beispiele (Jacobi-Dittrich 1983, S. 262ff.). Da aber nach dieser Periode des Wartens in vielen Fällen keine Ehe folgte, blieb diesen Frauen als einzige Zukunftsperspektive nur die der älteren unverheirateten Verwandte im familialen Haushalt. Dies war keine angesehene Position und bedeutete zudem in vielen Familien eine starke ökonomische Belastung. Da die offizielle Ideologie der bürgerlichen Frau keine schwere und erst recht keine erwerbstätige Arbeit erlaubte, verurteilte sie dies zu einem scheinbaren Müßiggang (Hedwig Dohm hat 1876 schon ironisch und fundiert zu dieser Ideologie Stellung genommen). Gleichzeitig bestand aber auch das moralische Postulat, daß die Hände einer Frau nie müßig sein durften. So mußten z.T. Scheinbeschäftigungen wie das Sticken endloser Paravents, Bücherhüllen, Lesezeichen, Stuhlbezüge und dgl. ausgeführt werden. Die Sinnlosigkeit vieler dieser Beschäftigungen war für die jungen Mädchen eine große psychische Belastung. Eine Möglichkeit, um aus dem engen familialen Gefüge herauszukommen, war die ehrenamtliche "Fürsorge", die unbezahlte Sozialarbeit. Anna von Gierke (siehe Hohenbild) ging diesen Weg. Diese ehrenamtliche Arbeit des Kaiserreichs, die unter der Vormundschaft von Männern stand, entwickelte sich langsam zu einer Semiprofession, die schließlich in der Weimarer Republik zu einem Ausbildungsberuf wurde. Allerdings war und blieb die Grundkomponente dieses fürsorgerischen Handelns die Anpassung proletarischer oder kleinhandwerklicher Kreise an bürgerliche Normen, wie Sauberkeit, Pünktlichkeit, Familiensinn und dgl.

Das zweite Problem in den bürgerlichen Familien war die finanzielle Situation, die eigentlich einen Zuverdienst der Frauen zum Familieneinkommen verlangte. Zum Teil wurde durch versteckte Arbeit (Ladje-Teichmann 1983) die offizielle Norm der Nichterwerbstätigkeit umgangen, allerdings war diese Situation kaum als befriedigend zu bezeichnen. Sowohl die intellektuelle Langeweile wie die Notwendigkeit zum finanziellen Verdienst führten verstärkt zu den Forderungen der Frauen nach einer besseren Ausbildung und einer der Geschlechterideologie entsprechenden Erwerbstätigkeit. Kindergärtnerin oder Lehrerin zu werden, waren individuelle Lösungsmöglichkeiten.

4. Bürgerliche Mädchenschulen und Lehrerinnenvereine

In dem letzten Drittel des 19. Jahrhunderts gründeten sich verschiedene Frauenvereine sowohl auf konfessioneller Ebene wie für bestimmte Berufe. Eine besonders wichtige Bedeutung erlangte der allgemeine deutsche Lehrerinnenverein (ADLV). Helene Lange war eine der ersten Vorsitzenden und die wichtigste Protagonistin dieses Vereins (siehe dazu Engel). Die pädagogische Zielsetzung wie das kulturpolitische Handeln blieb auch bei ihren Nachfolgerinnen Gertrud Bäumer (siehe dazu Engel) und bei Emmi Beckmann (siehe Stubbe da Luz) dem bürgerlich liberalen Denken verbunden. Die Konzeption dieser Art der Mädchenbildung will den Frauen einer ihrem "Wesen" gemäße Ausbildung zukommen lassen. Explizit ist für sie die Ausrichtung des weiblichen Arbeitsvermögens auf den Haushalt/auf Mutterschaft das bestimmende Moment. Zweitrangig daneben - sozusagen für Notsituationen - soll die Frau befähigt sein, auch erwerbstätig zu werden. Implizit unterstützt diese Bildungskonzeption die Zurichtung der Frau auf die Doppelbelastung, auf die Doppelarbeit in Krisensituation, seien sie bedingt durch Ehelosigkeit, Erwerbslosigkeit der Männer und/oder Kriegszeiten. Erwerbstätigkeit ist in dieser Konzeption die zweite und die schlechtere Wahl für die Frau. In der pädagogischen Intention müssen deswegen immer wieder die spezifisch weiblichen hausarbeitsfähigen Eigenschaften betont werden. Dieser mehr bürgerlich liberalen Richtung sind auch zum Teil die konfessionell ausgerichteten Mädchenschulen zu rechnen, andere fühlten sich eher den konservativen Richtungen nahe. Im katholischen Lehrerinnenverein, vertreten durch ihre Vorsitzende Pauline Herber, Albertine Badenburg, Hedwig Dransfeld, Maria Schmidt, Elisabeth Mleinek, der zweiten großen Frauenvereinigung, wurden neben der Verbesserung der weiblichen Bildung insbesondere die Forderung nach Privatschulen, Bekenntnisschulen unterstützt und eine konfessionelle Lehrerinnenausbildung gefordert. Auch in der evangelischen Frauenbewegung, die eigenständige Privatschulen betrieb, wurde das religiöse Moment stärker vertreten. Zur Legitimation eines dichotomischen Bildes von Weiblichkeit und Männlichkeit wurde die Theologie herangezogen und insbesondere die Schöpfungsgeschichte dazu benutzt, von einer Grundverschiedenheit der Geschlechter auszugehen. Das absolut gesetzte Mann-Weib-Verhältnis sollte durch die schulische Erziehung in ihrer Besonderheit bestätigt werden, damit in der Familie - und auf diese bezieht sich die Mädchenpädagogik vor allem - eine Ergänzung der Fähigkeiten möglich ist (siehe dazu Brehmer 1987).

Ob nun die Mädchenpädagogik mehr auf theologischer oder philosophischer Grundlage basierte, bedeutete keinen Unterschied in den pädagogischen Zielvorstellungen in bezug auf die Inhalte, die Form und die Organisation. Alle befürworteten eine Gefühlsausbildung, die allerdings klares Wissen beinhalten sollte, jedoch wurde immer wieder vor "kalter Intellektualität" gewarnt. Die Organisationsstrukturen, die sowohl die bürgerliche wie die konfessionell orientierte Mädchenbildung bevorzugten, sind die Mädchenschule, in denen überwiegend Lehrerinnen unterrichten sollten. Allerdings ist ein spezifisches Curriculum für diese Mädchenschulen des 19. und beginnenden 20. Jahrhunderts nicht zu eruieren. Sie orientierten sich, soweit es bislang zu überblicken ist, an dem klassisch-bürgerlichen Kanon der Allgemeinbildung, zwar mag in der Literatur und auch in der Geschichte ein größerer Anteil den Frauen zugebilligt werden, jedoch eine Revision des Geschichtsbildes und des Gesellschaftsmodells, wie es die neue Frauenbewegung aufgrund der Diskussion um die Hausarbeit als Basisarbeit der Gesellschaft fordert, ist in dieser Konzeption nicht vorhanden. Mehr additiv werden die "großen Frauen der Weltgeschichte" neben die "großen Männer" gestellt. Solange es einen großen Anteil von Mädchenschulen im privaten und öffentlichen Schulsystem gab, lag ihr Schwergewicht auf den philologischen, künstlerischen und sozialen Fächern. (Allerdings sei nicht verschwiegen, daß nach neueren Untersuchungen in Mädchenschulen Schülerinnen eine größere Chance hatten, sich mit den Zielen des Mathematik- und Naturwissenschaftsunterrichts zu identifizieren und offensichtlich so eher ein naturwissenschaftlich orientiertes Stadium beginnen (siehe dazu Roloff, Metz-Göckel u.a. 1987).)

Die Pädagoginnen dieser Zeit bis zum Ende des Kaiserreichs haben durchaus untereinander heftige Auseinandersetzungen geführt, wie man das an dem Beitrag über Hedwig Kettler (Schmidtbauer) sehen kann. Auch individuelle Durchsetzungsfähigkeit gegenüber männlichen Vorgesetzten war durchaus vonnöten (siehe hierzu Marie Martin von Nieswand). Die Diskussion um die Koedukation durchzieht auch schon die Schriften, die Ende des Kaiserreichs entstehen (siehe Gertrud Bäumer von Engel).

5. Sozialistische und reformpädagogische Bewegungen

Für die sozialistische Bewegung war die Unterdrückung der Frau immer nur ein Nebenwiderspruch, der sich auflösen sollte, wenn der Hauptwiderspruch zwischen Kapital und Proletariat gelöst war. Zwar wurde sowohl von Engels, Bebel und Clara Zetkin Stellung zu der spezifischen Unterdrückung der Frau genommen. Jedoch waren die Strategien zur Aufhebung dieser Unterdrückung zwiespältig. Einerseits gab es sicherlich den proletarischen Antifeminismus, andererseits versuchten Frauen innerhalb der sozialistischen Bewegung die Frauen sowohl in bezug auf Erwerbstätigkeit zu unterstützen wie auch andere Formen der primären Reproduktion zu entwerfen (siehe hierzu Höppel).

Arbeitsschule, Einheitsschule, Abschaffung der Konfessionsschulen waren Ziele der sozialistischen und der reformpädagogischen Richtung. Sie beinhalteten auch immer wieder die Forderung und auch Versuche der praktischen Durchsetzung der Koedukation. Allerdings eine theoretische Analyse der Ungleichheit mit allgemeinen gesellschaftlichen Konsequenzen hat nur Alice Rühle-Gerstel in ihrem Buch "Das Frauenproblem der Gegenwart" (Leipzig 1932) gegeben. Sie orientiert sich nicht an einem vorgegebenen weiblichen Wesen, sondern benennt klar, daß das Ziel der Erziehung ist: "Einordnung der Frau in jene Position des zweiten Geschlechts, welche ihnen von der derzeitigen Menschenordnung und scheinbar von der Natur zugewiesen wird. Es ist bewußt und unbewußt orientiert an der gewohnten Ideologie von der

Artverschiedenheit und Machtverteilung der beiden Geschlechter und wirkt als Erhaltungsmittel dieser Ideologie" (Rühle-Gerstel a.a.O., S. 43). Ihre Forderung ist eine konsequente Veränderung der Gesellschaft und nicht nur eine Verbesserung direkten sozialen Leidens durch sozial-pädagogische Maßnahmen.

Die Pädagoginnen der sozialistischen Bewegung bleiben zu diesem Punkt eigenartig unklar, ambivalent. Die Erwerbstätigkeit ist auf der Grundlage der sozialistischen Theorie auch der Mittelpunkt des weiblichen Lebens. Jedoch wird die Aufgabe, Erwerbstätigkeit und Hausarbeit zu vereinen, allein als Aufgabe des weiblichen Geschlechts gesehen. In dem Beitrag über Clara Zetkin (siehe Höppel) zeigt sich, daß auch progressivere Anschauungen zur Auflösung oder Veränderung der Privatfamilie sich im Laufe der 20er Jahre wieder zu mehr traditionellen Vorstellungen umkehren. Gemeinschaftsschule und Koedukation bedeutet in diesem Zusammenhang nicht, eine Gleichheit der Geschlechter, sondern soll eher die Ergänzung der naturgegebenen Eigenschaften von Jungen und Mädchen fördern (siehe hierzu auch Brehmer 1987).

Es waren zwar wenige Mädchen, die in der Wandervogelbewegung die Möglichkeiten hatten, außerhalb von Schule und Familie neue Erfahrungen zu machen. Jedoch sind aus diesem Kreis heraus interessante Ideen wie pädagogische Projekte entstanden (siehe Klönne).

Liberalbürgerliche wie sozialistische Ideen sind in der Reformschulbewegung des beginnenden 20. Jahrhunderts zu finden. Am Beispiel Minna Specht (siehe dazu Harder-Gersdorf) ist zu zeigen, wie die sozialistischen Ideen in die Reformschulbewegung eingegangen sind. Allerdings, so kann man festhalten, sind diese in ihrer konsequenten sozialistischen Ausrichtung in der Reformschulbewegung nach 1945 nicht wieder aufgenommen. In der Reformschulbewegung waren in den unterschiedlichen Zweigen Frauen aktiv tätig, etwa Caroline von Heidebrand in der Waldorfbewegung oder nach dem zweiten Weltkrieg Helene Helmig (siehe dazu Stein) in der Montessori-Pädagogik. Die Frauen waren einerseits in der Organisation der verschiedenen Schulen, in der praktischen Umsetzung der pädagogischen Theorien tätig, andererseits verbreiteten sie die Ideen in der Umwelt und drittens haben sie eigenständige Beiträge zur Erweiterung der Reformschulideen, etwa in der Erstellung konkreter Unterrichtsmaterialien geleistet. All dieses blieb jedoch der Öffentlichkeit zum größten Teil verborgen. Sicherlich auch deswegen, da die Frauen im konkreten pädagogischen Tun befangen, ihre ihnen so oft angediente Bescheidenheit realisieren konnten. Gerade weil diese Frauen eine sekundäre Position einnahmen und sich selber als sekundär einschätzten, ist ihr Beitrag in der Reformschulbewegung zu einer Gleichstellung von Frau und Mann nicht eindeutig zu klären. Allerdings ist, nach der Sichtung der Publikationen der Reformschulbewegung (ich beziehe mich hier in erster Linie auf die Odenwald- und die Waldorfschule) festzuhalten, daß bis in die 60er Jahre hinein eine grundlegende Unterschiedlichkeit zwischen Mädchen und Jungen als natürlich gegeben angenommen wurde.

Die Beispiele aus der jüdischen Reformpädagogik (siehe dazu Daxner, Müller-Kohlenberg) zeigen wiederum, daß Frauen selbständige Schulgründungen vorangetrieben haben, durchaus mit einem emanzipatorischen Anspruch diese selbst, so weit es noch möglich war, im Nationalsozialismus weiterverwirklicht und im Exil neue Schulgründungen getätigt haben. Die Überlebensarbeit dieser Frauen für Kinder und für pädagogische Ideen muß hoch anerkannt werden.

Teile der hier erwähnten Projekte/Ideen sind im Übergang vom Kaiserreich zur Weimarer Republik entstanden und realisiert worden.

6. Die Situation in der Weimarer Republik

Für die pädagogische Situation der 20er Jahre stellt sich ein zwiespältiges Bild. Auf der schulischen Seite gab es für die Mädchen ein weites Feld an Schulbildung. Zwar waren sie in den humanistischen Gymnasien, in den naturwissenschaftlichen und realkundlich ausgerichteten höheren Schulen eher eine Randgruppe, jedoch hatten sie die Möglichkeit in spezifischen Mädchenschulen ohne Konkurrenz durch die Jungen unterschiedliche Abschlüsse zu machen, die sie einerseits zum Universitätsstadium qualifizierten, andererseits für den Bereich der sozialpädagogischen und hauswirtschaftlichen Arbeit. Neben diesem Bereich des öffentlichen Schulwesens gab es einige (wenige) sozialistisch orientierte Gemeinschaftsschulen und Reformschulen mit unterschiedlichen Konzeptionen, die bis auf die Waldorfschule überwiegend Landerziehungsschulen waren. In letzteren beiden Gruppierungen war die Koedukation selbstverständlich, eine Erziehungsform, die für das staatliche Schulwesen in der Bundesrepublik erst in den 70er Jahren dieses Jahrhunderts durchgängig eingeführt wurde.

In diesem Umkreis von frauenbewegten emanzipatorischen und linken Ideen ist sicherlich auch Mathilde Vaerting (siehe dazu Kraul) anzusiedeln. Ihre eigenartige Gebrochenheit mag sowohl in ihrer Person, aber auch in den Umständen als erste Frau eine Pädagogikprofessur zu bekommen und dieses gegen den Willen breiter konservativer Kreise, begründet sein. Ihre theoretischen Ausführungen zu der Beziehung von Frau und Mann berufen sich zwar auf soziohistorische Bedingungen, sind aber andererseits einem historischen Modell verpflichtet, das im geschichtlichen Verlauf die Wiederholung des ewig Gleichen sieht.

Die Vollmitgliedschaft an den Universitäten und die formalrechtliche Gleichstellung schienen den Frauen zu zeigen, daß die Ziele der ersten Frauenbewegung, insbesondere was die Bildungsbemühungen anbetraf, erreicht waren. So gab es eine Loslösung von den autonomen Organisationen der Frauenbewegung. Erstaunlich ist die große Zahl von Frauen, die sich in der Schulbürokratie auf mittlere Ebene (siehe dazu Bd. II) durchgesetzt haben. So gab es für die nächste Generation teilweise Vorbilder, für die etwa die Namen Alice Salomon (siehe dazu Zeller), Anna Siemsen (siehe dazu Schmölders), Gertrud Bäumer (siehe dazu Engel) u.a. stehen mögen. Allerdings zeichnete diese Frauen der ersten und zweiten Generation aus, daß sie überwiegend unverheiratet waren oder wenn verheiratet, sehr selten eigene Kinder hatten. Diese Frauen hatten einen sehr hohen Bildungsstand neben einem Lehrerinnenexamen oft die Promotion, jedoch ihr Privatleben schien nicht existent zu sein. Dies ist auch an ausgewählten Biographien sehr gut zu sehen. Trotz dem Bemühen der Verfasser/Innen war kaum etwas über das Privatleben der hier vorgestellten Personen zu finden. Sie definierten sich in ihren Äußerungen (schriftlich oder in der Überlieferung von Freundinnen, Freunden) überwiegend über ihren Beruf. Diese asexuelle Haltung - die nicht immer der Realität ihres Lebens entsprochen haben mag - war für die jüngere Generation der 20er Jahre nicht akzeptabel. Es wurde durch die Präsentation dieser Frauen weiterhin die Vorstellung einer Dichotomie

8

zwischen Erwerbstätigkeit/Erfolg und Familie/gelebte Sexualität bestätigt. In der Weimarer Republik waren Tendenzen und sicherlich die Wünsche vorhanden, auch für die Frauen eine sexuelle Befreiung zu erreichen und - wie es in der Reich'schen Theorie heißt -, die Vereinbarkeit von Arbeit und Liebe als die notwendigen Basiseinheiten des Lebens zu betrachten. Diese Forderungen allerdings nach einer sexuellen Revolution, die für Frauen und Männer gilt, ist erst in der Student/Innen-Bewegung Ende der 60er Jahre öffentlich proklamiert worden.

7. Die Zeit des Nationalsozialismus

Da es keine Neuformulierung der Beziehung der Geschlechter in den weiten Kreisen der bürgerlichen und der sozialistischen Frauenbewegung gegeben hat, gab es für die nationalsozialistische Frauenbewegung eine Möglichkeit, an das traditionelle Frauenbild anzuknüpfen. Allerdings wäre es eine perfide Verkürzung, dieses allein hierauf zurückzuführen, denn in diesem Männerstaat hatten Frauen nur untergeordnete Funktionen. Ihre Rechte, ihre beruflichen und politischen Positionen mußten sie aufgeben. Die Haltung der Pädagoginnen zum Nationalsozialismus war sehr unterschiedlich. Die Frauen der sozialistischen Bewegung wurden verfolgt, mußten ins Exil oder kamen im Nationalsozialismus um. Auch den Frauen, die konsequent der katholischen Frauenbewegung angehörten, mußten mit Repressalien wie Versetzung, Berufsverbot oder gar Konzentrationslager und Tod rechnen. Einige Frauen gingen ins innere Exil und versuchten sich mit anderen Arbeiten (siehe dazu Schmölders) am Leben zu erhalten. Eine weitere Möglichkeit war, wie die Beispiele Bertha Ramsauer (siehe dazu Siegel) oder der Frauen in Schwarzerden (siehe dazu Klönne) zeigen, der Versuch, mit tendentieller Anpassung pädagogische Intentionen zu retten. Zwischen diesen widersprüchlichen Anforderungen der Unterordnung unter eine nationalsozialistische frauenemanzipationsverachtende Ideologie und dem Wunsch nach sozialpädagogischer Arbeit für Frauen und Familie haben diese Frauen sicherlich ein schwieriges Spiel gespielt.

Andererseits gab es im Nationalsozialismus in den verschiedenen Frauenorganisationen zahlreiche Möglichkeiten für Frauen pädagogisch und organisatorisch tätig zu sein, so in der NS-Frauenschaft, im deutschen Frauenbund, in dem weiblichen Arbeitsdienst und im BDM (siehe dazu Klaus). Diese Frauen wurden zu Propagandistinnen der nationalsozialistischen Ideologie. Selbst wenn es problematisch erscheint, hier von einer eigenständigen nationalsozialistischen Mädchenpädagogik zu sprechen, so waren sie doch diejenigen, die die didaktischen Umsetzungen des ideologischen Gehalts für die entsprechenden Gruppenleiterinnen verfaßten.

Da es im deutschen Raum kaum Traditionen gab, gegen männliche Autorität, gegen patriarchale öffentliche Strukturen offensiv vorzugehen, war es kein Wunder, daß die Frauen bereit waren, sich dem nationalsozialistischen Dominanzverhalten unterzuordnen, und ihre Rechte (sie Wahlrecht, Berufsfreiheit und dgl.) ohne nennenswerten Widerstand aufzugeben und bereit waren, den privaten Bereich - zumal ideologisch - als ihren eigentlichen zu betrachten. Den Anteil, den Frauen, und insbesondere Pädagoginnen in allen Bereichen des pädagogischen Systems an der Stabilisierung des nationalsozialistischen Regimes hatten, ist bislang kaum aufgearbeitet. Hierfür ist es auch bezeichnend, daß in diesem Band die pädagogischen Tätigkeiten von Frauen im Exil mehr Platz einnehmen als diejenigen, die im Nationalsozialismus innerhalb des Systems gearbeitet haben. Trotz meiner Nachfragen und immer wieder angestellter Recherchen mußte ich feststellen, daß ich nur magere Auskünfte bekam. Offensichtlich gilt es für Frauen noch einmal verstärkt, daß die allgemeine Amnesie für diese Jahre besonders ausgeprägt ist. Feministische Forscherinnen haben verständlicherweise ein größeres Interesse an Frauen, die widerständig gegen das Regime im äußeren oder inneren Exil oder unschuldige Opfer waren. Allerdings schärft dies uns nicht für den alltäglichen Faschismus, auch bei Frauen. Zudem ermöglicht dieses konstruierte "dunkle Loch der Erinnerung" eine Sichtweise, daß nach 1945 eine ganz neue Zeit anbricht. Mit diesem Erinnerungsverlust werden historische Traditionen nicht sichtbar gemacht, weder die positiven noch die negativen.

8. Neuanfang nach 1945?

Der Versuch, nach 1945 wieder an die Tradition der sozialistischen und bürgerlichen Frauenbewegung anzuknüpfen (siehe dazu Stubbe da Luz) waren ohne Erfolg.

Einige Frauen, die in den 20er Jahren gewirkt hatten, waren komplett vergessen, wie etwa Mathilde Vaerting (siehe dazu Kraul) oder sie erhielten, wie Emmi Beckmann, nicht die Position, die ihnen eigentlich zustand. Andere waren, wie Bertha Ramsauer oder die Frauen von Schwarzerden, durch die Entnazifizierung und durch eigenen Wunsch damit beschäftigt, das Vergangene aufzuarbeiten. Zwei Frauen allerdings stehen hier in diesem Band für Weiterleben und Neuanfang von Frauentradition. Helene Helmig, die die Maria Montessori-Pädagogik nach 1945 in die Schulen und in die Universitäten getragen hat (siehe dazu Stein) und Elisabeth Blochmann, die nach ihrem Exil in England die erste Pädagogik-Professorin nach 1945 wurde (siehe dazu Jacobi-Dittrich).

Viele Frauen waren in pädagogischen Bereichen tätig. In den 60er Jahren stieg der Anteil der Frauen in der Lehrerschaft auf über 50 %. Jedoch eine eigene Organisation dieser Frauen wurde erst Ende der 70er Jahre wieder erreicht. Überwiegend wurden nach 1945 die traditionellen Geschlechterideologien bürgerlich-konservativer Herkunft vertreten.

Sei es in den Konfessionsschulen, sei es in den Präambeln einzelner Schulverfassungen, die spezifische Fächer, wie Säuglingspflege und Hausarbeit den Mädchen zuwies (Bayern), oder festlegten, daß die Mädchen ihrem Wesen gemäß erzogen werden sollten (siehe dazu Brehmer 1987). In der Sozial- und Fürsorgearbeit sowie in der Mütterarbeit änderte sich wenig, soweit es sich auf den ersten Blick darstellt. Erst mit den 60er Jahren, als die Notwendigkeit, Frauen verstärkt in qualifizierte Erwerbsarbeit einzugliedern, bestand, und Bildungsreserven mobilisiert werden sollten, bekamen Mädchen/Frauen Chancen zur verbesserten Qualifikation sowohl in der Schule und in der Berufs- und Erwachsenenbildung. Der Erfolg dieser Bemühungen ist, daß 1986 mehr Mädchen als Jungen das Abiturzeugnis erhielten. Trotz dieser ansteigenden Qualifikation der Frauen entspricht dieses noch nicht einem gleichzeitigen Einstieg in hochqualifizierte Erwerbstätigkeit.

Die neue Frauenbewegung wurde in erster Linie von Soziologinnen und ihren politischen Zielvorstellungen getragen. Erst Mitte der 70er Jahre meldeten sich auch

hier Pädagoginnen zu Wort und auf der Grundlage der Analyse der geschlechtsspezifischen Macht- und Arbeitsverteilungen wurden jetzt andere Konsepte für Mädchenpädagogik sowohl im Jugend- wie im Erwachsenenbildungsbereich entwickelt.

Für uns, die Enkelinnen und Urenkelinnen der Pädagoginnen vom Ende des 19.
Jahrhunderts bis zur Mitte des 20. gebührt es, daß wir Achtung vor den Leistungen
dieser Frauen zeigen, bei ihrem Kampf um bessere Bildung für Mädchen und Frauen,
für ihre tatkräftige Arbeit im pädagogischen Feld und in pädagogischen Institutionen
und Organisationen - jedoch - kommen wir auf die Eingangsfrage zurück. Gibt es
eine Mütterlichkeit als Profession? Offensichtlich war der größte Teil der Pädagoginnen, die wir hier behandelt haben, der Meinung, daß es eine solche Berufseigen-
schaft grundsätzlich gibt. Diese theoretische Grundannahme ermöglicht zwar konkretes pädagogisches Handeln, soziale Hilfe für andere und einen begrenzten Bereich
an Eigeninitiative in dem pädagogisch-sozialen Feld. Offensichtlich aber hat eine
solche ideologische Feststellung verhindert, daß Frauen grundlegende Theorien über
das Geschlechterverhältnis in einem emanzipatorischen sozialkritischen Sinne entwickeln und durchsetzen konnten. Eine Festlegung von Eigenschaften, Fähigkeiten
und Tätigkeiten auf ein spezifisches Geschlecht hat sich für Frauen in der Geschichte
des Langem und des Kürzerem immer zum Nachteil ausgewirkt. Nur eine kritische
Analyse geschlechtsspezifischer Macht- und Arbeitsteilung kann Grundlage für uto-
pische Entwürfe für eine veränderte Geschlechterbeziehung und für neue Erzie-
hungsziele für Frauen und Männer, für Mädchen und Jungen bilden.

Literatur

Brehmer, I./Jacobi-Dittrich, J./Kleinau, E./Kuhn, A. (Hrsg.): Frauen in der Geschichte IV. "Wissen
   heißt Leben..." Beiträge zur Bildungsgeschichte von Frauen im 18. und 19. Jahrhundert. Düsseldorf 1983.

dies. u.a. (Hrsg.): Von geistigen Müttern und anderen Bildern der Mütterlichkeit, in: Helene Langes
   Autobiographien. Düsseldorf 1983.

dies.: Koedukation in der Diskussion dieses Jahrhunderts. Frauen verändern Schule. Berlin 1987.

Brick, B.: Die Mütter der Nation - zu Helene Langes Begründung einer "weiblichen Kultur", in:
   Brehmer, I. u.a. Düsseldorf 1983.

Fester, R./König, M./Jonas, D. u.a.: Weib und Macht. Fünf Millionen Urgeschichte der Frau. Frankfurt a.M. 1988.

Frevert, U.: Frauen-Geschichte. Zwischen bürgerlicher Verbesserung und neuer Weiblichkeit. Frankfurt a.M. 1986.

Hausen, K.: Die Polarisierung der Geschlechtscharaktere. Eine Spiegelung der Dissoziation von Er-
   werbs- und Familienleben, in: Konze, W. (Hrsg.): Sozialgeschichte der Familie in der Neuzeit
   Europas. Stuttgart 1976.

Jacobi-Dittrich, J.: "Hausfrau, Gattin und Mutter". Lebensläufe und Bildungsgänge von Frauen im 19.
   Jahrhundert, in: Brehmer, I. u.a. Düsseldorf 1983.

Kaiser, A./Oubaid, U.: Deutsche Pädagoginnen der Gegenwart. Köln 1986.

Ladje-Teichmann, D.: Weibliche Bildung im 19. Jahrhundert. Fesselung von Kopf, Hand und Herz,
   in: Brehmer, I. u.a. Düsseldorf 1983.

Roloff, Ch./Metz-Göckel, S.: Arbeitsbericht des Forschungsprojektes "Studien und Berufsverläufe
   von Frauen in Naturwissenschaften und Technologie". Manuskript, Dortmund 1983.

Rühle-Gerstel, A.: Das Frauenproblem der Gegenwart. Leipzig 1932.

Pädagoginnen in der bürgerlichen Frauenbewegung und in den Lehrerinnenverbänden

Helene Lange: Gegen Gemütsmastkur - für geistige Kost

Mechthild Engel

Als "Königin Mutter" wurde sie bisweilen bezeichnet: Dr. h.c. Helene Lange, Lehrerin, Frauenrechtlerin und Bildungspolitikerin in einer Frau (Marianne Weber in Bäumer 1956, S. 242). Es ist nicht ganz einfach, diese engagierte Pädagogin, die, am 9. April 1848 in Oldenburg geboren, die meiste Zeit ihres Lebens in Berlin unterrichtete, kämpfte, lebte und dort starb (13.5.1930), als konkrete Person sichtbar zu machen. Zu sehr hielt sie sich mit Äußerungen über ihr Privatleben, über Gefühle und Beziehungen zurück. Sie muß recht selbstbewußt gewesen sein und mit ihrer stattlichen Erscheinung, dem strengen Knoten auf dem Kopf und mit ihrer tiefen sonoren Stimme einen sehr respektablen Eindruck hinterlassen haben (mündlich berichtet durch Ilse Reicke). Ihre Gegnerinnen, Feministinnen wie Minna Cauer oder Anita Augspurg fanden sie arrogant (Lange 1928 LE, S. 221f. und Schenk 1983, S. 50f.). Hartnäckig und nicht ohne List verfolgte Helene Lange ihre Pläne: den Ausbau der höheren Mädchenbildung mit Abitur und Zugang zur Universität, eine qualifizierte Lehrerinnenausbildung, gekoppelt mit der Berechtigung zum Unterricht in der gymnasialen Oberstufe und zur Leitung von höheren Mädchenschulen, schließlich die Durchsetzung des Wahlrechts für Frauen (Lange 1928 LE, S. 176f., 204f.).

Nie läßt sich die Frauenrechtlerin von der Lehrerin und der Bildungspolitikerin trennen und nie verleugnet Helene Lange ihre bildungsbürgerliche Einstellung mit dem ihr immanenten Anti-Sozialismus. Tief scheinen zwei Erlebnisse in ihrer Jugendzeit Helene Lange in ihrem Engagement für die Befreiung der Frauen aus geistiger, politischer und kultureller Bevormundung und Mißachtung geprägt zu haben: Das eine war ein relativ belangloses aber offensichtlich nachhaltig wirkendes Ereignis in der höheren Mädchenschule, das andere eine Erfahrung hinsichtlich der Rolle der Frau in dem schwäbischen Pfarrhaus, in welchem die 16jährige Vollwaise Helene ein Jahr gelebt hat. Der belanglose Vorfall, der Helene Lange zu der Überzeugung brachte, daß ein "Naturrecht verletzt wird, wenn man Männern die Erziehung der Mädchen zur Frau in die Hand gibt", war folgender: "Die Sekundaner des Gymnasiums hatten einmal einen Sport darin gesucht, den Schülerinnen der höheren Mädchenschule zu begegnen und sie durch tiefes Abnehmen der Mütze zu grüßen. Den Backfischen, die noch nicht durch Hutabnehmen geehrt zu werden pflegten, mag das zum Teil ein kindisches Vergnügen gemacht haben: man konnte sich erwachsen vorkommen. Jede vernünftige Frau hätte sich die dummen Gören mal

13

vorgenommen und ihnen diese Torheit durch Humor und vielleicht durch einen vorsichtigen Appel an die werdende Frau in ihnen beigelegt; sie hätten sich etwas geschämt und die dummen Jungen laufen lassen. Stattdessen hielt Wöbken (der Schulleiter, M.E.) den beiden oberen Klassen nach feierlichster Vorbereitung und in Anwesenheit des ganzen Lehrerkollegiums eine von tiefster sittlicher Entrüstung getragene und mit dem schwersten Geschütz operierende Katechese über - das sechste Gebot! Von der Zerknirschung, die er sicherlich erzielen wollte, war keine Rede. Wir fühlten uns gemißhandelt, mit Gedanken besudelt, die wir nie gehabt hatten. Wir überlegten, ob wir zu ihm gehen sollten, aber wir fühlten uns hilflos und außerstande, das darzulegen, was wir dem intuitiven Verständnis einer Lehrerin so leicht nahegebracht hätten" (Lange 1928 LE, S. 47).

Im schwäbischen Pfarrhaus erlebte Helene die geistige Trennung der Geschlechter, die auch eine äußere war, wie ihr an den Riten der "Pfarrkränzchen" deutlich wurde: Nach dem gemeinsamen Kaffeetrinken plauderten die Frauen in der Küche über Persönliches, "während die Männer (...) ihre - nicht immer überwältigenden - Geistesturniere ritten und fachsimpelten." Schlagartig aber wurde ihr die Beschränkung der eigenen Lage als Frau eines Tages bewußt, als der Sohn des Hauses aus dem Semester kam und mit dem Vater über Ethik, Dogmatik und Philosophie diskutierte, sie merkte: "... davon waren wir ganz selbstverständlich ausgeschlossen, auch wenn innere und äußere Not uns drängten! Ich wußte, ich würde meinen Weg durchs Leben zu machen haben, aber ich würde auf Surrogate angewiesen sein. An den Quellen zu schöpfen, die auch dem dümmsten, nur durch Einpauken durch die Reifeprüfung geschobene Manne offenstanden, war mir verwehrt." Sie bezeichnete dieses Erlebnis als wahrscheinlich "die Geburtsstunde der Frauenrechtlerin Helene Lange" (Lange 1928 LE, S. 74f.).

Wenden wir uns zunächst der Lehrerin Lange zu. Bevor sie 1871 als 23jährige in Berlin das Lehrerinnenexamen absolvieren konnte, mußte sie aus den für sie erreichbaren "Surrogaten" das Beste machen: au-pair Mädchen in einem französischen Internat, Hauslehrerin in einem Fabrikanten-Haushalt in Osnabrück (Lange 1928 LE, S. 88-95; Frandsen 1980, S. 20f.). Der Schritt vom Hauslehrerinnen-Dasein zur Lehrerin erfolgte 1876, als sie in den Crainschen Anstalten bei dem dort "im Entstehen begriffenen Lehrerinnenkurs ein paar Stunden übernehmen" konnte. Kurze Zeit später wurde sie als "Lehrerin an der höheren Mädchenschule und Leiterin der Seminarklasse angestellt" (Lange 1928 LE, S. 114f.). 15 Jahre lang blieb diese pädagogische Arbeit ihr Handlungsfeld, das sie erfolgreich zum Vorteil für Mädchen und Lehrerinnen veränderte. Die pädagogische Praxis Helene Langes läßt sich durch drei Merkmale kennzeichnen: erstens durch die enge Verknüpfung dieser Praxis mit der (bürgerlichen) Frauenbewegung, zweitens durch die Umsetzung von Praxis in Theorie, drittens durch konkrete Veränderungen mit Hilfe des politischen Kampfes. Diesen drei Merkmalen soll in den nächsten Abschnitten nachgegangen werden.

Pädagogische Praxis in Verbindung mit der bürgerlichen Frauenbewegung

Helene Lange kritisierte vor allem die damals bestehende einjährige Seminarausbildung, die junge Frauen nach dem Besuch der höheren Mädchenschule absolvieren konnten (Brehmer 1980, S. 69-105; Mörschner 1980, S. 76-79; Frandsen 1980, S. 54f.). Sie wollte mehr als diese "bedrückende, kleinmachende Seminarbildung", die doch bloß als "ergänzendes Glied" zur eigentlichen Bildung, der Knaben- und Männerbildung gesehen wurde. Stattdessen sollten Lehrerinnen "mit dem Bewußtsein erfüllt werden, daß sie etwas zu bedeuten haben würden für die Mädchenerziehung, sie sollten nicht mit dem durchbohrenden Gefühl ihres Nichts gegenüber den männlichen Kollegen erfüllt werden." Hierin sah Helene Lange die lebendige Umsetzung ihres Postulates, daß Mädchen "in erster Linie durch Frauen erzogen werden" mußten (Lange 1928 LE, S. 119).

Wie sah nun die pädagogische Praxis aus, die für Helene Lange Ausgangspunkt und Veränderungsziel zugleich bedeutet? Die Crainschen Anstalten, in die sie 1876 als 28jährige Lehrerin eintrat, waren private Institutionen unter der Leitung von Lucie Crain. Sie "war ein Original, äußerlich und innerlich. Klein, rund, sehr beweglich, war sie von einer nie abreißenden Beweglichkeit. Dabei war es ihr fast unmöglich allein zu sein; sie mußte die Pläne, die sie unaufhörlich beschäftigten, anderen mitteilen, sich an ihnen, meist ruhelos auf und ab gehend, klar sprechen." Lucie Crain hatte mir der Devise "Man muß immer an vier Strängen ziehen" vier Anstalten in Berlin aufgebaut: eine höhere Mädchenschule, eine Knabenvorschule, eine Selekta und ein Lehrerinnenseminar mit Pension (Lange 1928 LE, S. 114-115). Sie war, der Beschreibung Helene Langes folgend, mit ihrem "nicht totzukriegenden Optimismus" der Typus der "erwerbenden Frau", der jener Zeit eigen war: "mittellos, ohne eigentlich Fachbildung bis in die vierziger Jahre hinein Haustochter, dann nach dem Tode des Ernährers auf sich selbst gestellt. Nächster Schritt: Großstadt; nächstliegender, weil im Grunde einziger standesgemäßer Beruf: Lehrerin. Ob es dann zur Privatschulvorsteherin und damit zur Selbständigkeit reichte, kam auf Umstände und persönliche Tüchtigkeit an. Wer es zu etwas bringen wollte, mußte sich durchzusetzen verstehen, mußte auch finanzielles Geschick besitzen" (Lange 1928 LE, S. 116). Lucie Crain schien über beide Eigenschaften zu verfügen, sie war die Unternehmerin, die selbst nicht unterrichtete, aber bei der Auswahl ihrer Lehrerinnen eine gute Hand gehabt haben muß. Sie ließ ihnen "völlig freie Hand" und zeigte sich gerade auch Helene Lange gegenüber solidarisch, als diese sich mit den Behörden anzulegen begann, obschon die Existenz der Privatschulen vom Wohlwollen der Behörden abhing. Helene Lange unterrichtete im Lehrerinnenseminar und in der höheren Mädchenschule. Die Lehrerinnenkurse, ein- bzw. zweijährig, fand sie von bedrückender Mittelmäßigkeit. Die Ausbildung galt für alle drei im 19. Jahrhundert vorherrschenden Lehrerinnen-Typen: die Gouvernante, "die ein armes Fräulein aus guter Familie war und mit ihren paar Töchterschulkenntnissen den Weg der Entsagung durch fremde Häuser zog", zweitens die "Anstandsdame in höheren Mädchenbildungsanstalten, die mit Vorsicht zum Unterrichten herangelassen wurde, deren wesentliche Obliegenheit der Aufsichtsdienst war und schließlich eine derbe Spieltante, Witwe oder ältere

Jungfrau, die den kleinen Kindern den Anfang von Lesen, Schreiben und Rechnen (...) beibrachte" (Bäumer zit. nach Lange 1928 LE, S. 118).

Helene Lange unterrichtete "Psychologie mit Pädagogik und Methodik, deutsche Literatur und einen Teil der Aufsätze, Geschichte, Geographie, Rechnen, französische Literatur". Selbständiges Arbeiten war für sie Unterrichtsprinzip, bezeichnenderweise leitete sie dies Prinzip nicht, wie später die Reformpädagogen, von einer Theorie ab, einem Axion, wie beispielsweise das der "Idee der Persönlichkeit" bei Hugo Gaudig (Flitner/Kudritzki 1976, S. 242ff.), sondern aus ihrer eigenen Lebenssituation: "Bei der knappen Vorbereitungszeit hätte auf alle Fälle mit viel selbständiger Arbeit gerechnet werden müssen; im Grunde war das aber nicht Notbehelf, sondern Prinzip. Die Stunden sollten diese Selbsttätigkeit nur organisieren. Denn nur so war es möglich, die Schülerinnen vor dem Gefühl einer öden Paukerei zu bewahren, die eigentlich für das, was in der Prüfung verlangt wurde, Voraussetzung war (Lange 1928 LE, S. 120).

Mit theoretischen Überlegungen wie den Formalstufen Herbarts (Herbart 1806, 1976) setzt sich Helene nur so weit kritisch auseinander, wie sie in den Niederungen der Examenpraxis erschienen; mit Herbarts didaktischer Grundkonzeption, über die Erschließung von Inhalten mit Hilfe der Apperzeptionsmuster Interesse beim Lernenden aufzubauen, das zu selbständiger und sachgerechter Auseinandersetzung führen soll, hat sich Helene Lange nicht beschäftigt. Zu sehr wohl war damals schon die "Artikulation des Unterrichts" zu einem starren Formalismus verkommen, als daß dahinter noch eine möglicherweise sinnvolle Konzeption vermutet werden konnte. In den Examenslehrproben erlebte Helene Lange die Vorbereitung des Unterrichts nur als "fürchterliche Mechanik". Ihr wurde klar, daß "die ausgearbeiteten Präparationen, die in dicken Bänden in den besten Schulverlagen erschienen und geachtete Namen auf ihren Titelblättern trugen, den Tod jedes fruchtbaren Unterrichts bedeuteten. Streng nach den Herbartschen Formalstufen aufgebaut, mußten die schon in jedem einigermaßen geistig gerichteten Lehrer, ganz sicher aber in den Kindern das töten, was das Wesen des geistigen Austauschs ist: das leise Suchen nach innerem Anschluß, die aus dem Augenblick, aus unerwarteten Antworten und Einwürfen erwachsene geistige Arbeit, nach der sich eigentlich der Wert jeder Unterrichtsstunde bemißt" (Lange 1928 LE, S. 122-123). Wie aktuell mutet doch diese Kritik an, wenn wir den ungeheuren Markt der lehrziel-orientierten didaktischen Kompendienliteratur und die in Richt-, Leit-, Grob- und Feinziele aufgeteilten, mit Operationalisierungsvorschlägen versehenen Unterrichtsentwürfe von heutigen Referendar/innen betrachten!

Helene Langes Widerwillen gegen Formalismen und Systeme zeigt sich auch in ihrer Ablehnung, Religion zu unterrichten. Die Vermittlung eines "erstarrten Systems von Heilswahrheiten", von Bibelsprüchen und Katechismusversen ließ sich mit ihrer an Lessing und Goethe orientierten Religionsauffassung nicht vereinbaren. Sie fürchtete wohl auch, den rigiden Seminarbetrieb durch den Religionsunterricht indirekt noch zu verstärken. Es ist für uns heute nicht einfach, die Strenge und puritanisch-klösterliche Atmosphäre der Lehrerinnenseminare nachempfinden zu können, sie würde uns absurd erscheinen. Nicht vergessen dürfen wir dabei, daß es Ende des 19. und Anfang des 20. Jahrhunderts noch ein Eheverbot für berufstätige Frauen gab, eine Gesetzesvorschrift, die selbstverständlich nur für Frauen galt! (Brehmer 1980, S. 393).

16

Neben dem Seminarbetrieb gab es für Helene Lange noch die Schule. Hier unterrichtete sie die oberste Klasse, also die 16jährigen, hauptsächlich in Deutsch. Diese Deutschstunden empfand sie als "Stunden des reinen Glücks". Lessing, Schiller, Goethe - die Klassiker des deutschen Idealismus waren für sie Leitbilder auch bezüglich der eigenen Weltanschauung. Sie muß sie mit Begeisterung auch im Unterricht gelesen und diskutiert haben. "Wo sind wir da oftmals gelandet, wenn der Eifer in der Verteidigung der eigenen Ansicht oder die Sehnsucht nach Aufklärung irgendwelcher Zweifel (...) den Gang der Unterhaltung abgelenkt hatte, und wie willig folgten die biegsamen jungen Geister denn doch wieder unmerklich lenkender Hand, der sie so rührend vertrauten. Nie ist mir die Verantwortung und zugleich der ganze innere Reichtum meines Berufs so nahegetreten wie in solchen Stunden" (Lange 1928 LE, S. 123). Daß die Schülerinnen von der Persönlichkeit und dem Engagement Helene Langes nicht unbeeindruckt blieben, zeigt die Erinnerung einer ihrer Schülerinnen: "Helene Lange unterrichtete in mehreren Fächern. Das war ein großer Vorzug, denn sie ist eine ganz ungewöhnliche Lehrkraft gewesen. Spielend hat sie immer alle männlichen und weiblichen Kollegen aus dem Feld geschlagen, hatte auch stets den stärksten persönlichen Einfluß (...). Ich bewunderte ihren Unterricht außerordentlich; immer war sie fesselnd, anschaulich, sie vernachlässigte nicht das unmittelbare Examenziel, gab jedoch den großen Gesichtspunkt. Damals war sie wohl Ende der Zwanziger, norddeutsch, schlank, flach, herb (...). Schillers philosophische Gedichte gingen ihr über alles; dagegen bespöttelte sie im Seminar leise, ohne mich zu überzeugen, das Jugendliche einer Heine-Bewunderung, darüber würden wir bald hinaus sein. Obwohl ich, vermutlich eine Ausnahme, nicht in ihren Bann geriet, schreibt Henriette Schrader gewiß mit Recht von ihrer <fast magischen Gewalt über junge Mädchen>" (von Bunsen 1929, S. 45-46).

Bald richtete Helene Lange für "besonders befähigte Schülerinnen" eine freiwillige "Oberklasse" ein, in der die Ideen der deutschen Klassik mit dem "Frauenstandpunkt" verbunden wurden. Diese Stunden brachten ihr "Bereicherung" und "Glück", das für sie darin besteht, "Menschen (zu) bilden, ihnen helfen (zu) dürfen, aus sich das Höchste zu entwickeln, was ihre Natur irgend hergab (...). In diesen Stunden habe ich auch in einem besonderen Sinne die Ehrfurcht vor dem Werdenden gelernt" (Lange 1928 LE, S. 125). Dennoch blieb sie dabei nicht stehen. Die Erfahrungen in der Schule hatten ihr immer deutlicher gezeigt, daß John Stuart Mill (Mill 1869), dessen Forderungen nach gleichen Rechten und gleicher Bildung für Frau und Mann sie anfangs skeptisch gegenübergestanden hatte, im Recht war. Sie hatte durch ihre Praxis als Lehrerin erfahren, daß Wissen und Bildung die frauliche Besonderheit, an die sie glaubte, nicht zerstörten, sondern im Gegenteil notwendig waren, um die Dominanz der Männer in den Schulen, Hochschulen, Arztpraxen und Anwaltskanzleien abzubauen. So begann nach etwa 10jähriger Arbeit in den Crainschen Anstalten Helene Langes "Kampfzeit".

Anschluß an die bürgerliche Frauenbewegung des ausgehenden 19. Jahrhunderts

Um sich gegen "die feindliche Einstellung der männlichen pädagogischen Welt gegen die Lehrerinnen" wehren zu können, war zunächst der Zusammenschluß vor

Frauen, von Lehrerinnen notwendig. Helene Lange schloß sich Ende der 80er Jahre der bürgerlichen Frauenbewegung in Berlin an. Sie tat dies, wie sie sagte, in derselben Art und Weise, wie sie alles in ihrem Leben angegangen war: mit einer gewissen Liberalität, nicht gebunden "an irgendwelche -ismen", ohne "eingerammte Methoden und festgelegte Überzeugungen", also "nicht vom Kopf, von irgendeiner Theorie aus (...), sondern als Auswirkung eines mein ganzes Wesen ergreifenden Willens" (Lange 1928 LE, S. 105).

Fast modern mutet diese Aussage an, wenn Frau "nicht vom Kopf her" entscheidet, ebenso ließe sich eine gewisse Theoriefeindlichkeit heraushören, jedenfalls soweit diese Theorien die der Männer sind. Beides sind Punkte, die in der heutigen Frauenbewegung, also 100 Jahre später, noch nicht ausdiskutiert sind (Frauenhandlexikon 1983, Stichwort Weiblichkeit, Das Argument 132/1982; Pusch 1983: Beiträge zur feministischen Theorie und Praxis, H.13/1985). Dennoch kann Helene Lange nicht als "theoriefeindlich" gelten, wie ihre zahlreichen Schriften belegen. Nur scheint ihr Zugang zur Theorie ein anderer zu sein, er ist offensichtlich bestimmt durch Erfahrung und Praxis sowie einen starken Willen zum Engagement. Sie war - und mußte es damals auch wohl in besonderem Maße sein - eine Willensperson, die eine Sache nicht um der Bestätigung oder Verwerfung eines bestimmten Theoriestückes willen durchdachte, sondern weil sie eine konkrete Verbesserung der Lage der Frauen erreichen wollte. Vielleicht läßt sich diese Vorgehensweise als "typisch weiblich" etikettieren, solange "weiblich" als historisch-soziale Kategorie verstanden wird (Hausen 1983, S. 18). Letztendlich war Helene Lange nichts anderes übrig geblieben. Eine theoretische, fundierte Ausbildung gab es für Frauen nicht, und so war ihr Weg, über und durch die Praxis zu Reflexion und Veränderung zu kommen, der einzig gangbare. Ihr starker Wille konnte dabei nur hilfreich sein, solange es jedenfalls darum ging, konkrete Ziele politisch durchzusetzen; in Bezug auf Selbstkritik und Reflexion anderer, z.B. radikaler, sozialistischer Frauen-Standpunkte scheint er eher hinderlich gewesen zu sein.

Was die Lehrerinnen-Solidarität betraf, so erfolgte die Verbindung zwischen pädagogischer Praxis und der bürgerlichen Frauenbewegung durch die Gründung des *Allgemeinen Deutschen Lehrerinnenvereins (ADLV)* 1890 in Friedrichroda (Thüringen). Gründungsfrauen waren, neben Helene Lange, Auguste Schmidt, Marie-Louise Loeper-Houselle und Helene Adelmann (Lange 1928 II, S. 343-348; 1928 LE, S. 183f.). 31 Jahre lang war Helene Lange die Vorsitzende des ADLV, ihres "liebsten Kindes", das sich bis zu seiner Auflösung im Mai 1933 prächtig entwickelte: die Mitgliederzahlen stiegen von 85 im Gründungsjahr auf 10.000 im Jahre 1897, auf das Vierfache davon am Ende des Ersten Weltkrieges (Beckmann 1933, S. 546-550).

Was waren die Bestrebungen des ADLV? Helene Lange skizzierte sie in einem Vortrag in der ersten Versammlung in Friedrichroda: Abitur für Mädchen, qualifizierte Lehrerinnen-Ausbildung mit dem Recht, an der gymnasialen Oberstufe unterrichten und die Leitung von höheren Mädchenschulen übernehmen zu können. Daß Helene Lange sich und den ADLV als konservativ im wahrsten Sinne des Wortes verstand, machen ihre Schlußworte deutlich: "nicht gegen die gegenwärtige Hintansetzung unseres Geschlechts protestieren wir, sondern gegen die falsche Begründung der augenblicklich bestehenden Einrichtungen durch unrichtige pädagogische Sätze, durch welche sie als vernünftige hingestellt und zu dauernden gemacht werden sollten. Nicht heute wollen wir die Stellungen, denen die meisten von uns nicht gewachsen sein würden; aber mit aller Energie wollen wir daran arbeiten, daß wir hineinwachsen. Wir sind keine Neuerer, wir sind im Gegenteil die Konservativen, die für das kämpfen, was früher gewöhnlich war, für die gute deutsche Sitte, daß Frauen vorwiegend überwiegend durch Frauen erzogen werden. Damit diese gute Sitte wieder aufgenommen werden kann, dazu müssen wir der Frau die wissenschaftliche Ausrüstung verschaffen, die die Gegenwart erheischt und die das <barbarische> Mittelalter willig zugestand" (Lange 1928 I, S. 108f.). Doch damit stellte sich der Verein bereits völlig in den "Gegensatz zum Hergebrachten, zur ganzen offiziellen Pädagogik" (Lange 1928 LE, S. 189).

18 Jahre dauerte der Kampf um die höhere Mädchenbildung, die wissenschaftliche Ausbildung für Lehrerinnen an höheren Schulen, die Zulassung zum Hochschulstudium für Frauen. Mit Erreichen dieser Ziele zerbrach aber auch ein Stück der Solidarität der Lehrerinnen: Volksschullehrerinnen und Akademikerinnen verfolgten verschieden Berufs- und Standesinteressen. Es zeigte sich, daß Helene Lange sich durch die idealistische Überhöhung des bildungsbürgerlichen Anspruchs geirrt hatte, als sie 1890, bei der Gründung des ADLV, davon ausgegangen war, daß zwischen Volksschullehrerinnen und Gymnasiallehrerinnen kein Unterschied bestünde, da beide durch die Übermittlung von Bildungsgütern die Klassenunterschiede in der Gesellschaft aufheben würden! (Lange 1928 I, S. 97). Diese Entwicklung, die die politische Durchschlagskraft des ADLV besonders in der Weimarer Republik bei der Reform des Schulgesetzes verminderte, hat Helene Lange am Ende ihres Lebens sehr enttäuscht (Lange 1953). Dennoch ist der Einfluß des ADLV besonders für das Selbstverständnis von Lehrerinnen nicht gering zu achten. "Seine alle zwei Jahre stattfindenden Generalversammlung wurden von den führenden Lehrkräften aller deutschen, später auch außerdeutschen Länder, besucht. Inhalt aller Tagungen und der Zeitung, die bald begründet wurde, war die intensive Bemühung um die Hebung der Mädchenbildung, und die bessere, das heißt solidere und sachgerechtere Ausbildung der Lehrerin, damit sie für den Platz in der Mädchenbildung, der ihr nach der Überzeugung der Frauen zukam und den sie allein ganz ausfüllen konnte, das nötige wissenschaftliche Rüstzeug gewann." Bis zur Auflösung fanden 22 solcher Generalversammlungen statt, auf denen die Frauen Vorträge über Fragen der Bildungsreform, der Koedukation, der Mädchenerziehung und Lehrerinnenausbildung hörten und diskutierten (Lange 1928 I, S. 109).

Auch wenn es neben dem ADLV noch andere, konfessionelle Lehrerinnenverbände gab, gelang es dem ADLV, eine große Zahl von Lehrerinnen an die Ziele der bürgerlichen Frauenbewegung zu binden und politisch Druck ausüben zu können. Doch ist der Einschätzung, die D. Frandsen vornimmt, eine gewisse Skepsis entgegenzubringen. War er wirklich so stark, "daß auf dem Gesamtgebiet der Mädchenbildung und des Lehrerinnenwesens sehr bald nichts mehr geschah, worauf der ADLV nicht bedeutsamen Einfluß genommen hätte - bis zur großen Reichsschulkonferenz 1920 und danach bis 1933 in den stets brodelnden Reform- und Richtungskämpfen einschließlich derjenigen um die rein konfessionellen Schulen?" Der Briefwechsel zwischen Helene Lange und Emmy

Beckmann weist da wohl eher auf eine gegenläufige Tendenz hin (Frandsen 1980, S. 55; Lange 1953).

Umsetzung von Praxis in Theorie

Es entstand einmal die politische Kampfschrift zur höheren Mädchenbildung, die sogenannten "Gelbe Broschüre", auf die weiter unten eingegangen wird, zum anderen entwickelte Helene Lange aus der Praxis eine Abhandlung über "Grundfragen der Mädchenschulreform (1907), eine Art "Theorieansatz" zur Mädchenbildung, obschon wissenschaftstheoretische Ein- und Abgrenzungen für die Verfasserin kein Gegenstand der Überlegungen sein konnten.

Ausgangspunkt der Schrift zur Mädchenbildung war für Helene Lange die Entfaltung des "Frauenstandpunktes", den sie folgendermaßen definierte: "Uns (den Frauen, ME) steht nie eine Wahrheit für sich, nie abstrakt da. Sie ist uns nie nur Gegenstand theoretischer Erkenntnis, wir suchen sofort Anwendung, Beziehungen zum wirklichen Leben: sie wirkt etwas in uns, wenn wir sie einmal erfaßt haben, und wir versuchen, sie für andere wirksam zu machen" (Lange 1903). Der "Frauenstandpunkt" ist der eine Blickwinkel, von dem aus Helene Lange ihre Überlegungen zur Mädchenbildung entwickelt, der andere ist die kritische Auseinandersetzung mit der oben beschriebenen Unterrichtspraxis an Mädchenschulen und in der Lehrerinnenausbildung. Beide Sichtweisen werden in der Schrift "Grundfragen der Mädchenschulreform" miteinander verknüpft. Die kraftvolle, deutliche Sprache und die Art des Aufbaus, mit eingeflochtenen Gedichten und Anekdoten zeigen, daß Helene Lange ihre theoretischen Überlegungen abseits der üblichen wissenschaftlichen Gepflogenheiten anstellen konnte und mußte, da sie auf diesem Gebiet notwendigerweise Autodidaktin war.

Ausgangspunkt ihrer Überlegungen ist das Axiom von der Andersartigkeit der Frau vom Manne; der Frau eigne primär ein soziales Interesse, dem Mann ein intellektuelles (Lange 1928 LE, S. 125). Hier schließt sie sich unbewußt den gängigen Geschlechtertheorien des 19. (und 20.!) Jahrhunderts an, die durch die Biologisierung der Frau eine scheinbar objektiv begründbare Ableitung des intellektuellen, psychischen und sozialen Habitus der Frau als "andere", als ergänzende, ausgleichende, eben mütterliche Seite der Gattung Mensch (= Mann) versuchten (G. Simmel 1911; Wolfer-Melior 1985, S. 62-67). Diese sogenannte Differenztheorie greift Helene Lange auf - ohne sie so zu benennen. Sie geht aber davon aus, daß die Verschiedenheit "keineswegs einen absoluten Gegensatz" in sich schließen müsse. Auf der Folie der Differenztheorie versucht sie dann, ihre Theorie der Mädchenbildung an drei spezifischen und vorrangigen Aufgaben der Schule allgemein zu entfalten. Danach soll die Schule erstens "Fähigkeiten entwickeln", zweitens "in das Verhältnis der Umwelt einführen", drittens "wenigstens die erste Handhabung der Werkzeuge lehren, mit denen man sich in dieser Umwelt behauptet" (Lange 1903, S. 6).

Bezüglich der Realisierung dieser Zwecksetzungen zeigen sich dann die faktischen Differenzen zwischen der Knaben- und der Mädchenbildung des ausgehenden 19. Jahrhunderts. Was die Ausbildung von Fähigkeiten angeht, so galt für die "Knabenbildung" traditionellerweise die Entwicklung der

Verstandesfähigkeiten, für die "Mädchenbildung" die des Gemüts. Helene Lange verfolgt nun die Frage nach der Art und Weise und nach den Folgen dieser "besonderen Pflege des Gemüts". Dafür "kommen eigentlich nur zwei, oder wenn dem Geschichtslehrer danach ist, drei Fächer in Betracht, Religion, Deutsch und Geschichte". Für die Knaben stellten diese Fächer nun lediglich eine Ergänzung zu den naturwissenschaftlichen, sachkundlichen Fächern dar, für die Mädchen hingegen bildeten sie den Hauptteil des Unterrichts. Dieser durchgängige Appell an die Gefühle der Mädchen führt nun aber, so zeigt Helene Lange die Folgen auf, nicht zur Entwicklung des Gemüts bei den Mädchen, sondern erzeugt "jene unleugbare Überspanntheit der Gefühle, die in der spezifisch deutschen Schwärmerei für Religions- und Literaturlehrer und in jenem Sichabwenden vom wirklichen Leben liegt, das der Tochter mit dem 10 Jahre lang so intensiv gebildeten Gemüt ruhig gestattet, sich in Romanwelten zu versenken, ohne der geplagten Mutter beizuspringen (...). Diese intensive Gemütsbildung läßt es zu, daß das junge Mädchen von Ball zu Ball flattert, ohne von dem sozialen Elend, das durchaus in ihrer Gesichtsweite liegt, auch nur im geringsten Notiz zu nehmen" (Lange 1903, S. 6). Dennoch hält Helene Lange, unbewußt der Differenztheorie folgend, die Dominanz des logischen Denkens bei Knaben/Männern und die des Personenbezugs und "der damit zusammenhängenden Gefühlskreise" bei Mädchen/Frauen für naturgegeben. Sie fordert aber, daß die Gemütsbildung statt durch "Gedankenschwelgerei" und durch "bloße Interpretation des Lehrers" nur "durch Taten, durch die Erfüllung an uns herantretender sittlicher Forderungen" erfolgen müsse. Daraus ergeben sich Konsequenzen für die Schuldbildung: wenn diese unterschiedlichen Fähigkeiten von der Natur gegeben seien, dann dürfe die Schule diese Unterschiede nicht noch durch eine "Gemütsmastkur" für die Mädchen verstärken, sondern müsse gegensteuern, damit nicht Mann und Frau "verschiedene Sprachen" sprechen würden. Eine vernünftige Schulausbildung müsse daher "alles tun, um die schon durch so manche Einrichtung unseres gesellschaftlichen Lebens geförderte Hypertrophie des Gefühls beiden Frauen zurückzubilden zur natürlichen und zweckmäßigen Stärke." "Ist es denn nicht", so fragt sie kritisch weiter, "überdies eine jämmerliche Phrase, daß die Hausfrau und Mutter in erster Linie des Gefühls bedürfte? Nach meiner Auffassung bedarf sie davon nicht mehr und nicht weniger, als die Natur ihr mitgegeben hat. Ihre weibliche Anlage wird sich ganz von selbst in der Auffassung und Aneignung des von der Schule Gebotenen betätigen und entfalten, ohne daß sie durch besondere Nachhilfe, durch eine Art von Gemütsmastkur, besonders, das heißt auf Kosten der anderen Seiten ihres Wesens, gepflegt wird. Was die Kultur ihr dazu geben muß, ist die logische Schulung, die es ihr ermöglicht, im praktischen Leben die Gefühlselemente in sich intellektuell durchzubilden und zu beherrschen, ist die Einführung in die tatsächlichen Verhältnisses, in denen die Frau den Kulturwert ihrer spezifischen Geschlechtsanlagen nachher zur Geltung bringen soll" (Lange 1903, S. 9).

Was nun die zweite Aufgabe der Schule betrifft, die "Einführung der Frauen in die Verhältnisse der realen Welt", so zeigt Helene Lange, daß die ausschließliche Betonung der Gefühlsbildung eine Auseinandersetzung mit der Umwelt, der Gesellschaft, der Politik verhindert. Sie zeigt dies am Beispiel des Faches Geschichte, dem seit Jahrhunderten ein "doppeltes Prinzip für Mädchen und Knabenschulen" zugrunde lag. Es gab nicht nur spezielle Lehrbücher "ad usum puellae", sondern auch die Lehrziele "in den preußischen Bestimmungen über den Geschichtsunterricht" waren andere für Mädchen- als für Knabenschulen. "Für die Knabenschulen soll erreicht werden: Kenntnisse der Geschichte <im Zusammenhang ihrer Ursachen und Wirkungen und Entwicklung des geschichtlichen Sinns>, in den Mädchenschulen dagegen fällt dem Geschichtsunterricht im Verein mit dem Unterricht in der Religion und dem Deutschen die Aufgabe zu, den heranwachsenden Mädchen eine höhere sittliche Auffassung des Lebens zu vermitteln, die Liebe zum Vaterlande und zur Menschheit in ihnen fester zu begründen" (Lange 1903, S. 9).

Für die Knaben also Einführung in geschichtliches Denken, in historische Kausalzusammenhänge, für die Mädchen "die Liebe zur Menschheit"! Schonungslos entlarvt Helene Lange letzteres als "Gefühlsduselei", die "der Tendenzmache Tor und Tür" öffne. Gegen diese "phrasenhaften" Zielsetzung des Geschichtsunterricht für Mädchen kann Helene Lange ihre langjährigen Erfahrungen in den Berliner Gymnasialkursen setzen, die zeigten, daß Mädchen sehr wohl geschichtliche Zusammenhänge begreifen und diesen Fragen auch "lebhaftes Interesse entgegenbringen" (Lange 1903, S. 9f.).

Für die dritte Aufgabe der Schule, die "Handhabung" der Fertigkeiten und Mittel, durch die Schüler/innen "sich in ihrer Umwelt behaupten" können, sieht Helene Lange ebenso wenig wie bei den vorherigen Aufgaben die Notwendigkeit, eine Differenzierung nach Geschlechtern vorzunehmen. Für die Volksschule der damaligen Zeit stellt sie ohnehin keinen Unterschied in diesem Bereich fest, hier lernten Knaben und Mädchen die - "leider nur elementaren" - Hilfsmittel handhaben. Für die unteren Stände sei dies unabdingbar und zum Leben ausreichend, für die Schule der höheren Stände reiche sie nicht aus: "Bei den Mädchen der höheren Stände liegen die Sachen anders. Hier bietet die höhere Mädchenschule nur das, was für das Sichbehaupten in der gesellschaftlichen Sphäre der betreffenden Kreise in Betracht kommt, die Kenntnisse, ohne die man sich blamiert, für das Sichbehaupten im Leben sind sie überall unzureichend" (Lange 1903, S. 12).

Damit stellt sie die Frage nach der Berufsfindung der Mädchen, wobei sie sich ausschließlich um die bürgerlichen Mädchen Gedanken macht. Welche Rolle spielt der Beruf im Leben einer bürgerlichen Frau? Für Helene Lange ist es eine einfache Forderung der Gerechtigkeit, daß Frauen ebenso wie Männer eine Bildung erhalten müssen, die sie in die Lage versetzt, einen nach "Anlage und Neigung" gewünschten Beruf ergreifen zu können. Dennoch schränkt sie im Fahrwasser der Differenztheorie die Berufswahl der Frauen ein; für diese nämlich nimmt sie "spezifische Frauenberufe" als geeignete an, die abgeleitet sind vom Ideal der Hausfrau und Mutter. Die "geistige Mütterlichkeit" findet also in der "berufsmäßigen Mütterlichkeit" ihr Pendant. Die Frauenberufe nun machen neben den allgemeinen Vorkenntnissen, die für beide Geschlechter nach Helene Lange gleich sind, "Handfertigkeiten, wirtschaftliche und pädagogische Vorkenntnisse" nötig, deren Fehlen bei der Frau, ob sie Hausfrau und Mutter wird oder nicht, unter allen Umständen von ihr selbst als Mangel empfunden wird (Lange 1903, S. 12). Von daher ist es für Helene Lange konsequent, wenn sie sagt, daß die Mädchenbildung mehr sein müsse als ein Analogon zur höheren Knabenbildung.

Zur Frage der Koedukation hat sie sich pragmatisch geäußert. Dieses Ziel schien ihr damals wohl noch zu fern. Zunächst wollte sie erreichen, daß Knaben und Mädchen prinzipiell in der (Standes)schule die gleichen Chancen hätten, ihre

Fähigkeiten auszubilden, sich Wissen und Fertigkeiten anzueignen. Zur Unterrichtung und Erziehung gerade auch heranwachsender Mädchen hielt sie den Einfluß durch fachlich gut ausgebildete Lehrerinnen für unerläßlich, wie auch die Leitung einer "gymnasialen Bildungsanstalt für Mädchen" einer Frau obliegen sollte. Dennoch ist die Frage der Geschlechtertrennung in der Schule für sie keine prinzipielle. "Inwieweit die Beschaffung der genannten Unterrichtsanstalt für die Mädchen durch das Mittel der gemeinsamen Erziehung der Geschlechter geschehen könnte, das scheint mir im Augenblick weniger eine Frage der prinzipiellen Erörterung als der praktischen Versuche" (Lange 1903, S. 14). Sie weiß, daß selbst die Forderungen nach einer höheren Mädchenbildung, die dem Niveau der Jungen entsprechen würde, schwer zu realisieren sein wird: "Was mir ihrer Erfüllung hauptsächlich entgegenzustehen scheint, ist die Angst vor der Angleichung an die Knabenschule, die Furcht, den Mädchen möchte die Weiblichkeit verlorengehen." Diese Furcht ließe sich durch Übernahme des Unterrichts- und Erziehungsauftrags durch Frauen auflösen, da sich durch sie die "zwanglose, das Innerlichste der weiblichen Natur ergreifende Anpassung des Unterrichts an die Eigenart der Mädchen" ergäbe (Lange 1903, S. 14). Letztendlich aber vertraut sie darauf, daß nach dem Schritt, Mädchengymnasien einzurichten, eine "Weiterentwicklung der Schule (...) von beiden Geschlechtern und für beide Geschlechter in gemeinsamer Arbeit gefördert werden" könne. 80 Jahre später hat sich die Hoffnung der Pädagogin Helene Lange immer noch nicht voll erfüllt, jedenfalls was die Anteile von Frauen in leitenden Funktionen im Schul- und Bildungsbereich betrifft und auch was die "Anpassung des Unterrichts an die Eigenart der Mädchen" angeht. Denn daß der koedukative Unterricht von heute in keiner Weise an Interessenslage und Problemen von Mädchen orientiert ist, zeigen neuere Untersuchungen über den Sexismus im Bildungswesen in erschreckendem Maße (Brehmer 1983; Spender 1986).

Konkrete Veränderung der Praxis durch den politischen Kampf

Lag Helene Lange der Gedanke an Koedukation noch zu fern, als daß sie dafür gekämpft hätte, so waren ihr die Mißstände in der Mädchenbildung und der Lehrerinnenausbildung Grund genug, um konkrete Veränderungen zu fordern und durchzusetzen. Erstes Instrument dazu war - zu ihrer eigenen Überraschung - die "Gelbe Broschüre", die den bildungspolitischen Kampf 1887 auslöste. Hierbei handelt es sich um die Begleitschrift zu einer Petition an das preußische Unterrichtsministerium und das preußische Abgeordnetenhaus. Die Petition enthielt zwei Anträge:

1. "daß dem weiblichen Element eine größere Beteiligung an dem wissenschaftlichen Unterricht auf Mittel- und Oberstufe der öffentlichen höheren Mädchenschulen gegeben und namentlich Religion und Deutsch in Frauenhand gelegt werde;
2. daß von Staatswegen Anstalten zur Ausbildung wissenschaftlicher Lehrerinnen für die Oberklasse der höheren Mädchenschule errichtet werden möge" (Lange 1928 I, S. 7).

Da die Begleitschrift das Grundkonzept für Helene Langes lebenslangen bildungspolitischen Kampf darstellt, soll im Folgenden etwas näher darauf eingegangen werden. In dieser Schrift rechnet sie in klarer Sprache mit der "Weimarer Denkschrift" der Mädchenschulpädagogen ab, die bereits 14 Jahre vorher abgefaßt worden war und die schulpolitische Konzeption des preußischen Unterrichtsministerium der 70er und 80er Jahre stark geprägt hatte. Stein des Anstoßes war die falsche, da formalistische Zustimmung der Pädagogen (allesamt Leiter von Mädchenschulen) zur Teilhabe der Mädchen an der "allgemeinen Geistesbildung", zumal die Frauen diese Zusage durch den hohen Preis der Fremdbestimmung zu erkaufen hatten. Die "Natur- und Wesensbestimmung des Weibes" nämlich wurde von den Weimarer Schulpädagogen in Anlehnung an Rousseau mit dem inzwischen fast berühmtberüchtigten Satz festgelegt: "Es gilt, dem Weibe eine Geistesbildung des Mannes in der Allgemeinheit der Art und der Interessen ebenbürtige Bildung zu ermöglichen, damit der deutsche Mann nicht durch die geistige Kurzsichtigkeit und Engherzigkeit seiner Frau an dem häuslichen Herde gelangweilt und in seiner Hingabe an höhere Interessen gelähmt werde, daß ihm vielmehr das Weib mit Verständnis dieser Interessen und der Wärme des Gefühls für dieselben zur Seite stehe" (Lange 1928 I, S. 10, Hervorhebung im Original).

Gegen diese Fremdbestimmung nun bezog Helene Lange Stellung und forderte stattdessen Bildung für Frauen um ihrer selbst willen. Sie zeigt die negativen Folgen für die höhere Mädchenschule, wenn der Geist der Denkschrift über die Mädchenschule sich ergießt: "Wir können unsere Augen nicht davor verschließen, daß die wesentlichste Aufgabe einer Mädchenschule, zu bilden, zu innerer Ruhe zu bilden, wie Pestalozzi sagt, nicht erfüllt wird. Unsere Schulen bilden nicht, sie erziehen nicht maßvolle Frauen von edler Sitte, sie lehren nur. Wir können ferner unsere Augen nicht davor verschließen, daß auch dieses Lehren vielfach in einer unpädagogischen Überbürdung mit positivem Stoff und einem falschen Systematisieren besteht, daß das Wissen unserer jungen Mädchen infolgedessen vielfach zerfahren, äußerlich und ungründlich ist. Von allem, was Männer gründlich lernen (...), erfahren unsere Mädchen ein klein wenig; dieses Wenige aber selten so, daß das Interesse für spätere Vertiefung rege gemacht oder das Selbstdenken ernsthaft in Anspruch genommen würde, sondern als zu Übersichten gruppierte positive Tatsachen oder fertige Urteile, die, ohne Beziehung zum inneren Leben, dem Gedächtnis bald wieder entschwinden und nur das dünkelhafte Gefühl des <Gehabthabens> und der Kritikfähigkeit zurücklassen" (Lange 1928 I, S. 14-16).

Drei Gründe sind nach Helene Lange für diese Negativbilanz verantwortlich zu machen:

1. die Unverbundenheit des Lehrstoffes mit dem Leben der Mädchen;
2. die zu hochgesteckten Ziele, die von den Mädchenschulpädagogen nicht geteilt würden und im Widerspruch zur tatsächlich vorgenommenen Reduzierung der Inhalte stünden;
3. die "falsche Ansicht über die Bestimmung der Frau". Das Vorurteil, die Frau lebe nur durch und für den Mann habe in ihr "vieles unterdrückt und geknickt, vieles unerkannt und unbemerkt zu Grunde" gehen lassen (Lange 1928 I, S. 16-

19. Das Zitat über die falsche Ansicht über die Bestimmung der Frau stammt von Betty Gleim.)

Diese Gründe müßten unbedingt obsolet werden, denn "solange die Frau nicht um *ihrer selbst willen, als Mensch und zum Menschen* schlechtweg gebildet wird, solange sie im Anschluß an Rousseau in Deutschland nur des Mannes wegen erzogen werden soll, solange konsequenterweise die geistig unselbständige Frau das beste ist, da sie am ersten Garantie dafür bietet, den Interessen des zukünftigen Mannes, deren Richtung sie ja unmöglich voraussehen kann, *Wärme des Gefühls* entgegenzubringen, solange wird es mit der deutschen Frauenbildung nicht anders werden" (Lange 1928 I, S. 19, Hervorhebung im Original).

Daran schließt sie die nächste Forderung: Bildung und Erziehung der heranwachsenden Mädchen seien in die Hand von entsprechend qualifizierten Frauen zu legen. In der Begründung beruft sich Helene Lange auf Pestalozzi: "Der Unterricht als solcher und an sich bildete keine Liebe, so wenig als er als solcher und an sich Haß bildet. Darum aber ist er auch nicht Wesen der Erziehung. Die Liebe ist ihr Wesen. Sie allein ist dieser ewige Ausfluß der Gottheit, die in uns thront, sie ist der Mittelpunkt, von dem alles Wesentliche für die Erziehung ausgeht" (Pestalozzi: Rede am Neujahrstag 1908, zitiert nach Lange 1928 I, S. 25). Und dieser pädagogische Eros für Mädchen kann sich für Helene Lange nur bei denen finden, "die ihres Geschlechts" sind. "Ganz, bis in die *tiefsten* Falten hinein, versteht die *Psyche der Frau nur die weibliche,* die des *Mannes aber auch nur die männliche*" (Lange 1928 I, S. 27, Hervorhebungen im Original).

Dennoch will Helene Lange die Männer nicht aus der höheren Mädchenschule verbannen, sie weist ihnen allerdings einen begrenzten Raum zu. Männer sollen die Fächer unterrichten, bei denen "es sich rein oder vorzugsweise um Verstandeskultur handelt, in Grammatik, Mathematik, Naturwissenschaft, Geographie". Den Frauen soll der Anteil an "ethischen Fächern" zufallen: Religion, Geschichte, Deutsch, damit "das Weibliche" in den Mädchen erzogen werde (Lange 1928 I, S. 32). Daß hier die Differenztheorie ihre Blüten treibt, wird deutlich. Ebenso wird deutlich, daß Helene Lange in ihrer Ablehnung der "Verstandeskultur" als eine den Frauen unangemessene Form der Kulturarbeit, eine Vertreterin der "geistigen Mütterlichkeit" ist, die alle Tätigkeit von Frauen letztendlich unter den Erziehungsgedanken subsumiert. Dies zeigt sich an ihren Ausführungen zur "weiblichen Kulturaufgabe". Danach erforscht der Mann "die äußere Welt", gestaltet sie und versucht, "Zeit, Raum und Stoff zu zwingen". Der Frau hingegen obliegt "die Erziehung der werdenden Menschheit, die Pflege der edlen Eigenschaften, die den Menschen zum Menschen machen: Sittlichkeit, Liebe, Gottesfurcht" (Lange 1928 I, S. 32). Der diesem Kampf immanente Widerspruch wird von Helene Lange nicht gesehen. Der Widerspruch liegt darin, "daß eine Person, die selber dem politischen Handeln entzogen ist, andere befähigen soll, diese Welt zu verändern. Sie lehrt also nicht durch Handlungen, sondern durch normative Setzungen wie Sittlichkeit, Liebe, Gottesfurcht" (Brehmer 1983, S. 92).

Schließlich fordert Helene Lange auch die Leitungspositionen an höheren Mädchenschulen für Frauen, denn "es gebührt *ihr* - und nur die Gewohnheit läßt uns die Anomalie übersehen - in der Leitung *ihres eigenen Geschlechts die erste* und *nicht* die *vierte* Stelle, die ihr sowohl die Weimarer Beschlüsse als auch die

Augustkonferenz zuwiesen" (Lange 1928 I, S. 32, Hervorhebungen im Original). Als conditio sine qua non zur Einlösung dieser Forderungen sieht sie eine fundierte wissenschaftliche Ausbildung für Lehrerinnen. Emphatisch schließt sie die Liste der Forderungen mit dem Ausruf: Schafft uns bessere Lehrerinnen, und wir werden bessere Menschen haben!" (Lange 1928 I, S. 39).

Unterstützung erhielt Helene Lange durch die Kaiserin Friedrich, zu deren Bewunderinnen sie gehörte. Diese Verehrung der Monarchie ist kennzeichnend für die bürgerlich-liberal empfindende, sich dem politischen Denken der Führungseliten des Kaiserreichs verpflichtet fühlende Frau, die Helene Lange war. Trotz eingeschränkter Handlungsmöglichkeiten (Friedrich III regierte nur 99 Tage im sogenannten Dreikaiserjahr 1888) unterstützte Kaiserin Friedrich Helene Lange bei einer Studienreise nach England, damit sie die dortigen "Frauenbildungsverhältnisse" kennenlernen könnte. Über das entsprechende Gespräch resümiert Helene Lange in ihrem Lebenserinnerungen: Die Kaiserin Friedrich "entließ mich mit dem zuversichtlichen Ausdruck der Hoffnung, doch noch für die Durchführung unserer Pläne wirken zu können. Die tiefe Tragik, die darin lag, daß gerade diese Fürstin, die wie keine andere berufen schien, Neues heraufzuführen, zu helfen, eigene Ideen in die Tat umzusetzen, gewaltsam die Gelegenheit dazu abgeschnitten werden mußte, kam mit angesichts dieser Hoffnung doppelt ergreifend zum Bewußtsein" (Lange 1928 LE, S. 206).

Den Schluß der "Gelben Broschüre" bildet eine Kritik an den damals gängigen Vorurteilen dem Frauenstudium gegenüber. Dem ersten Einwand, Frauen seien zum Studium nicht fähig, setzt sie entgegen, daß hier "Ursache mit der Folge" verwechselt werde, da durch die Reduzierung der gesellschaftlichen Tätigkeit von Frauen auf "die Beschäftigung mit dem Kleinen und Kleinsten" ihr geistiger Horizont notwendigerweise aber eben als Folgeerscheinung "immer mehr verengert" worden sei. Die Versuche in England hätten gezeigt, daß dort, wo Frauen mit geistigen Inhalten sich auseinandersetzen könnten, "das Niveau ihrer Bildung (sich) rasch zu heben beginnt" (Lange 1928 I, S. 44f.). Das zweite Vorurteil, die Gesundheitsgefährdung der jungen Frau durch geistige Arbeit hält sie für eine scheinheilige und "sehr übertriebene Sorge um die Gesundheit" der jungen Frauen. "Man sollte sich doch hüten, allerlei Blut- und Nervenkrankheiten, die unsere ungesunde und verweichlichende Kindererziehung als notwendige Folge hat (...), dem Studium zum Lehrerinnenexamen aufzubürden." Bislang hätten sich alle, die sich einer höheren Lehrerinnenausbildung unterzogen hätten, bester Gesundheit erfreut. Wichtig sei allerdings, daß die jungen Frauen von der Last zusätzlicher, häuslicher und familiärer Arbeit befreit würden, wie die studierenden "Söhne des Hauses" auch (Lange 1928 I, S. 47f.). Der dritte Einwand, die Frau könne durch "tiefere Studien ihre Weiblichkeit einbüßen" mache deutlich, "ein wie gefällig Ding die Logik ist, wenn man sie mißbrauchen will, um eine vorgefaßte Meinung zu beweisen. Dieselben Männer, die so fest an die Unabänderlichkeit der Naturanlagen glauben, daß sie eben diese Naturanlage als ein unübersteigbares Hindernis für eine vertiefte Bildung der Frauen gegen uns ins Feld führen, dieselben Männer fürchten plötzlich, daß das Fundament unseres ganzen physischen und psychischen Lebens, daß all die eigentümlichen, tief in der Natur begründeten Erscheinungen, die wir in ihrer Gesamtheit als Weiblichkeit bezeichnen, durch ein paar Jahre Studium ausgetrieben werden könnten! Müssen *wir* ihnen erst zurufen: Naturam expellas furca, tamen usque recurret?" (Lange 1928 I, S. 48).

Bezeichnend für Helene Lange ist, daß sie den Punkt "Unterbezahlung von Lehrerinnen" an letzte Stelle des Begleitschreibens setzt. Ideelle Gesichtspunkte sind für sie immer höher einzuschätzen als materielle. Dennoch kritisiert sie die Rechtfertigung der "in Preußen herrschenden Sitte, das Geschlecht, nicht die Leistung im Lehrstand zu honorieren." Die Unterbezahlung wurde mit der größeren Bedürfnislosigkeit von Frauen (!) begründet und Helene Lange nennt den einzigen Grund dieser "Bedürfnislosigkeit": wenn eine ein viel zu niedriges Einkommen hat, kann sie nur "bedürfnislos" sein, mit dem "Wesen" der Frau hat dieses nichts zu tun (Lange 1928 I, S. 56).

Die Reaktion auf die "Gelbe Broschüre" war ausgesprochen - und für die Verfasserin unerwartet - heftig: Die Öffentlichkeit, die Presse reagierten teils zustimmend, teils mit blankem Zynismus (Lange 1928 LE, S. 153ff.). Im Abgeordnetenhaus wurde die Petition zweimal von der Tagesordnung abgesetzt, um dann ein halbes Jahr später als "erledigt" ad acta gelegt zu werden. Auch in den Behörden herrschte große Verstimmung. Die politische Ineffektivität des Petitionswegs ließ Helene Lange zu anderen Mitteln greifen, um ihre Forderungen nach höherer Bildung auch für Mädchen durchzusetzen.

In einem ersten Schritt gründete und leitete sie ab 1888 sogenannte Realschulkurse für Frauen. Diese führten durch die Einbeziehung der Fächer Latein, Mathematik, Naturwissenschaften und Grundlagen der Volkswirtschaft über die bisherige höhere Mädchenbildung hinaus. Die "Wissenschaftliche Legitimation" bildete der "Wissenschaftliche Centralverein" in Berlin, der offiziell Träger dieser Kurse wurde. Die Finanzierung lief zunächst über Spenden, Erträge aus Vorträgen, Unterstützung verschiedener Frauenverbände, später über den ADLV.

Der zweite Schritt war dann, ermutigt durch die Gründung des ersten Mädchengymnasiums in Karlsruhe, 1893 der Ausbau der "Realschulkurse" zu "Gymnasialkursen". Das Problem dabei war, daß die Mädchen, die diese Kurse besuchen wollten, eine sehr unterschiedliche Vorbildung besaßen. Daher ließ Helene Lange die Klassenziele dieser Kurse sehr flexibel handhaben, ein Versuch, der "auf feste, erprobte Methoden und Ordnungen eingeschworene Geister mit Zweifel und Ablehnung erfüllen mußte. Die Reaktion auf die Pläne zu den Gymnasialkursen für Mädchen blieb nicht aus: die Presse witzelte, der Stadtschulrat "bog sich vor Lachen" (Lange 1928 LE, S. 206). Dennoch wurde die Einrichtung von bekannten Wissenschaftlern in Berlin unterstützt, wie z.B. von Diels, Dilthey, Harnack, Helmholtz und Paulsen. Über die Gründung eines Vereins, mit Georg von Bunsen als Vorsitzendem, wurden finanzielle Probleme geklärt; schwierig blieb die Einstellung von Lehrern, die ja mit alten Vorurteilen - Mädchen können nicht logisch denken, infolgedessen keine Grammatik, keine Mathematik lernen - zu brechen hatten.

Drei Jahre später, Ostern 1896, konnten die ersten sechs Mädchen als Externe zur Abitur angemeldet werden. "Sie wurden dem Königliche Luisengymnasium in Berlin überwiesen. In einer kleinen Wirtschaft in der Nähe schlugen wir für die - gemeinsamen! - Prüfungstage unser Hauptquartier auf. Hier wurden beim Essen (...) Berichte erstattet, Bemerkungen und Befürchtungen getauscht, letzte kleine Wiederholungen versucht und alle Möglichkeiten der kommenden Stunden besprochen. Kleine Mißgeschicke wurden nicht tragisch genommen (...). Das

Prüfungsergebnis war für die Öffentlichkeit eine große Überraschung. Alle sechs Schülerinnen bestanden mit gutem Erfolg, sie hatten, wie der Kultusminister später im Abgeordnetenhaus bemerkte, <reichlich so viel, zum Teil mehr geleistet als unsere jungen Männer>. So war, nachdem inzwischen in zwei Einzelfällen privatum vorbereitete Abiturientinnen (in Düsseldorf und Sigmaringen) die Prüfung abgelegt hatten, zum erstenmal von einer größeren Anzahl Frauen, die in einer eigens für sie errichteten Anstalt vorbereitet waren, die Reifeprüfung bestanden und damit auch für die Methoden Zeugnis abgelegt worden. Der Beweis für die so vielfach bestrittene Fähigkeit der Frauen zu gymnasialer Bildung war damit unter erschwerenden Umständen erbracht" (Lange 1928 LE, S. 210f.).

Trotz dieses Erfolges dauerte es noch 12 Jahre, bis dann 1908 die Mädchenschulreform in Preußen den Mädchen generell die Möglichkeit des Abiturs und damit den Zugang zum Hochschulstudium einräumte. Helene Langes Kampf um die Gleichberechtigung der Frauen war damit aber nicht beendet. Kaum daß 1908 das Reichsvereinsgesetz Frauen den Beitritt zu politischen Parteien ermöglichte, trat Helene Lange der "Freisinnigen Vereinigung" bei, einem Vorläufer der Deutschen Demokratischen Partei von 1918 und der heutigen F.D.P. (Frandsen 1980, S. 85). Einflußreichste Persönlichkeit war damals Friedrich Naumann, der vergeblich versuchte, Christentum, Liberalismus und die soziale Frage zu vereinigen. Die Teilnahme am parteipolitischen Leben war für Helene Lange eine ernüchternde Erfahrung. Ihr mißfielen die "Schwunglosigkeit, der Stumpfsinn und die Geistesträgheit des politischen Vereinslebens", bei dem manchmal das Intensivste der Zigarettenrauch war (Lange 1928 LE, S. 238). Von den Frauenvereinen war sie Engagement und "Respekt vor der Verantwortlichkeit" der Aufgaben gewohnt, was sie in der Parteiarbeit nicht wiederfand. Dennoch übernahm sie später, für anderthalb Jahre das Amt der Alterspräsidentin in der Hamburger Bürgerschaft (1919/20) bis sie dann wieder mit Gertrud Bäumer, ihrer Lebensgefährtin, nach Berlin übersiedelte. Über das gemeinsame Leben dieser beiden Frauen wird der letzte Abschnitt handeln.

Exkurs: Helene Lange und Gertrud Bäumer

Helene Lange hatte wohl schon immer mit Frauen zusammengelebt, über eine Männerbeziehung ist nichts bekannt. In der ersten Berliner Zeit lebte sie mit einer Freundin, Dora Sanders, zusammen, aus ihrem Lebenserinnerungen geht nicht hervor, wie lange. Als gegen Ende des 19. Jahrhunderts ihr Augenleiden so schlimm wurde, daß sie auch wegen der damit verbundenen Migräneanfälle kaum noch arbeiten konnte, gab sie ihre Lehrerinnentätigkeit auf, beschränkte die Vereinsarbeit und versuchte nur noch, die von ihr 1893 gegründete Zeitschrift "Die Frau" aufrecht zu erhalten. Bescheiden lebte sie von ihren Ersparnissen und fühlte sich in ihrer ganzen geistigen Existenz bedroht. Sie brauchte mehr als eine Sekretärin, benötigte eine Frau, die ihr "vorarbeitete", die mit geistiger Flexibilität und fundierten Kenntnissen in Frauen- und Bildungsfragen ausgestattet war und bereit dazu, sich auf die gewiss unbequeme und kritische 52jährige Kämpferin Helene Lange einzulassen. Diese Person fand sie in der jungen Lehrerin Gertrud Bäumer, die nach Berlin gekommen war, um zu studieren. Für Helene Lange bedeutete das Zusammensein mit der 25 Jahre jüngeren, vielseitig begabten und ungeheuer aktiven Gertrud

Bäumer die Möglichkeit, überhaupt noch weiterarbeiten zu können. Sie schreibt dazu in ihren Lebenserinnerungen - wie üblich sehr unterkühlt, wenn es um ihre eigene Person geht: "in dieser Zeit der schwersten geistigen Not ist Gertrud Bäumer zu mir gekommen. Ich brauche kaum ein Wort weiter hinzuzufügen. Daß wir nun gemeinsam zunächst das <Handbuch der deutschen Frauenbewegung> aufbauen konnten, daß ich wenigstens meine Vereinstätigkeit fortzusetzen imstande war, daß <Die Frau> nicht Schiffbruch zu leiden hatte (...), das alles hat mich in dieser Zeit schweren Leidens immer noch das Glücksgefühl empfinden lassen, das von geistigem Schaffen untrennbar ist (...). Was aber mehr als alles galt: ich sah die Nachfolge gesichert. Ich wußte, das Werk, an dessen Grundlagen ich mitgeschaffen hatte, war nun sicher, emporzuwachsen, dem Licht entgegen. Was ich persönlich nicht mehr zu sehen hoffen durfte, die Zukunft würde es verwirklichen. Das war eines der intensivsten Erlebnisse, die einem geistig Schaffenden überhaupt beschieden sein können" (Lange 1928 LE, S. 216).

Für die junge Studentin Gertrud Bäumer muß es zunächst eine Ehre gewesen sein, einer Persönlichkeit wie Helene Lange helfen zu können. Sie sah dies in erster Linie nicht als persönliche Aufgabe, sondern als eine kulturpolitische, "die der Neuschöpfung des Kulturanteils der Frau" diente. In ihren Lebenserinnerungen schreibt sie über ihre Gefühle und Eindrücke in Bezug auf das Eingehen dieser Verbindung mit Helene Lange: "... ich habe gar nicht gewählt, sondern mich von dem tiefen Glück der neuen Lebensgemeinschaft mit ganzer Seele und allen Kräften hineinnehmen lassen. Das Hinschwinden eines unendlichen Raums zwischen der Wirklichkeit der Führerin und meiner von Ferne stehenden Ehrfurcht in so kurzer Zeit war ein unfaßbares Wunder, nach dem kein Traum zu greifen gewagt hätte (...). Das Schönste, das man erleben kann ist, da, wo man verehrend liebt, gebraucht zu werden mit allem, was man schenken kann. Dann gibt es überhaupt keine Grenzen der Kraft mehr" (Bäumer 1933, S. 161). Es entstand eine Meisterin-Schülerin oder Mutter-Tochter-Beziehung zwischen den beiden Frauen, die 30 Jahre lang, bis zum Tode Helene Langes 1930, das Leben beider bestimmte. Für uns heute schwer nachvollziehbar ist die eigenartige Distanz, die zwischen beiden Frauen gelegen zu haben scheint, trotz der engen geistigen und menschlichen Beziehung. Auch in den Briefen an die gemeinsame Freundin Emmy Beckmann wird diese Distanz spürbar, Gertrud Bäumer bleibt G.B. und über Helene Lange berichtet Gertrud Bäumer ihrerseits immer nur mit vollem Namen oder mit H.L.

Zum Glück ist G.B. weniger zurückhaltend als H.L., was Äußerungen über die gemeinsame Alltagswelt angeht und die Beschreibungen der gemeinsamen Aktivitäten werfen auch ein charakterisierendes Licht auf das Denken Helene Langes. Natürlich ist es das Licht der Verehrung und nicht das der Kritik, das auf sie geworfen wird. Den Beginn der Beziehung beschreibt Gertrud Bäumer sehr ausführlich: "Ich kam früh aus meinen theologischen Kollegs und wir trafen uns im Tiergarten; Helene Lange ließ sich von den Kollegs erzählen und wir sprachen über alle Fragen zwischen Himmel und Erde, die daraus auftauchten. Sie kam ja nicht von der religiösen - oder richtiger: nicht von der christlich-religiösen, sondern von der philosophischen Seite zu ihnen. Gegen theologisches Denken hatte sie ein tiefes erkenntnis-theoretisch begründetes Mißtrauen. Ihr schien der Gegenstand der Religion dem Denken unzugänglich zu sein (...). Sie erkannte, daß der Sinn des Daseins für das Denken ein Geheimnis sein, aber es ihr irrationale Gewißheit, daß eine Verbindung sein müsse zwischen dem, was sich in den menschlichen Idealen herausgearbeitet habe, und diesem letzten Sinn. Mehr zu sagen, würde sie nicht für erlaubt gehalten haben (...).

In solche Fragen vertieft, durchwanderten wir den Tiergarten oder pufften in der kleine Dampfbahn den Kurfürstendamm hinunter nach dem Grunewald. Nachmittags war ich - der Stunden wurden immer mehr - bei ihr zum Arbeiten" (Bäumer 1933, S. 217).

Nach einer gemeinsamen Englandreise teilten beide Frauen ab 1901 eine kleine Wohnung. Im Mittelpunkt der Arbeit stand die Herausgabe der Zeitschrift "Die Frau", die sie als Instrument der Führung, der Grundlagenbildung innerhalb der (bürgerlichen) Frauenbewegung verstanden (Bäumer 1933, S. 216). Diese Arbeit "band immer wieder von neuem und fester, auch gegenüber den großen Versuchungen zu systematischerer wissenschaftlicher Arbeit. Zu dieser sachlichen Bindung kam die persönliche. Unsere Arbeit war auf zwei gestellt und beanspruchte unsere ganze Kraft, hätte noch viel mehr davon brauchen können; und sie war zu einer so vollkommenen Gemeinschaft geworden, der Generationen wie der persönlichen Kräfte, daß sie, glaube ich sagen zu dürfen, die Weihe des Gottgewollten, der Bestimmung im höchsten Sinne für uns trug. Helene Lange war immer wieder durch längere Krankheiten leistungsunfähig und pflegebedürftig, im Sommer 1909 zum Beispiel viele Monaten durch eine Thrombose und Embolie an das Bett gefesselt; auch dies ließ für mich den *freien* Beruf geboten erscheinen" (Bäumer 1933, S. 217).

Das Jahr 1916 bedeutete für Helene Lange noch einmal die Aufnahme einer Lehrtätigkeit: sie unterrichtete Psychologie und Pädagogik an der Sozialen Frauenfachschule in Hamburg, mit deren Leitung Gertrud Bäumer betraut worden war. Diese Unterrichtstätigkeit stellte für die fast 70jährige "ein letztes Glück" ihres Lebens dar. Dazu trug nicht nur die Form des Miteinanderlernens und -lebens bei, die eine Trennung zwischen Privat- und Berufsleben gar nicht erst aufkommen ließ. Viele Wochenenden verbrachten Helene Lange und Gertrud Bäumer mit ihren Schülerinnen im Landheim der Schule, "das die Schülerinnen von Freitag Abend bis Montag früh aufnehmen konnte."

Obwohl diese Lehrtätigkeit mitten im Krieg stattfand, erwähnt Helene Lange diesen Umstand weder in ihren Briefen, noch in ihren Lebenserinnerungen. Sah sie im Krieg - wie Gertrud Bäumer - ein breites Betätigungsfeld, in dem Frauen die von ihr immer wieder gepriesenen weiblichen Tugenden wie "Wärme, Hingabe, liebevolle Pflege der menschlichen Beziehungen" entfalten konnten? Und paßt nicht auch dazu ihre These, die sie in Bezug auf die Frauenfrage aufstellte: "Die geistige Kraft ist das entscheidende, nicht das äußerliche Arbeitsfeld..." (Lange 1928 LE, S. 274). Von daher liegt die Vermutung nahe, daß der Krieg für Helene Lange nicht in Frage gestellt wurde, weil er "aufgegeben" und der "geistigen Kraft" der Frauenbewegung ein makabres Betätigungsfeld war.

Ihr politischer Standort wird in der Zeitschrift "Die Frau" deutlich. Im Juni 1919, so berichtet Elisabeth Meyn-von Westenholz, "schrieb Helene Lange noch, in Erwartung der Entscheidung (...) von dieser schwersten Stunde, daß sie nicht die hoffnungsloseste sei. Die hoffnungsloseste Zeit, wenigstens in ihrer schlimmsten Form, so glaubte diese Frau, war durchlebt, <die Zeit, in der jedes Gefühl für die Nation erloschen schien, in der alles nur auf Betäubung, Genuß, auf die eigenen, die

Klassen- und Parteiinteressen gerichtet war, und das Wort <Deutschland über alles> hohnvoll niedergeschrieen wurde>. Sie hoffte auf das Nein gegen den Frieden von Versailles, <dieses durch Haß und Gier und trunkene Gewalt zusammengeschmiedete schändliche Schriftstück>. Sie täuschte sich und andere nicht, sie wußte und sprach es in dieser Stunde schonungslos aus: Wir haben das Ärgste zu gewärtigen. <Aber das Ärgste wäre nicht so arg, als wenn wir uns selbst verlören und die Schmach auf uns nähmen, mit diesem "Frieden" das Leben des heranwachsenden Geschlechts zu knebeln, zu lähmen, zu töten. Denn das Leben, das ihm bleibt, ist der Tod.> Umsonst! Es kam, nach den Worten von Helene Lange, das Versagen: das Unterwühlen des Volkeswillens, teils durch eine gewissenlose und arglistige Argumentation, teils durch die Müdigkeit des Volkes selbst. Die Unterschrift wurde gesetzt, nach ihren offenen Worten, <unter unseren Sklavenbrief, und zugleich, indem wir uns als die allein Schuldigen bekennen, unter die ungeheuerste Lüge der Weltgeschichte>" (Meyn-von Westenholz 1936, S. 269f.). Daß über diese politische Einschätzung des Ersten Weltkrieges und des Versailler Vertrages durch Helene Lange in der zitierten Form 1936 berichtet wird, dürfte kein Zufall sein. Die "Schmach von Versailles" konnte auch durch eine Demokratie à la Weimar nicht wiedergutgemacht werden!

Nicht nur deshalb wohl litt Helene Lange unter den politischen Verhältnissen der Weimarer Republik, wie aus zahlreichen Briefen an Emmy Beckmann hervorgeht. Sie beklagt das "trostlose Mittelmaß der Verantwortlichen" und hofft auf "eine vernünftige Politik der Mitte" (Lange 1957, S. 34 und 45). Ihr politischer Standort kann als liberal mit Einschüben elitären Denkens bezeichnet werden und ihr Glaube an die Vernunft erweist sich - wie auch schon im Kaiserreich - als der Glaube an die Vernunft der Herrschenden, der politischen Eliten. Demokratisch ist für Helene Lange gleichbedeutend mit liberal. So schreibt sie zum Beispiel an Emmy Beckmann über den Kapp-Putsch und den darauffolgenden Generalstreik im März 1920: "Was nun die politische Lage betrifft, so haben die Links- und Rechtsradikalen einmal wieder die ganze hoffnungslose politische Dummheit bewiesen, die den Deutschen leider im Blut liegt. Wir müssen augenscheinlich noch schwerere Erfahrungen machen, ehe wir zu einer vernünftigen Politik der Mitte kommen. Die Niederlagen der Demokraten beirrt mich innerlich keinen Augenblick; <Vernunft> ist stets bei wenigen nur gewesen. Ich bin in meiner demokratischen Überzeugung fester als je (...), nur begreife ich jetzt noch weniger als je, daß jemand nicht Demokrat sein kann" (Lange 1957, S. 35).

Im Alter litt Helene Lange auch zunehmend unter der häufigen Abwesenheit von Gertrud Bäumer, was sie ihren "lieben Kind", Emmy Beckmann häufig schreibt, wie zum Beispiel im Brief vom 25.2.1924: "Und nun wollte ich, ich hätte Dich heute abend wieder bei mir, denn ich bin schon wieder verwaist, G.B. hat ihren zweiten Vortrag in Stettin. Sie behauptet, das sei auf längere Zeit der letzte, aber das ist ja leider nicht wahr, nie wahr, darum brauche ich im konkreten Fall gar nicht darüber nachzudenken" (Lange 1957, S: 183). Ähnlich schildert Gertrud Bäumer die Situation: "Für Helene Lange war immer noch diese Zweiteilung meiner Arbeit hart genug. Ich sehe das immer wieder vor mir, wenn ich nachts nach Mitternacht von Berlin kam (...) und an unserem Hause klingelte. Dann wurde oben das Fenster hell und dann das Treppenhaus, und die alte Frau kam herunter, mir zu öffnen, selig, daß ich wieder einmal sicher zu Hause war. Oben in ihrem Schlafzimmer mußte man dann noch aus einer Kochkiste ein sorgfältig gehütetes Abendbrot essen. Aber es wurde immer schwerer, am Sonntag Abend sie wieder allein lassen zu müssen, ihre bei aller Tatkraft depressive Natur, die all das ungreifbare Dunkle und Unsichere über dem deutschen Schicksal immer wie einen atmosphärischen Druck fühlte und aufsog, bedurfte immer mehr der ständigen Gegenwart von Menschen, die diesen Bann brachen" (Bäumer 1933, S. 388). Trotz aller Skepsis in die Fähigkeiten der jungen Demokratie, trotz Depressionen und Krankheit setzte Helene Lange bis zu ihrem Tode im Mai 1930 ihre schriftstellerische Arbeit und die Herausgabe der Zeitschrift "Die Frau" fort, begleitete kritisch die Entwicklung des ADLV. Der Tod bewahrte sie davor, die faschistische Umdeutung und/oder Ausblendung ihrer lebenslangen Bemühungen miterleben zu müssen.

Schlußgedanken

Abschließend sollen Leben und Werk Helene Langes einer kritischen Würdigung unterzogen werden. Leitend dabei sind folgende Fragestellungen:

1. Wie sah die Verbindung von beruflichem und privatem Leben in ihrer Biographie aus?
2. Welches Konzept von "Weiblichkeit" entwickelte Helene Lange und welche Konsequenzen ergaben sich daraus?
3. In welcher Art und Weise engagierte sie sich in der Reformpädagogik-Diskussion und in der Realisierung der Reformen in der Weimarer Republik?

ad 1) Es wird deutlich geworden sein, daß eine Trennung zwischen beruflichem und privatem Leben nicht stattfand, beides war nahtlos ineinander verwoben. Diese Aufhebung der Trennung von beruflicher Existenz und Privatperson war ihr sicherlich dadurch möglich, daß sie als unverheiratete kinderlose Frau in der Solidargemeinschaft mit anderen Frauen aufgehen konnte, in der zweiten Hälfte ihres Lebens war die private und berufliche Einheit nur möglich durch die Gemeinschaft mit Gertrud Bäumer, die arbeiten, leben, Fürsorge und geistiger Austausch bedeutete. Hätte sie sich um die Wünsche und Interessen eines Ehemannes und die einiger Kinder kümmern müssen, wäre der Impetus, mit dem sie ihre Ziele verfolgte, sicher nicht so stark und bis uns hohe Alter erhalten geblieben.

ad 2) Das Konzept vpm "Weiblichkeit" war bei Helene Lange implizit bestimmt durch die Differenztheorie und eine unreflektierte Akzeptanz bestimmter Rollenmuster. In ihrer Schrift über die "intellektuellen Grenzlinien zwischen Mann und Frau" versucht sie den von ihr angenommenen Unterschied zwischen den Geschlechtern zu begründen. Ausgangspunkt ist dabei die Ableitung einer naturhaften Mütterlichkeit aus der Gebärfähigkeit. Diese Mütterlichkeit kann die Frau entweder als Hausfrau und Mutter oder als im sozialen Feld Professionalisierte ausleben. Die Vorstellung einer Ingenieurin, die unverheiratet und ohne Kinder ein zufriedenes Frauen-Dasein lebt (Single-Existenz), wäre Helene Lange wohl nicht in den Sinn gekommen. Die Festlegung des Mannes auf überwiegend intellektuelle Fähigkeiten und Interessen und der Frau auf Fähigkeiten des Gemüts, hat aber bei ihr nie zu der Konsequenz geführt, im Anschluß an eine höhere Mädchenschule auch eine Frauen-Universität zu fordern. Diese lehnte sie explizit ab mit der Begründung, daß die Störungen, Peinlichkeiten und Unsicherheiten, wie sie Anfang des 20. Jahrhunderts noch häufig beklagt wurden, lediglich eine Folge der Konventionen und Gewohnheiten seien. Durch den "ungezwungenen und natürlicheren Verkehr der Geschlechter" würden diese Probleme von allein verschwinden (Lange 1900, S. 158).

Auch behauptete Helene Lange nicht, daß Frauen weniger intelligent seien als Männer. Sie ist der Meinung, Frauen gingen mit ihren Erkenntnissen lediglich anders um - eben aufgrund ihrer naturhaften Mütterlichkeit. Dennoch führt die Umsetzung dieses Konzeptes von Weiblichkeit bei der Begründung der geschlechtlichen Anbindung an spezielle Unterrichtsfächer zu einigen Widersprüchen. Bei der Zuweisung von Unterrichtsfächern mit "ethischem Charakter" (Religion, Geschichte, Deutsch) muß nämlich auch die andere These Helene Langes bedacht werden, die besagt, daß letztendlich nur Frauen die heranwachsenden Mädchen und nur Männer die heranwachsenden Jungen verstehen könnten. Die Verbindung beider Annahmen würde aber darauf hinauslaufen, daß Lehrerinnen überhaupt nur die Fächer Religion, Deutsch und Geschichte an Mädchengymnasien, an Jungenschulen allenfalls Fremdsprachen unterrichten könnten!
Im Grunde ist aber schon die von Helene Lange vorgenommene Trennung in "ethische" und "verstandesmäßige" Fächer willkürlich und unhaltbar. Hier ist sie sicher ein Kind ihrer Zeit und vielleicht mußten sich die Dinge erst so weit ins Negative entwickelt haben wie heute, daß erkannt wird, in welch hohem Maße scheinbar "sachliche" Fächer wie Biologie oder Erdkunde von ethischen Fragen durchzogen sind, wenn man nur an Fragen der Gen-Technologie oder des Umweltschutzes denkt.
Eine dritte Konsequenz aus der Geschlechterdifferenzierung über Intellekt und Gemüt ist aus heutiger Sicht ebenfalls verhängnisvoll für die Frauen: Die Festschreibung von Frauenarbeit auf das Gebiet des Sozialen (soweit es sich jedenfalls um einen gewählten und erlernten Beruf handelt). Die klassentheoretische Problematik der Arbeit von Frauen hat Helene Lange ohnehin ausgeblendet, ihr ging es um den richtigen Platz der gebildeten, geistig ausgebildeten Frau. Auch sie wird an das soziale Feld gebunden, sei es als Ärztin, als Juristin oder als Politikerin. Dies bedeutet, daß Frauen theoretisch begründet vom Berufsfeld der Naturwissenschaften und der Technik ausgeschlossen sind! Daß Frauen faktisch in letztgenannten Feldern wenig anzutreffen sind, scheint mir u.a. eine Folge der negativen Wirkung dieser Theorie auf die Praxis zu sein.

ad 3) Eine theoretische Auseinandersetzung mit den pädagogischen Konzeptionen der Reformpädagogik läßt sich im Werk Helene Langes nicht feststellen. Gelegentlich tauchen einige Namen auf, wie B. Otto oder G. Kerschensteiner, diese erscheinen aber nur in einem Handlungskontext, bei dem es um Unterstützung der Mädchenbildungspläne im Sinne Helene Langes geht. Marginale Berührungspunkte finden sich in Überlegungen zu Erziehung zur Selbsttätigkeit, aber ein praktisches Umsetzen bestimmter reformpädagogischer Konzepte in Form einer Versuchsschule o.ä. läßt sich bei Helene Lange nicht nachweisen. Mir scheint dies aus zwei Gründen nicht verwunderlich:

Erstens konnte Helene Lange der "Pädagogik vom Kinde aus" wohl nichts abgewinnen. Dazu hatte sie Begriffe wie Autorität, Respekt, Führung zu sehr im bildungsbürgerlichen Sinne verinnerlicht. Recht drastisch schildert sie ihre Aversionen gegen diese Art Erziehung in einem Brief an Emmy Beckmann: "Hier ging alles glatt - die Fahrt war ziemlich unerquicklich durch das fortwährende eigensinnige Geschrei eines kleines Wesens, das noch durch das Fenster gereicht wurde, und dem die Mutter <aus dem Jahrhundert des Kindes> die zwei Klapse nicht zu verabreichen wagte, die ihm ein ruhiges Gewissen und den Mitreisenden eine ruhige Fahrt verschafft hätten. Seine einzige Vokabel war <nein, nein> - bei so was zucken einem doch die Finger, zumal es selbst höchst ungeniert auf alles einschlug, was ihm nicht paßte. Ich weiß nicht, wie Du Dich zu dieser pädagogischen Weisheit stellst" (Lange 1957, S. 102 und 140).

Zum anderen war für Helene Lange die Frage der Mädchenerziehung, die neben rechtlichen, organisatorischen, didaktischen Fragen auch die Zielproblematik mit einschloß, die sie vor allem und schlechthin interessierende Frage. Dies aber war nicht die Fragestellung der Reformpädagogen, denen es - wie der offiziellen Pädagogik bis heute - um Erziehung allgemein ging. Der geschlechtsspezifische Aspekt war ihnen gar nicht in den Blick gekommen, man(n) glaubte, im Reden vom educandus auch immer die educanda mitgemeint zu haben.

Die Rede von "dem Reformpädagogen" ist zudem zu vereinfachend, zählten doch so unterschiedliche Charaktere wie Wyneken, Österreich, Gaudig, Kerschensteiner u.a. dazu, die, geprägt durch ihren ideologischen und kulturphilosophischen Ort, die unterschiedlichen Konzeptionen von Reformpädagogik entwickelten. Mit keinem dieser Pädagogen setzt sich Helene Lange auseinander, lediglich Kerschensteiner wird ab und zu positiv erwähnt, da er ihr Anliegen bezüglich einer höheren Mädchenbildung durchaus unterstützte. Die eigentliche Gegner waren für Helene Lange die sogenannten Mädchenschulpädagogen, die Leiter von Höheren Mädchenschulen mit angegliedertem Seminar für die Lehrerinnenausbildung waren. Als Prototyp dieser Mädchenschulpädagogen wäre vielleicht Hugo Gaudig zu nennen, der in Leipzig an zwei Höheren Mädchenschulen mit Übungsschule ein Zentrum reformpädagogischer Arbeit in seinem Sinne ausgebaut hatte. Auch hier ging es Helene Lange nicht um die inhaltliche Diskussion einzelner Theoriestränge, sondern um die politische Durchsetzung des Anspruchs von Frauen, die sogenannten Höhere Mädchenbildung selbst zu gestalten und zu leiten. Von daher kann man keine Verbindung zwischen den Theorieansätzen einer Mädchenerziehung bei Helene Lange und den verschiedenen Konzepten der Reformpädagogik erwarten. Dies heißt aber nicht, daß im praktischen Umgang nicht Ähnlichkeiten zwischen der Art und Weise des Miteinander-Lernens und -Lebens bestanden hätten.

Was das Engagement in der Weimarer Republik zur Realisierung von Reformen angeht, so war Helene Lange schon zu alt, um aktiv an der Schulreform mitzuarbeiten. Aber sie verfolgte die Diskussion intensiv und hatte durch Gertrud Bäumer, die als Abgeordnete und als Referentin für das Mädchenschulwesen mitten in der bildungspolitischen Auseinandersetzung stand, Informationen aus erster Hand. Ihr Hauptaugenmerk galt immer dem Schicksal der Höheren Mädchenschule, die gesellschaftlich bedingten Ungerechtigkeiten der Standesschule, die in der Weimarer Republik heftig diskutiert wurden, interessierten sie nicht. Sie freute sich, daß das 7jährige Lyzeum für Mädchen abgelehnt wurde, weil sie der festen Überzeugung war, daß Mädchen genauso viel und genauso schnell wie Jungen lernen könnten und sollten. Der parteipolitischen Auseinandersetzung stand sie skeptisch gegenüber, diese Diskussion um die Schulreform hielt sie für ein "unglaubliches Kuddelmuddel, an dem hauptsächlich die Leute ohne Bildungstradition Schuld tragen" (Lange 1957, S. 140).

Ob sie mit diesem bildungsbürgerlichem Ethos ihre Vorstellung von Mädchenerziehung in einem "Helene-Lange-Gymnasium" von heute erfüllt sehen würde?

Primärliteratur

Lange, H.: Frauenhochschulen?, in: Centralblatt des Bundes Deutscher Frauenvereine. 1. Jg., Nr. 4/1900.

dies.: Intellektuelle Grenzlinien zwischen Mann und Frau. Berlin 1902.

dies.: Grundfragen der Mädchenschulreform. Berlin 1903.

dies. und Bäumer, G.: Handbuch der deutschen Frauenbewegung. Berlin 1901-1906.

Lange, H.: Lebenserinnerungen. Berlin 1928 *(LE 1928)*.

dies.: Kampfzeiten, Bd. I und II. Berlin 1928 (Gesammelte Aufsätze und Reden, enthält auch die "Gelbe Broschüre") *(I/II)*.

dies.: Wie ich dies geliebt. Briefwechsel mit Emmy Beckmann. Hrsg. von E. Beckmann. Tübingen 1953.

dies. und Bäumer, G. (Hrsg.): Die Frau. Monatszeitschrift für das gesamte Frauenleben unserer Zeit, 1888 bis 1944.

Sekundärliteratur

Das Argument 32: Frauen und Theorie. Berlin 1982.

Bäumer, G.: Lebensweg durch eine Zeitenwende. Tübingen 1933.

dies.: Des Lebens wie der Liebe Band. Briefwechsel mit Emmy Beckmann. Hrsg. von E. Beckmann. Tübingen 1956.

Beckmann, E.: Der Allgemeine Deutsche Lehrerinnenverein, in: Die Frau 1932/33.

Beiträge zur feministischen Theorie und Praxis, H. 13. Frauenforschung oder feministische Forschung. Köln 1985.

Bensen, M. von: Die Welt, in der ich lebte. Leipzig 1929.

Berühmte Frauen der Weltgeschichte. Murnau/München/Innsbruck/Basel 1963.

Block, I. u.a. (Hrsg.): Feminismus in der Schule. Berlin 1985.

Boedeker, E.: Marksteine der Frauenbewegung. Hannover/Waldhausen 1968.

Brehmer, I. (Hrsg.): Lehrerinnen. München/Wien/Baltimore 1980.

dies. (Hrsg.): Sexismus in der Schule. München/Wien/Baltimore 1983.

dies. (Hrsg.): Von geistigen Müttern und andere Bildern der Mütterlichkeit in Helene Langes Autobiographie, in: Brehmer/Jacobi-Dittrich (Hrsg.): Wissen heißt Leben. Frauen in der Geschichte, Bd. IV. Düsseldorf 1983a.

Flitner, W. und Kudritzki, G. (Hrsg.): Die deutsche Reformpädagogik. Düsseldorf/München 1967.

Frandsen, D.: Helene Lange. Ein Leben für das volle Bürgerrecht der Frauen. Freiburg 1980.

Frauenhandlexikon. München 1983.

Hausen, K. (Hrsg.): Frauen suchen ihre Geschichte. München 1983.

Herbart, J.F.: Allgemeine Pädagogik (5. Auflage). Bochum 1976 (Erstauflage 1806).

Heymann, L.G. und Augspurg, A.: Erlebte-Erschautes. Deutsche Frauen kämpfen für Freiheit, Recht und Frieden 1850 bis 1940. Hrsg. von M. Twellmann. Meisenheim/Glan 1972.

Meyn-Westenholz, E. von: Der Allgemeine Deutsche Lehrerinnenverein in der Geschichte der deutschen Mädchenbildung. Berlin 1936.

Mill, J.St.: The Subjection of Women. London o.J. (Ersterscheinen 1869).

Pusch, L.F.: Inspektion der Herrenkultur. Frankfurt 1983.

Reicke, I.: Die großen Frauen der Weimarer Republik. Freiburg 1980.

Schenk, H.: Die feministische Herausforderung. München 1983 (3. Auflage).

Spender, D.: Frauen kommen nicht vor. Sexismus im Bildungswesen. Frankfurt a.M. 1985.

Schultz, H.J. (Hrsg.): Frauen. Mit einem Beitrag über H. Lange von Luc Jochimsen. Stuttgart 1981.

Hedwig Kettler und der Verein Frauenbildung Reform

Marianne Schmidbaur

> "Die Frage, wovon sollen die vermö-
> genslosen unverheirateten Mädchen und die
> vermögenslosen Witwen und Geschiedenen
> leben, bildet den *Kernpunkt der Frauen-*
> *frage*. Die einzig mögliche Antwort lautet:
> Laßt sie selbst ihren Unterhalt sich
> erwerben!" (Kettler 1891d, S. 4, Hervor-
> hebung M.S.).

1. Einführung

Die Geschichte des Deutschen Frauenvereins Reform und die Biographie Hedwig Kettlers sind dicht ineinander verwoben. Dies ist nicht nur darauf zurückzuführen, daß über ihr Leben bis heute nur spärlich Daten zur Verfügung stehen[1], sondern vor allem darauf, daß ihre Tatkraft und Energie die Ziele und Organisationsformen des Deutschen Frauenvereins Reform auf unverwechselbare Art und Weise prägt. Hedwig Kettler gründete den Verein, sie leitete ihn konsequent und zuweilen starrsinnig und sie legte den Vorsitz im Vereinsvorstand nieder, als es nicht mehr ihr Verein zu sein schien.

Ihr Pseudonym Johanna (d.i. Hedwig) erinnert nicht von ungefähr an Jeanne d'Arc. Die Lektüre der politischen Schriften läßt durchaus den Schluß zu, daß sie sich im wahrsten Sinne des Wortes berufen fühlte, für eine qualifizierte Frauenbildung zu kämpfen.

Ihr Interesse an der Verbesserung der höheren Mädchenbildung und der Eröffnung qualifizierter Erwerbstätigkeit für Frauen, das sie in erster Linie mit der Sorge um die Zukunft der Töchtergeneration begründete, läßt sich auch auf ihre eigenen Erfahrungen zurückführen (vgl. Willich 1960). Zwar hatte sie in Osnabrück die höhere Töchterschule und in Berlin die Kunstakademie besucht, damit war ihr Bildungshunger jedoch lange nicht gestillt. Sie schien ihr ganzes Leben darunter gelitten zu haben, daß sie nicht studieren konnte.

In den persönlichen Daten klaffen gravierende Lücken: Hedwig Reder wurde am 19.9.1851 in Harburg (Niedersachsen) geboren. Die bürgerliche Familie schien relativ wohlhabend. Kurz nach der Geburt trat der Vater eine Stelle als Eisenbahndirektor in Osnabrück an. Mit 29 Jahren heiratete Hedwig Reder in Berlin ihren Cousin Julius Kettler, einen Geographen und Volkswirt. Ein Jahr nach der Heirat wurde die erste Tocher Hermine, eine zu Beginn des 20. Jahrhunderts bekannte Schriftstellerin,

---

[1] Der Nachlaß der Familie Kettler befindet sich zur Zeit im Stadtarchiv Hannover. Bisher ist er der Öffentlichkeit nicht zugänglich. Er wird von der Studentin Marion Bock (erreichbar über das Stadtarchiv) bearbeitet, auf deren Examensarbeit wir gespannt sein dürfen. Außer politischen Schriften, Erzählungen, Briefen und Abrechnungen umfaßt der Nachlaß drei Fotoalben mit wertvollen Bilddokumenten.

geboren. 1884 folgte die zweite Tochter Elise. In Weimar, wo Hedwig Kettler seit 1884 mit ihrem Mann und den beiden Töchtern lebte, baute sie sich einen rasch ausbreitenden Wirkungskreis auf. Hier begann ihre erfolgreiche Laufbahn als Herausgeberin der Zeitschriften "Frauenberuf" und "Bibliothek der Frauenfrage", Journalistin und Schriftstellerin. 1888 gründete sie den Deutschen Frauenverein Reform, dessen Ziele und Arbeitsformen sie entscheidend mitbestimmte. Zeit ihres Lebens reiste Hedwig Kettler mit den beruflichen Stationen ihres Mannes: von Berlin nach Lahr, Karlsruhe, Weimar, Hannover und schließlich wieder nach Berlin. In Hannover nahm ihr Leben eine tiefgreifende Wende: Wegen der Anpassung des Vereins an die Richtlinien des preußischen Unterrichtsministeriums legte sie den Vorsitz im Frauenverein "Reform", dem sie zehn Jahre vorgestanden hatte, nieder.

Die Energie Hedwig Kettlers im Kampf um eine höhere Mädchenbildung schien damit gebrochen. Sie betätigte sich weiterhin als Schriftstellerin und veröffentlichte zahlreiche Erzählungen in verschiedenen Zeitschriften. Unter dem Pseudonym Gotthart Kurland gab sie Lieder und Gedichte heraus (vgl. Lieder 1910). Als Herausgeberin beschränkte sie sich darüber hinaus auf das von Thekla von Gumpert begründete Töchter Album mit Schnittmustern, Geschichten und Gedichten (vgl. Töchter Album 1920). Hochbetagt starb Hedwig Kettler am 5.1.1937 in Berlin.

2. Der Deutsche Frauenverein Reform

Am 30 Januar 1888 wandte sich Hedwig Kettler in einem Brief an Mitarbeiterinnen der von ihr herausgegebenen Zeitschrift "Frauenberuf. Für die Interessen der gebildeten Frauenwelt". Sie schlug die Gründung eines provisorischen Komitees vor, das die Gründung des "Frauenvereins Reformbund" durch die Verbreitung eines Aufrufs und die Einberufung einer Generalversammlung vorbereiten sollte. Als Ziele des Vereins wurden die Verbreitung der Idee eines vollständigen Mädchengymnasiums, die Ausarbeitung eines Schulplans und die Errichtung bzw. Anbahnung solcher Schulen ins Auge gefaßt (vgl. Kettler 1888).

Den einen Monat später erschienen Aufruf des "Frauenvereins Reform" unterzeichneten Gertrud Bülow von Dennewitz, Hedwig Dohm, Hulda Friederichs, J. Engell-Günther, Johanna Kettler, Anna Morsch, Dr. Maria Schneegans, Irma von Troll-Borostyáni und Max von Weißenthurn.[2] Die frauenpolitisch bekannten Schriftstellerinnen und Wissenschaftlerinnen aus Deutschland, Österreich und der Schweiz forderten: "... um eine erfolgreiche Erweiterung der Erwerbsfähigkeit des weiblichen Geschlechts der gebildeten Stände anzubahnen, bedarf unser Volk jener beiden Hilfsmittel, die andere Nationen bereits besitzen, also des Mädchenlyceums und der Frauenhochschule" (Aufruf ... 1888, S. 8, ohne Hervorhebung M.S.).

---

[2] Wie überall im Zusammenhang mit der Geschichte Hedwig Kettlers und des Deutschen Frauenvereins Reform tun sich auch bei den Gründungsmitgliedern des Vereins weitgehend unbearbeitete und äußerst spannende Forschungsfragestellungen auf. Über die meisten Gründungsmitglieder sind in folgenden Publikationen Daten zu finden: Lexikon der Frau. Zürich 1977; Weiland, Daniela: Geschichte der Frauenemanzipation. Düsseldorf 1981. Außerdem lohnt sich in jedem Fall eine Nachfrage im Archiv der ersten deutschen Frauenbewegung, Sommerweg 1b, 3500 Kassel, Tel.: 0561/55600.

2.1. Zielsetzung, Organisation und Agitationsformen

Die Forderungen nach Mädchengymnasien und Zulassung von Frauen zum Studium, die der Deutsche Frauenverein Reform als erster deutscher Frauenverein öffentlich erhob, wurden bereits in den frühen Aufrufen unmißverständlich zum Ausdruck gebracht. "Der Frauenverein "Reform" beschränkt seinen Zweck ausschließlich darauf, für die Erschließung der auf wissenschaftlichen Studien beruhenden Berufe für das weibliche Geschlecht zu wirken; und zwar vertritt der Verein die Ansicht, daß die Frau gleich dem Manne zum Studium aller Wissenschaften Zutritt haben soll, nicht aber auf vereinzelte derselben (...) beschränkt werden darf" (Die ursprünglichen ... 1888, S. 22, ohne Hervorhebung M.S.).

Um dieses Ziel zu erreichen, verpflichtete sich der Verein "vorzüglich" für folgende Punkte zu wirken: Errichtung von Mädchenlyzeen mit dem gleichen Lehrplan wie entsprechende Knabenschulen; Erlangung des Rechts für diese Lyzeen, amtliche Zeugnisse auszustellen; Zulassung des weiblichen Geschlechts zum Studium; Erlangung der staatlichen Erlaubnis für die Ausübung der akademischen Berufe, die einer behördlichen Genehmigung bedürfen. Der Verein wirkte durch Aufklärung der öffentlichen Meinung, Petitionen und Einrichtung eines Fonds zum Aufbau eines Mädchengymnasiums auf die Verwirklichung dieser Ziele hin. Während die Agitationsformen weitgehend dieselben blieben, veränderten sich Ziele und Organisationsformen. Die Forderung nach einer Frauenhochschule (vgl. Aufruf ... 1888) wurde schon sehr früh zurückgestellt. Die vorrangige Behandlung der Zulassung von Frauen zum Medizinstudium folgte.

Wesentliche Änderungen der Organisationsform wurden auf der 3. Generalversammlung 1891 beschlossen. Der "Frauenverein Reform" benannte sich um in Verein "Frauenbildungsreform" und der Zulassung von Männern als Vereinsmitglieder wurde zugestimmt - allerdings mit gravierenden Einschränkungen: "Männliche Angehörige der Vereinsgenossinnen müssen durch eine der letzteren dem Vorstande angemeldet werden, worauf die Aufnahme ohne weitere Abstimmung erfolgt. Andere Herren, welche dem Vereine beizutreten wünschen, müssen durch ein Vereinsmitglied der Vorsitzenden vorgeschlagen werden; über die Aufnahme entscheidet in diesem Falle der Gesamtvorstand durch Abstimmung" (Satzungen ... 1893, S. 24, ohne Hervorhebung, M.S.).

2.2. Petitionen

Unmittelbar nach der Gründung begann der Deutsche Frauenverein Reform als erster Frauenverein in Deutschland, an die Unterrichtsministerien um Zulassung von Mädchen zu Gymnasien und Realgymnasien und zum Studium zu petitionieren. Die Petition, die der Verein bis 1889 sämtlichen deutschen Staaten vorlegte, wurde bescheiden eingeleitet: "Eurer Exzellenz beehrt sich der ergebenst unterzeichnete Vorstand des "Deutschen Frauenvereins Reform" Folgendes ganz gehorsamst zu unterbreiten: Unzweifelhaft ist der "natürliche Beruf" des Weibes (wie nicht minder des Mannes) die Ehe" (Die erste ... 1889, S. 33). Der überraschende Schluß leitet zu radikalen Forderungen über: Errichtung von Mädchengymnasien und Zulassung von Frauen zu allen Studienfächern.

Aber schon in die 1890 an den Reichstag abgesandte Petition schleichen sich anpassende Mäßigungen ein. "Die in Deutschland herrschenden sozialen und ethischen Verhältnisse einerseits, wie die physische Natur des weiblichen Geschlechtes andererseits würden es als thöricht erscheinen lassen, die Zulassung der Frau zur Ausübung aller Berufe zu fordern. Ein ehrliche Reformbewegung wird immer nur das ins Auge fassen, was den vorliegenden Verhältnissen entsprechend auch wirklich erreichbar ist! Hierhin gehört u.E., zunächst und vor allem die Zulassung der Frau zur Ausübung des ärztlichen Berufes" (Die dritte ... 1890, S. 37, ohne Hervorhebung M.S.).

Die Anpassung erwies sich als überflüssig. Die Petition scheiterte schon an Verfahrensfragen. Der Reichstag erklärte sich für nicht zuständig und ging über die Petition zur Tagesordnung über.

Formal war den Petitionen des Deutschen Frauenvereins Reform in der Regel kein glänzendes Ende beschieden. Lediglich die badische Kammer übersandte die Petition der Großherzoglichen Regierung "zur Kenntnisnahme". Die Diskussionen im Reichstag und in den Landtagen (soweit sie bis dahin gelangten) aber wurden kontrovers und in gewissem Sinne denkwürdig geführt. Die Etablierung einer öffentlichen Auseinandersetzung über die Zukunft der höheren Mädchenbildung kann als einer der weitreichendsten Erfolge des Deutschen Frauenvereins Reform gewertet werden.

2.3. Die Mädchengymnasien in Karlsruhe und Hannover

Gemäß der Ziele des Deutschen Frauenvereins Reform wurde bereits kurz nach der Gründung ein Fond zur Errichtung von Mädchengymnasien gebildet. Im Jahre 1893 war es schließlich so weit. Die Einrichtung eines Mädchengymnasiums konnte gewagt werden.

Die wohlwollende Behandlung der Petition des Vereins im badischen Abgeordnetenhaus und Hedwig Kettlers Vertrautheit mit den örtlichen Verhältnissen ließen Karlsruhe als geeigneten Standort erscheinen. Dort wurde 1893 das erste deutsche Mädchengymnasium eröffnet.

Die Aufnahmebedingungen des Gymnasiums setzten ein Alter von mindestens 12 Jahren und den Besuch der unteren sechs Klassen der höheren Töchterschule voraus.[3] Das Schulgeld betrug jährlich 200 Mark - eine für die zeitgenössische Verhältnisse horrende Summe. Die weiteren Kosten für die Unterhaltung der Schule wurden durch Spenden aufgebracht. Erst 1896 unterstützte die Stadt Karlsruhe das Mädchengymnasium mit 2000 Mark jährlich. In demselben Jahr erfolgte die Einrichtung eines Internats für auswärtige Schülerinnen.

Der Lehrplan des Karlsruher Mädchengymnasiums sah nach einer Übergangsklasse sechs Jahrgänge mit dem traditionellen Lehrplan eines Humangym-

---

[3] Die schon 1889 eingerichteten Gymnasialkurse zu Berlin von Helene Lange nahmen nur "Erwachsene", das heißt Schülerinnen im Alter von mindestens 16 Jahren auf. Dies wurde damit begründet, daß die Mädchen dann über die geeignete Reife und physische Leistungs- und Widerstandskraft verfügten, um bewußt einen höheren Bildungsweg zu wählen (vgl. Lange 1896).

nasiums für Knaben vor. Zur Begründung heißt es im Statut des Mädchengymnasiums: die Schule "hat (...) den Lehrplan der jetzigen Humangymnasien, da es
nicht unsere Aufgabe sein kann, Experimente mit neuen Lehrplänen zu machen. Den
hoffentlich und voraussichtlich bald eintretenden Verbesserungen im heutigen Lehrplan der Humangymnasien werden wir uns natürlich (...) anschließen" (Auszug ...
1893, S. 15).

Die Schule wurde von einem Kuratorium verwaltet, das der Verein für jeweils
fünf Jahre wählte. Das Kuratorium stellte die Lehrkräfte ein, vertrat das Mädchengymnasium in der Öffentlichkeit und verwaltete in Zusammenarbeit mit dem
Schulvorsteher die schulischen Angelegenheiten.

Nachdem beträchtliche Anfangsschwierigkeiten überwunden waren, zerbrach der
Verein an einem Kreuzfeuer der Kritik. Während es zunächst so schien als könnten
die Angriffe erfolgreich abgewehrt werden, zeigte es sich bald, daß die äußeren
Vorwürfe bezüglich der Verwaltung der Schule und der Ziele des Vereins auf eine
innere Entsprechung stießen. Der innere Konflikt, der sich nicht unmaßgeblich an
der Person der Vorsitzenden, Hedwig Kettler, entzündete, spitzte sich bei der Frage
nach einem Anschluß an den Bund Deutscher Frauenvereine (BDF) zu.[4]

Hedwig Kettler war stets unmißverständlich für die völlige Selbständigkeit des
Vereins eingetreten (vgl. Kettler 1891c, S. 35f.). Einem Anschluß an den BDF wi-
dersprach sie aufs Entschiedenste. Als auf der Generalversammlung des Vereins im
Herbst 1894 in Hedwig Kettlers Abwesenheit der Beitritt zum BDF beschlossen
wurde, überstürzten sich die Ereignisse. Aus einer öffentlichen Erklärung in der Zeitschrift Frauenbewegung, die unter anderen von Anita Augspurg und Marie Stritt unterzeichnet wurde, geht hervor, daß kurz nach diesem Beschluß in Hannover eine
außerordentliche Generalversammlung stattfand, die die Berliner Entscheidung revidierte. Die Unterzeichnerinnen werfen der Vorsitzenden vor, die Versammlung unter
Verletzung der Statuten in Hannover einberufen zu haben, um sich die Majorität der
Stimmen zu sichern. Außerdem habe sie die Versammlung mit der Drohung erpreßt,
entweder für den Austritt aus dem Bund zu stimmen oder gewärtig zu sein, daß sie
die Leitung des Vereins niederlege (vgl. Erklärung ... 1896, S. 9).

Die strategische Frage nach dem Anschluß an den Bund Deutscher Frauenvereine
führte schließlich zu einer Neugründung. Der Verein Frauenbildung-Frauenstudium
entstand. Entsprechend seinem Bemühen, sich neben der Verbesserung der Frauenbildung für die allgemeine Frauenfrage einzusetzen, bildete der Verein sehr bald
Zweigvereine in fast jeder größeren Stadt. Der Verein Frauenbildung-Frauenstudium
entwickelte sich innerhalb kürzester Zeit zu einer basisorientierten Massenorganisation - mit entsprechender Kompromißbereitschaft. Nicht der Verein Frauenbildung-
Frauenstudium, dessen Protagonistinnen der radikalen Frauenbewegung nahestanden, verfolgte weiterhin "radikale" Ziele, wie Greven-Aschoff (1981) meint (vgl. S.
72), sondern es war der Verein Frauenbildungsreform, genauer Hedwig Kettler, die
an dem einmal eingeschlagenen Kurs festhielt.

---

[4] Der Bund Deutscher Frauenvereine wurde 1894 als Dachverband bürgerlicher Frauenvereine gegründet. Die zunehmend konservative Haltung des BDF führte 1899 zu der Gründung des Verbandes fortschrittlicher Frauenvereine, in dem sich Organisationen der radikalen Feministinnen
sammelten.

Wie sehr die radikale Ausrichtung des Vereins mit ihrer Person verbunden war, zeigt seine Entwicklung, nachdem sie 1902 den Vorsitz im Vorstand niederlegte. Wie war es dazu gekommen?

1893 hatten die Kettlers ihren Wohnsitz nach Hannover verlegt, wo Hedwig Kettler für die Einrichtung eines Hannoveraner Mädchengymnasiums zu wirken begann. 1899 erhielt der Verein die Genehmigung des preußischen Kultusministeriums, ein fünfklassiges Mädchengymnasiums (Obertertia bis Maturum) einzurichten, das sich an den Besuch einer neunklassigen höheren Töchterschule anschließen sollte. Trotz dieser einschränkenden Genehmigung begann die Schule zu arbeiten und Hedwig Kettler hielt weiterhin an dem Ziel eines vollständigen Mädchengymnasiums fest.

Im Zusammenhang mit der preußischen Mädchenschulreform[5] hatte sich inzwischen eine Anerkennung der höheren Mädchenbildung durchgesetzt. Sie sollte eingerichtet werden - allerdings als Ausnahmeregelung, nicht als Regelschule. Vor diesem Hintergrund erging die Weisung an das Hannoveraner Mädchengymnasium, sich in "Gymnasialkurse" umzubenennen.[6]

Der Verein Frauenbildungsreform war, angesichts einer inzwischen erfolgten Normalisierung des Schulbetriebs und der weitgehend gesicherten Finanzierung nicht bereit, die Existenz der Schule aufs Spiel zu setzen. Er akzeptierte die Weisung und beschloß, das Ziel gleichwertiger Mädchengymnasien dennoch nicht aus den Augen zu verlieren. Hedwig Kettlers Gegenantrag, den Verein aufzulösen und daraus neu einen "Verein zur Erhaltung des hannoveranischen Mädchengymnasiums" zu bilden, wurde abgelehnt.

Daraufhin legte sie den Vorsitz im Vereinsvorstand nieder und gründete 1902 das "Komitee für vollständige Mädchengymnasien", für dessen Unterstützung sie einen illustren Kreis angesehener Persönlichkeiten warb: Ricarda Huch, Georg Simmel, Friedrich Naumann - um nur einige zu nennen.

---

5   In der zweiten Hälfte des 19. Jahrhunderts begann sich die Erkenntnis über die Reformbedürftigkeit des Mädchenbildung langsam auf breiter Ebene durchzusetzen. 1872 fand, angeregt durch Direktor Kreyenberg, eine Konferenz zur Mädchenschulfrage in Weimar statt. Die Forderungen blieben gemäßigt: Bildung für die Frau, damit sich der Mann am häuslichen Herd nicht langeweile; Normierung und Einordnung der höheren Mädchenschule in das höhere Schulwesen; 10-Jahreskurse mit einheitlicher Bildung in den Wissenschaften und in zwei Fremdsprachen; Unterstellung unter die staatliche Schulaufsicht; wissenschaftliche Bildung der Lehrkräfte. 1873 folgte eine amtliche Umfrage des Ministeriums Falk über Stand und Reformbedürftigkeit der höheren Mädchenschule. Im Anschluß an die Umfrage fand eine Konferenz mit Vertreterinnen und Vertretern privater und öffentlicher Mädchenschulen statt, die sich im großen und ganzen auf dem Boden der Weimarer Beschlüsse bewegte. Die Beteiligung von Lehrerinnen an der Schulleitung wurde weiterhin abgelehnt (was auch bei Vertreterinnen der konservativen Frauenbewegung heftige Kritik hervorrief). Die Definition des Bildungsziels erscheint jedoch fortschrittlicher: Mädchen sollen befähigt werden, am Geistesleben der Nation teilzunehmen. Nach langen Beratungen fand 1874 schließlich die Neuordnung des Mädchenschulwesens in Preußen statt. Die Schuldauer wurde auf neun Jahre festgelegt. Die Beschäftigung von Lehrerinnen, auch als Oberlehrerinnen wurde gesichert - Leitungspositionen ausgenommen. Mit der preußischen Mädchenschulreform 1908 erhält die höhere Mädchenschule die Bezeichnung Lyzeum. Das Oberlyzeum bildet Frauen hinsichtlich ihrer hausfraulichen und mütterlichen Qualifikationen weiter, die Studienanstalt bereitet zum Hochschulstudium vor (vgl. Lange, Helene und Bäumer, Gertrud: Handbuch der Frauenbewegung, 5 Bde., Berlin 1901-1902).

6   Vgl. Anmerkung 3. Siehe auch Beitrag zu Helene Lange in diesem Band.

Im gleichen Jahr wurden die Gymnasialkurse des ehemaligen Gymnasiums auf "Realgymnasialkurse" reduziert. 1908 erfolgte der Zusammenschluß mit einer anderen Schule zur "Studienanstalt", einer Neueinrichtung im Rahmen der preußischen Mädchenschulreform, die auf das Universitätsstudium vorbereiten sollte. Weder das Komitee noch der Verein Frauenbildungsreform konnten nach 1903 noch aufsehenerregende Erfolge verbuchen.

3. Hedwig Kettlers Schriften zur Mädchenbildung

Wie die Ziele, Agitations- und Organisationsformen des Vereins Frauenbildungsreform, so wurden auch dessen theoretische Begründungszusammenhänge und Folgerungen entscheidend durch Hedwig Kettler geprägt. Als Foren für die Formulierung der politischen Zielsetzungen dienten die von ihr selbst herausgegebenen Zeitschriften "Frauenberuf" und "Bibliothek der Frauenfrage". Die brillante Formulierungskunst und die faszinierende Argumentationsweise machen die Texte auch heute noch zu einem Lesevergnügen.

3.1. Bildung als Menschenrecht!

Im Unterschied zu konservativen Mädchenschulpädagogen und -pädagoginnen, die die Einrichtung des höheren Mädchenschulwesens an der Frage der "Verdienste" beziehungsweise Intelligenz von Frauen maßen, forderte Hedwig Kettler das Recht auf gleiche Bildung als erstes und wichtigstes Menschenrecht (vgl. Kettler 1893, S. 13). Nur durch Gewalt, erläuterte sie, wurde die Frau bisher an der Erlangung von Bildung gehindert. Die jedoch "ziemt sich für den Mann, der seine größte Kraft in seinen Fäusten trägt, aber Recht setzen an Stelle von Gewalt, ziemt sich für jenen, der seine größte Kraft in Hirn und Herzen weiß. Recht oder Gewalt - unsere Nation hat die Wahl!" (Kettler 1893, S. 18).

Frauenbildung erscheint in Hedwig Kettlers Argumentation als ethisch begründete Notwendigkeit. Ihre Verweigerung schadet nicht nur die Frau, sondern der gesamten Menschheit. Denn "da von der Gesundheit des Gesamtorganismus doch wieder die Gesundheit aller einzelnen Teile abhängt, so leidet natürlich der eine Teil, die Gesamtheit der Männer mit unter dem Schaden, den der andere Teil, die Gesamtheit der Frauen erleidet" (Kettler 1893, S. 5, ohne Hervorhebung M.S.).

Vor diesem Hintergrund erweist sich die Distanzierung von Überlegungen zur curricularen Reform des allgemeinen höheren Schulwesens als die Folge des erkenntnispraktischen Zugangs. Zwar erläutert Hedwig Kettler diese Zurückhaltung mit "Opportunitätsgründen": "geht alles gut, so liegt's nicht an der Frau; geht es aber schief, so liegt's natürlich allein an der Frau" (Kettler 1892b, S. 20f., ohne Hervorhebung M.S.), aus ihrer Argumentation ergibt sich jedoch auch keinerlei Begründungsbedarf für eine besondere Mädchenbildung. Die naturrechtliche begründete Forderung nach gleicher Bildung steht außer Frage. Dies unterscheidet Hedwig Kettler erheblich von Helene Langes zeitgleicher Position einer Erziehung zur Mütterlichkeit (vgl. zum Beispiel Lange 1903). Während für Helene Lange die ethische Grundlage der Frauenbildung in ihrer Besonderheit beziehungsweise **Differenz** besteht, beruht sie für Hedwig Kettler auf der Forderung nach **Gleichberechtigung** als Menschenrecht. Wie die Feministin Hedwig Dohm (vgl. Dohm 1872), die als eine der ersten dem Deutschen Frauenverein Reform beitrat, nimmt sie Aufklärung für eine Begründung der Frauenbildung in Anspruch - ihre Dialektik inbegriffen.

3.2. Befreiung aus der Vormundschaft des Mannes

Der Mann, dessen Vormundschaft über die Frau, ehemals aus seiner Verpflichtung zu ihrem Schutz und für ihren Unterhalt abgeleitet worden war, ist - so Hedwig Kettlers These -, **nicht länger Vormund, sondern Bevormunder**. Seine Vormundschaft habe angesichts der Tatsache, daß die weibliche Bevölkerung die männliche um ca eine Million übersteigt (Volkszählungsdaten von 1885), ihre soziale Basis verloren. Schutz und Unterhalt für die Frau entfällt - zumal eine größere Zahl an Männern unverheiratet bleiben -, aber die Vormundschaft über die Frau dauert fort. Frauen müssen immernoch, um Männern keine Konkurrenz auf dem Arbeitsmarkt zu machen, auf eine gleichwertige Ausbildung verzichten. Das Ergebnis: auf der Seite des Mannes verbleiben alle Rechte und keine Pflichten und auf der Seite der Frau alle Pflichten und keine Rechte (vgl. Kettler 1891, S. 21).

Die Vormundschaft des Mannes nimmt zynische Züge an: "Wenn heute eine Menge von Frauen das zu leisten hat, was eine Menge von Männern zu leisten hat: die Arbeit für die eigene Existenz, - wie kann man da diesen Frauen die Berechtigung auf diese Arbeit absprechen? Wenn die unversorgten Frauen den Männern Konkurrenz machen würden, wer kann sagen, daß sie nicht das Recht dazu hätten? (...) Heute nimmt der Mann jede Waffe, die ihm gut dünkt, wenn er in diesen Kampf (ums Leben, M.S.) zieht. Der Frau, die in einer Reihe mit ihm kämpft, kämpfen muß, giebt er - eine Nähnadel in die Hand und sagt ihr voll brüderlicher Zärtlichkeit: 'Nun wehr' dich tapfer'" (Kettler 1891b, S. 22).

Der soziale Wandel bewirkt nicht nur eine grundlegende Veränderung der sozialen Existenzsicherung von Frauen, sondern nimmt zudem Einfluß auf die Art und Bedeutung von Frauenarbeit. Arbeiten, die früher von Frauen verrichtet wurden , verschwinden und die Spannbreite "weiblicher" Tätigkeiten wird immer kleiner. "Urgroßmutter spann und webte. Da errichtete der Mann große Spinnereien und Webereien - und mit Urgroßmutters Spinnen und Weben ist es vorbei (...). Ja, Urgroßmutter braute sogar Bier. Da kamen die Herren Sedlmayer, Pschorr, Dreher, und wie sie alle heißen, mit ihrem Spaten-, Löwen-, Hackerbräu - und mit Urgroßmutters Bierbrauen ist es auch vorbei" (Kettler 1892a, S. 6). Hedwig Kettlers Folgerung lautet: entweder schafft der Mann die von ihm entwickelten Techniken wieder ab, oder er muß der Frau das Recht auf gleiche Bildung zugestehen und auf seine Vormundschaft verzichten.

3.3. Klasse und Geschlecht

Die männliche "Schutzzollpolitik" gegen weibliche Konkurrenz auf dem Arbeitsmarkt führt zu fatalen Konsequenzen für die Arbeitsbedingungen der unteren sozialen Schichten. Denn "(...) es giebt für die Frau der gebildeten mittleren Stände wenig Arbeitsgebiete, zu denen ihre jetzige Ausbildung sie befähigt, und da es deren so wenige giebt, so ist sie gezwungen, untergeordnete Arbeitsgebiete aufzusuchen, die wieder ihrer Erziehung, ihrer allgemeinen Bildung nicht entsprechen. Da sie meistens etwas günstiger von Hause aus gestellt ist als die Frau der unteren Stände, so kann sie sich damit begnügen, eine geringere Einnahme zu haben als diese, wird aber, da sie diese geringere Einnahme haben muß, sich bemühen, sie zu erhalten, indem sie von ihrem Arbeitgeber einen so geringen Lohn fordert, wie er der Arbeiterin, die von ihrem Lohne allein leben muß, nicht genügen kann" (Kettler 1891a, S. 9, ohne Hervorhebung M.S.).

Die Konkurrenz auf dem Arbeitsmarkt zwischen den Geschlechtern bürgerlicher Schichten wird durch die Verweigerung der höheren Frauenbildung auf eine Konkurrenz zwischen unterschiedlichen sozialen Klassen verschoben. Konfliktträchtig erscheint nicht mehr das Geschlechterverhältnis, sondern das Verhältnis zwischen bürgerlichen Frauen und Arbeiterinnen beziehungsweise Arbeitern. Genau auf diese Konfliktverschiebung reagiert der sogenannte "proletarische Antifeminismus" (vgl. Weiland 1981) mit der Forderung nach Abschaffung der Frauenerwerbstätigkeit.

Für die bürgerliche Frau bedeutet diese Situation nicht nur sozioökonomische Benachteilung, sondern, wie Hedwig Kettler hervorhebt, auch psychische Beeinträchtigung: "ein Mißverhältnis zwischen Ansprüchen und der Fähigkeit, sie zu befriedigen, ist ungesund" (Kettler 1891a, S. 6). In ihren Erwerbsbedingungen ist die bürgerliche Frau von ihrer Herkunft abgeschnitten. Sie wird zur Fremden ihrer Geschichte, zur Fremden ihrer sozialen Klasse.

3.4. Streiflichter auf die Gegner

Hedwig Kettler führt ein scharfes und bissiges Schwert der Feder. Ihre Auseinandersetzungen mit den Herrenrechtlern und anderen Antifeministen (vgl. Dohm 1918) sind eine wahre Pracht. Exemplarisch verdeutlicht dies ihre Auseinandersetzung mit der "echten Weiblichkeit" und ihre Entdeckung der darin offenbar friedlich aufgehobenen "defekten" Stellen. Echte Weiblichkeit, erfährt sie aus den Schriften der Gegner der Frauenbildung, verträgt das Studieren nicht. Sie, die den stärksten Schutz eines jeden Weibes bedeutet, nimmt durch Bildung Schaden.

Der Schutz des Schutzes, d.h. der Schutz "echter Weiblichkeit" ist daher das hervorragendste Anliegen verantwortungsbewußter Männer. Aber, wendet Hedwig Kettler ein: "Wir haben hier eine kleine logische Inkonsequenz zu konstatieren: was selbst nicht stark ist, kann uns nicht schützen, ein Kleid von der Konsistenz der Spinngewebes schützt nicht gegen Sturm und Wetter, sondern wird bei dem geringsten Windstoß schon in Fetzen zerrissen" (Kettler 1887, S. 276).

Auch die Analyse der Erscheinungsformen "echter Weiblichkeit" führt zu Widersprüchen. Niemand will leugnen, daß zum Wirkungskreis echter Weiblichkeit die häusliche Küche gehört. Echte Weiblichkeit bei der Arbeit betrachtet, liest sich so: "... von großen Aalen wird die Haut auf die Weise abgezogen, daß man dieselbe dicht unter den Brustflossen ringsum auf das Fleisch einschneidet (...). Da sich das Aal bei dieser grausamen Operation natürlich heftig wehrt und durch seine Bewegungen das Abziehen erschwert, so betäube man ihn vorher (...). (Man beachte den einzigen Grund um deswillen man ihn vorher betäube: da er durch sein Sichwehren das Abziehen erschwert!.)" (Kettler 1887, S. 277). So sieht also die Kochbuchrealität echter Weiblichkeit aus. Hedwig Kettler entdeckt darin mehr als eine defekte Stelle.

4. Person und Politik

Hedwig Kettlers Leben und Werk erweckt Respeckt, Bewunderung, es erregt Erstaunen, aber auch Kritik. Sie ist keine glatte Persönlichkeit, die sich ohne weiteres in Raster einordnen ließe. Zwar gehörte sie zum "radikalen" Flügel der bürgerlichen Frauenbewegung, sie focht aber gerade mit den Frauen, die sich der radikalen Frauenbewegung zurechneten, ihre heftigsten Kämpfe aus.

Rationalität, zwingende Beweisführung und knallharte Logik rufen Bewunderung hervor: doch sind Hedwig Kettlers Forderungen nicht allzu reduziert? Zulassung zum Studium, egal welcher Art? Identität von Gleichheit und Ethik?

Muß nicht auch die Persönlichkeit, die ihre Ideen immer wieder gegen alle Widerstände vertrat und ihre Forderungen ohne die geringste Veränderung über Jahre hinweg beibehielt, schwierig - und in einem gewissen Sinn borniert erscheinen?

Leicht war mit Hedwig Kettler sicher nicht umzugehen, wie es die Geschichte des Karlsruher Mädchengymnasiums erahnen läßt. Gerade in diesem Fall erscheint das Zusammenspiel zwischen Persönlichkeit und Politik exemplarisch. Wie wir auch aus anderen Vereinsgeschichten, zum Beispiel dem Bund für Mutterschutz mit Helene Stöcker im Vorstand wissen, gingen Führungsstil der Vorsitzenden und die politischen Ziele bürgerlicher Frauenvereine kaum trennbare Verbindungen ein.

Ein Indiz dafür, daß die Frauengeschichtsforschung zu Recht immer schon den Anteil der Person an der Politik mitreflektierte (das Private ist politisch!) oder ein Zeichen dafür, daß aus den blinden Flecken der Frauengeschichte kurzschlüssige Projektionen des Privaten auf die Öffentlichkeit folgen?

Das Nachdenken über Hedwig Kettler und den Deutschen Frauenverein Reform führt zu spannenden Forschungsfragestellungen. Über die Analyse historischer Daten hinaus kann die Beschäftigung mit der Vorkämpferin der deutschen Frauenbildung, Hedwig Kettler, wichtige Hinweise auf ideengeschichtliche Zusammenhänge unserer Emanzipationsgeschichte geben.

Literatur

Aufruf ... 1888: Aufruf des provisorischen Komitees für den Frauenverein "Reform", in: W. Grimm: Deutsche Frauen vor dem Parlament. Bibliothek der Frauenfrage, Nr. 14/18. Weimar o.J., S. 7-8.

Auszug ... 1893: Auszug aus dem Statut des Mädchengymnasiums in Karlsruhe, in: W. Grimm: Deutsche Frauen vor dem Pralament. Bibliothek der Frauenfrage, Nr. 19. Weimar o.J., S. 15-16.

Bäumer, Gertrud und Lange, Helene (Hrsg.) (1902): Handbuch der Frauenbewegung. III. Teil. Stand der Frauenbildung in den Kulturländern. Nachdruck: Weinheim/Basel 1980.

Dohm, Hedwig (1872): Was die Pastoren denken. Nachdruck: Zürich 1977.

dies. (1918): Die Antifeministen. Nachdruck: Frankfurt a.M. 1976.

Die erste ... 1889: Die erste und die zweite Petition (an die Unterrichts-Ministerien), in: W. Grimm: Deutsche Frauen vor dem Parlament. Bibliothek der Frauenfrage, Nr. 14/18. Weimar o.J., S. 31-36.

Die dritte ... 1890: Die dritte Petition (an den Reichstag), in: W. Grimm: Deutsche Frauen vor dem Parlament. Bibliothek der Frauenfrage, Nr. 14/18. Weimar o.J., S. 37.

Die ursprünglichen ... 1888: Die ursprünglichen Satzungen des Frauenvereins "Reform", in: W. Grimm: Deutsche Frauen vor dem Parlament. Bibliothek der Frauenfrage, Nr. 14/18. Weimar o.J., S. 22-23.

Erklärung ... 1896: Erklärung und Aufruf!, in: Die Frauenbewegung, II. Jg., Nr. 1. Berlin 1896, S. 9.

Greven-Aschoff, Barbara: Die bürgerliche Frauenbewegung in Deutschland 1894-1933, Kritische Studien zur Geschichtswissenschaft 46. Göttingen 1981.

Kettler, Julius (das ist Hedwig): Eine defekte Stelle in der sogenannten echten Weiblichkeit, in: Frauenberuf. Zeitschrift für die Interessen der gebildeten Frauenwelt. 1. Jg., Nr. 18. Weimar 1887, S. 276-279.

dies. (1888): Rundschreiben der Herausgeberin des "Frauenberuf" an einige Mitarbeiterinnen dieses Blattes, in: W. Grimm: Deutsche Frauen vor dem Parlament. Bibliothek der Frauenfrage, Nr. 14/18. Weimar o.J., S. 3-6.

dies. (1891a): Der Kernpunkt der Frauenfrage, in: W. Grimm: Deutsche Frauen vor dem Parlament. Bibliothek der Frauenfrage, Nr. 1/2, 5. Auflage. Weimar o.J., S. 5-12.

dies. (1891b): Die Konkurrenz der Frau, in: W. Grimm: Deutsche Frauen vor dem Parlament. Bibliothek der Frauenfrage, Nr. 1/2, 5. Auflage. Weimar o.J., S. 13-32.

dies. (1891c): Über die Stellung des "Vereins Frauenbildungs-Reform" zu anderen Vereinen, in: W. Grimm: Deutsche Frauen vor dem Parlament. Bibliothek der Frauenfrage, Nr. 1/2, 5. Auflage. Weimar o.J., S. 35-36.

dies. (1891e): Was wird aus unseren Töchtern?, in: W. Grimm: Deutsche Frauen vor dem Parlament. Bibliothek der Frauenfrage, Nr. 1/2, 5. Auflage. Weimar o.J., S. 3-4.

dies. (1892a): Was ist Frauenemanzipation?, in: W. Grimm: Deutsche Frauen vor dem Parlament. Bibliothek der Frauenfrage, Nr. 8/9. Weimar o.J., S. 3-25.

dies. (1892b): Die Ziele des "Deutschen Frauenvereins Reform" und seine Stellung zu anderen Vereinen, in: W. Grimm: Deutsche Frauen vor dem Parlament. Bibliothek der Frauenfrage, Nr. 8/9. Weimar o.J., S. 19-25.

dies. (1893): Gleiche Bildung für Mann und Frau!, in: W. Grimm: Deutsche Frauen vor dem Parlament. Bibliothek der Frauenfrage, Nr. 13, 5. Auflage. Weimar o.J., S. 3-19.

dies. (1894): Gegner des Mädchengymnasiums, in: W. Grimm: Deutsche Frauen vor dem Parlament. Bibliothek der Frauenfrage, Nr. 19. Weimar o.J., S. 17-32.

Lange, Helene (1896): Unsere ersten Abiturientinnen, in: Die Frau, 3. Jg., Heft 8, S. 450-453.

dies. und Bäumer, Gertrud (Hrsg.) (1902): Handbuch der Frauenbewegung. III. Teil. Stand der Frauenbildung in den Kulturländern. Nachdruck: Weinheim/Basel 1890.

dies. (1903): Grundfragen der Mädchenschulreform, in: Die Frau, 10. Jg., Heft 7, S. 385-396.

Lexikon ... 1956: Lexikon der Frau, in 2 Bänden. Zürich 1956.

Lieder aus Niedersachsen: Ausgewählt von Gotthart Kurland (das ist Hedwig Kettler). Wolfenbüttel 1910.

Satzungen ... 1893: Satzungen des Vereins "Frauenbildungs-Reform" für die Eröffnung wissenschaftlicher Berufe für die Frauenwelt, in: W. Grimm: Deutsche Frauen vor dem Parlament. Bibliothek der Frauenfrage, Nr. 11/12, 2. Auflage. Weimar o.J., S. 22-25.

Töchter Album: Begründet von Thekla von Gumpert, 65. Bd., Berlin/Glogau 1920.

Weiland, Daniela: Geschichte der Frauenemanzipation in Deutschland und Österreich. Biographien, Programme, Organisationen. Hermes Handlexikon. Düsseldorf 1981.

Willich, H.: Hedwig Kettler, in: Niedersächsische Lebensbilder, Bd. 4, S. 155-171. Hildesheim 1960.

Darüber hinaus empfohlene Literatur

Primärliteratur

Kettler, J. (Hrsg.): Bibliothek der Frauenfrage. Weimar 1891 (zum Teil vorhanden in: Archiv der ersten deutschen Frauenbewegung Kassel; Stadtarchiv Hannover; Staatsbibliothek Berlin).

dies. (Hrsg.): Frauenberuf. Für die Interessen der gebildeten Frauenwelt. Weimar o.J. (zum Teil vorhanden in: Archiv der ersten deutschen Frauenbewegung Kassel; Stadtarchiv Hannover).

Sekundärliteratur

Frederiksen, Elke (Hrsg.): Die Frauenfrage in Deutschland 1865-1915. Texte und Dokumente. Stuttgart 1981.

Twellmann, Margrit: Die Deutsche Frauenbewegung. Ihre Anfänge und erste Entwicklung. Quellen 1843-1889. Meisenheim am Glan 1972.

Marie Martin: "Der Typus der kämpfenden Frau"

Martina Nieswandt/Mechthild Joest

In unserem Beitrag wollen wir auf eine Frau aufmerksam machen, die sich hartnäckig an dem Kampf um die Reform des *Mädchenschulwesens* beteiligt hat. Marie Martin war weder in der Frauen- noch in der Lehrerinnenbewegung auffallend aktiv. Sie trat jedoch durch zahlreiche Veröffentlichungen zur Frauen- und Mädchenbildung hervor und suchte ihre Verbündeten vor allem auch im christlichen Lager. Ihr Engagement und ihre Auseinandersetzungen mit der preußischen Unterrichtsbehörde sowie ihre "Unverfrorenheit" im Umgang mit "Persönlichkeiten" waren für uns der Anlaß, über sie zu schreiben. Ihr wurde von verschiedenster Seite Lebendigkeit, "Undiszipliniertheit" und Unermüdlichkeit im Eintreten für ihre Ideale und Ziele nachgesagt - eine gute Mischung von Eigenschaften, wie wir meinen, um im Schulalltag und darüber hinaus etwas bewirken und bewegen zu können.

"Wodurch hebt sich Marie Martin aus der Menge tüchtiger Frauen heraus, die für dieselben Ziele gearbeitet haben? Warum gedenken wir ihrer heute noch einmal? Weil sie Temperament hatte, tapfer und fromm war und voller Humor, Eigenschaften, die wir bei Frauen nicht oft vereinigt finden. Wo sie war, entstand Leben und Bewegung (...). Wo sie Unrecht oder Unverstand witterte, kämpfte sie leidenschaftlich dagegen (...)."[1]

Diese Passage aus dem Nachruf für die am 5. November 1926 in Kassel verstorbene Studienrätin i.R. Marie Martin charakterisiert ihre Person unserer Meinung nach recht zutreffend. Von ihren Zeitgenossinnen wurde sie dem "Typus der kämpfenden Frau"[2] zugeordnet. Sie besaß nicht wie die weibliche Jugend der 20er Jahre "ein starkes Harmoniebedürfnis"[3] und lehnte es daher ab, das Kriegsbeil mit den Philologen beziehungsweise den akademischen Mädchenschullehrern zu begraben. Dem Grundsatz "nicht das Geschlecht, sondern die persönliche Tüchtigkeit entscheidet über die Besetzung von Stellen" schenkte Marie Martin keinen Glauben. Sie wies immer wieder darauf hin, daß die Frau nicht nach männlichen Maßstäben zu beurteilen sei. Ihr Engagement konzentrierte sich darauf, die "weibliche Eigenart"[4] als Naturanlage hervorzuheben und durch eine spezifisch *weibliche Bildung* zu stärken.

Während sie ihren Zeit- und Kampfgenossinnen ein leuchtendes Beispiel war, bezeichnete die Preußische Unterrichtsbehörde Marie Martin dagegen als eine "unbe-

---

1 Naumann, Margarete: Marie Martin, in: Helene Lange und Gertrud Bäumer (Hrsg.): Die Frau. Monatsschrift für das gesamte Frauenleben unserer Zeit, Jg. 34. Berlin 1926/27, S. 284.

2 Ebd., S. 283.

3 Ebd., S. 283.

4 Martin, Marie: Zeit- und Streitfragen über die Mädchenbildungsreform, in: Prof. Dr. J. Wychgram (Hrsg.): Frauenbildung. Zeitschrift für die gesamten Interessen des weiblichen Unterrichtswesens, Jg. 7. Leipzig 1908, S. 491-500, hier S. 495.

sonnene, unruhig und überreizte Natur"[5], deren fachliche Qualitäten von der Behörde jedoch nicht abgestritten wurden.

Marie Martin, am 26. April 1856 in Niedermeiser bei Kassel geboren, wuchs zusammen mit ihrer jüngeren Schwester Amelie und ihrem Bruder Ludwig in einem "frommen Landpfarrhaus"[6] auf. Ihre Vorfahren kamen als gläubige Protestanten aus Frankreich, ließen sich in Hessen nieder und verbanden sich mit hessischen Bürgergeschlechtern, wodurch sich - so Marie Martin - "eine nicht leichte und nicht immer glückliche Mischung von Hessenstarrsinn und französischer Freiheitsglut"[7] bei ihr herausbildete.

Marie Martin war die erste geprüfte *Oberlehrerin* in Preußen.[8] Nach der Neuregelung des preußischen Mädchenschulwesens von 1894[9] begann sie mit einem Studium in Göttingen und absolvierte 1897 in den Fächern Deutsch und Geschichte die Oberlehrerinnenprüfung.

Zwischen 1898 und 1902 arbeitete Marie Martin als Oberlehrerin an der städtischen höheren Mädchenschule in Landsberg und wurde im April des Jahres 1902 zur *Seminaroberlehrerin* an das Lehrerinnenseminar in Burgsteinfurt berufen. Ständige Querelen mit der dortigen Schulleitung und mit dem Unterrichtsministerium, in deren Mittelpunkt immer wieder von Marie Martin geforderte und von den Behörden versprochene aber nicht eingelöste Gehaltsforderungen standen, führten dazu, daß sie zum 1. Januar 1903 als etatsmäßige königliche Oberlehrerin an das *Lehrerinnenseminar* nach Trier strafversetzt wurde. Zweck dieser "Versetzung", mit der zwar eine Beförderung verbunden war, dürfte die Ruhigstellung dieser "unliebsamen Person" gewesen sein. Während ihrer Tätigkeit in Trier erschien ihr "Lehrbuch der Mädchenbildung"[10], in dem sie sich u.a. mit Fragen zur weiblichen Sexualität beschäftigte. Die Behandlung eines in Schule und Öffentlichkeit bis dahin weitgehend tabuisierten Lebensbereiches der Frau, rief sowohl bei der Kirche als auch bei den Unterrichtsbehörden starke Kritik hervor. Die Tatsache schließlich, daß Marie Martin einige Exemplare des Lehrbuches ihren Schülerinnen während des in Trier herrschenden Schulstreits zwischen katholischer Kirche und preußischem Staat geschenkt hatte, wurde vom Preußischen Unterrichtsministerium zum Anlaß genommen, sie nach neunmonatiger Tätigkeit nach Berlin zu versetzen. Dort war sie zunächst an der Königlichen Augustaschule und später an der Königlichen Elisabethschule tätig, wo sie bis zu ihrer Pensionierung beschäftigt blieb.

Noch während ihrer Tätigkeit an der Königlichen Augustaschule wurde 1906 im Preußischen Unterrichtsministerium über eine Berufung Marie Martins als Leiterin

---

5 ZSTA Merseburg, Königliches Geheimes Civil-Cabinet, Rep. 89 H, X Gen. 12, S. 86.

6 Martin, Marie: Deutsches Heimatglück. Ein Jugendleben auf dem Lande. Berlin/Braunschweig/Hamburg 1917, S. 2.

7 Ebd., S. 27.

8 Vgl. Loeper-Housselle, Marie: Zur Oberlehrerinnenfrage, in: Die Lehrerin in Schule und Haus, Jg. 20. Leipzig 1904, S. 913.

9 Vgl. Neuordnung des höheren Mädchenschulwesens, in: Centralblatt für die gesammte Unterrichts-Verwaltung in Preußen, hrsg. in dem Ministerium der geistlichen, Unterrichts- und Medizinal-Angelegenheiten. Berlin 1894, Nr. 95, S. 446-518.

10 Martin, Marie: Lehrbuch der Mädchenbildung. Leipzig 1903.

der Königlichen Elisabethschule in Berlin verhandelt.[11] Aufgrund ihrer oben genannten Konflikte mit dem Ministerium und der katholischen Kirche sowie ihrer oft scharfen Angriffe gegen die im Ministerium geschätzten Direktoren und Schulmänner von höheren Mädchenschulen, wurde von der Berufung zur Leiterin der Königlichen Elisabethschule Abstand genommen. Neben der formalen Nichteignung - Marie Martin hatte die zur Leitung von höheren Mädchenschulen notwendige *Vorsteherinnenprüfung* nicht abgelegt - wurden sowohl ihre "Aufmüpfigkeit" und Direktheit hinsichtlich ihrer Forderungen nach Verbesserung der Mädchen- und Lehrerinnenbildung als auch ihre als maßlos empfundenen Gehaltsansprüche gegen sie ins Feld geführt, um sie nicht mit der Leitung der Schule zu betrauen.

Kämpferisch, aber - wie im folgenden erläutert wird - gefangen in einer "Weiblichkeitsideologie", setzte sich Marie Martin während ihrer erst mit 31 Jahren (1887) aufgenommenen Tätigkeit als Lehrerin[12] für eine Reform der Mädchenbildung ein. In Übereinstimmung mit den Forderungen der bürgerlichen Frauen- und Lehrerinnenbewegung verlangte sie für die Mädchen eine den Knaben gleichwertige (Aus-)Bildung, deren Ziel es sein sollte, die Mädchen anstatt zur Dienerin, zur Kameradin und "Gehilfin" des Mannes auf allen Lebensgebieten zu erziehen. "Die weibliche Geisteskultur (sollte) aus der Halbheit und ziellosen Unklarheit erlöst und durch intellektuelle Schulung zu reinen Formen und zielbewußter Kraft gehoben werden."[13] Die Ursachen für diese Halbbildung der Mädchen sah Marie Martin darin, daß die Mädchen für das gesellige Leben erzogen würden und der Unterhaltung des Mannes dienlich sein sollten. Marie Martin erklärtes Ziel war es dagegen, eine Bildung zu fordern, die den Mädchen die Möglichkeit bot, auch im öffentlichen Bereich ein eigenständiges Leben führen zu können. Sie erblickte in der *öffentlichen Wohlfahrtspflege* und im Berufsfeld der Lehrerin die wesensgemäßen Tätigkeitsbereiche der "neuen" Frau.[14]

An der "natürlichen" Berufung der Frau als Hausfrau, Mutter und Gattin wollte und konnte Marie Martin nicht rütteln. Berufsqualifizierende Bildung wurde von ihr wie von der bürgerlichen Frauenbewegung zwar als allgemeines Ziel propagiert, von der Realisierung sollte jedoch nur ein kleiner Teil bürgerlicher Frauen betroffen sein.[15] Marie Martin sah "die Hauptkräfte der Frau im Fühlen und (in) dem starken

---

11 Die folgenden Angaben wurden entnommen aus: ZSTA Merseburg, Königliches Geheimes Civil-Cabinet, Rep. 89 H, X Gen. 12, S. 83-83v und S. 165-170.

12 Gründe für Marie Martins Entschluß, doch noch berufstätig zu werden, sind in den Quellen ebensowenig auffindbar wie Angaben darüber, was sie vor ihrer Ausbildung als Lehrerin getan hat.

13 Martin, Marie: Wahre Frauenbildung. Ein Mahnwort an die Gebildeten. Tübingen 1905, S. 27.

14 Vgl. Martin, Marie: Art.: Die Mädchenerziehung, in: W. Rein: Encyclopädisches Handbuch der Pädagogik, 2. Auflage. Langensalza 1906, S. 703ff.

15 In diesem Kontext sei darauf verwiesen, daß die Forderungen des Allgemeinen Deutschen Lehrerinnenvereins nach verbesserter Mädchen- und Lehrerinnenbildung in erster Linie darauf ausgerichtet waren, Frauen aus den bürgerlichen Schichten neue Berufsfelder zu eröffnen. Vgl. Nieswandt, Martina: Die unterschiedlichen standespolitischen Interessen und Strategien von Lehrern und Lehrerinnen an höheren Mädchenschulen in Preußen (1872 bis 1908), unveröffentlichte Magisterarbeit. Bochum 1986.

natürlichen Trieb der Weiblichkeit"[16] verankert, das kühle Konzentrieren auf intellektuelle Arbeit blieb weiterhin dem Mann vorbehalten.

Diese biologistisch determinierte Sichtweise über die Wesensbestimmung der Frau sollte durch Bildung kultiviert und zum Ausdruck gebracht werden. Diese neue Konzeption der Mädchenbildung sollte nicht vollends von der männlichen höheren Bildung abgekoppelt werden, sondern sich sowohl formal als auch inhaltlich an dieser orientieren. "Abstraktes Denken" (das männliche Prinzip) sollte durch "Gefühle" (das weibliche Prinzip) ergänzt und vervollkommnet werden. Diese Vorstellungen hinsichtlich der Erneuerung der Mädchenbildung blieben somit einer "Weiblichkeitsideologie" verhaftet, deren Wurzeln auf das *bürgerliche Familienideal* des 19. Jahrhunderts zurückgehen.[17] Das in diesem angelegte dualistische Prinzip der *Geschlechtscharaktere*[18] wurde aufgegriffen und die als "spezifisch weiblich" beziehungsweise als "natürlich" propagierten Eigenschaften ("tiefere Empfindung", "Wärme", "Aufopferung", "Hingabe") der Frau zu eigentlich menschlichen erhoben. Den Frauen wurde zur Aufgabe gemacht, diese Eigenschaften in der Gesellschaft zu vertreten. "Das ist es eben, was wir von dem neuen Eintreten der Frau in die *Kulturarbeit* erwarten, daß sie die einseitig materielle Erfassung des Lebens zurückdrängen und helfen wird, alle Lebensfragen wieder voll persönlich zu nehmen, weil die nur aus der Harmonie von Denken, Fühlen und Wollen heraus gelöst werden können."[19]

Gesellschaftliche und individuelle Entfremdungserscheinungen - hervorgerufen durch die Industrialisierung und die zunehmende Vertechnisierung aller Lebensbereiche - betreffen notwendigerweise auch die Verhältnisse der Geschlechter untereinander. Obwohl Marie Martin die Ursachen der Geschlechterentfremdung in ihren Ausführungen immer klar zum Ausdruck brachte[20], hielt sie diese jedoch für unabänderlich. Die Vision eines drohenden "Kulturverfalls" in der zeitgenössischen Diskussion[21] war der Anlaß ihres Engagements für die Frauen- und Mädchenbildung. Die geistige Re-Kultivierung der weiblichen Eigenschaften im Sinne einer vernünftigen, der Natur der Frau entsprechenden Bildung sollte sich mit dem abstrakten "männlichen" Denken zur Rettung von Kultur und Gesellschaft verschmelzen, ohne daß das Prinzip von einer naturgegebenen Geschlechterdifferenzierung aufgegeben werden mußte.

---

16 Martin, Marie: Die weiblichen Bildungsbedürfnisse der Gegenwart. Berlin 1906, S. 15.

17 Zur Genese des bürgerlichen Familienideal vgl. die Ergebnisse der neuen Familienforschung, exemplarisch: Rosenbaum, Heidi: Formen der Familie. Untersuchungen zum Strukturzusammenhang von Familienverhältnissen, Sozialstruktur und sozialem Wandel in der deutschen Gesellschaft des 19. Jahrhunderts. Frankfurt a.M. 1982, insbesondere Kap. 4.

18 Vgl. Hausen, Karin: Die Polarisierung der "Geschlechtscharaktere". Eine Spiegelung der Dissoziation von Erwerbs- und Familienleben, in: Rosenbaum, Heidi (Hrsg.): Seminar: Familie und Gesellschaftsstruktur. Materialien zu den sozio-ökonomischen Bedingungen von Familienformen, 2. Auflage. Frankfurt a.M. 1980, S. 161-191.

19 Martin, Marie: Bildungsbedürfnisse, a.a.O., S. 41.

20 Vgl. hierzu Martin, Marie: Die Psychologie der Frau. Vortrag, gehalten am 25. September 1903 auf der Generalversammlung des Deutsch-Evangelischen Frauenbundes zu Bonn. Leipzig 1904; und dies.: Die Frau als Gehilfin bei den sozialen Zeitaufgaben. Vortrag, gehalten auf dem 13. Evangelisch-sozialen Kongreß in Dortmund am 23. Mai 1902. Göttingen 1902.

21 Spengler, Oswald: Der Untergang des Abendlandes. München 1921.

Marie Martins Bemühungen um eine Verbesserung der Mädchen- und Frauenbildung gipfelten in ihrer aktiven Beteiligung bei den Vorarbeiten der *Mädchenschulreform* von 1908. Als angeblich engste Vertraute und Freundin der Kaiserin[22] gewann sie deren Interesse für eine Reform der Mädchenbildung und erreichte, daß die Kaiserin schließlich den Wirkl. Geh. Ober-Reg.rat Dr. Althoff aufforderte, eine *Mädchenschulkonferenz* einzuberufen. Auf der im Januar 1906 durchgeführten Mädchenschulkonferenz[23] wurden die unterschiedlichen Vorstellungen der Frauenbewegung, die der akademisch gebildeten Lehrer an höheren Mädchenschulen und die des Unterrichtsministeriums hinsichtlich einer Neuorganisation des höheren *Mädchenschulwesens* diskutiert. An dem Zustandekommen dieser Konferenz, deren Bedeutung für die 1908er Reform unbestreitbar ist, war Marie Martin neben Vertreterinnen der bürgerlichen Frauen- und Lehrerinnenbewegung maßgeblich beteiligt.

Die Bemühungen um die Mädchenschulreform von 1908[24] scheinen die letzten aber wohl auch die wichtigsten öffentlichen Aktivitäten Marie Martins gewesen zu sein. Zwar hat sie sich noch in den Jahren danach hin und wieder in Zeitschriften geäußert[25] und 1917 ihre Jugendbiographie beendet, über ihre Arbeit im Ersten Weltkrieg als auch in der Weimarer Republik ist uns jedoch nichts näheres bekannt. Anzunehmen ist, daß sie sich nach 1908 in den "Ruhestand" begeben hat.

Marie Martins Vorstellungen und ihre Ausführungen über die "Natur" der Frau sind ihrem Inhalt nach nicht revolutionär. Die ideologische Konzeption geht über pseudowissenschaftliche Argumentationen kaum hinaus. Die Festschreibung der Frau *auch* im öffentlichen Leben auf ihre "Natur" hat erheblich dazu beigetragen, daß sich verschiedene Berufszweige für Frauen entwickeln konnten, in denen sich dieses ideologische Konzept bis heute gehalten und verfestigt hat.

Marie Martin lag mit ihren Vorstellungen jedoch durchaus im Trend der damaligen Zeit innerhalb des Bildungsbürgertums. Die Diskussion um Qualifizierung und Berechtigung im Mädchenschulwesen innerhalb der Lehrerinnenbewegung läßt heute erkennen, daß der Kampf um Berufsfelder für Frauen um die Jahrhundertwende seinen Anfang genommen hatte. Die neuen Berufe mußten erst gegen den Widerstand einer Männergesellschaft geschaffen oder wie im Falle der Lehrerinnen an höheren Mädchenschulen den männlichen Vertretern dieser "Zunft" zäh und hartnäckig abgerungen werden.

Wir haben versucht, das Leben Marie Martins zu rekonstruieren, weil es uns Einblick in diese, auf den verschiedenen Ebenen des politischen Lebens stattgefundenen Auseinandersetzungen verschafft und uns ein bißchen Mut für den mit ähnlichen Problemen angereicherten Uni- und Schulalltag gemacht hat. So greifen wir zum

---

22 Marie Martin wird in verschiedenen Quellen als Freundin und Vertraute der Kaiserin dargestellt. Vgl. ZSTA Merseburg, Königliches Geheimes Civil-Cabinet, Rep. 89 H, X Gen. 12, S. 169f.; Nachweise über die Richtigkeit dieser Angaben haben wir nicht erbringen können.

23 Vgl. Poehlmann, M.: Bericht über die Konferenz für das höhere Mädchenschulwesen, abgehalten im preußischen Kultusministerium am 23. und 24. Januar 1906, in: Die Lehrerin, a.a.O., Jg. 22. Leipzig 1906, S. 592-598.

24 Zu den Bestimmungen von 1908 vgl.: Neuordnung des höheren Mädchenschulwesens, in: Centralblatt, a.a.O. Berlin 1908, Nr. 126, S. 692-717.

25 Vgl. u.a. Martin, Marie: Warum brauchen wir weibliche Oberstudienräte?, in: Die Lehrerin, a.a.O., Jg. 38. Leipzig 1921, S. 44f.

Schluß noch ein Zitat von Katharina von Siena auf, das Marie Martin oft und gerne in Vorträgen und Veröffentlichungen ihren Zeitgenossinnen entgegen hielt:

"Wache auf, meine Schwester,
und handle mutig!
Es ist keine Zeit zum Schlafen!"

Gertrud Bäumer: Hindurch, hinauf, verloren

Mechthild Engel

Was an ihr fasziniert, ist die Vielseitigkeit ihrer Begabungen und Engagements, ist das Selbstbewußtsein, das die "Magna", wie sich Gertrud Bäumer im Alter bisweilen nennen ließ, schon als junge Frau entwickelt hatte, ist ihr theoretisches Bemühen um Antworten auf lebensphilosophische Fragen. Was befremdet, ist das häufige Pathos ihrer Sprache, ihre am aristokratischen Elitedenken orientierte Argumentation, ihr starker Nationalismus, der gerade wegen seiner verqueren sozialen Verbrämung und seiner Affinität zum deutschen Faschismus geradezu peinlich berührt. Der folgende Beitrag ist von daher als Versuch anzusehen, mit diesen Ambivalenzen das Bild der Gertrud Bäumer (1873-1954), der Pädagogin, Bildungspolitikerin und Frauenrechtlerin kritisch und doch fair herauszuarbeiten.[1] Dabei liegt der Schwerpunkt auf der Pädagogin Bäumer; auf die "Führerin der Deutschen Frauenbewegung" wird nur indirekt eingegangen, insofern als diese Rolle dem Text quasi als Folie unterliegt und eine kritische Würdigung ihrer Tätigkeiten und Einflußnahme über den BDF und die Zeitschrift "Die Frau" den Rahmen dieses Beitrages sprengen würde.

Anders als ihre "geistige Mutter", Freundin und Mitstreiterin Helene Lange ist Gertrud Bäumer offener und freigiebiger in ihren Änderungen über Persönliches und Privates. So entsteht aus ihrer Autobiographie und ihren Briefen das Bild einer enorm belastbaren und zähen, publizistisch unglaublich produktiven Frau, der fast nichts zu viel wird, einer "modernen Frau", die Auto fährt, segelt, in den Bergen wandert, unterrichtet, Vorträge hält, partei-politisch arbeitet, Wahlkämpfe absolviert u.v.m. Aus der Vielzahl ihrer Tätigkeiten soll zunächst der pädagogische Bereich herausgegriffen werden (Bäumer 1933, 1953, 1956).

I. Die Pädagogin

Lehrerin und Studentin

Gertrud Bäumer, 1873 in Hohen Limburg bei Hagen/Westfalen als älteste Tochter eines liberalen Theologen-Ehepaars geboren, wird früh Halbwaise und siedelt 1882 mit ihrer Mutter und zwei Geschwistern nach Halle in das Haus der Großmutter um. Der frühe Tod des Vaters hat, wie I. Hoeppel zeigt, auf die Tochter Gertrud eine lebensprägende Wirkung, die ihre Beziehung zu Männern - als Kameraden, nicht als Liebhaber - und zu Frauen - als zu schützende und zu unterstützende - nachhaltig beeinflußte (Hoeppel 1983, S. 153 und 158f.).

Die Jugend in Halle ist gekennzeichnet von "spartanischer Strenge und Anspruchslosigkeit" (Drewitz 1981, S. 249). Die Schule bewältigt Gertrud mühelos, sie möchte weiterlernen, um nicht eines Tages ein Leben wie die Mutter oder die Groß-

---

1   Auf die Schriftstellerin Gertrud Bäumer wird in diesem Beitrag nicht eingegangen (s. Literaturverzeichnis).

mutter führen zu müssen: "Kreuzzeitungen und Häkeldeckchen. Und dazu: <Die letzte Reckenburgerin>. War das das Frauenleben - diese Spirale um die eigene Achse?" (Bäumer 1953, S. 93). Um dieser Spirale zu entkommen, wird sie zunächst Lehrerin und tritt mit 19 Jahren ihre erste Stelle - für DM 980 im Jahr - in Kamen/Westfalen an (Bäumer 1953, S. 103).

In dieser Gemeinde, die überwiegend, wie Gertrud Bäumer schreibt, durch "die schöne Gesundheit der bäuerlichen Schicht und die schlichte, gläubige Gesittung der städtischen Handwerker und Kleinbürger" geprägt war und weniger von der in ihren Augen häßlichen, schlampigen und vom "Kollektivdasein" bestimmten "Daseinsform des Industriearbeiters" (Bäumer 1953, S. 105-106) - in dieser Gemeinde unterrichtet die 19jährige unter Bedingungen, die nicht nur heute fast unzumutbar erscheinen. 1930 erinnert sich Gertrud Bäumer an diese Zeit: "Der Lehrer einer pädagogischen Akademie von heute wird den Vorbereitungszustand, in dem eine 19jährige Lehrerin eine große Klasse mit zwei Jahrgängen des dritten und vierten Schuljahres - etwa 70 Kinder - mit dem gesamten Unterricht, auch Zeichnen, Gesang und Handarbeit, übernahm, einfach frevelhaft finden. Für die technischen Fächer war ich weder vorbereitet, noch geprüft, meine Ausbildung, wenn man sie so nennen will (...), bezog sich mit zwei Fremdsprachen auf die <höheren Schulen> (...).

Dazu kam die Primitivität aller technischen Dinge. Die Kinder saßen in einem breiten Raum zu beiden Seiten des Ofens auf langen Bänken, so daß man an die meisten überhaupt nicht heran konnte. Für die Schreibstunde wurden die Tintenfässer immer erst verteilt und nachher wieder eingesammelt, eine Prozedur, für die man ein praktisches und gefahrloses Verfahren sich erst ausdenken mußte.

Mit theoretischen Vorstellungen von den Herbartschen Formalstufen, einer gewissen autodidaktischen Praxis aus dem Kindergottesdienst und zwei faktisch gehaltenen Lehrproben stand ich vor der Schar, die zunächst mein Hochdeutsch so wenig verstand wie ich ihren Dialekt (...). Erschwerend war für den Anfänger, daß die Schule eine Republik ohne eigentliches Oberhaupt war. Über zehn Lehrern und Lehrerinnen stand nur der geistliche Schulinspektor, der sich in schönem Gottvertrauen ganz selten einmal in der Schule sehen ließ" (Bäumer 1953, S. 107-108).

All dies sieht die Pädagogin Bäumer aber nicht nur als negativ an, im Gegenteil: "Die Erinnerung an diese Schule ist mir immer ein Beweis, wie wenig Vorbereitung, Regelung und Paragraphen eine lebendige Schule braucht, um zu gedeihen, und das es eigentlich auf andere Dinge ankommt als auf <Pädagogik> im Schulsinn. Ich bin sehr ketzerisch geworden in bezug auf <Lehrerbildung>. Das wichtigste ist, daß man sofort anfängt, mit den Kindern zu leben. Kann man das am Beispiel lernen?" (Bäumer 1953, S. 109).

Wie nun sah dieses Mit-den-Kindern-leben aus?

"Da waren zum Beispiel vier ältere stumpfe Mädchen, die einfach nicht lesen und schreiben konnten. Drei Jahre waren sie schon so mitgelaufen. Ich habe sie ganz naiv täglich eine Stunde dabehalten, damit sie diese schweren Künste noch lernten, obwohl die Kollegen sagten, das ginge grundsätzlich nicht.

Wegen eines dieser Kinder wurde ich als Zeugin nach Dortmund vorgeladen; der eigene Vater hatte ein Sittlichkeitsverbrechen an seiner Tocher begangen. Eine unbekannte Welt klaffte auf." Die junge Lehrerin hatte das Gefühl, daß die Schicksale dieser Kinder ihr "aufgegeben" seien, was "durch den persönlichen Zusammenhang in der Gemeinde verstärkt" wurde, die die Schule weniger als Lehranstalt, sondern als "Lebensgemeinschaft" verstand. Wie konkret tatsächlich schulisches Leben mit dem Alltagsleben der Leute verzahnt war, zeigt G. Bäumer an einigen amüsanten Beispielen:

"Die ersten Knabenklasse (...) hatte unter ihrem Lehrer eine gewisse Vertrauensstellung in der Stadt. Sie wurde losgeschickt, wenn eine Kuh verloren gegangen oder ein Waldfrevel geschehen war oder Bienenschwärme sich verflogen hatten" (Bäumer 1953, S. 111).

Wie hingegen erlebte Gertrud Bäumer die Mädchen ihrer eigenen Klassen? Der Begriff Sexismus war damals noch nicht geprägt, das traditionelle Rollenverhalten wurde auch von der späteren "Führerin der Frauenbewegung" nicht in Frage gestellt, sondern gerade im pädagogischen Handlungsfeld unreflektiert weitergegeben, was deutlich wird, wenn Gertrud Bäumer ihre Schülerinnen in der Erinnerung Revue passieren läßt: "Ich weiß, wie die kleine, kräftige Martha Vorwig die Stricknadeln packte, daß sie sich in der heißen Kinderhand verbogen, ich sehe die dunkelhaarige Martha Stahl mit den mich selbst einschüchternden, unbeschreiblich dreisten, schwarzen Augen ungebändigt auf der <Sünderbank> neben dem Katheder sitzen, und fühle wieder die Not von Minnie Kämpfer, dem Bergmannskind, in ihren fadenscheinigen, karoisinroten Kleidchen mit der kirschroten Schürze. Ich hatte ihr einmal nachmittags nicht frei gegeben, als sie, wie fast immer, behauptete, zuhause bleiben zu müssen, weil ihre Mutter Kohlen holte. Da klopfte es leise an die Klassentüre, als die Zeichenstunde schon angefangen hatte, und davor stand, schweißperlend, das achtjährige kleine Ding mit einem Säugling auf dem einen Arm (...), das Heft hatte sie unter dem anderen Arm geklemmt. Sie wurde mit ihrem Pflegling in der Klasse installiert. "Wir <verwahrten> trotz amtlichen Verbots öfters kleine Geschwister), und wir dachten, es sei nun gut. Das Kind aber fing bitterlich an zu weinen und schluchzte auf Befragen verzweifelt: <es sind noch welche draußen>. Ja, da saßen noch drei aufsteigenden Alters auf den Stufen der Haustür; die waren alle sauber gemacht, in Marsch gesetzt und den weiten Weg von den Zechenhäusern herangeschleppt worden; kein Wunder, daß der kleinen Mutter die blonden Haare in Strähnen an der Stirn klebten und die feuchte, kleine Hand zitterte, als sie anfing, ihre Striche zu malen" (Bäumer 1953, S. 112-113).

Das allgemeine Leben mit den Schulkindern ließ auch den Tod nicht außer acht. Lehrer/innen und Schüler/innen banden gemeinsam Kränze für den Sarg eines jungen Verstorbenen, der der Tuberkulose erlegen war, eine Krankheit, die damals viele Schulkinder bedrohte.

Drei Jahre später wurde Gertrud Bäumer aus dieser kleinstädtischen Idylle, die es erlaubte, Leben und Lernen zu einem Ganzen zu verbinden, herausgerissen und an eine Mädchenschule in Magdeburg versetzt. "Eine große Mädchenschule in einem alten etwas verwahrlosten Gebäude im Fabrikviertel! Die Bevölkerung jene charakteristische Mischung aus bäuerlichen und städtischen Arbeitern, wie sie da entsteht, wo die Großstadt ihre Industrieanlagen ins Land hinein vortreibt (...). Viel Frauenarbeit in den Fabriken (...). In der Schule wenig Kinder aus bürgerlichen Häusern. Die Schule kam mir vor, wie eine Kolonie in einem sozial fremden Land" (Bäumer 1953, S. 119-120). Gertrud Bäumer ist an dieser Mädchenschule die einzige Lehrerin, sie fühlt sich fremd und bedrückt. "Körperliche Strafen spielten eine große Rolle, auch in der Behandlung der großen Mädchen. Die Kinder waren so daran gewöhnt, daß sie einfach nicht verstanden, wenn man nicht den Stock brauchte. Ich war in Kamen fast ohne Schlagen ausgekommen und entschloß mich so schwer dazu, daß das betroffene Kind die Selbstüberwindung, die es mir kostete, merkte und gutmütig sagte: <Ach, Fräulein, lassen Sie mal, Herr H. haut uns ganz anders> - und von da an musterhaft war. Eine müde Mutter kam in die Schule und bat, ich möchte ihr doch das Durchhauen ihrer Tochter ganz abnehmen. Wenn sie abends von der Arbeit käme, könnte sie nicht alle sechs noch durchschlagen" (Bäumer 1953, S. 120-121).

Die Problematik der damaligen Volksschule als das Ergebnis der Industrialisierung und der Arbeiterfrage, sah Gertrud Bäumer wohl, als religiös empfindende und denkende Frau konnte sie dieses Problem wohl nur von "religiös-sozialen Bewegung" her angehen. So schloß sie sich Friedrich Naumann und Adolf von Harnack an, die ihr Denken und Handeln besonders in politischer Hinsicht stark beeinflußten.[2]

Eine für ihren beruflichen Werdegang einschneidende Wirkung hatte schließlich die Begegnung mit der Frauenbewegung über die von Marie Loeper-Houselle herausgegebenen Zeitschrift "Die Lehrerin". Hier erfuhr sie mehr über weitere Ausbildungsmöglichkeiten. Gertrud Bäumer "mußte tiefer in die Dinge hinein und weiter über sie hinaus". Sie "konnte nicht stehen bleiben, wo (ihr) die geistige und soziale Wirklichkeit ihre unentrinnbaren Fragen stellte" (Bäumer 1953, S. 127). Um das Abitur nachzumachen, fehlten ihr die Mittel, aber sie konnte die Oberlehrerinnen-Prüfung ablegen, wenn sie vorher "mindestens zwei Jahre an einer höheren Mädchenschule gearbeitet hatte" (Bäumer 1953, S. 128).

Dazu bot sich bald eine Möglichkeit in Magdeburg. Hier erlebte sie "eine schöne Einheit von Schule und häuslicher Bildungsgemeinschaft". Das Kollegium war jung, engagiert in der Frauenbewegung und die "Aufgeschlossenheit der Kinder in der Schule und zu Hause" beglückte Gertrud Bäumer. Sie "dachte mit einem Schuldgefühl an die Volksschuljugend der Arbeitervorstadt, aber (...) konnte nicht anders, als den reicheren und beweglicheren Seelen dieser Kinder (ihre) Liebe zu schenken" (Bäumer 1953, S. 129-130). Durch diese Schule begegnet Gertrud Bäumer auch zum ersten Male der lange verehrten Helene Lange[3], die allerdings wenig Notiz nimmt von der jungen Verehrerin. Die Arbeit im Magdeburger Lehrerinnen-Verlag führt Gertrud Bäumer auch zu Tagungen nach München, wo sie die Fortbildungsschulen G. Kerschensteiners besichtigt, den sie als "ungezwungen, unbürokratisch, menschlich interessiert" charakterisiert. Die achte Klasse der Volksschule in München wurde von Helene Sumper geführt und Gertrud Bäumer fasziniert "das Sichere, Zufassende, Volksnahe, eine unpedantische feste Zucht, kräftige, einfache Arbeitserziehung und Volksweisheit", der gegenüber sie sich wie eine "etwas windige Intellektuelle" vorkam (Bäumer 1953, S. 134-135). Weiter geht die Auseinandersetzung mit der Arbeitschul-Pädagogik Kerschensteiners nicht, denn letztendlich ist

---

[2] Friedrich Neumann (1860-1919) wird als "bedeutender Wegbereiter des 'sozialen Liberalismus' angesehen. Der ehemalige Pfarrer gründete 1896 den "Nationalsozialen Verein", der 1903 aufgelöst wurde. Danach gand Neumann Anschluß an die "Freisinnige Vereinigung, für die er von 1907 bis 1919 als Reichstagsabgeordneter arbeitete (1910 wurde die Freisinnige Vereinigung in die Fortschrittliche Volkspartei absorbiert. Kurz vor seinem Tode wurde er als Vorsitzender der linksliberalen Deutschen Demokratischen Partei (zu deren Gründungsmitgliedern auch G. Bäumer zählte) in die Weimarer Nationalversammlung gewählt. 1915 erschien sein wohl wichtigstes Buch, in dem er sich Gedanken um die wirtschaftliche und politische Gestaltung Mitteleuropas machte: Mitteleuropa, Plan einer föderalistischen mitteleuropäischen Wirtschaftsunion.

[3] Zum Leben mit Helene Lange siehe den Beitrag über H. Lange in diesem Band.

es nicht so sehr die Pädagogik, als das Fachstudium, das Gertrud Bäumer reizt. Sie entscheidet sich für das Studium der Fächer Theologie, Germanistik und Philosophie und geht 1899 nach Berlin, wo sie am Viktoria-Lyzeum das Oberlehrerinnenexamen ablegt und dann an der Universität mit dem Studium beginnt.

Das Frauenstudium lag um 1900 in Preußen noch ganz in den Anfängen, erst 1908 wurden Studentinnen offiziell zum Studium zugelassen. Bis dahin entschieden die Dozenten darüber, ob sie Frauen in Vorlesungen und Seminare zulassen wollten oder nicht. "Es gab unbedingte Gegner, wie den Nachfolger Weinholds, Roethe, der ja sogar bei seiner Berufung das Reservatrecht ausgemacht hatte, auch nach der Immatrikulation die Frauen noch ausschließen zu dürfen. Es gab Dozenten, die uns zuließen, aber nur aus einem gewissen Billigkeitsgefühl heraus ohne eine positive innere Einstellung zu dem neuen akademischen Typus" (Bäumer 1953, S. 145). Manche Professoren richteten <Damenseminare> ein. Trotz aller Loyalitätsbezeugungen, empfand die 27jährige Studentin "stark die Andersartigkeit des akademischen Geistes". Sie sah darin nicht eine Art Widerstand gegen das Frauenstudium, sondern "eine in Jahrhunderten aus männlichem Wesen gewachsene, jugendliche Lebensform (...), in der die organische Verschmelzung der männlichen und weiblichen Art doch erst noch gefunden werden mußte" (Bäuemr 1953, S. 146).

Als Studentin der Philosophie hörte Gertrud Bäumer u.a. bei Dilthey, der als "schwer zugänglich" und "unheimlich für die Unphilosophischen" galt. Für Gertrud Bäumer "hat er das Studium der deutschen Literatur aus der Fachlichkeit der Philosophie ins Geisteswissenschaftliche erhoben. Er machte den Hintergrund der geistigen Situation sichtbar, von dem sich die Einzelerscheinungen der Kultur abhebt und ließ (...) die Funktion erkennen, durch die jeweils die Fülle der Erscheinungen zu großen Einheiten geprägt wird. So gewannen die Dinge Schwere und Lebensfülle vom Ganzen her, in dessen Zusammenhang sie wuchsen und vergingen" (Bäumer 1953, S. 144).

Daß dieses Studium bei von Harnack, Schmidt, Dilthey und anderen die Studentin Gertrud Bäumer nicht kritisch machte, sondern sie in seiner Einheit und Zusammenhang stiftenden Funktion "beglückt", zeigt die Problematik der bürgerlichen Bildungskonzeption des 19. Jahrhunderts, in deren Fahrwasser sich Gertrud Bäumer als eine der "Erben des Humanismus" verstand, womit sie "eine Lebenshaltung" beschreibt, "der sie nicht ausweichen kann und nicht ausweichen wird" (Drewitz 1981, S. 252).

Nach Abschluß des Studiums durch die Promotion arbeitete Gertrud Bäumer überwiegend publizistisch, zum Teil mit Helene Lange für die Frauenbewegung (Handbuch der deutschen Frauenbewegung), zum Teil mit Naumann zusammen (Zeitschrift: Die Hilfe). In dieser Zeit entwickelte sie eine eigene Konzeption der Frauenbildung auf der Basis einer ganz bestimmten "Theorie" von Weiblichkeit, worauf im nächsten Abschnitt eingegangen wird.

Gertrud Bäumers Konzeption der Frauenbildung und ihre "Theorie" von Weiblichkeit

Die Darstellung dieser Konzeption flicht Gertrud Bäumer in eine sehr grundsätzliche und breit angelegte Auseinandersetzung mit dem, was "Weiblichkeit" bestimme. Ihre

Schrift "Die Frau und das geistige Leben" (1911) stellt einen in *neu-kantianischer* Tradition[4] unternommenen Versuch dar, Weiblichkeit und Bildung sozusagen im großen Wurf - "gesamtgesellschaftlich", das heißt bei Bäumer immer kulturtheoretisch - zu bestimmen. Die sozialphilosophische Grundlage dazu hatte sie ein Jahr zuvor in ihrem Buch "Die soziale Idee in den Weltanschauungen des 19. Jahrhunderts" (1910) dargelegt. Dabei ist sie keiner der damals schon umstrittenen Schulen des Neu-Kantianismus zuzuordnen. Ihr geht es darum, "die prinzipielle Erlösung des Geistigen aus dem Bann der einen unzerbrechlichen Tyrannis der Materie" zu leisten, ein Unterfangen, das sich beim genaueren Lesen als ein im philosophischen Gewande einhergehender Anti-Marxismus entpuppt, der im "Sozialismus" die "Verwirklichung des kategorischen Imperativs" sieht und Kant zum "wirklichen Urheber des Sozialismus" erhebt. Diese Sichtweise stellt für sie den Schlüssel zur Lösung dringender Zeitfragen dar und von diesem Hintergrund her hat sie keine Schwierigkeit vom Sozial-Sozialismus zu sprechen, den sie auf die "neu-kantianische Formel" bringt, er sei ein National-Sozialismus "ohne materialistische Begründung, mit stärkerer positiver Betonung der Staatsidee gegenüber der prinzipiell destruktiven Haltung der Sozialdemokratie und mit ausgeprägterem Festhalten am *nationalen* Element als der realen Grundlage für die Verwirklichung der Staatsidee" (Bäumer 1910, S. 356, Hervorhebung im Original).

Daß Gertrud Bäumer mit diesem Ansatz, sicherlich ohne gezielte Intention, zum Steigbügelhalter nationalsozialistischer, sprich faschistischer Ideologie werden mußte, zeigt nicht nur ihr nebulöser Sozialismusbegriff, der von dem der "Nation" zunehmend überwuchert wird, sondern auch ihre Entwicklung einer "Theorie der Frauenbildung", die im Folgenden unter Berücksichtigung der historischen Entwicklung bis 1919 unter den drei Schwerpunkten: Konzeption von Weiblichkeit, Schulaufbau und Koedukation skizziert wird.

Konzeption von Weiblichkeit

In der Schrift "Die Frau und das geistige Leben" (1911) fragt sich Gertrud Bäumer in einer breit angelegten Darstellung, wie "Weiblichkeit" aus psychologischer, historischer, literarischer, ethisch-religiöser, ästhetischer und - natürlich - nationaler Sicht her zu definieren sei. Der politisch-ökonomische Aspekt bleibt bezeichnenderweise marginal.

---

4   Der Begriff Neu-Kantianismus tauchte in den 70er Jahren des 19. Jahrhunderts auf und sollte zunächst der Abgenzung einzelner philosophischer Richtungen dienen. Als Versuch, im Rückgriff auf Kant erkenntnistheoretische, ethische und handlungstheoretische Probleme neu zu diskutieren, war der N.-K. von Anfang an umstritten. Die einen sahen darin eine "Professorenphilosophie", die sich "hauptsächlich als Wiedererinnerungen mit den professoralen, schlechteren drei Vierteln des kantischen Gedankenkreise" befaßte (Düring), andere kritisierten den insbesondere innerhalb des theologischen N.-K. auftretenden "schroffen Dualismus" zwischen der "Welt der Wirklichkeit" und der "Welt der Werthe". W. Wundt sah im N.-K. eine "Autoritätsphilosophie in ihrer ganzen Machtsfülle", eine Neo-Scholastik (Ritter 1984, Bd. 6, S. 747f.). Auch heute ist die Auseinandersetzung um die Einschätzung dieser bis 1933 doch sehr einflußreichen bürgerlichen Philosophie nicht abgerissen (Köhnke 1886). Im pädagogischen Kontext wird sie häufig unter "normativer Pädagogik" eingeordnet (Lassahn 1978, S. 94ff).

Als Quintessenz all dieser Aspekte begreift sie dann in neu-kantianischer Tradition "Weiblichkeit" nicht als "ein Ideal des *Sollens*", sondern als "eine höchste Form des *Seins*" (Bäumer 1911, S. 355). Von daher sei die Diskussion über das, was Weiblichkeit ausmache, nicht länger teleologisch zu führen. Allerdings stehe dieser Erkenntnis das Faktum gegenüber, daß gerade in der pädagogischen Diskussion des frühen 20. Jahrhunderts "Weiblichkeit" als explizites telos der Mädchenbildung angegeben werde. Gertrud Bäumer hält diesen Tatbestand ex negativo für gerechtfertigt, insofern als mit und durch Bildung die "Weiblichkeit" der Frau nicht "absichtlich verleugnet" werden dürfte. Allerdings sei positiv gedacht eine Verdeutlichung bestimmter - "Weiblichkeit" konstituierender - Merkmale notwendig. Hierbei sitzt Gertrud Bäumer selbst dem Dilemma der Vermischung zwischen Sein und Sollen auf und greift auf Weiblichkeitsmerkmale eines Psychologen (Heymann) zurück, die sie zuvor in einer kritischen Analyse als unhaltbar zurückgewiesen hatte, so zum Beispiel das Merkmal der "größeren Erregbarkeit" (Emotionalität) der Frauen. Diese bleibt plötzlich auch für Gertrud Bäumer ein typisch weibliches Merkmal, selbst dann, wenn sich die Frau sonst sehr männlich geriere, zum Beispiel "wenn sie im Quersitz reitet und Zigaretten raucht" (Bäumer 1911, S. 355).

In dem Versuch, das Bildungsziel "Weiblichkeit" auf ein "Verleugne-Deine-Natur-nicht" zu reduzieren, wird ein, wie ich meine, typischer Widerspruch bei Gertrud Bäumer deutlich: weist sie zunächst alle wissenschaftlichen Bemühungen der damaligen Zeit als biologistisch determiniert zurück, so versucht sie dann aber andererseits, "Weiblichkeit" auch aus der teleologischen, aus der Sollens-Diskussion herauszunehmen, um sie als "kulturelle Seinsform" zu begreifen. Sie meint, "Weiblichkeit" als Kulturbegriff positiv konzipieren zu können, wobei sie offensichtlich nicht berücksichtigt, daß der Kulturbegriff eine teleologische Dimension enthält. Ständig von ihrer eigenen bürgerlich-ideologischen Bindung eingeholt, baut sie ihre "Theorie der Frauenbildung" von dieser Konzeption her auf und versteht dann "Weiblichkeit" als "Essenz, gewissermaßen der tatsächlichen Kulturleistungen der Frau, ihres Wesens, wie es sich ausspricht in den vielen konkreten Gestalten ihres Daseins, in der Art, wie sie ein Heim gestaltet, ihre Kinder erzieht, Kunst aufnimmt, Liebe und Freundschaft schenkt und empfängt, im Charakter ihres religiösen Lebens, ihres sozialen Empfindens und Tuns, ihrer Weltanschauungsbedürfnisse" (Bäumer 1911, S. 356).

Unter der Hand tauscht hier "Weiblichkeit als höchste Form des Seins" den Platz mit dem Bildungsideal für Frauen einer bürgerlichen Schicht, für die ein gepflegtes Heim, eine Schar wohlerzogener Kinder, Kunst-Rezeption (!) etc. die Sphäre der Frau schlechthin darstellte (Meyer 1983, S. 172-196).

Die Folgen dieses Wechsels heißen aber: Festschreibung des traditionellen, bürgerlich geprägten Rollenverhaltens von Frauen und Männern, Erhebung der Lebensform einer bestimmten Klasse zur Norm mithilfe des Kulturbegriffs. Gertrud Bäumer scheint diese Gefahr zu sehen, wenn sie darauf verweist, daß viele Eigenschaften und Tätigkeiten, die der "weiblichen Sphäre" im allgemeinen zugeordnet würden, nicht aus der "Natur" der Frau, sondern lediglich aus der Kulturtradition entstünden, aus der Notwendigkeit der "Anpassung an die Aufgaben, die in der Ökonomie des Ganzen von ihr geleistet werden müssen". Auf diese Weise komme es dazu, daß "der Frau als Entfernung ihrer Natur angerechnet (wird) (...), was nur Veränderung des *objektiven Inhaltes* ihrer Betätigung ist" (Bäumer 1911, S. 357, Hervorhebungen im Original).

Da nun aber Kulturtraditionen veränderlich seien, würden sich auch die geschlechtstypischen Zuweisungen von bestimmten Tätigkeiten für Frauen ändern. Dabei folge im Laufe des Veränderungsprozesses die "Arbeitsteilung zwischen Mann und Frau der Kultur (...) sicherlich nicht genau der spezifischen Veranlagung der Geschlechter. Sie gehorcht oft äußerem wirtschaftlichen und sozialen Druck. Es ist deshalb nicht gesagt, daß diese oder jene Arbeit der Frau nicht gemäß sei, weil sie während eines - vielleicht sogar sehr langen - geschichtlichen Zeitraumes diese Arbeit nicht ausgeübt hat" (Bäumer 1911, S. 358). Zeitpunkt und Art der Veränderung sind für Gertrud Bäumer nicht durch theoretische Überlegungen zur Bestimmung des "Weiblichen" vorhersagbar. Die einzige Möglichkeit zur konkreten Veränderung der traditionellen Arbeitsteilung zwischen den Geschlechtern sieht sie darin, "daß auch der Frau die Bewegungsfreiheit, die innere Voraussetzungslosigkeit für das Suchen nach ihrer Kulturleistung zugestanden werden muß, die für den Mann selbstverständlich und nie in Frage gestellt wird" (Bäumer 1911, S. 359). So richtig diese Überlegungen - auch heute noch - sind, ungeklärt läßt Gertrud Bäumer die Frage nach der gesellschaftlichen Bewertung der "Kulturleistungen" von Frauen, sowie die Frage nach den politisch-ökonomischen Bedingungen, die eine solche Veränderung der traditionellen Arbeitsteilung ermöglichen könnten. Denn genau auf diese Frage läßt sie sich explizit nicht ein. Ihr geht es ausschließlich darum, allen Versuchen, die "weibliche Bestimmung" theoretisch begründen zu wollen, entgegenzutreten, da die jeweils von Männern theoretisch definierte Bestimmung "des Weiblichen" immer in der Gefahr stehe, zur Norm erhoben zu werden. Von daher scheint sie "Weiblichkeit" als historische Kategorie fassen zu wollen. Umgestoßen wird dieser potentiell auf Veränderung ausgerichtete Ansatz dann allerdings wieder durch die Rückbindung an den Kulturbegriff. Die Rückbindung macht für Gertrud Bäumer nämlich die Suche notwendig nach dem, was an "Unveräußerlichem und Unabänderlichem" in "Weiblichkeit" enthalten sei. Und dies ist für sie die "Mütterlichkeit".

Diese kennzeichnet sie als ein der "Kulturidee des Weiblichen" zeitlos und unverlierbar innewohnendes Element, das sich sowohl in physischer als auch in psychosozialer und geistiger Hinsicht auspräge. "Alles, was unmittelbar zu diesen Aufgaben (der Mütterlichkeit, M.E.) gehört, auf psychischem Gebiet Gesundheit und Kraft, auf geistigem alle für die Erziehung vorzugsweise notwendigen Eigenschaften der seelischen Beweglichkeit, Einfühlungskraft, der Aufopferungsfähigkeit und inneren Sicherheit - wird immer zur Kulturidee der Weiblichkeit gehören." Die mit diesem Satz angelegte Problematik der Festschreibung auf "Ewigkeit" des Weiblichen über deren Kulturbegriff sieht sie dann offensichtlich auch, wenn sie betont, daß auch dieses "Unabänderliche" inhaltlich dem historischen Wandel unterworfen sein müsse, da dem Konzept des Weiblichen sonst etwas "Starres, Ewiggleiches" anhaften würde und Frauen durch diese Festschreibung und Übernahme bestimmter tradierter Formen der Mütterlichkeit auf der Suche nach der eigenen Kultur nicht weiterkämen (Bäumer 1911, S. 360).

Die Halbherzigkeit dieser Überlegungen zeigt sich dann allerdings darin, daß Gertrud Bäumer die Mütterlichkeit als "Kern" der "Kulturleistungen der Frau" formal beläßt und nur den Ausprägungen von Mütterlichkeit einen Veränderungsspielraum zugesteht. Damit dient Mütterlichkeit - in welcher Form auch immer - als Merkmal, über das die Polarität der Geschlechter "bewiesen" werden kann. Dieses Polaritätskonzepts, das sich ja auch bei Helene Lange findet und seinen Ausgang in der "Ungleichheit der Geschlechter" hat, ist durchaus auch in der heutigen feministischen Diskussion wiederzufinden, doch sind hier die historischen Quellen in der sozialistischen und der sogenannten radikalen Frauenbewegung der damaligen Zeit zu suchen, so zum Beispiel wenn in der "Politisierung der Privatsphäre weiblichen Handelns, in der erweiterten Mütterlichkeit" die notwendigen Ergänzung und Entgegensetzung zur männlich dominierten Politik und Kultur gesehen wird (Stohr 1983, S. 221-249, hier S. 225f.). Davon kann bei Gertrud Bäumer gar nicht die Rede sein. Wie schon gezeigt wurde, ist die Kulturleistung der Frau für sie die der bürgerlichen Mittelschicht-Frau, die entweder ihre Kinder großzieht und das Heim gestaltet, für Geselligkeiten und Mäzenatentum verantwortlich ist oder eben als Berufstätige im erzieherischen Bereich - im weitesten Sinne - tätig ist. Hier findet sich, wie Chr. Wittrock überzeugend darstellt, *eine* von verschiedenen Gemeinsamkeiten hinsichtlich der Auffassung der Geschlechtsrollenverteilung, die die bürgerliche Frauenbewegung mit dem Kaiserreich und mit dem deutschen Faschismus teilte (Wittrock 1985, S. 29f.).

So ganz wohl scheint es Gertrud Bäumer bei ihren Überlegungen auch nicht zu sein, jedenfalls erscheint ihr jeder "Begriff der <weiblichen Eigenart> (...) ein höchst unsicherer Boden für pädagogische Theorien". Gerade eine Pädagogik, die sich am Individuum und nicht am Durchschnitt orientiere, könne mit einer Bildungsidee, die eine "weibliche Eigenart" anvisiere, nichts anfangen, da diese "aus der Natur der Weiblichkeit entwickelte Form weiblicher Bildung (...) nichts anderes sein (kann) als ein Schema, aufgebaut auf gewisse Eigentümlichkeiten der weiblichen Normalseele auf gewisse Erfordernisse der weiblichen Normalbestimmung" (Bäumer 1911, S. 360f.). Als Vertreterin einer Individualpädagogik ist Gertrud Bäumer der Auffassung, "daß die Verschiedenheit individueller Anlagen und Begabungen ungeheuer viel schwerer ins Gewicht fällt, als die Übereinstimmung, die in der Zugehörigkeit zum gleichen Geschlecht gegeben ist" (Bäumer 1911, S. 361).

Damit formuliert sie eine Erkenntnis, die heute unter methodenkritischen Überlegungen bei der Erforschung geschlechtstypischen Verhaltens immer wieder diskutiert wird, da die mit Ende des 19. Jahrhunderts anlaufenden Bemühungen der Psychologie, Geschlechtsunterschiede aus dem Verhalten von Affen nachzuweisen, eben mit Durchschnittswerten arbeiten mußte und obendrein von der Vorannahme ausging, "daß die Frau durch ihre Fortpflanzungsfunktion als Person geprägt und festgelegt" sei und "daß Verhalten, Leistungen und Fähigkeiten der Menschen nach Geschlecht unterschiedlich sind, wobei jeder Unterschied als Überlegenheit des Mannes gedeutet wird" (Hageman-White 1984, S. 10).

Gerade gegen diese Interpretation wendet sich Gertrud Bäumer, obschon oder weil sie die erste Vorannahme im Grunde teilt. Für sie wäre der Unterschied der Geschlechter formal aufgehoben durch die Gleichbewertung der "mütterlichen Tätigkeiten" als weibliche Kulturarbeit.

Zum Schulaufbau

Die Ablehnung einer biologisch und/oder psychologisch begründeten Bestimmung von Weiblichkeit einerseits, die Annahme der "erweiterten Mütterlichkeit" und die Polarisierungsthese andererseits führen Gertrud Bäumer zur Forderung einer eigenen

Mädchenbildung *innerhalb* der für Jungen bestehenden Schulformen. Spezifische Lehrpläne für Mädchen lehnt sie ab, die Anpassung an die Individualität, das heißt an Begabungen und Neigungen bei gleichzeitiger "Berücksichtigung der weiblichen Eigenart und Kulturaufgaben" betrachtet sie als "eine methodische Angelegenheit", die frei sein müsse vom Schematismus der Lehr- und Stoffverteilungspläne. Die Geschichte des Mädchenschulwesens nämlich habe gezeigt, "daß die Idee einer spezifischen weiblichen Bildung als Ausgangspunkt für die Erstellung von Lehrplänen stets ein *Hemmnis* der Entwicklung gewesen ist" (Bäumer 1911, S. 362, Hervorhebung im Original). Dieses zeige sich an dem mit der Umsetzung der Lehrpläne verbundenen Schematismus und an der Zerlegung des "objektiven Weltbildes in eine männliche und eine weibliche Sphäre" (Bäumer 1911, S. 363).

Gleiche Schulformen und gleiche Bildungsinhalte für Jungen und Mädchen bei Beachtung methodischer Unterschiede sind die bildungspolitischen Konsequenzen aus Gertrud Bäumers "Theorie der Frauenbildung". Bei näherer Betrachtung entpuppt sich der methodische Unterschied als Ablehnung von Schemata und Lerndrill (wobei unklar bleibt, ob dieser für die Jungen weiterhin gelten solle) und als Ausformung der Vorstellung eines mechanisch-männlichen und eines organisch-weiblichen Unterrichtsprinzips. Dabei greift sie auf eine Diskussion zwischen Helene Lange und Hugo Gaudig zurück, bei der Gaudig die "weibliche Wesenart" durch planmäßige und systematische Differenzierung erhalten wissen wollte, damit "der weibliche Geist in seine Vorzügen entwickelt und von seinen Mängeln befreit wird", Helene Lange hingegen betonte, "daß das weibliche Formprinzip selbst, das angeborene, unveräußerliche, blind waltende" quasi selbsttätig dafür sorgen würde, daß bei gleichen Bildungsangeboten die Inhalte geschlechtstypisch differenziert würden (Bäumer 1911, S. 363f.).

Zwischen beiden sah Gertrud Bäumer keine Verständigungsmöglichkeiten, denn "der Mann, der die weibliche Eigenart nur objektiv erfährt, nicht subjektiv erlebt, muß den Weg zu ihrem Verständnis und zu ihrer Beeinflussung über Begriff und Theorie nehmen, die Frau braucht diesen Weg nicht, ja, sie wird sich schwer zu ihm entschließen, weil man dessen, was einem unmittelbar eigen ist, nur durch eine innere Verrenkung theoretisch habhaft werden kann" (zitiert nach Bäumer 1911, S. 363). Hieße dies nicht, wenn zu Ende gedacht, daß Gertrud Bäumer den Unterschied zwischen den Geschlechtern so weitreichend, eben auch intellektuell so tief sieht, daß im Grund keine diskursive Verständigung mehr möglich sein kann? Oder steckt dahinter eine mehr oder weniger reflektierte Ablehnung systematischer beziehungsweise männlicher Theoriebildung?

Wenn nun schon von der pädagogischen Theorie her, die sich offenbar auch damals schon eher durch die argumentative Verteidigung ideologisch begründeter Vorurteile als durch kritisches Durchdenken auszuzeichnen schien, keine Einigung über die Konzeption einer Mädchenbildung zu erwarten war, so nennt Gertrud Bäumer doch ein sehr praktisches und unübersehbares Kriterium für die Mädchenbildung: das "soziale Bedürfnis", das sich im "Dualismus des Frauenlebens" niederschlage. Mit dieser Vokabel ist nichts anderes gemeint als das, was heute als sogenannte Wahlfreiheit diskutiert wird: die Frau hat die Wahl zwischen Beruf *oder* Familie, zwischen Beruf *und* Familie (Doppelfunktion), wohingegen der Mann immer einen Beruf ausüben muß und nebenbei noch eine Familie haben kann, soll (da sie für ihn sorgt). Bei Gertrud Bäumer stellt sich zeitbedingt die Frage des "Dualismus im Frauenleben" noch enger: Damals konnte eine Frau nur wählen zwischen Beruf *oder* Familie. Gertrud Bäumer nennt es das "Entweder-Oder" und läßt dabei, wie so oft, den sozial-kritischen Aspekt beiseite, der ihr nämlich das Problem der Doppelfunktion gerade bei Frauen aus den unteren Schichten hätte vor Augen führen müssen.

Bei dem Versuch, dieses Problem zu lösen, verwirft Gertrud Bäumer bezeichnenderweise jeden radikalen Ansatz, sei es der "sozialistische" (wobei unklar bleibt, ob sie damit nicht den sozialdemokratischen meint), der Frauenbildung primär als Berufsausbildung verstand, sei es der reaktionäre, der Frauenbildung als Hausfrauenbildung konzipierte. Sie versucht den Kompromiß: sie fordert eine Schule für Mädchen, die ihren Schülerinnen die Berufstätigkeit als einen der Ehe beziehungsweise der Familie adäquaten Lebensinhalt vermitteln kann. Dazu muß aber der Besuch der höheren Mädchenschule zu mehr berechtigen als zum Besuch des Lehrerinnenseminars, dazu müssen auch die Bildungsinhalte erweitert werden. Jungen und Mädchen brauchen ihrer Meinung nach bis zum 16. Lebensjahr eine "sachliche" und zugleich "logische" Bildung. Für die Schülerinnen, die sich nach der höheren Mädchenschule für Ehe und Familie entschieden, sah sie keine Nachteile durch das Ableisten eines naturwissenschaftlichen Pensums, zumals die höhere Mädchenschule "nach wie vor in der Hauptsache auf die künftige Hausfrau und Mutter der sogenannten <führenden Gesellschaftsklassen> eingestellt (ist), erst in zweiter Linie auf die Berufsarbeiterin" (Bäumer 1913, S. 358f.). Diese Organisation scheint einer Trennung von Jungen und Mädchen in verschiedene Schulen das Wort zu reden. Gleichwohl erweist Gertrud Bäumer als entschiedene Befürworterin der *Koedukation*.

Koedukation

Bereits 1907 hatte sie mit verschiedenen Argumenten, die sich auf die positiven Erfahrungen in den USA stützten, den Gedanken an eine gemeinsame Erziehung von Jungen und Mädchen entfaltet. Dabei wägt sie Vor- und Nachteile gegeneinander ab. Als Vorteile nennt sie einmal die Ähnlichkeit mit der Situation in der Familie, in der auch Mädchen und Jungen beieinander seien, ferner nennt sie den gegenseitigen Ansporn, der in dem Reiz begründet sei, "den ein Lehrstoff dadurch gewinnt, daß die beiden Geschlechter ihn von verschiedenen Seiten her auffassen und verarbeiten", was zu einer größeren "Mannigfaltigkeit von Gedanken, Auffassungen und Empfindungen" im Unterricht führe (Bäumer 1907, S. 45). Schließlich glaubt sie, "daß im gemeinsamen Unterricht die Mädchen durch das Phlegma der Knaben vor Überanstrengung geschützt, die Knaben durch den Ehrgeiz der Mädchen zu größerem Eifer angetrieben werden". Nicht zuletzt führe die Koedukation zu einer "größeren Achtung der Frau", indem die Jungen sähen, daß Mädchen "tüchtige Leistungen" erbringen könnten. Darüberhinaus sprächen auch praktisch-ökonomische Überlegungen gerade in kleinen Städten für die gemeinsame Unterrichtung (Bäumer 1907, S. 46).

Nachteile für Mädchen durch die Koedukation sieht Gertrud Bäumer in der "größeren körperlichen Schonungsbedürftigkeit der Mädchen" und in der Notwendigkeit einer besonderen Orientierung der Mädchen auf ihr späteres Tätigkeitsfeld, das - von der "erweiterten Mütterlichkeit" bestimmt - eine Fächerdifferenzierung (Pädagogik, Psychologie, Hygiene und Nahrungsmittelchemie) erforderlich mache. Sie glaubt, durch "die Beseitigung der Schranken, durch die bisher die geistige Welt des Mannes von der der Frau geschieden war, und die Herstellung eines gemeinsamen Anschauungskreises" eine gesellschaftliche Anerkennung der Frau und eine Annäherung der Geschlechter erreichen zu können. Daß die Rückbindung an die "erweiterte Mütterlichkeit" die Frau nur in ihrer traditionellen Rollenverteilung beläßt, auch wenn der Aktionskreis weiter geworden ist, sieht sie nicht.

Dennoch standen ihre Überlegungen zu der Zeit (1907!) im krassen Widerspruch zu herrschenden Praxis. Die preußische Kultusbehörde lehnte die Koedukation ab, weil sie darin eine sittliche Gefährdung der Mädchen und eine intellektuelle Benachteiligung der Jungen sah. Mit diesen Befürchtungen setzte sich Gertrud Bäumer in der bereits zitierten Schrift 1911 auseinander. Die angeblich sittliche Gefährdung der Mädchen widerlegt sie mit den Erfahrungen aus Skandinavien, wo bereits seit 1876 koedukativ unterrichtet wurde: "Man muß einen Eindruck davon bekommen haben, wie zum Beispiel in Schweden heranwachsende Knaben und Mädchen in echter unbefangener Kameradschaftlichkeit sich auf der Schulbank befreunden, und das Bild daneben halten, das die Backfische und Primaner in unseren deutschen Großstädten bieten, wenn sie in der Tanzstunde oder den diesem Zwecke bestimmten <Poussierstraßen> zusammentreffen und gar keinen anderen Verkehrston miteinander finden können als der Courmacherei auf der einen Seite und des Flirts auf der anderen" (Bäumer 1911, S. 379).

Die zweite Befürchtung der Kultusbehörde basierte auf psychologischen Beobachtungen in den USA, die gezeigt hätten, daß Mädchen sich in geistiger und psychischer Hinsicht rascher entwickelten als Knaben. "Es ist vorzugsweise dieser Grund", kommentiert Gertrud Bäumer, "und zwar lediglich in seiner Bedeutung für die Knaben, der in den Vereinigten Staaten eine Gegenströmung gegen den gemeinsamen Unterricht veranlaßt hat. Keineswegs aber, weil die Knaben durch die Mädchen zurückgehalten und gehemmt werden, sondern eher im Gegenteil, weil ihnen durch die größere Reife der Mädchen in bestimmten Jahren und deren damit zusammenhängende größere Erfolge die Schule verleidet wird. Diese Gegenströmung erscheint in deutschen Berichten übertrieben" (Bäumer 1911, S. 381).

Ganz offensichtlich war es die Angst vor einer Entmutigung und Vernachlässigung männlicher Interessen, die die offizielle Einführung der Koedukation in Deutschland so lange verhinderte; aus diesem Grunde auch konnte man Mädchen nur als einzelne in Knabenschulen tolerieren. Wie recht Gertrud Bäumer mit ihren Kritik beziehungsweise Argumentation bezüglich der Koedukation hatte, zeigt sich sowohl in der Praxis unserer Koedukationsschulen als auch in der sich neu formierenden Kritik der neuen Frauenbewegung an eben dieser Praxis, die historisch gewachsen eindeutig auf die Anpassung der Mädchen an die Normen der Schule als Knabenschule hin orientiert ist. Dies soll nicht besagen, daß damit die Koedukation als solche aufgegeben werden müßte. Wie sublim und jenseits des allgemeinen Bewußtseins von Lehrer/inne/n und Schüler/inne/n diese Anpassung als Nicht-Vorkommen beziehungsweise als Entsprechung traditioneller Rollenklischees ist, zeigen verschiedene Untersuchungen der letzten Jahre (Wildt/Neundorf 1985, Zeitschrift "Frauen und Schule" 9/1985, Mühlen-Achs 1984, Spender 1985).

Gertrud Bäumer hatte keine Gelegenheit, eigene Erfahrungen mit der Koedukation zu machen, wohl aber bot sich in 1917, mitten im Ersten Weltkrieg, die Möglichkeit, mit jungen Frauen der "Sozialen Frauenschule in Hamburg" eine Umsetzung ihrer "Theorie der Mädchenbildung" ansatzweise zu versuchen.

Praxis und Theorie der Sozialen Frauenschule Hamburg (1917-1919)

Die Leitung der Sozialen Frauenfachschule in Hamburg, einer zweijährigen Fachschule für Sozialarbeiterinnen war durchaus eine Herausforderung an Gertrud Bäumer. "Dabei mag sie, die Lehrerin, Schriftstellerin, Führerin der Frauenbewegung und Mitherausgeberin der <Hilfe> einen gewissen Mangel an praktischer sozialer Erfahrung gespürt haben, die doch für die neue Anstalt unerläßlich war." Deshalb bat sie Marie Baum um Unterstützung (Baum 1953, S. 14).

Mit der fast 70jährigen Helene Lange siedelte Gertrud Bäumer von Berlin nach Hamburg über, um mit dem Aufbau einer zweijährigen Schule für Mädchen zu beginnen, in der eine grundlegende "allgemeine soziale Ausbildung" vermittelt werden sollte. Daran schloß sie, den von staatlichen Vorgaben freien Raum nutzend, ein sozialpädagogisches Institut an, in dem die Absolventinnen der Sozialen Frauenschule in 1½ Jahren praktische Erfahrungen in der Sozialarbeit sammeln und aufarbeiten konnten. Die Schülerinnen "besuchten Fabriken und Werkstätten und übernahmen dort während der Ferienzeit Arbeit (...), sie suchten ihre Wohnungen unter der Arbeiterbevölkerung von Barmbeck und Hammerbrook; sie wurden lernend und helfend in Kindertagesstätten, Volksheimen und zahlreichen sonst in Betracht kommenden Anstalten eingesetzt" (Baum 1953, S. 16).

Gertrud Bäumers Idee dabei war, "in einem Arbeitskreis, der aus Schule und sozialer Praxis kam, Bildungswesen, Erziehungsfürsorge und soziale Volkspflege einander zu nähern" (Bäumer 1933, S. 325). Dabei sollte "die Lebenskenntnis des Sozialarbeiters (...) am gesunden , normalen und kraftvollen Teil des Volkes, am Stande seiner Kultur und an seinen positiven Leistungen den Maßstab gewinnen. Die Gefahr des Berufes sah sie in der "Überschätzung (!) der Übel, an deren Überwindung er arbeitet" (Bäumer 1933, S. 327, Ausrufungszeichen M.E.).

Großer Wert wurde auf das Gemeinschaftsleben gelegt, das durch die Einrichtung eines Mittagstisches in der Schule und durch gemeinsame Wochenenden im "Heidehaus hinter Hamburg" oder auch im abendlichen Beisammensein von Schülerinnen und Lehrerinnen realisiert wurde. Im Heidehaus wurden "Freilichtspiele" ausgeführt, dem bürgerlichen Kulturverständnis entsprechend Hans-Sachs-Schwänke, Märchenspiele, Szenen aus klassischen Stücken. Beim abendlichen Beisammensein versuchte Gertrud Bäumer ihren Schülerinnen "in dem immer wirrer werdenden Zeitablauf Goethes und Hölderlins zeitlose Worte" nahezubringen (Baum 1953, S. 17f.).

Diese Ansätze einer gemeinsamen Lebensform, wobei eine gemeinsame Bildungs- und Kulturtradition das Bindeglied war, ließ die Verbindung zwischen Lehrerinnen und Schülerinnen ein Leben lang nicht abreißen, wie die Lebenserinnerungen und Briefe zeigen.

Die gemeinschaftstiftende Art des Lehrens, Lernens und Miteinander-Lebens wurde bei Gertrud Bäumer aus zwei geistig-ideologischen Quellen gespeist: einmal aus ihren Vorstellungen von Führerschaft im Kontext geistiger Leistungen, zum anderen aus ihrer Konzeption der sozialen Arbeit. Allerdings handelte sie die Frage nach der Führerschaft erst nach ihren praktischen Erfahrungen in Hamburg ab, erst

1930 ging sie diesem Gedanken systematisch nach in ihrer Schrift "Sinn und Formen geistiger Führung" (Berlin 1930).

Der Ruf nach "Führerschaft" auf politischem und geistigem Gebiet wird für Gertrud Bäumer notwendig durch die "Krisis der sozialen Ordnung überhaupt. In dem Maße als sich die Machtverhältnisse versachlichen, entsteht die Sehnsucht nach der Persönlichkeit in zweifacher Form. Die Menschen (...) wollen den Triumpf menschlich-persönlicher Leistung erleben. Sie wollen andererseits (...) ein Gemeinschaftsleben, in dem die menschlichen Kräfte miteinander verbunden sind, in dem sich Einordnung, Überordnung und Unterordnung vollzieht als *seelischer* Vorgang." Dieses Führertum ist für Gertrud Bäumer eine Kombination aus Willen und Emotion, beziehungsweise aus Magie und Eros. Die Macht dieses Führertums hat für sie "drei Seiten. Sie kann beruhen in einem Kräfteverhältnis der Naturen, - nennen wir es *Magie*; sie kann beruhen in der Wahlverwandtschaft ihres Verbundenseins - sagen wir: *Eros*; und sie kann schließlich begründet sein in dem Inhalt und Ziel dieses Verbundenseins: im Streben nach einem gemeinsamen Wert" (Bäumer 1930, S. 11). Führung im eigentlichen Sinne könne "nur da sein, wo Führer und Geführte verbunden sind in einem *wertschaffenden* Akt, der einmal "auf rein persönliche Wirkung" aber ebenso "auf einen sachlichen Wert, ein Werk, eine Idee, eine Gemeinschaftsform" gerichtet sein kann (Bäumer 1930, S. 14-15, Hervorhebungen im Original).

Versucht Gertrud Bäumer hier eine psychologisch-phänomenologische Deutung von Führerschaft, so erstaunt die gewissermaßen naive Setzung der Definition, die sich letztendlich als eine kulturphilosophische erweist, zumal jede Auseinandersetzung mit führenden Psychologen und insbesondere mit der Psychoanalyse der damaligen Zeit fehlt. Probleme der Ambivalenz, der Identifikation und Übertragung gerade im Erziehungs- und Bildungsprozeß kommen ihr nicht in den Blick, zu sehr ist ihr Denken in der bildungsbürgerlichen Tradition des ausgehenden Jahrhundert haften geblieben, das sich vom Leitbild der Gott-Vater-Figur letztendlich nicht trennen konnte.

Neben der Konzeption von Führerschaft im Kontext geistiger Leistung erweist sich nämlich die christlich bestimmte Auffassung der sozialen Arbeit als prägend für die Soziale Frauenschule in Hamburg, deren Aufgaben Gertrud Bäumer in der Eröffnungsansprache folgendermaßen beschreibt: "Es ist die erste, die fundamentalste Aufgabe der sozialen Berufsausbildung, ihre künftigen Träger in den Kreis einer letzten Einheit hineinzustellen und die Kräfte in ihnen wachzurufen, die sie mit dem Reich des Geistes und des sittlichen Schöpferwillens verbinden." Und neben dem christlich-sozialen taucht zugleich der nationale Aspekt auf: "In der Einführung in die Geschichte und das Leben des Staates gewährt die soziale Berufsausbildung zugleich die Erziehung zur Tat, indem sie ihren Schülern das Verständnis jenes gewaltigen vorwärtsdrängenden nationalen Lebens vermittelt, an dem wir teilhaben" (1917!) (zitiert nach Hansen-Blacke 1953, S. 20). Daß dieses Denken nicht notwendigerweise dem Einfluß einer christlich-bürgerlichen Bildung sich verdanken muß, sondern ein Spezifikum Gertrud Bäumers darstellt, zeigen die ganz anderen radikaleren Fragen, die sich die Gründerin einer der ersten sozialen Frauenschulen in Deutschland, Alice Salomon (1872-1948), bereits in jungen Jahren bezüglich der Sozialarbeit stellt: "Kann soziale Arbeit helfen, eine bessere Welt herbeizuführen? Ist sie nicht nur ein Linderungsmittel, ein Kompromiß? Sollte nicht das soziale System radikal verändert werden? Reform oder Revolution?" (Salomon 1984, S. 40).

Welche Verworrenheit die Vorstellungen Gertrud Bäumers und die "national-soziale Idee" in den Köpfen der Rezipientinnen auslöste, mag beispielhaft der Erklärungsversuch einer der Schülerinnen der Sozialen Frauenschule Hamburg zeigen: "Diese Idee umfaßte die innere Einheit, die das Christentum <Reich Gottes> genannt, sie umfaßte die äußere Einheit des Volkes im Staat, dem Demokratie und Kaisertum die Form geben würden" (Hansen-Blacke 1953, S. 20).

Klarer hingegen zeichnete sich bei Gertrud Bäumer eine Übergewichtung des nationalen über den sozialen Aspekt ab, wie die Weiterentwicklung ihrer Konzeption der Frauenbildung durch die "Lehren aus dem Krieg" deutlich macht.

Frauenbildung und die "Lehren aus dem Krieg"

Eine entscheidende Akzentuierung erhielt Gertrud Bäumers Konzeption der Frauenbildung durch den Ersten Weltkrieg. Ihr geistig-politisches Bewußtsein erfährt spätestens jetzt eine als präfaschistisch zu bezeichnende Prägung, nimmt man die von Weber genannten Merkmale "Volksgemeinschaft, Militarismus und Lebensraumideologie, Führerprinzip, Antikapitalismus (Propaganda-Sozialismus) und Rassismus" als ausreichende Kennzeichnungen des deutschen Faschismus an (Weber 1979, S. 42). Das Merkmal des Rassismus war bei Bäumer allerdings nur latent vorhanden. So weigerte sie sich zum Beispiel, Alice Salomon zu ihrer Nachfolgerin im Bund Deutscher Frauenvereine zu machen, da sie - und viele andere Frauen des Bundes - 1919 der Meinung war, "jemanden mit jüdischen Namen und jüdischen Vorfahren" könne man nicht zum Vorsitzenden machen, "da die Haltung der Bevölkerung in dieser Hinsicht nicht mehr zuverlässig sei" (Salomon 1984, S. 186f.). Wieso sich eine "Führerin" wie Gertrud Bäumer an der Haltung der Bevölkerung orientieren mußte, ist gerade nach ihrer Auffassung von geistiger und politischer Führung nicht einleuchtend.

Betrachtet man dazu die Beiträge, die sie in der "Heimatchronik" (1914-1917) (Bäumer 1916) veröffentlichte, so fällt die starke geistige Affinität zu der "Erklärung der Hochschule des Deutschen Reiches" vom 4.10.1914 auf, die von Neu-Kantianern wie Hönigswald, Jonas Cohn und Paul Natorp, aber auch von Herman Nohl, Eduard Spranger u.a. unterzeichnet worden war (Weber 1979, S. 58f.). Die Affinität zum Faschismus zeigt sich in der Auffassung "einer schicksalhaften Bedeutung beziehungsweise Notwendigkeit des Krieges aufgrund des deutschen Sendungsbewußtseins, das heißt der deutschen Kultur und in der Annahme einer Einheit von Heer und Wissenschaft durch das Volk" (Weber 1979, S. 59f.).

Deutlich wird dieser Grundgedanke in dem ebenfalls 1914 veröffentlichten Beitrag über "Philosophen des Krieges", zu denen Gertrud Bäumer Heraklid und Fichte zählt. Letzteren zieht sie heran, um dem deutschen Militarismus eine wissenschaftliche beziehungsweise philosophische "Begründung" zu geben, was u.a. auch Absicht der Erklärung der Hochschullehrer von 1914 war: "Wir brauchen nur an Fichtes große Anschauung von der Menschheitbestimmung des deutschen Volkes in den Reden an die deutsche Nation zu denken, um zu wissen, daß Fichte sich heute zu dem militärischen Deutschland bekennen würde. Der große Vertreter des reinen Idealismus stellt den Krieg als eine Notwendigkeit nicht nur, sondern als höchste Pflicht in sein System hinein. Höchste Pflicht dann, wenn ein Volk sich durch ihn den Weg der eigenen lebendigen Entwicklung freilegen muß. Der Maßstab aber, um die Gerechtigkeit des Krieges zu erkennen, ist die freiwillige Todesbereitschaft aller. Im wahrhaften Krieg sagt gleichsam jeder einzelne im Heere: Ich habe den Krieg erklärt und bei mir beschlossen - für *meine* Freiheit. - Ich kann nicht leben, ohne als Sieger! (...). Wir wissen, daß dieses Wort auf kein Volk und kein Heer der Geschichte mit größerem Recht angewendet werden darf wie auf das unsere. Und daß es der höchste, heiligste Segen ist, den das geistige Deutschland der Vergangenheit dem militärischen von heute auf seinen blutigen Weg mitgeben kann" (Bäumer 1916, S. 84, Hervorhebungen im Original).

In diesem Sinne erlebt und vermittelt sie den Krieg als ein "machtvolles Erlebnis", dessen "stärkste, überwältigendste Erfahrung (...) die Offenbarung des Volksbewußtseins in uns (ist) (...). Wir sind Volk (...)" (Bäumer 1916, S. 29). Und von daher entwirft sie ein Konzept zukünftiger Bildungsarbeit, ein "Friedensprogramm", das sie dem ADLV auf der Kriegstagung 1915 vorträgt, zu einem Zeitpunkt, zu dem, wie sie betont, "uns alle noch die Eindrücke von der Größe dieser Zeit ganz erfüllen" und zu dem es gälte, die "Lehren des Krieges" zu bedenken (Bäumer 1916, S. 199).

Die Geschlechterfrage ist für sie neben der nach Staat und Nation zu einer marginalen geworden, wie überhaupt der Krieg die Frage nach den Bildungszielen hat obsolet werden lassen. Gertrud Bäumer erteilt dem "spitzfindigen Suchen nach Zielen", wie es in den beiden großen Strömungen der Reformpädagogik, der "Persönlichkeits- und der Gemeinschaftspädagogik", vorherrsche, eine klare Absage, da der Krieg "die Aufgaben der Schule mit der Klarheit und Eindringlichkeit einer gewaltigen, unentrinnbaren Forderung gezeigt hat (Bäumer 1916, S. 201). Die Erfahrungen des Krieges - das sind für Gertrud Bäumer nicht Tod, Verkrüppelung, Hunger und Zerstörung, sondern das Erlebnis vom "Wert der *Nation*, des *Staates* für unser Einzelleben. Was uns sonst so teuer war, was unser Leben reich und wertvoll gemacht hat, - wir haben erlebt, daß es alles nicht so kostbar ist, wie dieses eine, wie das einzige, wofür heute der Preis des Lebens gegeben wird, das Fortbestehen, der Zusammenhalt unseres Staates. Und so sind wir innerlich vorbereitet darauf, daß in der Pädagogik für die kommende Generation, für Knaben und Mädchen, über alle individualistischen Ziele hinaus (...) an oberster Stelle unseres Bildungsideals das Wort rückt: die *Nation*, der *Staat*, die lebendige Gemeinschaft der Kultur, der Arbeit, der Lebensformen (...). Die lebendige Gemeinschaft dieses/unseres Volkes ist das höchste Gut, der letzte Zweck für alle Erziehungsarbeit überhaupt. Die Frage nach dem Recht der individualistischen und der sozialen Gedankengänge und Grundsätze unserer Pädagogik haben wir heute nicht mehr zu erörtern, diese Frage ist einfach durch die Tat entschieden. Wir haben unsere ganze Erziehung einzustellen auf den Staatsbürger, auf die Staatsbürgerin. Denn was in den nächsten Jahrzehnten von Deutschland verlangt werden wird, von uns als Volk und als Staat (...), von uns als Selbstbehauptungs- und Verteidigungsgemeinschaft in der Welt, von der friedlichen Eroberungskraft unserer nationalen Arbeit, das ist so groß, daß alle Kräfte sich dieser Aufgabe zuwenden, daß ihr alle dienstbar gemacht werden müssen (Bäumer 1916, S. 201, Hervorhebungen im Original).

Statt einer pädagogischen Diskussion müsse "der Schwung des Krieges" weitergehen und dazu habe die "deutsche Erziehung (...) den Staat, hat die Stellung Deutschlands in der Welt, den inneren und äußeren Selbstbehauptungskampf unserer Nation (...) in die Mitte all ihrer Programme zu stellen" (Bäumer 1916, S. 203). Erst auf diese Weise nämlich sei der "neue deutsche Bildungstyp" zu erziehen, der eben nicht länger der philisterhafte "Buchstabenmensch", sondern die Verkörperung des "Tatmenschen" zu sein habe. Die damit verbundene "Arbeitsorientierung, die Aufrichtung des *Arbeits*ideals", macht Gertrud Bäumer auch für Frauen geltend, aus einem sehr pragmatischen Grunde: durch den Tod der vielen jungen Soldaten ist für eine ganze Generation junger Frauen "der Weg zur Ehe verschlossen" (Bäumer 1916, S. 204, Hervorhebung im Original).

Damit sind zwei Bildungsziele markiert, die sich für die deutsche Bildung der Zukunft aus den Kriegserfahrungen für Gertrud Bäumer ergeben: "Stärkung der *Staatsgesinnung* und Erhöhung der *Arbeitsqualität* durch alle Mittel der Auslese und Schulung (Bäumer 1916, S. 204, Hervorhebungen im Original). Organisatorisch, pädagogisch und inhaltlich hält sie dazu drei Schritte für notwendig: die Errichtung einer "Einheitsschule", die Ausbildung eines "Leistungsbewußtseins" und die Revision der Lehrpläne.

Die Einheitsschule

Mit der "Einheitsschule", deren organisatorische Struktur Gertrud Bäumer erst später als Bildungspolitikerin näher beschrieb, sieht sie sowohl ein demokratisches als auch ein aristokratisches Prinzip eingelöst. Der Wegfall von Rücksichten auf die "Zufälligkeiten" von Herkunft und Einkommen garantiere das demokratische, "die strenge Wertung der wirklichen Fähigkeiten" das aristokratische Prinzip. Als Grund für die Öffnung der "Einheitsschule" für alle Schüler/innen nennt Gertrud Bäumer den "Dank und Lohn für die Leistungen von Millionen, die heute (1916, M.E.) ihr Leben einsetzen." Das Schulsystem muß, so fordert sie weiter, jedem Kind gerecht werden, und "dafür sorgen, daß seine besonderen Anlagen sich entwickeln können und daß es aufgrund seiner Kräfte da in das Ganze eingeordnet wird, wo es einen Platz ausfüllen und wirklich etwas leisten kann" (Bäumer 1916, S. 207). Hier formuliert Gertrud Bäumer schulpolitische Vorstellungen, die uns aus der Diskussion um die Gesamtschule in den 70er Jahren noch in den Ohren klingen. Bezeichnenderweise bleibt sie in ihrer Argumentation "in den Beschränkungen ihres bürgerlichen Weltbildes befangen" (A. Wittrock) und hat als "das Kind" nur das der bürgerlichen Mittelschicht im Blickfeld, das oft genug aus "Standesgründen" durch die Schule gequält wurde. Die Diskussion der 70er Jahre um das Prinzip der "Chancengleichheit", hatte hingegen die Benachteiligung besonders der Unterschichtkinder ("das katholische Mädchen aus dem Bayerischen Wald" als Inbegriff der Chancen-Ungleichheit) im Blick.

Leistungsbewußtsein

Der zweite Schritt, die Ausbildung eines Leistungsbewußtseins - Gertrud Bäumer nennt das "die Ehrfurcht vor dem Können" - ergibt sich für sie aus dem, was der Krieg "in pädagogischer Hinsicht" lehrt. Der Krieg mache es in dieser Hinsicht den Erziehern einfach, weil er den Kindern "die Bedeutung des überlegenen Führers *und* die Bedeutung des pflichtbewußten Einzelnen in der Masse" gezeigt habe (Bäumer 1916, S. 209, Hervorhebung im Original). Im Krieg hätten sich alle, auch gebildete Männer und Frauen, durch Tatkraft und Organisation bewährt, so daß - gerade auch im Hinblick auf die Frauen - eine Intellektualisierung durch verstärktes Leistungsbewußtsein nicht zu befürchten sei (!). Dies insbesondere dann nicht, wenn die Lehrpläne gestrafft und unter dem Aspekt der "praktischen Lebensnähe" neu geordnet würden.

Revision der Lehrpläne

Drei Ordnungsgesichtspunkte hält sie für die Lehrplanrevision für maßgeblich, die alle einen ideologisch-politischen Hintergrund haben:

1. die Maßgabe des Programmworts "das größere Deutschland", womit der Jugend "die Verkündigung eines Deutschlands" gegeben werden soll, "dessen wirtschaftliches und politisches Dasein - auch ohne geographische Gebietserweiterung - nicht mehr zwischen Maas und Memel, zwischen Etsch und Belt eingeschlossen ist. Der Jugend müssen die lebendigen Organe, die unser deutsches Volk durch Gewerbe, Handel, Wissenschaft über die Welt erstreckt, muß das Zweite Reich unserer deutschen Interessen in der Welt stärker und lebendiger zum Bewußtsein gebracht werden" (Bäumer 1916, S. 211). Auch hier erweist sie sich als Anhängerin der "Ideen von 1914", wennschon sie sicher zu den "Gemäßigten" gerechnet werden dürfte (Weber 1979, S. 65);

2. die Orientierung auf einen größeren Gegenwartsbezug hin. Dazu hält Gertrud Bäumer die Kürzung historischer Inhalte für unerläßlich, um stattdessen "die schwierige Vielgestaltigkeit dieser Gegenwartsverhältnisse" im Unterricht diskutieren zu können. Die schwierige Frage nach der Auswahl, unter der eine solche Kürzung erfolgen solle, erörtert sie nicht;

3. die "Erweckung des Verständnisses für volkswirtschaftliche Zusammenhänge und Tatsachen", ein Gesichtspunkt, der in der didaktischen Diskussion um die Bereiche Arbeitslehre, Wirtschaft und Recht erst etwa 40 Jahre später aufgegriffen wurde.

Mit diesem programmatischen Entwurf stellt sich Gertrud Bäumer allerdings in den Gegensatz zu ihrer eingangs geäußerten Absicht, der Theoriediskussion der Reformpädagogik nicht länger folgen zu wollen. Faktisch schlägt sie sich, halbherzig wie so oft, auf die Seite derer, die - wie sie zuvor charakterisierend gesagt hatte - "die Erziehung durch die Gemeinschaft und für die Gemeinschaft, die Betonung der Autorität, oder allgemeiner die Einführung des Lebens in Form und Gesetz" für wichtig erachten. Sie scheint damit die "Arbeitsschulbewegung" um Kerschensteiner zu meinen, ohne allerdings direkt darauf einzugehen oder sie zu nennen. Dieses Vorgehen ist offensichtlich kennzeichnend für ihre argumentative Vorgehensweise: sie greift sich bestimmte Theoriestücke heraus, kritisiert sie und nimmt dann bei der eigenen pragmatischen Umsetzung von persönlichen, politischen und/oder pädagogischen Zielen eben diese Theoriestücke wieder mit in die Argumentation hinein. Damit erweist sich ihr Denken als letztendlich nicht theoriegeleitet, sondern es folgt eher unreflektierten und/oder ideologisch begründeten Wertvorstellungen. Diese wiederum wurden genährt von einem zunehmend stärker werdenden Nationalismus, der sich paarte mit einem Staats- und Politikbewußtsein Bismarckscher Provenienz und überhöht wurde durch die Rückbindung an einen Persönlichkeitsbegriff, der den "deutschen Klassikern", insbesondere Goethe, Schiller und Fichte entlehnt war.

Der nachfolgende Abschnitt über die Bildungspolitikerin Gertrud Bäumer wird zeigen, daß dieses Denken der Pädagogik im Kaiserreich sich auch durch den Umgang mit und in der Demokratie der Weimarer Republik nicht veränderte, allenfalls in seiner Entfaltung behindert wurde.

II. Gertrud Bäumer als Bildungspolitikerin (1919-1933)

"Der politische Standort"

Als das Vereinsgesetz von 1908 den Frauen endlich den Weg in die Parteien freigab, schloß sich Gertrud Bäumer - wie auch Helene Lange - sogleich der freisinnigen Partei an.[5] Sie tat dies insbesondere durch ihre Bindung an Friedrich Naumann, "der seine national-soziale Bewegung der freisinnigen Partei angegliedert hatte, um ihr eine parlamentarische Vertretung zu sichern" (Dönhof 1953, S. 27). Aus der oben genannten Skizzierung der "sozial-nationalen" Idee als politischer Ausfluß neu-kantianischer Gedankengänge ist die Ausformung politischer Parolen wie "Volkwerdung der Massen" (1912) erklärlich, hinter der der bereits angedeutete Führungsgedanke ebenso steht wie eine mitleidvoll anmutende Haltung der Arbeiterklasse gegenüber als ungebildete und/oder marxistisch aufgehetzte Masse. So schreibt sie 1920, als Abgeordnete der gerade gegründeten Deutschen Demokratischen Partei, über ihre Erfahrungen mit den "einfachen Leuten" an Marianne Weber: "Ich ziehe eine Woche im Wahlkreis (in Thüringen, M.E.) herum, finde es nicht leicht, heute politische Reden zu halten, habe aber stets ein ganz besonders dankbares Publikum und menschlich anziehende Debatten mit Unabhängigen und Kommunisten. Mich berührt immer wieder die natürliche Bescheidenheit der einfachen Leute, da wo sie das Gefühl haben, daß sie etwas lernen können" (Bäumer 1956, S. 32).

Wie gezeigt wurde, verschiebt sich bei Gertrud Bäumer im Laufe der Zeit und insbesondere durch den Ersten Weltkrieg und dann durch den Versailler Vertrag das Gleichgewicht der "sozial-nationalen" Idee zu einer Übergewichtung des nationalen Gedankens. Mit diesem politischen Hintergrund wird sie 1919 Gründungsmitglied der Deutschen Demokratischen Partei, Abgeordnete in der Nationalversammlung und ab 1920 im Reichstag. "Im Jahre 1920 wurde sie zur Ministerialrätin der Kulturabteilung im Reichsministerium des Innern ernannt" (Funke 1984, S. 99).

Als Frau, die sich "der Tat" verschrieben hat und den eigenen bürgerlichen Standort als den wahren nicht weiter hinterfragt, fällt es ihr offenbar schwer, demokratische Politik zu akzeptieren. Für sie, die sich nach 1919 Fichte "als nationalen, sozialen und religiösen Führer" wählt (Bäumer 1933, S. 372), ist "die hohe Politik", so geht aus einem Brief an Marianne Weber hervor, "ein derartiger Haufen von unanständigen oder doch gemischten Motionen, daß man ganz krank davon werden kann

---

5   Die "freisinnige Partei" hatte sich 1893 neben der "Freisinnigen Vereinigung" aus dem Zusammenschluß von "Sezessionisten" (eine linke Gruppierung der Nationalliteralen) und der Fortschrittspartei aus dem Jahre 1884 gelöst. 1910 schlossen sich die "freisinnige Partei" und die "freisinnige Vereinigung" zur Fortschrittlichen Volkspartei zusammen. Daraus ging 1918 die Deutsche Demokratische Partei hervor.

(...). Und dann noch diese Passivität der Führung, insbesondere der demokratischen Politik" (Bäumer 1956, S. 31).

Und "demokratische Politik" heißt bei Gertrud Bäumer: demokratisch "aus nationalsozialem Ethos (...), in Gesinnungsfragen konservativ, mit traditionsverbundener Gesittung gewachsen und von religiöser Verantwortung bestimmt" (Bäumer 1933, S. 416).

Die Ministerialrätin Bäumer

Neben ihrer Tätigkeit als Reichstagsabgeordnete der Deutschen Demokratischen Partei stand Gertud Bäumer ab 1920 mitten in der Diskussion um die Neugestaltung des Bildungswesen, sie war Mitglied der Reichschulkonferenz, aber auch mit Fragen der Jugendwohlfahrt und des Jugendschutzes befaßt.

Das Reichministerium des Innern, in dem sie Leiterin des Ressorts für Schul- und Jugendfragen war, gehörte zu den Ministerien, die durch den häufigen Regierungswechsel der Weimarer Republik am stärksten betroffen war: kein Minister war länger als 13 Monate im Amt! (Bäumer 1933, S. 418). Dies beschwerte die Arbeit an der Schulreform beträchtlich, da zunehmend parteipolitische Gesichtspunkte den pädagogischen Sachverstand verdrängten und ein kontinuierliches Ausdiskutieren kontroverser Standpunkte so nicht möglich war. Dazu kam das auch heute noch sattsam bekannte Problem des Kulturföderalismus, der damals wie heute eine einheitlichere Konzeption des Bildungswesens verhinderte.

Bei der Reichschulkonferenz kam Bäumer die Aufgabe zu, beim "Gesetz über den weltanschaulichen Charakter der Volksschule" mitzuwirken (Bäumer 1933, S. 420). Sie kämpfte für die Simultan- oder Weltanschauungsschule (Schule ohne jedes Bekenntnis), die auch in der Reichsverfassung verankert war. Die kirchlich-konservativen Kräfte setzten sich aber im Herbst 1926 mit einem Gesetz durch, das die Simultanschule auf eine "christliche Gemeinschaftsschule" verengte und ebenso wie die Bekenntnisschule zur Antragsschule machte. Letztere lehnte Gertrud Bäumer aus christlicher Überzeugung ab, da niemand zu einem Unterricht "im Geiste des Bekenntnisses" gezwungen werden könne. Hier galt für sie das Luther-Wort: Es ist "ein frei Werk um den Glauben, dazu kann niemand zwingen" (Bäumer 1928, S. 184).

Trotz heftiger Diskussionen kam die Reichschulkonferenz nicht zu einem Konzept einer "Einheitsschule", denn parteiprogrammatisch war, wie Bäumer meinte, "die Vereinheitlichung des höheren Schulwesens" nicht auf der Tagesordnung (Bäumer 1933, S. 421). Die Vorstellungen der Deutschen Demokraten stellte Bäumer 1928 in ihrer Schrift "Schulaufbau" vor, in dem von den beiden Grundannahmen her: "Demokratie der Chancen" und "Aristokratie der Kraftprobe" (heute würde man vielleicht sagen: Chancengerechtigkeit und Leistungsauslese) ein recht differenzierter Mittelbau (Sekundarstufe I) gefordert wurde. Dieser sollte "denkbar sein als Volksschule und Ergänzungseinrichtungen oder Fachschule, Mittelschule, Realschule oder höhere Schule bis Untersekunda (unmittelbarer Anschluß an die Oberstufe der höheren Schule natürlich nur von hier aus)" (Bäumer 1928, S. 142).

Selbstverständlich sollten aus dem gleichen Grunde wie 1916 (Dankbarkeit für Kriegseinsatz) die "Tüchtigen" aller Schichten eine Chance haben, eine gute Schulbildung und Aufstiegsmöglichkeiten zu erhalten. In einer Untersuchung zwei Jahre später zeigt Bäumer, daß der Übergang ins Gymnasium und vor allen Dingen das Abitur nach wie vor für Kinder aus der Arbeiterklasse schwieriger, wenn nicht unmöglich war; weniger als ein Drittel ins Gymnasium eingetretener Schüler schaffte das Abitur (Bäumer 1930, S. 24f.). Sie stellt fest, "daß es (...) heute noch nicht gelingt, den Begabungen aus unbemittelten Schichten tatsächlich den Aufstieg zu ermöglichen (...)" (Bäumer 1930, S. 35). Interessanterweise sind die weiteren Probleme, die Bäumer in ihrer Analyse von 1930 anspricht ähnlich gelagert wie heute: Geburtenrückgang, verstärkter Zugang zu den Hochschulen, ein Mißverhältnis zwischen Schulausbildung und Arbeitsmarkt. Das Festhalten am "aristokratischen Prinzip" (Leistungsauslese) bringt Bäumer sogar soweit, die Frauen an den Hochschulen zurückdrängen zu wollen, und das zu einer Zeit, als die Nationalsozialisten ohnehin den Frauenanteil an der Universität auf 10% zurückgeschraubt hatten (Wittrock 1985, S. 28). Hier scheint durch das "Unveräußerliche" des "Weiblichen", die Mütterlichkeit, den gleichberechtigten Entfaltungsmöglichkeiten von Frauen durch eine Frau der Frauenbewegung selbst eine Fessel angelegt worden zu sein.

Bei Berücksichtigung des geistigen Hintergrundes von Bäumer verwundert es nicht, daß sie sich auch über "nationale und internationale Erziehung" Gedanken gemacht hat (1929). Unter dem internationalen Aspekt versteht Bäumer - in sorgfältiger Abgrenzung an sozialdemokratische oder sozialistische Auffassungsweisen - einen eher kosmischen "Universalismus des geistigen Lebens", dem die "nationale Wesensbestimmtheit" des Einzelnen gegenüberstünden. Sie lehnt jeden Internationalismus ab, "der dem Nationalen feindlich oder gleichgiltig gegenübersteht" und sieht sich darin als Erbin "einer tatsächlichen Entwicklung und einer über ein Jahrhundert zurückreichenden sittlich-politischen Besinnung", womit sie "die geistige Einheit des Abendlandes" beschwören will, dessen "geschichtsgestaltende Kräfte" übernational seien (Bäumer 1929, S. 4). Im Spannungsbogen zwischen Internationalität und Nationalität schlägt sich das "Schicksalhafte" in Bäumers Geschichtsverständnis nieder, welches darin liegt, "daß die Größe dieser Spannung nicht verkleinert und das Niveau ihrer schicksalhaften Bedeutung nicht heruntergezogen wird (...)" (Bäumer 1929, S. 5). Und dem deutschen Volk hat das Schicksal ihrer Meinung nach einen besonderen Platz in der europäischen Geschichte zugewiesen (Bäumer 1929, S. 7).

Auch hinsichtlich der "nationalen Erziehung" wird die von Bäumer angenommene Sonderstellung Deutschlands vorausgesetzt, Deutschland sei ein sehr viel "komplizierteres Gebilde" als die anderen Großmächte Europas. Von daher hält sie in Bezug auf die "nationale Erziehung" die Beschäftigung mit der "Volkskunde der Gegenwart" für notwendig, denn "die vaterländische Gesinnung bedarf der Substanz, die vaterländische Pflicht der Vergegenständlichung, wenn sie sich einmal mit der Wirklichkeit fruchtbar verbinden sollen" (Bäumer 1929, S. 10). Wie "fruchtbar" diese Verbindung von substanzieller "vaterländischer Gesinnung" mit vergegenständlichter "vaterländischer Pflicht" aussehen kann, hat dann das III. Reich gezeigt.

Gertrud Bäumer und der deutsche Faschismus

Nachdem die Nationalsozialisten 1933 an den Schalthebeln der Macht saßen, sorgten sie u.a. dafür, daß keine Frauen in leitenden Stellen saßen, es sei denn, sie hätten eine nationalsozialistische Parteikarriere hinter sich. Vorgeschoben wurde als Grund die "politische Unzuverlässigkeit". Auch Bäumer sieht dies nicht als den eigentlichen Grund an, sondern vielmehr die Tatsache, daß sie eine Frau ist (Brief an Emmy Beckmann 1933). Ihre Entlassung aus dem Amt wird in der Regel als Entlastung von nationalsozialistischen Sympathien gedeutet, macht sie zur Gegnerin des Systems. Dabei wird allerdings übersehen, daß sie vorher, und auch noch in der Zeit der Weimarer Republik, Gedanken und Vorstellungen geäußert hat, die ins ideologische Konzept der Faschisten durchaus integrierbar waren, ja, diesem damit den Anstrich von Seriosität und Glaubwürdigkeit aus und in bildungsbürgerlichen Kreisen verlieh. Hier bricht sich der Mythos Bahn, den Bäumer im Anschluß an den Neu-Kantianismus aus Gott und Volk ("corpus mysticum") als Bollwerk gegen den "platten, gottlosen Rationalismus" (sprich: Kommunismus) aufgebaut hatte (Wittrock 1985, S. 22).

Nach ihrer Entlassung geht Gertrud Bäumer nach Schloß Grießmannsdorf, einem niederschlesischen Gut, das ihrer Freundin Hamer-von Sanden gehörte. Von dort aus gab sie - gegen den Widerstand vieler Frauen aus der bürgerlichen Frauenbewegung, zum Beispiel E. Lüders, A. von Zahn-Harnack - weiterhin die Monatszeitschrift "Die Frau" heraus (Reicke 1984, S. 26). Sie tat dies im vollen Bewußtsein, daß "Die Frau" von Goebbels zu Propagandazwecken und als Auhängeschild im Ausland benutzt wurde. Dahinter stand aber nicht eine pro-nationalsozialistische Einstellung ("die Nazis" waren Gertrud Bäumer viel zu primitiv), sondern ihr Missionsdrang, von dem aus sie glaubte, ihre bildungsbürgerliche Leserinnenschaft nicht "der Propaganda anheimgeben zu dürfen" (Reicke 1984, S. 26). Diese Leserinnenschaft aber teilte Bäumers bürgerlich-mystisches Weltbild, das letztendlich die Funktion hatte, nicht zu Ende denken zu müssen, "zu immunisieren gegen Gedanken, die politische Konsequenzen bezüglich der Herrschaftsverhältnisse zur Folge gehabt hätten" (Wittrock 1985, S. 22).

Auf der andere Seite war Gertrud Bäumer mit vielem nicht einverstanden, was ihr das Goebbels-Ministerium aufzwingen wollte und widersetzte sich auf sehr subtile Weise (Reicke 1984, S. 27). Daher wurde ihr ein Jahr lang die Schriftleitung entzogen, sie konnte sie dann aber bis 1944 weiterführen, bis 1944, als Papierknappheit das Erscheinen unmöglich machte.

In Grießmannsdorf verlor sich Bäumer in zahlreichen historisierenden Büchern und Romanen (Reicke 1984, S. 25), führte ein lebhafte Korrespondenz und nahm den Krieg nur durch die steigende Zahl von Gefallenen, den Söhnen ihrer Freundinnen, zur Kenntnis. Erst auf einer Vortragsreise ins Ruhrgebiet 1943 merkte sie bei einem Bombenangriff, was es heißt, im Krieg zu leben. Schließlich wurde sie durch die Flucht 1945 endgültig in die Kriegswirren verwickelt.

Sie kam zunächst in einem Wohnstift in Bamberg unter und hatte sich ab 1947 dem Vorwurf der "Collaboration" zu stellen. Bei der Darstellung dieser Ereignisse gehen ihre Apologetinnen von zwei, wie ich meine, auch für das Bildungsbürgertum nach 1945 typischen Gegenargumenten aus: Entweder man war zu dumm, wenn man diesen Vorwurf gegen Gertrud Bäumer erhob (Reicke 1984, S. 28) oder es gab eine kommunistische Kampagne im Hintergrund (Funke 1984, S. 100). Dennoch kann, bei genauer Betrachtung des geistig-politischen Gedankengutes, das zu verbreiten Gertrud Bäumer nicht müde wurde, die von Funke konstatierte "vollständige Rehabilitierung" nicht aufrecht erhalten werden. Der Vorwurf muß bestehen bleiben, daß sie geistig den Boden für die Straßen zum und im Faschismus mitbearbeitet hat. Die aus den 50er Jahren stammende Rehabilitierung ist somit einer kritischen Distanznahme gewichen, denn Gertrud Bäumer war zweifelsohne zu sehr mit dem Bürgertum und seiner unreflektierten Bindung an Christentum und deutsche Klassik verwachsen, als daß sie für die weiblichen Interessen in einem Maße hätte eintreten können, das kritische Frauen heute für notwendig halten.

Gertrud Bäumer starb 1954 in Bethel an einer Gehirn-Arteriosklerose, die in den letzten Jahren zunehmend zu einem geistigen Verfall geführt hatte. Und es blieb still um sie.

Literatur

Primärliteratur

A. Romane und historische Schriften

Sonntage mit Silvia Monika. Berlin 1933.

Männer und Frauen im Werden des deutschen Volkes. Tübingen 1934.

Ich kreise um Gott. Der Beter Rainer Maria Rilke. Berlin 1935.

Adelheid, Mutter der Königreiche. Berlin 1935.

Der Park. Geschichte eines Sommers. Berlin 1937.

Wolfram von Eschenbach. Stuttgart 1938.

Der Berg des Königs. Das Epos des langobardischen Volkes. München 1938.

Gestalt und Wandel. Frauenbildnisse. Berlin 1939.

Der ritterliche Mensch. Berlin 1941.

Die Macht der Liebe. Der Weg des Dante Alighieri. Bruckmann 1942.

Eine Woche im Mai. Sieben Tage des jungen Goethe. Tübingen 1942.

Der neue Weg der deutschen Frau. Stuttgart 1946.

Der Dichter Fritz Usinger. Tübingen 1947.

Der Jüngling im Sternenmantel. Größe und Tragik Ottos III. Bruckmann 1947.

Ricarda Huch. Tübingen 1949.

Das geistige Bild Goethes im Licht seiner Werke. Bruckmann 1950.

Die Reichsidee bei den Ottonen. Nürnberg j.Jg.

Otto I und Adelheid. Tübingen 1951.

Das königliche Haupt. Tübingen 1951.

Frau Rat Goethe. Tübingen 1951.

B. Pädagogische und bildungspolitische Schriften

Bäumer, G.: Koedukation. Berlin 1907.

dies.: Die soziale Idee in den Weltanschauungen des 19. Jahrhunderts. Heilbronn 1910.

dies.: Die Frau und das geistige Leben. Leipzig 1911.

dies.: Weit hinter den Schützengräbern. Jena 1916.

dies.: Fichte und sein Werk. Berlin 1921.

dies.: Die Frau in der Krisis der Kultur. Berlin 1926.

dies.: Deutsche Schulpolitik. Berlin 1928.

dies.: Schulaufbau, Berufsauslese, Berechtigungswesen. Berlin 1929.

dies.: Sinn und Form geistiger Führung. Berlin 1930.

dies.: Lebensweg durch eine Zeitenwende. Berlin 1933.

dies.: Im Lichte der Erinnerung. Tübingen 1953 (eine gekürzte, von bestimmten Passagen, die Gertrud Bäumer in die Nähe des Faschismus rücken könnten, bereinigte Fassung ihrer Autobiographie von 1933).

dies.: Des Lebens wie der Liebe Band. Briefwechsel, herausgegeben von Emmy Beckmann. Tübingen 1956.

Dazu zahlreiche Aufsätze in der Zeitschrift "Die Frau. Monatszeitschrift für das gesamte Frauenleben unserer Zeit 1893-1944" und in der Zeitschrift "Die Hilfe. Wochenzeitschrift für Politik, Literatur und Kunst", erschien ab 1895.

Sekundärliteratur

Baum, M.: Die Soziale Frauenschule Hamburg. In: Dönhof, hrsg. von Gertrud Bäumer 1953.

Buhr, K. (Hrsg.): Philosophisches Wörterbuch. Leipzig o.J.

Dönhof, ?. (Hrsg.): Festschrift Gertrud Bäumer 1953.

Drewitz, I. (Hrsg.): Gertrud Bäumer. In: H.J. Schultz: Frauen. Stuttgart 1981.

Funke, L. (Hrsg.): Frei sein, um andere frei zu machen. Stuttgart 1984.

Hagemann-White, C.: Sozialisation männlich-weiblich. Opladen 1984.

Hansen-Blacke, D.: In: Dönhof 1953.

Hausen, K.: Frauen suchen ihre Geschichte. München 1982.

Hoeppel, R.: Weiblichkeit als Selbstentwurf. Autobiographische Schriften als Gegenstand der Erziehungswissenschaft. Dissertation Würzburg 1983.

Köhnke, K.Ch.: Entstehung und Aufstieg des Neu-Kantianismus. Frankfurt a.M. 1986.

Lassahn, R.: Einführung in die Pädagogik (3. Auflage). Heidelberg 1978.

Meyer, S.: Die mühsame Arbeit des demonstrativen Müßiggangs. In: K. Hausen 1982, S. 172-196.

Reicke, I.: Die großen Frauen der Weimarer Republik. Freiburg 1984.

Ritter, G. (Hrsg.): Historisches Wörterbuch der Philosophie. Bd. 6. Basel/Stuttgart 1984.

Salomon, A.: Charakter ist Schicksal. Lebenserinnerungen (2. Auflage) 1984.

Schultz, H.-J. (Hrsg.): Frauen. Stuttgart 1981.

Speck, J. (Hrsg.): Das Problem Koedukation. Münster 1966.

Spender, D.: Frauen kommen nicht vor. Sexismus im Bildungswesen. Tübingen 1985.

Wildt, C. und Neuendorf, G.: Der Streit um die Koedukation. In: 6. Jugendbericht der Bundesregierung: "Empfehlungen der Sachverständigenkommission zur Verbesserung der Chancengleichheit von Mädchen in der Bundesrepublik Deutschland. BT-Drucksache 10/10007. Bonn 1984.

Wittrock, Chr.: Weiblichkeitsmythen. Das Frauenbild im Faschismus und seine Vorläufer in der Frauenbewegung der 20er Jahre. Frankfurt a.M. 1983, 1985.

Pädagoginnen in der Bildungspolitik

Clara Zetkin: Erziehung zwischen Frauenemanzipation und Sozialismus

Rotraut Hoeppel

Clara Zetkin (1857-1933) gilt als die Begründerin der deutschen und der internationalen sozialistischen Frauenbewegung; darüber hinaus war sie eine der aktivsten Parteipolitikerinnen der SPD und später der KPD. Während sie in der DDR als "hervorragende Interpretin der marxistischen Pädagogik" gewürdigt wurde, die es "ausgezeichnet" verstand, "... die pädagogischen Gedanken von Marx und Engels ... schöpferisch weiterzuentwickeln" (Hohendorf 1962, S. 7; vgl. auch Klarin 1958, Walther 1959), wurde ihr pädagogisches Werk in der BRD und im nicht-kommunistischen Ausland lange Zeit vernachlässigt.

Zetkins schulpolitische Schriften finden mittlerweile in mehreren Untersuchungen zur *Pädagogik der Sozialdemokratie im Wilhelminischen Deutschland* Berücksichtigung (vgl. Christ 1975, Bendele 1979, Schwarte 1980). Ihre Beiträge zur Familienerziehung werden vornehmlich im Zusammenhang mit den Problemen der Frauenemanzipation diskutiert (vgl. Honeycutt 1975, Niggemann 1981, Kleinau 1983). In dieser Hinsicht ist Zetkins Werk äußerst umstritten. Autoren der DDR behaupten, Zetkin habe im Anschluß an Marx und Engels die Familie stets bejaht und diese "... wiederholt gegen sektiererische und anarchistische Auffassungen verteidigt" (Hohendorf 1962, S. 58).

Westdeutsche Interpretinnen sind sich dagegen in dieser Frage uneins: Während Kleinau (vgl. 1983, S. 145f.) kritisiert, Zetkin habe die bürgerliche Familien- und Weiblichkeitsideologie vollständig übernommen, hält Richebächer (vgl. 1982, S. 146ff.) Zetkin zugute, sie habe die Frauen- und Mutterschaftsideologie in Frage gestellt und für eine Vergesellschaftung der Erziehung plädiert. Diese Divergenzen sind vornehmlich darauf zurückzuführen, daß jeweils nur die Schriften rezipiert werden, die dem Anliegen der Interpreten und Interpretinnen entgegenkommen. Tatsächlich wandelte sich Zetkins Auffassung hinsichtlich der Rolle der Frau und der Familienerziehung beträchtlich. Im folgenden soll diese Entwicklung im Zusammenhang mit der Lebensgeschichte Zetkins nachvollzogen werden. Das Verhältnis von persönlicher Erfahrung und theoretischer Reflexion wird dabei nicht als ein kausaldeterministisches begriffen: Kindheit und Jugend legen zwar eine bestimmte Entwicklung nahe, prädestinieren aber nicht zur Frauenrechtlerin oder Kommunistin. Bestimmte Beiträge Zetkins, insbesondere die zur Frauenfrage und Familienerziehung, lassen sich zwar auf die jeweilige aktuelle Lebenssituation zurückführen, sind darüber hinaus aber auch politisch motiviert und beruhen insofern auf Erkenntnissen, die mit der persönlichen Erfahrung in keinem unmittelbaren Zusammenhang stehen.

Nicht zuletzt soll der folgende biographisch-systematische Abriß zeigen, daß Zetkins Beitrag zur sozialistischen Jugendorganisation, der in der Sekundärliteratur häufig nur am Rande berücksichtigt wird, insofern von zentraler Bedeutung ist, als er den Anspruch auf eine spezifisch *sozialistische Erziehung* einlöst.

Clara Zetkin wurde am 5. Juli 1857 als Clara Eißner in Wiederau, einem kleinen Dorf zwischen Chemnitz (heute Karl-Marx-Stadt) und Leipzig, geboren. Ihr Vater, Gottfried Eißner, stammte aus einer Bauernfamilie; als Sohn eines erbuntertänigen Tagelöhners hatte er - dank der Unterstützung durch einen Pfarrer - eine für seine Herkunft ungewöhnlich gute Bildung erhalten. In Wiederau hatte er die "Kirchschullehrerstelle" inne und war zugleich Kantor. Als strenggläubiger Protestant engagierte er sich in tätiger Nächstenliebe für die notleidende Dorfbevölkerung. Das Elend dieser Familien, die ihren kargen Lebensunterhalt als Handweber und Strumpfwirker in Heimarbeit verdienten, hinterließ bei Clara einen nachhaltigen Eindruck (vgl. u.a. Hohendorf 1962, S. 9). Nach dem Tode seiner ersten Frau hatte Gottfried Eißner Josephine Vitale, die Witwe eines Arztes, geheiratet. Claras Mutter, eine energische, aktive und gebildete Frau, stammte aus einer Leipziger Bürgerfamilie. Sie sympathisierte mit dem Liberalismus, begeisterte sich für die Ideale der Französischen Revolution und war eine entschiedene Anhängerin der Frauenemanzipation. Clara dürfte in ihr die Alternative zum herkömmlichen Frauenbild gesehen haben. Die heftigen Diskussionen zwischen den Eltern, die sich u.a. an Josephine Eißners kritischem Agnostizismus entzündeten, veranlaßten Zetkin, ihr Elternhaus rückblickend als einen "Diskutierclub" zu bezeichnen (Vgl. Dornemann 1985, S. 31).

Die Biographen schildern übereinstimmend Clara Eißners Kindheit als eine für ein Mädchen der damaligen Zeit untypische: Clara, die zusammen mit ihren jüngeren Geschwistern Arthur und Gertrud aufwuchs, war ein temperamentvolles Kind, sie bevorzugte die Spiele der Jungen, war häufig in Raufereien verwickelt und übernahm auch in allen Rollenspielen den Part des männlichen Helden (vgl. Honeycutt 1975, S. 30). Nach dem Besuch der Dorfschule wurde sie zusammen mit ihrem Bruder und einigen anderen Jungen, die sich auf das Gymnasium vorbereiteten, vom Vater unterrichtet. Schon als Elfjährige las Clara Eißner Schiller, Goethe, Shakespeare und Dickens; ihre Lieblingsbücher waren aber eine Geschichte der Französischen Revolution, eine Darstellung des Befreiungskampfes in der Schweiz und eine Geschichte aller Erhebungen gegen das Papsttum. Der Aufnahme solcher Daten in die Biographien ist insofern mit Skepsis zu begegnen, als sie sich dem Versuch verdankt, einen stringenten Zusammenhang zwischen Kindheit und späterem Werdegang nachzuweisen. Gleichwohl ist festzuhalten, daß die intellektuell anregende Atmosphäre im bürgerlich-liberalen Elternhaus und insbesondere die Persönlichkeit der Mutter für Clara Eißners Entwicklung von maßgeblicher Bedeutung gewesen sein dürften.

1872 gab Gottfried Eißner sein Schulamt auf und siedelte mit seiner Familie nach Leipzig über, um Clara und Arthur eine Berufsausbildung zu ermöglichen. Josephine Eißner befürwortete den Wunsch ihrer Tochter, Lehrerin zu werden, und verschaffte ihr 1874 eine Freistelle in dem von Auguste Schmidt geleiteten Lehrerinnenseminar, dem "von Steybergschen Institut". Obwohl Gottfried Eißner nur eine kleine Rente erhielt und die materiellen Verhältnisse der Familie sich nach seinem Tode 1875 noch verschlechterten, bestand die Mutter darauf, daß Clara ihr Studium beendete. Die Jahre im Lehrerinnenseminar beeinflußten Clara Eißners spätere Entwicklung in mehrfacher Hinsicht: War ihre Entscheidung, Lehrerin zu werden, zunächst vornehmlich durch den Umstand motiviert, daß Frauen nur wenige Berufe zugänglich waren, so wurde nun ihr eigentliches Interesse an pädagogischen Fragen geweckt (vgl. Honeycutt 1975, S. 35). Der Kontakt mit Auguste Schmidt, die eine der Begründerinnen des Allgemeinen Deutschen Frauenvereins, der ersten größeren Organisation der bürgerlichen Frauenbewegung, war, förderte Claras Interesse an den Problemen der Frauenemanzipation. Darüber hinaus regte ihr Studium sie dazu an, sich mit der sogenannten "sozialen Frage" theoretisch auseinanderzusetzen. Sie wußte um die Not des Proletariats aus eigener Anschauung und erkannte, daß das vom Liberalismus geprägte caritative Engagement der bürgerlichen Frauenbewegung die eigentliche Ursache des Problems nicht tangierte. Was ihr das Studium in dieser Richtung vorenthielt, fand sie in den sozialdemokratischen Zeitungen und Flugblättern, die ihr ein Freund ihres Bruders gab. Schon bald vertrat sie die sozialistische Idee auch im Lehrerinnenseminar. 1878 bestand Clara Eißner ihr Examen mit Auszeichnung und nahm kurz darauf eine schlechtbezahlte Stellung als Hauslehrerin in der Familie eines Unternehmers an, da die Staatslaufbahn weiblichen Lehrkräften noch weitgehend und einer Sozialistin allemal verschlossen war.

Über ihre Freundin Warwara lernte sie eine Gruppe von russischen Emigranten kennen, mit denen sie nicht nur sozialdemokratische Versammlungen besuchte, sondern auch die Schriften Lassalles und die Werke russischer und französischer Sozialisten diskutierte. Ihre damaligen politischen Ideen kennzeichnen die Biographen übereinstimmend als eine konfuse Mischung von romantischem Anarchismus und gefühlsmäßigem "Revoluzzertum" (vgl. Dornemann 1985, S. 40; Honeycutt 1975, S. 38). Entscheidend für ihre weitere politische Entwicklung war die Begegnung mit Ossip Zetkin, einem aus Rußland geflohenen Emigranten. Dieser führte sie in die Leipziger SPD ein und regte sie zum Studium der Werke von Marx und Engels an. Unter Zetkins Einfluß wandelten sich Clara Eißners politische Überzeugungen; sie erkannte, daß die Revolution nur durch den Klassenkampf des Proletariats, nicht aber durch die Aktivitäten einer kleinen Gruppe romantischer Revolutionäre zu erreichen ist (vgl. Honeycutt 1975, S. 42). Clara Eißner trennte sich von ihrem früheren Freundeskreis und engagierte sich in zunehmendem Maße für die SPD. Ihre Entscheidung, auch nach dem Inkrafttreten des "Sozialistengesetzes" illegal in der verbotenen Bewegung weiterzuarbeiten, führte nach heftigen Auseinandersetzungen zum Bruch mit der Mutter und Auguste Schmidt.

1880 wurde Ossip Zetkin bei einem illegalen Parteitreffen verhaftet und des Landes verwiesen; er fand in Paris Asyl. Auch Clara Eißner verließ Deutschland und nahm in Österreich eine Stelle als Hauslehrerin an, die sie 1882 nach heftigen Auseinandersetzungen mit ihrem Arbeitgeber aufgrund politischer Differenzen aufgab. Sie entschloß sich, ihren Beruf als Lehrerin nicht weiter auszuüben, sondern ihre Energien künftig vollkommen in den Dienst der Partei zu stellen (vgl. Honeycutt 1975, S. 46). Damit verzichtete sie endgültig auf eine gesicherte bürgerliche Existenz. Einige Monate lang arbeitete sie in Zürich für den illegalen Vertrieb der sozialdemokratischen Presse. Im November 1882 folgte Clara Eißner Ossip Zetkin nach Paris und lebte dort mit ihm unverheiratet zusammen. Als russischer Flüchtling konnte Zetkin die für eine Eheschließung notwendigen Dokumente nicht beschaffen; außerdem wollte Clara Eißner die deutsche Staatsangehörigkeit nicht verlieren, um im Falle einer Rückkehr nach Deutschland nicht als unerwünschte Ausländerin ausgewiesen zu werden. Sie nahm aber den Namen "Zetkin" an, und auch die beiden 1883 und 1885 geborenen Söhne Maxim und Kostja erhielten den Namen ihres Vaters. Die Familie Zetkin lebte in dürftigen Verhältnissen; Clara erteilte Privatunterricht und verdiente zusammen mit ihrem Mann etwas Geld durch Übersetzungen und Artikel in der sozialistischen Presse. Aufgrund ihrer Erziehung in hauswirtschaftlichen Dingen völlig unerfahren, fühlte sie sich - wie einige ihrer Briefe aus jener Zeit belegen (vgl. Honeycutt 1975, S. 59f.) - durch die neuen Aufgaben als Hausfrau und Mutter extrem belastet. Sie bedauerte, zu wenig Zeit für die politisch-literarische Arbeit zu haben, empfand sie diese doch als eine Notwendigkeit, die ihr den Rest ihrer Existenz erträglich machte. Im Frühjahr 1886 erkrankte Clara Zetkin an Tuberkulose; sie versöhnte sich mit ihrer Mutter und reiste mit ihren Söhnen nach Leipzig. Dort wurde sie von den früheren Genossen aufgefordert, in einer illegalen Parteiversammlung über die französische Arbeiterbewegung zu sprechen. Zetkin überwand ihre Angst vor öffentlichen Auftritten und hielt ihre erste Rede. Obwohl sie auch noch in ihrer späteren Karriere gegen das "Lampenfieber" zu kämpfen hatte, war sie eine der wenigen Frauen, die sich als hervorragende Rednerin profilieren konnten. Im August 1886 kehrte Zetkin nach Paris zurück. Ihr Mann litt schon längere Zeit an spinaler Tuberkulose. Während Claras Abwesenheit hatte sich sein Zustand erheblich verschlechtert. Da Ossip Zetkin gelähmt blieb, mußte Clara den Lebensunterhalt für die Familie alleine bestreiten und übernahm darüber hinaus die politischen und literarischen Verpflichtungen ihres Mannes.

Eine ihrer bedeutendsten Schriften erschien 1889 unter dem Titel "Die Arbeiterinnen- und Frauenfrage der Gegenwart". Sie beruhte auf Artikeln, die schon in der "Berliner Volkstribüne" erschienen waren und heftige Diskussionen ausgelöst hatten (vgl. Honeycutt 1975, S. 72). Zetkin versteht die Frauenfrage nicht als politische oder sittliche, sondern als ökonomische Frage, die sich erst mit der Entwicklung der modernen Industrie stellt. Die maschinelle Produktion habe die Familie als Wirtschafts- und Produktionsgemeinschaft aufgelöst und damit die Bedingungen für die Tätigkeit der Frau in der Gesellschaft geschaffen. Die Eingliederung der Frau in den Produktionsprozeß ziehe notwendigerweise die sozial-politische Gleichstellung nach sich, selbst gegen den Willen der Männer, ja sogar gegen den Willen der betroffenen Frauen (vgl. a.a.O., S. 22). Allerdings gerate die vom Manne ökonomisch unabhängige Frau - wie jeder männliche Lohnarbeiter auch - in die Abhängigkeit vom Kapitalisten. Folglich gebe es keinen Unterschied zwischen den Interessen der Arbeiter und Arbeiterinnen, sondern einzig und allein einen Gegensatz zwischen den Interessen des Kapitals und denen der gesamten Arbeiterschaft. Da die Frauenfrage eng mit der Arbeiterfrage verknüpft und letztlich erst in einer sozialistischen Gesellschaft zu lösen ist, habe sich die Proletarierin für ihre Emanzipation nur von der sozialdemokratischen Partei "etwas zu erwarten" (a.a.O., S. 40). Zetkin versteht den Umsturz der gesellschaftlichen Verhältnisse und die damit verknüpfte Lösung der Frauenfrage streng deterministisch als bloße Folge der ökonomischen Entwicklung - eine Auffassung, die der damaligen offiziellen Parteitheorie entsprach (vgl. Richebächer 1982, S. 103ff.).

Der zweite Teil ihrer Broschüre behandelt die Frage, welche Konsequenzen sich aus den veränderten Produktionsbedingungen für die Erziehung ergeben. Zetkin geht davon aus, daß die Familie nicht nur als Produktions- und Wirtschaftsgemeinschaft vernichtet wird, sondern auch ihre Erziehungsfunktion einbüßt. Denn die Proletarierin, die aufgrund der materiellen Not zur Erwerbstätigkeit gezwungen ist, könne sich kaum noch mit der Erziehung ihrer Kinder befassen. Daher müsse diese vergesellschaftet werden und "aus den Händen der Mutter in die von Pädagogen" übergehen (Zetkin 1889a, S. 28). Diese Tatsache sei nicht zu "bejammern" (ebd.), denn die Mutter sei keineswegs von Natur aus die beste Erzieherin des Kindes. Wie jedes andere Talent sei auch die Begabung für den erzieherischen Beruf "... nach Individuen und nicht nach Geschlechtern verteilt" (a.a.O., S. 31); darüber hinaus sei die "dem weiblichen Geschlechte zu Theil werdende Entwicklung" kaum dazu angetan, "... etwa vorhandene Keime dieser Befähigung so herauszubilden, daß sich dieselben späterhin günstig entfalten" (ebd.). Der viel berufene mütterliche Instinkt könne eine pädagogische Ausbildung nicht ersetzen, ganz im Gegenteil: "Ein gut Theil der körperlichen und geistigen Verkrüppelung der Jugend ist darauf zurückzuführen, daß die Erziehung dem 'mütterlichen Instinkt' überlassen bleibt, anstatt dieselbe zur Sache eines zielbewußten Könnens zu machen" (a.a.O., S. 33). Eine Vergesellschaftung der Erziehung sei daher zu begrüßen. Zetkin folgt dem Erziehungskonzept der utopischen Sozialisten und übernimmt Argumente aus Bebels Schrift "Die Frau und der Sozialismus". Ihre Abhandlung spiegelt den damaligen Stand der bildungstheoretischen Diskussion innerhalb der SPD wider: man ging davon aus, daß der revolutionäre Umsturz unmittelbar bevorsteht, verzichtete weitgehend auf eine inhaltliche Präzisierung der Bildungskonzeption und proklamierte "naiv-optimistische Visionen des Erziehungswesens in der Zukunftsgesellschaft" (Schwarte 1980, S. 77). Zetkins Forderung nach einer Vergesellschaftung der Erziehung reflektiert auch ihre persönliche Lebenssituation. Sie litt unter der mehrfachen Belastung durch Hausarbeit, Kindererziehung und Erwerbstätigkeit und konnte die Aufgaben nur bewältigen, weil sie Hausarbeit und Kindererziehung teilweise an andere, u.a. die Haushälterin ihrer Freundin Laura Lafargue, delegieren konnte (vgl. Honeycutt 1975, S. 83).

Im Januar 1889 starb Ossip Zetkin. Im selben Jahr nahm Clara als Mitglied des Organisationskomitees und als Vertreterin der Berliner Frauen am Gründungskongreß der Zweiten Internationale in Paris teil und hielt dort eine ihrer bedeutendsten Reden. In Anknüpfung an ihre Broschüre "Die Arbeiterinnen- und Frauenfrage der Gegenwart" wies sie die von zahlreichen Sozialdemokraten vertretene Forderung nach einer Beschränkung oder Abschaffung der Frauenarbeit mit dem Argument zurück, die Erwerbstätigkeit der Frau sei für die Familien des Proletariats nicht nur eine Notwendigkeit, sondern auch die unerläßliche Bedingung für die ökonomische Unabhängigkeit und damit auch die politische und soziale Gleichberechtigung der Frau (vgl. Zetkin 1889b).

Nach Aufhebung des Sozialistengesetzes kehrte Clara Zetkin nach Deutschland zurück und ließ sich mit ihren Söhnen in Stuttgart nieder. Ende 1891 übernahm sie die Redaktion der Zeitschrift "Die Gleichheit", deren Konzept sie maßgeblich bestimmte. Durch ihre schriftstellerische und agitatorische Tätigkeit - in manchen Jahren hielt sie über 300 Reden (vgl. Honeycutt 1975, S. 137) - wurde Zetkin bald eine der prominentesten Parteipolitikerinnen und spielte in fast allen Kontroversen als Vertreterin des radikalen Flügels eine aktive Rolle (vgl. Honeycutt 1975, S. 140ff.).

In den frühen 90er Jahren war die Frage heftig umstritten, ob und inwieweit gemeinsame Aktionen zwischen bürgerlicher und sozialistischer Frauenbewegung zu befürworten sind (vgl. Honeycutt 1975, S. 164ff.). Zetkin, die eine Kooperation generell ablehnte, hielt 1896 auf dem Gothaer Parteitag zu diesem Fragenkomplex ein

Referat, das allgemeine Zustimmung fand. Frühere Argumente aufgreifend, wies sie nach, daß die Frauenfrage sich im Proletariat, im Bürgertum und in der Großbourgeoisie in je spezifischer Art und Weise manifestiert. Bürgerliche und sozialistische Frauenbewegung hätten daher unterschiedliche Probleme zu lösen. Der proletarischen Frauenbewegung gehe es nicht um "spezielle Frauenagitation", sondern um "sozialistische Agitation unter den Frauen" (a.a.O., S. 105).

Die Gothaer Rede markiert innerhalb der Zetkinschen Theorie einen Wendepunkt: Zetkin protestiert nicht mehr - wie in ihrer Pariser Rede - gegen jede Beschränkung der Frauenarbeit mit Ausnahme des Mutterschutzes, sondern fordert besondere Schutzmaßnahmen am Arbeitsplatz. Denn nur eine Verbesserung der Lage der Arbeiterinnen setzte diese instand, am Klassenkampf teilzunehmen. Die sozialistische Frauenagitation dürfte die Arbeiterin aber auch nicht ihren Pflichten als Mutter und Gattin entfremden, sondern müsse vielmehr im Interesse des Proletariats darauf wirken, daß sie diese besser erfüllt als bisher. Denn die Verbesserung der Familienverhältnisse mache nicht nur die Proletarierin "kampffähiger", sondern ermögliche es ihr auch, ihre Kinder zu begeisterten Kämpfern für die Befreiung des Proletariats zu erziehen (vgl. a.a.O., S. 108). Zetkin hält die Berufstätigkeit der Frau zwar immer noch für eine unerläßliche Bedingung der Emanzipation, weist nun aber auch der familiären Tätigkeit, insbesondere der Erziehung, eine Funktion im Rahmen des Klassenkampfes zu. Damit deutet sich eine Revision der in der Pariser Rede behaupteten "Konvergenz zwischen ökonomischem und pädagogischem Funktionsverlust der Familie" an (Schwarte 1980, S: 448). Allerdings geht Zetkin immer noch davon aus, daß erst die zukünftige sozialistische Gesellschaft den Konflikt zwischen beruflicher und familiärer Rolle in einer Art und Weise lösen wird, die beiden Bereichen Rechnung trägt und damit eine optimale sozialistische Erziehung ermöglicht. Erst "wenn die Familie als wirtschaftliche Einheit verschwindet und an ihre Stelle die Familie als sittliche Einheit tritt, wird die Frau als gleichberechtigte, gleichschaffende und gleichstrebende, mit dem Manne vorwärtsschreitende Gefährtin ihre Individualität fördern, gleichzeitig aber auch ihre Aufgabe als Gattin und Mutter im höchsten Maße erfüllen können" (Zetkin 1896, S. 110f.).

In einigen späteren Artikeln modifizierte Zetkin diese Auffassung: Sie verstand die Frauenfrage nicht mehr ausschließlich als soziale Frage, sondern ging vielmehr davon aus, daß den Frauen aller Klassen bestimmte geschlechtsspezifische Probleme gemeinsam sind (vgl. Honeycutt 1975, S. 199ff.). Beeinflußt von Ellen Key und Laura Marholm übernahm Zetkin von bürgerlichen Frauenrechtlerinnen die Auffassung, die Frauenbewegung dürfte die Geschlechtsunterschiede nicht leugnen, sondern müsse vielmehr dafür sorgen, daß die spezifisch weiblichen Fähigkeiten im Interesse der Frau und der Gesellschaft genutzt werden. Gleichwohl wandte sich Zetkin gegen jede Reduktion der Frau auf die Hausfrauen- und Mutterrolle; im Unterschied zu den meisten bürgerlichen Frauenrechtlerinnen ging sie nicht davon aus, daß das Problem der Doppelbelastung durch die Alternative "Beruf oder Familie" zu lösen ist, sondern betonte die positiven Konsequenzen, die eine Verbindung dieser beiden Lebensbereiche für die Mutter, den Ehemann, das Kind und die Gesellschaft hat. Die Beziehung zwischen Mutterschaft und geistiger Arbeit definierte sie als wechselseitige Bereicherung. Der Konflikt zwischen diesen Bereichen könne und solle nicht beseitigt werden, da er der persönlichen Entwicklung der Frau dienlich ist. In gewisser Weise entsprach auch diese - durchaus originelle - These der damaligen Lebenssituation Zetkins. Aus den Zeugnissen mehrerer Zeitgenossen (vgl. Honeycutt 1975, S. 223ff., S. 241) geht hervor, daß Zetkin eine liebevolle, aber auch eine sehr ehrgeizige und dominante Mutter war, die ihre Söhne strikt nach politischen und moralischen Grundsätzen erzog. Vermutlich befriedigte sie die Rolle als Mutter nun mehr als in früheren Jahren, weil sie die Erziehung älterer Kinder als eine Aufgabe verstehen konnte, die auch von politischer Relevanz ist und insofern nicht in Widerspruch zu ihren intellektuellen Interessen stand.

1899 heiratete Zetkin den 18 Jahre jüngeren Maler Friedrich Zundel. Obwohl sie mehrfach schwer erkrankte - u.a. litt sie seit 1899 an den Folgen des "grauen Stars" -, blieb sie eine der aktivsten Parteipolitikerinnen und war in der Zeit zwischen 1896 und 1908 die dominierende Führerin der sozialistische Frauenbewegung (vgl. Evans 1979, S. 83ff.; Honeycutt 1975, S. 290ff.). Gegenüber ihrer Kontrahentin Lily Braun, die den revisionistischen Flügel vertrat, konnte Zetkin ihre Vormachtstellung halten, weil zu jener Zeit auch in der Partei insgesamt alle revisionistischen Bestrebungen offiziell verurteilt wurden. Das Parteizentrum hielt zwar an der revolutionären Theorie fest, verfolgte aber de facto mit seiner pragmatisch-sozialreformerischen Politik die Ziele, die die Revisionisten als allgemein theoretische Grundlage formuliert hatten. Als deutlich wurde, daß sich in der Parteiführung und Parteimehrheit ungeachtet der offiziellen Verurteilung der Revisionismus praktisch durchsetzte, trennte sich allmählich der linke Flügel der SPD vom Zentrum. Auch Clara Zetkin, die seit 1898 mit Rosa Luxemburg befreundet war, schloß sich immer enger dieser Gruppe an und geriet damit in Konflikt mit der Parteiführung. 1908 wurde nicht Zetkin, sondern die linientreuere Luise Zietz in den Parteivorstand gewählt, die von nun an auch die Kontrolle über die deutsche sozialistische Frauenbewegung innehatte. Zetkin blieb jedoch eine der maßgeblichen Führerinnen der internationalen sozialistischen Frauenbewegung und redigierte weiterhin "Die Gleichheit", deren Konzeption allerdings immer wieder Gegenstand heftiger Auseinandersetzungen war. Während Zetkin die Aufgabe dieser Zeitung in der ideologischen Schulung der aktiven weiblichen Parteimitglieder sah, forderten die Kritiker eine Popularisierung der Zeitung. 1902 ging "Die Gleichheit", die zunächst im Dietz-Verlag erschienen war, in den Besitz der SPD über und wurde damit zu einem offiziellen Parteiorgan. In den folgenden Jahren sah sich Zetkin immer mehr zu Konzessionen gegenüber der Kritik gezwungen; u.a. erweiterte sie ab 1905 "Die Gleichheit" um die beiden Beilagen "Für unsere Kinder" und "Für unsere Mütter und Hausfrauen". Sie trug damit einerseits dem Umstand Rechnung, daß die Frauenbewegung in zunehmendem Maße auch die politisch nicht aktiven Ehefrauen der SPD-Mitglieder erfaßte; andererseits lag diese konzeptionelle Veränderung auch insofern nahe, als Zetkin zu jener Zeit pädagogische Fragen ins Zentrum ihres Interesse rückte. Auch in der Partei insgesamt intensivierte sich ab 1904 die bildungstheoretische Diskussion. Ausgelöst wurde sie durch das in Aussicht stehende und zwei Jahre später verabschiedete Volksschulunterhaltungsgesetz, das mit der rechtlichen Normierung des Konfessionalitätsprinzips die Interessen der konservativ-klerikalen Mehrheit des preußischen Abgeordnetenhauses sicherte (vgl. Schwarte 1980, S. 357ff.). Clara Zetkins Referat auf der dritten sozialdemokratischen Frauenkonferenz (vgl. Zetkin 1904) war die erste bedeutende Stellungnahme von seiten der SPD zu diesem Thema. Innerhalb des Zetkinschen Gesamtwerkes leitete es eine Periode ein, die bis 1908 reichte und von dem Bemühen geprägt war, ein Erziehungskonzept zu entwerfen, das einerseits in den Prämissen des Marxismus gründet, andererseits aber auch den Erkenntnissen der fortschrittlichen bürgerlichen Pädagogik Rechnung trägt.

Anknüpfend an frühere Ausführungen konstatiert Zetkin erneut die Folgen der wirtschaftlichen und sozialen Entwicklung, die die Eltern immer mehr außerstande setzen, ihre Erziehungsaufgabe zu erfüllen. Zetkin geht nun aber nicht mehr davon aus, daß die Erziehung auf die Gesellschaft übergehen soll, sondern proklamiert die Ergänzung der familiären durch die öffentliche Erziehung. Erstere sei notwendig, damit "... die Kinder zu starken Persönlichkeiten von ungebrochener Eigenart erwachsen", letztere, "damit... die Persönlichkeit nicht zum Individualitätsprotzen entarte", sondern "... in brüderlicher Empfindung und Gesinnung mit ... der Allgemeinheit verbunden bleibt, und alles begreift, was sie ihr verdankt und ihr schuldet" (a.a.O., S. 270f.). Die Entwicklung der Pädagogik als Wissenschaft habe zu der Erkenntnis geführt, "... daß es sich in der Schule nicht nur um Einpauken einer gewissen Summe von Kenntnissen, um Anerziehung bestimmter Fertigkeiten, um bloßen Geistesdrill handelt, sondern um ein Erziehungswerk, welches den ganzen Menschen erfassen und alle Seiten seines Wesens zur Entfaltung, zur Blüte und Reife bringen soll" (a.a.O., S. 252). Zetkin fordert daher im Anschluß an Comenius "... die allgemeine Bildung aller, die als Menschen geboren sind, zu allem, was menschlich ist" (a.a.O., S. 254) und proklamiert - Richard Wagner zitierend - als Erziehungsziel den 'starken' und 'schönen Menschen' (vgl. a.a.O., S. 254f.). Deutlicher als in allen früheren Schriften zeigt sich hier der Einfluß, den die Ausbildung im Lehrerinnenseminar auf Zetkins pädagogische Vorstellungen ausübte. Zetkin übernimmt das klassisch-bürgerliche Bildungsideal, mißt daran die Leistungen des öffentlichen Erziehungswesens und kommt dabei zu dem Schluß, die Volksschule sei "Armeleuteschule" (a.a.O., S. 255), und die Bildung ein "Monopol", das nicht auf "Begabung und Neigung", sondern auf dem Besitz beruht (a.a.O., S. 256). Darüber hinaus mißbrauche die herrschende Klasse die Volksschule, "... um durch engherzigen religiösen Dogmenunterricht, durch gefälschten Unterricht in der Geschichte und den Naturwissenschaften den Geist der Kinder des Volkes zu vergiften" (a.a.O., S. 258).

Da Zetkin die Differenzierung des öffentlichen Erziehungswesens als eine klassenspezifische begreift, die dem Proletariat den Zugang zum "Allgemeingut" (a.a.O., S. 255) Bildung verwehrt, stellt sie die Einheitlichkeit und Unentgeltlichkeit des Unterrichtswesens vom Kindergarten bis zur Hochschule ins Zentrum ihrer Reformforderungen. Im Unterschied zu den Vertretern des Einheitsschulgedankens innerhalb der bürgerlichen Pädagogik versteht sie die mangelhafte Volksbildung als notwendige Folge der kapitalistischen Wirtschaftsordnung und warnt daher vor einer "Überschätzung der Einheitsschule" unter den gegenwärtigen gesellschaftlichen Verhältnissen (a.a.O., S. 260). Damit relativiert Zetkin aber den Stellenwert pädagogischer Reformen. Unklar bleibt, inwieweit sich unter den gegebenen gesellschaftlichen Verhältnissen ein Erziehungsprogramm verwirklichen läßt, das die Funktion des Bildungssystems für die kapitalistische Klassengesellschaft aufhebt.

Die zweite grundlegende Forderung Zetkins betrifft die Weltlichkeit der Schule; der Religionsunterricht erhalte die "wirtschaftliche und soziale Sklaverei" des Proletariats, er diene nicht der "... Pflege religiösen Empfindens, sondern dem mechanischen Einbläuen von Dogmenformeln..." (a.a.O., S. 261f.). Bemerkenswerterweise wendet sich Zetkin nicht gegen die Religion als solche, sondern vielmehr gegen die Art und Weise, in der sie vermittelt wird (vgl. auch Zetkin 1922, S. 484ff.). Im Unterschied zu anderen Bildungstheoretikern der SPD (vgl. Schwarte 1980, S . 414f.) plädiert sie nicht für eine ersatzlose Streichung des Religionsunterrichts, sondern für die Einführung eines ethischen Unterrichts (vgl. Zetkin 1904, S. 263).

Neben einer gründlichen Reform der Unterrichtsinhalte, die insbesondere den Geschichtsunterricht vom "Bann des Mordspatriotismus" und die naturwissenschaftlichen Fächer vom "Joche des kirchlichen Dogmas" befreien soll (a.a.O., S. 264), fordert Zetkin die Einführung des Arbeitsunterrichts in den Schulplan. Im Unterschied zu Marx, der der polytechnischen Bildung in Verbindung mit dem Klassenkampf des Proletariats systemtranszendierenden Charakter zuschrieb (vgl. Schwarte1980, S. 89ff.), begründet Zetkin ihre Forderung nach einer obligatorischen Arbeitserziehung in Zusammenhang mit allgemein pädagogischen Überlegungen. Der Arbeitsunterricht solle "Freude an schöpferischer Arbeit" vermitteln, "Ehre und Würde der Arbeit" lehren und die Kinder zum "Bewußtsein ihrer Verpflichtung gegenüber der Gesellschaft" erziehen (Zetkin 1904, S. 265). Diese Argumentation, die für die damalige bildungstheoretische Diskussion innerhalb der SPD typisch ist, leugnet jedes klassenspezifische Interesse, der Zusammenhang mit der Marxschen Konzeption polytechnischer Bildung geht verloren, und zugleich zeigen sich die Übereinstimmungen mit späteren Konzepten der bürgerlich-reformpädagogisch inspirierten Arbeitsschulbewegung (vgl. Schwarte 1980, S. 298).

Zetkin analysiert zwar das Unterrichtswesen auf der Grundlage der marxistischen Gesellschaftstheorie, unterstellt aber in Berufung auf das klassische Bildungsideal einen stringenten Zusammenhang zwischen fortschrittlichen bürgerlichen und sozialistischen Bildungskonzepten. Da sie der SPD die Aufgabe zuweist, den Bildungsanspruch des Proletariats einzulösen, hält sie die Behandlung der Schulfrage für ein geeignetes Mittel, um die "... kulturelle Überlegenheit der sozialistischen Weltanschauung nachzuweisen" (Zetkin 1904, S. 252). Die Frage nach einer spezifisch sozialistischen Erziehung, die in dem Maße an Bedeutung gewann, in dem erkennbar wurde, daß die objektive Klassenlage des Proletariats keineswegs notwendigerweise ein adäquates Klassenbewußtsein produziert (vgl. Schwarte 1980, S. 86), blieb damit offen.

1906 wurden auf dem Mannheimer Parteitag Erziehungs- und Bildungsfragen erstmals als besonderer Punkt der Tagesordnung behandelt. Diskussionsgrundlage waren die von Clara Zetkin und Heinrich Schulz erarbeiteten Leitsätze zum Thema "Volkserziehung und Sozialdemokratie" (vgl. Schwarte 1980, S. 300ff.). Schulz nahm in einem Referat zu den allgemeinen Prinzipien sozialistischer Erziehung und zu schulpolitischen Fragen Stellung, Zetkin erläuterte ihr Konzept einer proletarischen Familienerziehung.

Ausgehend von der Frage, "... ob die Familie überhaupt als eine erziehungsfähige Einheit besteht oder nicht" (Zetkin 1906, S. 42) rekapituliert Zetkin in diesem Referat nochmals die Folgen der kapitalistischen Produktion für die Familien des Proletariats und der besitzenden Klasse, kommt dabei aber zu anderen Ergebnissen als in ihren früheren Schriften: Bei den "oberen Zehntausend" werde des Besitzes wegen die "äußere Form der Familie" aufrechterhalten, ihr "Inhalt" aber "zersetzt und korrumpiert"; im Proletariat dagegen werde die äußere Form der Familie aufgelöst, "... aber der Inhalt, das Wesen der Familie ... versittlicht und gehoben" (a.a.O., S. 44f.). Schon bei der Familiengründung seien nicht die Besitzverhältnisse, sondern allein die persönlichen Beziehungen - also "sittliche Werte" (a.a.O., S. 45) - maßgeblich. Die berufstätige Proletarierin führte kein Leben als "Parasitin", sondern leiste produktive, gesellschaftlich notwendige Arbeit; daher sinke die Arbeiterfamilie nicht zu einer "Gemeinschaft im Genuß" herab, sondern bleibe eine "Gemeinschaft in der Arbeit" (ebd.). Da die Ehegatten ökonomisch voneinander unabhängig und gleichberechtigt sind, trete auch bei der Erziehung der Kinder der Mann "ohne Rücksicht auf männliche und weibliche Arbeit" seiner Frau "helfend zur Seite" (a.a.O., S. 46). Zetkin revidiert damit endgültig ihre frühere Auffassung vom pädagogischen Funktionsverlust der Familie und geht nun von der im vierten Mannheimer Leitsatz formulierten These aus, der geschichtlichen Entwicklung eigne "... nicht die Tendenz, die Erziehung im Heim auszuschalten, sondern sie zu vertiefen" (Zetkin/Schulz nach Christ 1975, S. 16).

Von einigen Autoren wird diese Analyse als romantische Verklärung kritisiert, die mit der realen Lebenssituation des Proletariats nichts zu tun hat, und sich insofern als "Ausdruck reinen Wunschdenkens" erweist (vgl. u.a. Kleinau 1983, S. 146). Zetkin führt aber keine empirische Bestandsaufnahme durch, sondern beschreibt vielmehr einen Entwicklungsprozeß, der sich aufgrund der veränderten Produktionsverhältnisse erst anbahnt und zunächst auch nur die "verhältnismäßig bessergestellten Schichten des Proletariats" erfaßt, die bereits in der Arbeiterbewegung organisiert sind (Zetkin 1906, S. 53). Gleichwohl ist festzustellen, daß selbst in den Familien führender Sozialisten, die die Emanzipation der Frau theoretisch befürworteten, die Gleichberechtigung von Mann und Frau in der alltäglichen Praxis nicht verwirklicht wurde (vgl. Honeycutt 1975, S. 337ff.; Niggemann 1981, S. 276ff.).

Zetkin geht davon aus, daß die von ihr konstatierte Tendenz auch eine Sache des guten Willens der Betroffenen ist; mit der folgenden Passage wendet sie sich direkt an die klassenbewußten proletarischen Eltern: "Sie werden wahrscheinlich sagen: Wir sind Produkte unseres Milieus; wir können nicht über die materiellen und geistigen Schranken hinaus, die uns verhindern, mit Takt und Verständnis an die Erziehung unserer Kinder, mit Strenge an unserer Selbsterziehung zu arbeiten. Ich warne Sie davor, dieser Auffassung zu huldigen. Das ist kein historischer Materialismus, das ist ein verderblicher Fatalismus ... die fatalistische Auffassung übersieht völlig, daß der Wille auch ein Faktor in der Gestaltung des Milieus ist" (Zetkin 1906, S. 53). Zetkin begreift also den Zusammenhang zwischen den veränderten Produktionsverhältnissen und der Umgestaltung des Familienlebens nicht mehr deterministisch im Sinne einer naturnotwendigen Entwicklung, sondern betont das voluntative Moment dieses Prozesses und weist daher den sozialistischen Eltern die Aufgabe zu, Vorreiter für eine neue Erziehung zu sein.

1907 präzisierte Zetkin das Ziel dieser Erziehung: Das "Ideal für den Werdegang" der proletarischen Jugend sei nicht "... jene alltägliche persönliche Lebenstüchtigkeit, die an bürgerlichen Begriffen ihre Werte mißt", sondern vielmehr "... die Lebenstüchtigkeit der Klasse als treibende subjektive Kraft der geschichtlichen Entwicklung", das heißt die "Kampfestüchtigkeit gegen die kapitalistische Ordnung" (Zetkin 1907, S. 119). Die höchstmögliche Entwicklung der einzelnen Glieder der proletarischen Klasse sei zwar von größter Wichtigkeit, ihre eigentliche Bedeutung gewinne sie aber erst im Klassenkampf für die sozialistische Gesellschaft. Zetkin weist daher die Erkenntnisse der bürgerlichen Pädagogik nicht zurück, sondern will sie im Interesse des Proletariats "umwerten" (vgl. a.a.O., S. 119f.). Diesen Anspruch spiegeln die von ihr auf dem Mannheimer Parteitag formulierten Forderungen an eine sozialistische Familienerziehung allerdings nicht wider.

Ein Teil ihres Konzepts ist ausschließlich pädagogisch motiviert; Zetkin beruft sich auf die Erkenntnisse der bürgerlichen Pädagogik, ohne deren Stellenwert im Rahmen einer sozialistischen Erziehung nachzuweisen. So fordert sie u.a., die Erziehung müsse "gemeinsames Elternwerk" sein, da in der "Verschiedenheit" der Geschlechter ein "wertvolles Moment für die Erziehung des Kindes" liegt (Zetkin 1906, S. 46). Wilhelm Rein zitierend stellt sie fest, das Vorschulalter sei grundlegend für das weitere Leben, und insofern komme der Familienerziehung hinsichtlich der Entwicklung der Individualität "höchste Bedeutung" zu (a.a.O., S. 47f.): Schon Pestalozzi habe aber gezeigt, daß die Familie auch zwischen der einzelnen Persönlichkeit und der Gesellschaft vermitteln muß; insofern sei eine Erziehung zur "Individualität für die Gesellschaft" notwendig, das heißt u.a. eine "Erziehung zum richtigen Wollen und zum Gebrauch der Freiheit" (vgl. a.a.O., S. 48).

Über diese allgemein pädagogischen Forderungen hinaus weist Zetkin den Eltern die Aufgabe zu, "... ihre Kinder ... allmählich in das sozialistische Fühlen und Denken einzuführen. Nicht in der groben Weise, daß die Eltern das Kind zwingen, tendenziöse politische, sozialistische Formeln auswendig zu lernen und nachzuplappern" (a.a.O., S. 48), sondern indem sie das Kind lehren, "... in der Betrachtung aller natürlichen Dinge jeden übersinnlichen ... Einfluß auszumerzen ..." und in ihnen Prozesse zu sehen, "... die sich nach bestimmten, den Dingen selbst immanenten Gesetzen vollziehen" (a.a.O., S. 49). Außerdem müsse das Kind mittels einer Erziehung zum Spiel und zur produktiven Arbeit in das soziale Sein eingeführt werden. Es soll lernen, "... daß es für die soziale Wertung nur eine Art der Arbeit gibt, gesellschaftlich notwendige, gesellschaftlich nützliche Arbeit" (a.a.O., S. 50). In diesem Zusammenhang nimmt Zetkin auch zur Frage der geschlechtsspezifischen Erziehung Stellung und wendet sich dabei gegen das "Vorurteil von höherwertiger Männerarbeit und minderwertiger Frauenarbeit"; Knaben und Mädchen sollen alle häuslichen Aufgaben "... mit gleich großer Geschicklichkeit und Freudigkeit verrichten können" (a.a.O., S. 50), die geschlechtsspezifische Arbeitsteilung soll dadurch aber nicht beseitigt werden. Zetkin argumentiert hier ganz im Sinne ihrer nach 1896 erschienenen Schriften zur Frauenfrage: sie geht davon aus, daß viele geschlechtsspezifische Unterschiede erst infolge bestimmter sozialer Bedingungen entstanden sind, hält aber dennoch daran fest, daß es auch eine spezifische Eigenart der Frau gibt, die sie in engem Zusammenhang mit der Mutterschaft begreift (vgl. u.a. Zetkin 1904, S. 270), ohne aber die Frau auf diese Rolle zu reduzieren; ganz im Gegenteil: "Je mehr die Frau als gleichberechtigt hinaus ins Leben tritt und Gelegenheit hat, ihre Persönlichkeit zu entfalten, um so mehr wird sich ihre weibliche Eigenart entwickeln" (Zetkin 1904, S. 266).

Der Gedanke, daß die Arbeit bereits in der familiären Erziehung Berücksichtigung finden muß, war innerhalb der sozialdemokratischen Bildungsdiskussion ein Novum. Das damit intendierte Ziel - die Wertschätzung der Arbeit und die Freude an ihr - ist der bürgerlichen Pädagogik entlehnt; explizit beruft sich Zetkin auf die Erkenntnisse Pestalozzis und Natorps (vgl. Zetkin 1906, S. 50f.). Der Versuch, ein spezifisch sozialistisches Erziehungskonzept zu entwerfen, reduziert sich damit letztlich auf die Forderung, durch eine vernünftige Erziehung in der Familie den Einfluß der bürgerlichen Ideologie zu bekämpfen. Diese Intention verdankt sich der Erkenntnis, daß jede Reform im öffentlichen Erziehungswesen unter den gegebenen Bedingungen zum Scheitern verurteilt ist. Zetkin hält zwar immer noch an dem Ideal einer harmonischen Ergänzung von familiärer und öffentlicher Erziehung fest (vgl. a.a.O., S. 47), geht nun aber davon aus, daß die Beziehung zwischen den beiden Bereichen unter den gegebenen gesellschaftlichen Verhältnissen eine andere sein muß. "Solange ... die Schule ein Instrument der Klassenherrschaft ist, solange sie in erster Linie das Ziel verfolgt, nicht Menschen zu bilden, sondern geschickte Produktionswerkzeuge und demutsvolle Untertanen für die kapitalistische Gesellschaftsordnung", solange wird und soll "... die häusliche Erziehung die Kinder und die Eltern in Konflikt mit der Schule bringen" (a.a.O., S. 52). Die familiäre Erziehung wird also als subversive Kraft verstanden, die die ideologischen Einflüsse der öffentlichen Erziehung neutralisieren soll - ein Konzept, daß im revisionistischen Flügel der SPD auf heftigen Widerstand stieß (vgl. Schwarte 1980, S. 453ff.).

Ebenso umstritten war die Frage, welche Aufgabe die sozialistische Jugendbewegung erfüllen soll und inwieweit ihr Autonomie zuzubilligen ist. Zetkin, die sich mit dieser Problematik seit 1904, dem Gründungsjahr der sozialdemokratischen Jugendorganisationen, befaßt hatte, wollte ursprünglich schon auf dem Mannheimer Parteitag darüber referieren, mußte ihre Rede aber aufgrund eines Schwächeanfalles vorzeitig beenden. Zwei Jahre später nahm sie auf der fünften sozialdemokratischen Frauenkonferenz zu diesem Thema ausführlich Stellung.

Zetkin geht davon aus, daß auch die sozialistische Jugendbewegung als eine Folge der kapitalistischen Produktionsweise zu verstehen ist. Die Eingliederung der proletarischen Jugendlichen in den gesellschaftlichen Produktionsprozeß sei die Voraussetzung für deren ökonomische und soziale Unabhängigkeit und wirke sich damit auch auf die "ganze psychische Disposition" aus (Zetkin 1908, S. 408). Der jugendliche Lohnarbeiter lerne sich als "eigenverpflichtete" und "eigenberechtigte" Persönlichkeit (ebd.) und zugleich als "ein Glied seiner Klasse" kennen (a.a.O., S. 409). Da die kapitalistische Gesellschaft das "Erziehungsbedürfnis" der proletarischen Jugendlichen nicht erfüllt und ihnen die Entwicklung zu "vollem Menschentum" vorenthält, seien diese gezwungen, sich ihre Bildung "auf dem Wege organisierter Selbsthilfe mit Unterstützung ihrer Klasse" zu erringen (a.a.O., S. 410). Mit diesem Argument weist Zetkin der sozialistischen Jugendorganisation, die sie als Fortsetzung der familiären Erziehung begreift, kompensatorische Funktion und damit ein genuin pädagogisches Aufgabenfeld zu. Sie versteht sie zwar nicht ausschließlich, "aber auch" als eine "Erziehungsbewegung", die "durchaus unpolitisch" ist (a.a.O., S. 423). Die Jugendbewegung habe dem "körperlichen, geistigen und sittlichen Verfall", der den jungen Proletariern infolge der kapitalistischen Ausbeutung ihrer Arbeitskräfte droht, entgegenzuarbeiten (a.a.O., S. 415); sie müsse nach Möglichkeit gutmachen, was die Volksschule und andere Bildungsinstitute des Klassenstaates an der proletarischen Jugend sündigen (vgl. a.a.O., S. 416), und dem verwahrlosenden Einfluß kapitalistischer Produkte, dem Alkoholismus, der "Schundliteratur" und der "Afterkunst", entgegentreten (a.a.O., S. 416f.). Darüber hinaus sei es ihre Aufgabe, dafür zu sorgen, "... daß an die jugendlichen Proletarier Bildungselemente körperlicher, geistiger und sittlicher Art herantreten, die geeignet sind, eine harmonische, vollmenschliche Entfaltung der jungen Proletarier zu fördern" (a.a.O., S. 417). Im Unterschied zur bürgerlichen Jugendbewegung müsse die sozialistische den Individualismus als Prinzip der persönlichen Entwicklung und gesellschaftlichen Betätigung überwinden und die Jugendlichen für die Gemeinschaft ihrer Klasse erziehen. Zetkin legitimiert diese Zielvorstellung, indem sie nachweist, daß das jugendspezifische Lebensinteresse der jungen Proletarier mit dem Interesse ihrer Klasse zusammenfällt. Die Bildung sei nämlich nicht nur für die persönliche Entwicklung des Jugendlichen, sondern auch für den Emanzipationskampf des Proletariats eine unerläßliche Voraussetzung; erst die sozialistische Ordnung werde aber die Bildungsfreiheit sichern, "die alle schlummernden Kräfte zum Leben erweckt" und "zur Blüte bringt" (a.a.O., S. 413). Folglich müsse die proletarische Jugend in ihrem eigenen Interesse "im Geiste des Sozialismus und für den Sozialismus" erzogen werden (ebd.). "Zentralpunkt" aller Bildungsbestrebungen sei daher die systematische Schulung auf dem Gebiete der Sozialwissenschaften: Die Jugendlichen sollten einen Einblick in den Mechanismus der kapitalistischen Produktion erhalten und die "treibenden Faktoren", die in der bürgerlichen Gesellschaftsordnung wirksam sind, verstehen lernen (a.a.O., S. 420f.). Auf diesem Wege würden sie die Überzeugung erlangen, "... daß die geschichtliche Entwicklung mit Naturnotwendigkeit ... zur sozialistischen Gesellschaft führt", daß dabei aber auch der "zielklare Wille" und die "kraftvolle Tat" des Proletariats eine entscheidende Rolle spielen (a.a.O., S. 421). Die "aufgeklärten" Jugendlichen sollen dann auch an den praktischen Arbeiten und Kämpfen des Proletariats teilnehmen (a.a.O., S. 431).

Zetkin versteht die Jugendbewegung als eine Organisation, die hinsichtlich ihrer politischen Zielsetzung eng mit dem proletarischen Klassenkampf liiert und insofern auf die beratende Unterstützung durch die erwachsenen Parteimitglieder angewiesen ist. Da sie als Erziehungs- und Bildungsbewegung aber eine spezifische Aufgabe zu erfüllen hat, könne sie einer eigenständigen Organisation nicht entraten. Darüber hinaus müsse man ihr Selbstbestimmungs- und Selbstverwaltungsrecht zubilligen; zum einen gebe die ökonomische Unabhängigkeit den Jugendlichen ein Recht auf Selbstbestimmung, zum anderen habe die moderne Pädagogik gezeigt, daß Selbständigkeit, Selbstbestimmungs- und Selbstentscheidungsrecht "pädagogische Faktoren von höchster Bedeutung" sind (a.a.O., S. 426) und daher auch "... Voraussetzungen dafür, daß die proletarische Jugend zum bewußten und organisierten Handeln als Masse im Klassenkampf heranwächst ..." (a.a.O., S. 427). Zetkin belegt in ihrem Beitrag zur Jugendorganisation, daß pädagogische und politische Aufgabe notwendigerweise miteinander verknüpft sind und löst damit den Anspruch auf eine spezifisch sozialistische Erziehung, die die Erkenntnisse der fortschrittlichen bürgerlichen Pädagogik in sich aufnimmt, ein.

In den Jahren vor Kriegsbeginn widmete sich Zetkin vornehmlich dem Kampf gegen die militaristische und imperialistische Politik der Reichsregierung. Sie gehörte zu der kleinen Gruppe von SPD-Politikern, die 1914 öffentlich gegen die Bewilligung der Kriegskredite durch die SPD-Fraktion im Reichstag protestierten. Ungeachtet der immer schärferen Zensurmaßnahmen opponierte sie auch noch während des Krieges gegen die imperialistische Politik, die von der Parteimehrheit unterstützt wurde. In der Hoffnung, eine Massenaktion der Frauen und Mütter könne die Beendigung des Krieges herbeiführen, berief Zetkin 1915 eine internationale Konferenz sozialistischer Frauen nach Bern ein (vgl. Evans 1979, S. 277ff.). Daraufhin wurde sie verhaftet und wegen Landesverrats angeklagt, aufgrund ihrer schlechten gesundheitlichen Verfassung aber gegen eine Kaution des Dietz-Verlages aus der Haft entlassen. Sowohl privat als auch politisch war Zetkin in jenen Jahren sehr isoliert. Beide Söhne wurden eingezogen, die Ehe mit Friedrich Zundel scheiterte, wurde aber erst 1927 geschieden, die Kampfgefährten Luxemburg und Liebknecht waren lange Zeit inhaftiert und zur Führung der politischen Opposition in Berlin hatte Zetkin keinen engeren Kontakt, weil sie aufgrund ihres schlechten Gesundheitszustands nicht reisen konnte.

1917 konstituierten die oppositionellen Kräfte innerhalb der SPD die Unabhängige Sozialistische Partei Deutschlands (USPD); Zetkin konnte zwar am Gründungskongreß nicht teilnehmen, trat aber der Partei unverzüglich bei und wurde daraufhin vom Parteivorstand der SPD als Redakteurin der "Gleichheit" entlassen. Sie übernahm die Frauenbeilage der von der USPD herausgegebenen "Leipziger Volkszeitung". Nach dem Scheitern der Novemberrevolution trennte sich der Spartakusbund, dem auch Clara Zetkin angehörte, von der USPD und konstituierte die KPD. Zetkin spielte in der neuen Partei bald eine bedeutende Rolle: sie übernahm den Aufbau einer Frauenorganisation und redigierte deren Publikationsorgan "Die Kommunistin". 1919 wurde sie in die Parteizentrale gewählt, der sie mit einer kurzen Unterbrechung bis zu ihrem Tode angehörte; von 1920 bis 1933 war sie Mitglied der KPD-Reichstagsfraktion. Zetkin nahm mehrfach zu pädagogischen Fragen Stellung und hatte maßgeblichen Anteil an der Ausarbeitung der kommunistischen Schulpolitik (vgl. Hohendorf 1962, S. 105ff.). Inhaltlich hielt sie weiterhin an ihrem 1904 entwickelten Konzept fest (vgl. Zetkin 1920, 1922), mußte dieses nun aber gegen die pragmatisch-reformistische Schulpolitik der SPD verteidigen. Als Sprecherin der KPD wandte sich Zetkin im Reichstag vehement gegen die Reichsschulgesetzentwürfe von 1922 und 1929, die die soziale und konfessionelle Gliederung des Schulwesens bestätigten. Mehrere Reisen in die Sowjetunion führten sie zu der Überzeugung, ihr Erziehungskonzept sei dort bereits verwirklicht (vgl. Zetkin 1922, S. 490ff.; 1926, S. 283ff.; Klarin 1958, S. 586). Die letzten Lebensjahre verbrachte Zetkin überwiegend in Moskau; bis zu ihrem Tode kämpfte sie gegen den Faschismus und die damit verbundene Kriegsgefahr. Noch im August 1932 hielt sie als Alterspräsidentin des neugewählten Reichstages die Eröffnungsrede und forderte die "Einheitsfront aller Werktätigen" im Kampf gegen den Faschismus (Zetkin 1932, S. 418). Am 20. Juni 1933 starb Clara Zetkin in Archangelskoje bei Moskau.

Ihr pädagogisches Werk gehört zu den wenigen Versuchen, ausgehend von der Frauenfrage ein sozialistisches Erziehungskonzept zu begründen. Solange Zetkin die gesellschaftliche Veränderung als naturnotwendige Entwicklung begriff, billigte sie der Erziehung im Rahmen des proletarischen Klassenkampfes keinerlei progressive Funktion zu. Die Frage nach einer spezifisch sozialistischen Erziehung wurde erst relevant, als Clara Zetkin erkannte, daß das Proletariat nicht alleine aufgrund seiner Klassenlage revolutionäres Subjekt ist, sondern auch aufgrund seiner Einsicht in die Mechanismen der kapitalistischen Produktion. Unter der Annahme, die Familie löse sich auf und büße ihre pädagogische Funktion ein, hatte Zetkin zunächst ihre Hoffnung in eine Vergesellschaftung der Erziehung gesetzt. Später revidierte sie diese Auffassung und wies der Familie die Kompetenz zu, die Kinder bereits unter den gegebenen gesellschaftlichen Verhältnissen im Sinne des proletarischen Klassenkampfes zu erziehen. Autoren, die diese Entwicklung einzig und allein unter dem Gesichtspunkt der "Verbürgerlichung" begreifen, vernachlässigen, daß Zetkin die bürgerliche Familienideologie nicht einfach übernahm, sondern sich bemühte, "... traditionellen Werten einen neuen, revolutionären Sinn zu geben" (Niggemann 1981, S. 206). Während aber Marx davon ausging, daß die "große Industrie" die ökonomische Grundlage für eine höhere Form der Familie" schafft (MEW 23, S. 514), sprach

Zetkin von der neuen Familie als "sittlicher Einheit". Mit dieser inhaltlichen Konkretisierung führte sie ethische Maßstäbe in ihr Konzept ein. Der "Verbürgerlichungsthese" ist also insofern zuzustimmen, als Zetkins Werk wie das anderer sozialdemokratischer Bildungstheoretiker von dem Bemühen geprägt war, die kulturelle Überlegenheit der sozialistischen Weltanschauung nachzuweisen und daher "... moralischer, anständiger zu sein als das Bürgertum" (Niggemann 1981, S. 241).

Literatur

Bendele, Ulrich: Sozialdemokratische Schulpolitik und Pädagogik im Wilhelminischen Deutschland (1890-1914). Eine sozialhistorisch-empirische Analyse. Frankfurt a.M./New York 1979.

Christ, Karl: Sozialdemokratie und Volkserziehung. Die Bedeutung des Mannheimer Parteitags der SPD im Jahre 1906 für die Entwicklung der Bildungspolitik und Pädagogik der deutschen Arbeiterbewegung vor dem Ersten Weltkrieg. Frankfurt a.M. 1975.

Dornemann, Luise: Clara Zetkin. Leben und Wirken. Berlin (Ost) 1985 (1957[1]).

Evans, Richard J.: Sozialdemokratie und Frauenemanzipation im deutschen Kaiserreich. Berlin/Bonn 1979.

Hohendorf, Gerd: Revolutionäre Schulpolitik und marxistische Pädagogik im Lebenswerk Clara Zetkins. Berlin (Ost) 1962.

Honeycutt, Karen: Clara Zetkin: A Left-wing Socialist and Feminist in Wilhelmian Germany. Diss. Columbia University 1975.

Klarin, W.: Clara Zetkin und die Volksbildung in der UdSSR, in: Pädagogik. Organ des Deutschen Pädagogischen Zentralinstituts. Berlin (Ost) 1958, 13. Jg., Heft 8, S. 580-591.

Kleinau, Elke: Über den Einfluß bürgerlicher Vorstellungen von Beruf, Ehe und Familie auf die sozialistische Frauenbewegung, in: Brehmer, Ilse/Jacobi-Dittrich, Juliane/Kleinau, Elke/Kuhn, Annette (Hrsg.): Frauen in der Geschichte IV "Wissen heißt leben". Beiträge zur Bildungsgeschichte von Frauen im 18. und 19. Jahrhundert. Düsseldorf 1983, S. 145-168.

Marx, Karl: Das Kapital, MEW Bd. 23. Berlin (Ost) 1962.

Niggemann, Heinz: Emanzipation zwischen Sozialismus und Feminismus. Die sozialdemokratische Frauenbewegung im Kaiserreich. Wuppertal 1981.

Richebächer, Sabine: Uns fehlt nur eine Kleinigkeit. Deutsche proletarische Frauenbewegung 1890-1914. Frankfurt a.M. 1982.

Schwarte, Norbert: Schulpolitik und Pädagogik der deutschen Sozialdemokratie an der Wende vom 19. zum 20. Jahrhundert. Köln/Wien 1980 (Sozialwissenschaftliches Forum 8).

Walther, Rosemarie: Clara Zetkin zur proletarischen Familienerziehung. Berlin (Ost) 1959.

Zetkin, Clara: Die Arbeiterinnen- und Frauenfrage der Gegenwart. Berlin 1889 (= Zetkin 1889a).

dies.: Für die Befreiung der Frau! (Rede auf dem Internationalen Arbeiterkongreß zu Paris, 19 . Juli 1889), in: Ausgewählte Reden und Schriften, Bd. I. Berlin (Ost) 1957 (= Zetkin 1889b).

dies.: Nur mit der proletarischen Frau wird der Sozialismus siegen! (Rede auf dem Parteitag der Sozialdemokratischen Partei Deutschlands zu Gotha, 1 6. Oktober 1896), in: Ausgewählte Reden und Schriften, Bd. I. Berlin (Ost) 1957, S. 95-111.

dies.: Die Schulfrage (Rede auf der 3. Frauenkonferenz in Bremen, 18. September 1904), in: Ausgewählte Reden und Schriften, Bd. I. Berlin (Ost) 1957, S. 251-271.

dies.: Über die sozialistische Erziehung in der Familie (1906), in: Zetkin, Clara/Duncker, Käthe/Borchardt, Julian (Hrsg.): Die Erziehung der Kinder in der proletarischen Familie.

Quellen zur Pädagogik der deutschen Arbeiterbewegung aus der Zeit vor dem Ersten Weltkrieg. Ausgewählt, eingeleitet und erläutert von Gerd Hohendorf. Berlin (Ost) 1960, S. 42-57.

dies.: Die Mutter als Erzieherin. Eine Rezension (1907), in (ebd.): Die Erziehung der Kinder in der proletarischen Familie. Quellen zur Pädagogik der deutschen Arbeiterbewegung aus der Zeit vor dem Ersten Weltkrieg. Ausgewählt, eingeleitet und erläutert von Gerd Hohendorf. Berlin (Ost) 1960, S. 119f.

dies.: Die Jugendorganisation (Leitsätze, Resolution und Rede auf der 5. Frauenkonferenz in Nürnberg, 12. September 1908), in: Ausgewählte Reden und Schriften, Bd. I. Berlin (Ost) 1957, S. 396-441.

dies.: Zur kommunistischen Schulpolitik (Diskussionsrede auf dem Vereinigungsparteitag der KPD und der linken USPD, 6. Dezember 1920), in: Ausgewählte Reden und Schriften, Bd. II. Berlin (Ost) 1960, S. 309-312.

dies.: Gegen das reaktionäre Reichsschulgesetz (Rede im Reichstag, 24. Januar 1922), in: Ausgewählte Reden und Schriften, Bd. II. Berlin (Ost) 1960, S. 476-495.

dies.: Die Bedeutung der aufbauenden Sowjetunion für die deutsche Arbeiterklasse (aus der Broschüre, 1926), in: Ausgewählte Reden und Schriften, Bd. III. Berlin (Ost) 1960, S. 221-321.

dies.: Es gilt, den Faschismus niederzuringen! (Eröffnungsrede als Alterspräsidentin des Reichstages, 30. August 1932), in: Ausgewählte Reden und Schriften, Bd. III. Berlin (Ost) 1960, S. 413-419.

Emmy Beckmann: "... dem mütterlichen Prinzip in der Welt wieder Raum geben"

Helmut Stubbe-da Luz

"Der Mann" - so variierte Emmy Beckmann einige Monate nach dem deutschen Zu-sammenbruch 1945 in einer Neubesinnung auf "Ziele und Aufgaben der höheren Mädchenbildung" ihre schon seit langer Zeit vertretene Leitthese über das Wesen der beiden Geschlechter - "der Mann entwickelt das Menschentum in sich notwendig in der Form des Mannes - er bedarf dazu nicht der zwangsweisen Eingliederung in Hitler-Jugend und SS; die Frau das gleiche in der weiblichen Form, ohne daß man äußere Sicherungen gegen 'Vermännlichung' durch Beschneidung ihres Kulturan-teils aufrichtet".

Die jetzt 65jährige Hamburger Oberschulrätin schrieb ihren programmatischen Aufsatz in der *Sammlung*[1], jener im Oktober 1945 begründeten *Zeitschrift für Kultur und Erziehung*, welche wieder an die Schulreformbewegung anknüpfte und dann während der Nachkriegszeit und in den ersten Jahren der Bundesrepublik zu den maßgeblichen auf ihrem Gebiet gehören sollte. Dem Chefherausgeber der Samm-lung, dem Göttinger Erziehungswissenschaftler Herman Nohl, dessen Interesse in besonderem Maße immer auch der weiblichen Bildung galt, war die etwa gleich-altrige Emmy Beckmann als einstige Reichsvorsitzende des *Allgemeinen Deutschen Lehrerinnenvereins* (ADLV) gut bekannt. Hatte Emmy Beckmann 1933 aufgrund des berüchtigten Nazigesetzes "zur Wiederherstellung des Berufsbeamtentums" ihre Zwangspensionierung hinnehmen müssen, so war Nohl 1937 wider Wilen emeritiert worden. Jetzt hatten sich beide mit Selbstverständlichkeit für den Wiederaufbau des Bildungswesens in ihren Städten zur Verfügung gestellt.

In Emmy Beckmanns Augen waren Frauenbewegung und Mädchenbildung - un-trennbar miteinander verbunden - stets in einen Zweifrontenkampf verwickelt: gegen den "ewigen Mann" und sein unvermeidliches Gegenstück, die "ewige Frau"; diese beiden Typen hatte sie 1925 in ihrem grundsätzlichsten Aufsatz als Frauenrechtlerin wie folgt skizziert: "Der 'ewige Mann' ist unbeirrbar eitel auf seine Überlegenheit als Mann, unbelehrbar durch eigenes Fiasko und skrupellos in der Behauptung seiner Machtstellung. Dem gegenüber ist 'die ewige Frau', die in ebensoviel Exemplaren existieren mag wie er, töricht, demütig und träge genug, sich mit alledem abzufinden und es gelten zu lassen."

Emmy Beckmann hatte sich mit allen ihr neben der beruflichen und parlamenta-rischen Tätigkeit zur Verfügung stehenden Kraften in der Frauenbewegung engagiert und dies in der Hoffnung, daß aus dem "ewigen Mann" sich eines Tages "herauslöse der einfache Menschenbruder, mit dem zusammen - in Führung und Geführtwerden, in gemeinsamer Mühe und auch im Kampf gegeneinander, in gleicher Freiheit und in gleicher Bindung, auf gleichem oder auf verschiedenem Arbeitsfeld - es gilt, das Le-

---

1   Beckmann 1946, vorstehendes Zitat S. 298.

ben der Menschengemeinschaft in Haus und Gemeinde, in Volk und Staat aufzubauen".[2]

Aber nun hatte zuletzt der Nationalsozialismus den "ewigen Mann" zur Bestie, die "ewige Frau" auf das Niveau von (wie sich Helene Lange gelegentlich auszudrücken pflegte) "Kuhqualitäten" zu entkultivieren versucht. Für das deutsche Volk, das nach dem Fiasko des nationalsozialistischen Männerstaates nicht nur physisch, sondern auch psychisch und moralisch in der Substanz getroffen war, mußte in besonderer Weise gelten, was Emmy Beckmann ganz generell forderte, daß nämlich "dem mütterlichen Prinzip in der Welt wieder Raum gegeben wird. Dieses will gegenüber dem rastlosen, nie zum Ziele kommenden, schweifenden und angreifenden Machtwillen, der baut und baut über alles Maß hinaus bis zur Atombombe hin ... tiefe Einwurzelung in den kräftigenden Urboden des Lebens. Und es will, wenn das Licht geistiger Erkenntnis ihm hilft, auch politische Ziele zu sehen und zu setzen, daß die Menschheit nicht weiter von Katastrophe zu Katastrophe taumelt in einer Verstrickung und Übersteigerung technischer Machtmittel und Waffen, sondern daß sich Ordnung und Gefüge so weit spannen, wie Wirtschaft und Technik Menschen verbindet, und daß lebenerhaltendes Recht an die Stelle der ihrem Wesen nach todbringenden Gewalt trete".[3]

Nun ist der Gedanke, daß "der Mann", daß zumindest die zahlenmäßig unter den Männern weit überwiegenden "ewigen" durch die beiden Weltkriege versagt hätten, nach dem Kriegsende von 1945 nicht selten geäußert worden. Er gehörte beispielsweise zu den Redeversatzstücken eines christlich-konservativen Politikers wie Konrad Adenauer, der als langjähriges Kölner Stadtoberhaupt die aufopfernden Leistungen zahlreicher Frauen vor allem in der kommunalen Sozialarbeit und -politik, welche insbesondere auch während der Kriege gezeigt worden waren, sehr zu schätzen wußte und nicht daran zweifelte, daß ein vermehrtes weibliches Engagement in den öffentlichen Angelegenheiten nicht bloß erforderlich, sondern auch äußerst segensreich sein würde.

Diesen Gedanken ganz ernst zu nehmen und konsequent dem "mütterlichen Prinzip" Raum schaffen zu wollen, wie Emmy Beckmann es tat, bedeutete freilich noch mehr: die Forderung zu stellen nämlich nach einer spezifisch ausgerichteten Mädchenschule, die sich nicht damit zufrieden gäbe, daß die Frau auch ohne äußeres Zutun schon naturnotwendig typisch weibliche Weisen des Fühlens, Denkens und Handelns entwickeln würde, sondern diese Eigenarten gezielt kultivierte. Mit "höherer Mädchenbildung" meinte Emmy Beckmann dabei nur am Rande die wissenschaftspropädeutische gymnasiale Oberstufe, die bloß von einem geringen Anteil der Schülerinnen und Schüler eines Jahrganges absolviert wurde, sondern in erster Linie die Realschule, deren konstitutives Element auf Schülerseite die von Herman Nohl sogenannte "finale Energie" sei, die sehr unmittelbar auf Betätigung, auf Wirkung drängende Motivation: "Die große Mehrheit unseres Volkes", so schätzte Emmy Beckmann 1946 in der *Sammlung*, "ist so begabt."[4]

Der Betätigungsdrang der fraulich-mütterlichen Kräfte sollte "geschult und geformt" werden in einem hauswirtschaftlich und sozialpädagogischen Zweige, "der

---

2   Beckmann 1925, S. 32.

3   Beckmann 1946, S. 301.

4   A.a.O., S. 299.

die allgemeine Grundlage gibt für die spätere Fachausbildung wie für den Familienberuf der Hausfrau und Mutter". Daneben seien ein fremdsprachlicher und ein musischer Schwerpunkt zu setzen. Im Zentrum der höheren Mädchenschule solle jedoch die Erziehung zu den ethischen Werten der Wahrhaftigkeit, Güte, Liebe, Gerechtigkeit und Menschlichkeit stehen - entsprechend der eigentlichen, wahren Frauenaufgabe hinter allen Detailaufgaben der vielfältigen weiblichen Berufstätigkeit: Leben hervorzubringen, zu erhalten und zu sichern. Für diese Erziehung, für "die Formung der weiblichen Art" kamen nach Emmy Beckmanns Überzeugung nach wie vor allein weibliche Lehrkräfte, also ganz überwiegend weibliche und weiblich geführte Kollegien in Betracht.

1947 gründete sie mit alten Mitstreiterinnen als ADLV-Nachfolgeorganisation die *Arbeitsgemeinschaft für Mädchen- und Frauenbildung*, welche 1950 die zusätzliche Bezeichnung *Verband der Lehrerinnen aller Schulgattungen* erhielt. 1950 kam ein Verbandsorgan, *Mädchenbildung*, hinzu. Dem Geleitwort zum zweiten Jahrgang der Zeitschrift (jetzt: *Mädchenbildung und Frauenschaffen*) war zu entnehmen, daß Emmy Beckmann die Aufgabe der Arbeitsgemeinschaft unverändert darin sah, "die Bildung der Frau ganz allgemein als eine große Aufgabe zu begreifen, die *einem* Stand, eben der Lehrerin, anvertraut sei, dafür die Lehrerin reif und tüchtig zu machen und sie in ihrer Organisation diese Einheit der Aufgabe immer tiefer erleben und erfassen zu lassen".[5]

Die Prämissen dieser Forderung hatte Emmy Beckmann Pfingsten 1921, bevor sie von der 16. Generalversammlung des ADLV zu Halle a.S. als Nachfolgerin Helene Langes gewählt wurde, in ihrem Hauptreferat über "Das Mädchenschulwesen im Neuaufbau der deutschen Schule" so entwickelt: "Der Mensch findet sich in der Form seines Geschlechts. So soll die Mädchenschule Frauen bilden ... Der Geist der Schularbeit wird bestimmt durch das Bildungsideal, das über ihr steht. Es ist für die Mädchenschule das der selbständigen weiblichen Persönlichkeit, die ihre besondere Art festzuhalten und auszuwirken versteht in den verschiedenen Pflichtenkreisen des Frauenlebens: sowohl im Hausfrauen- und Mutterberuf, wie im Erwerbs- und öffentlichen Leben ... Das Bildungsideal kann nur geprägt und vorgelebt werden von Erziehern des gleichen Geschlechts ... Nur Erzieher des gleichen Geschlechts können mit der nötigen Feinfühligkeit und Sicherheit die psychisch-physischen Momente abwägen und einschätzen, die das Arbeitsmaß, das Arbeitstempo, die Stoffbehandlung bestimmen müssen ..."[6]

Emmy Beckmann war also Feministin, und zwar im Grunde keine "chauvinistische", die die Frau als die gelungenere Version des Menschen betrachtete, sondern eine "autonomistische", die wünschte, daß die weiblichen Eigenarten ungestört von äußeren Einflüssen soweit entwickelt würden, bis ihre Trägerinnen sich gefestigt dem oft unvermeidlich Wettkampfcharakter annehmenden Zusammenleben mit der männlichen Welt würden stellen können.

Emmy Beckmann vertrat diese Ansichten so rational, wie sie ihr Leben zu führen pflegte. Widersacher haben diese Art oft als intellektualistisch und daher unweiblich empfunden. So etwa der Dichter Gustav Frenssen, der sich bei dem Versuch, mit der 27jährigen Emmy Beckmann seine Ehe zu brechen, freundlich aber bestimmt nach

---

5   Jg. 1952, S. 3.

6   Beckmann 1921, S. 6.

längerer ethischer Diskussion abgewiesen sah, und der der "Professorentochter" über die beiderseitigen Wesensunterschiede dann schrieb: "Sie sind mehr Kultur, ich mehr wilde Natur ... Sie ein beschnitten Rosensträuchlein im schönen Garten; ich ein stämmiger, unbeschnittener Baum irgendwo am Zaun, und das Sträuchlein verachtet mich zuweilen."[7]

Emmy Beckmann wirkte auf ihre Mitmenschen oft als die "vornehme Norddeutsche, klar und bestimmt, ganz Hamburg in Auftreten und Erscheinung" (Ilse Reicke)[8], nicht selten auch als auf liebenswürdig-ironische Weise distanziert.

Man mag dafür in Emmy Beckmanns Kindheit und Jugend schon Weichen gestellt sehen. Die Mutter, Ehefrau eines Wandsbeker Gymnasialprofessors, starb 1880 bald nach der Geburt der Zwillinge Emmy und Hanna; sie war von Haus aus so vermögend und vor allem so ungewöhnlich weitblickend, daß sie den Schwestern eine Erbschaft zum Zwecke ihrer Bildung und Ausbildung vermachte. Das Verhältnis der Mädchen zu ihrer Stiefmutter war kühl; obgleich selbst hausmusizierend, redete diese ihnen ein, sie seien unmusikalisch, woraufhin sie sich weigerten, an der schulischen Singstunde teilzunehmen und schließlich auch von diesem Element musischer Erziehung - wertvoll als ein gewisser Ausgleich zur rein rationalen Bildung - Dispens erhielten. Vor ihrem sich überarbeitenden, in seinem Arbeitszimmer sich verbarrikadierenden, nervösen und strengen Vater hatten die beiden stets ein wenig Furcht. Bei den sonntäglichen Spaziergängen wagten sie kaum zu sprechen und hörten nur staunend zu, wie der Vater (der mit den kleinen Mädchen wohl auch nur wenig "anzufangen" wußte) sich mit dem älteren Bruder Heinz - gewissermaßen von Mann zu Mann - unterhielt. So haben die Schwestern mütterliche Zuwendung einigermaßen vermißt und sich nicht selten unverstanden gefühlt. Nicht einmal stolz heimgebrachte gute Zeugnisse zeitigten die erwartete Resonanz.

Emmy und Hanna besuchten die Höhere Mädchenschule von "Fräulein" Klara Hübener. Zwar wäre der Weg zur zweiten Bildungsanstalt dieser Art in Wandsbek, der von "Fräulein" Margarete Schneider, kürzer gewesen, aber "diese besuchten die Kinder der mittleren Bürgerschicht, auch die unseres Nachbarn ..., des seminaristisch gebildeten Lehrers S. Obwohl er am Gymnasium tätig war wie unser Vater und Töchter im gleichen Alter mit uns hatte, war keinerlei Verkehr zwischen den Familien. Als unser Vater an das Gymnasium kam, wurde ihm ausdrücklich bedeutet, daß er bei den Seminaristen an der Schule keinen Besuch machen solle. So groß war damals der Standesdünkel der Akademikerschicht!"[9]

Die Schwestern waren ihrem Vater dankbar dafür, daß er - ob nun aus Liberalität oder Entscheidungsschwäche - ihren Wunsch akzeptierte, ebenfalls in die Akademikerschicht aufzusteigen, und so durfte nicht nur Heinz Beckmann, der nach des Vaters Vorstellung eigentlich Jurist hätte werden sollen, Theologie studieren, sondern es wurde auch Emmy und - freilich erst nach einiger Zeit und nach Intervention

---

7 Brief von 16. Jan. 1908 im Nachlaß Emmy Beckmann (Staatsarchiv Hamburg). - Frenssen hat in dem Roman *Klaus Hinrich Baas* (1909) erkennen lassen, wie er sich Emmy Beckmann (dort: "Sanna Eschen") zugänglicher vorstellte: als Lehrerin stellungs- und perspektivlos und in Geldnöten (S. 403f.).

8 Reicke 1984, S. 103.

9 Beckmann 1966, S. 6.

des Bruders - der weniger energischen Hanna gestattet, nicht nur das Lehrerinnenseminar zu absolvieren, sondern auch danach noch ein Studium zu ergreifen. Von 1903 bis 1906 sammelten Hanna in Schleswig, Emmy in Husum die Unterrichtserfahrungen, die Vorbedingung für den Eintritt in die speziellen, universitätsbegleitenden "Oberlehrerinnenkurse" waren. Emmy wählte Englisch und Geschichte als Fächer. Vermutlich erhielt sie von dem freisinnigen Husumer Bürgermeister Lothar Engelbert Schücking (der 1908 Skandal machen sollte mit seinem anonymen Pamphlet über *Die Reaktion in der inneren Verwaltung Preußens*) den Hinweis, sich Göttingen als Studienort auszusuchen: dort lehrte der Anglist Levin Ludwig Schükking, ein Bruder des Bürgermeisters, und weitere als liberal ausgewiesene Professoren. Gern hat sich Emmy Beckmann zum Beispiel an die Philosophiekurse des jungen Dozenten Leonard Nelson erinnert, der sich später vom Liberalismus abwenden und 1918 einen sozialistischen Internationalen Jugendbund gründen sollte.

Emmy Beckmanns politisches Interesse war mittlerweile insbesondere durch ihren Bruder Heinz geweckt worden, der zum Anhänger der liberalen Theologen Martin Rade (er schrieb Artikel für Rades *Christliche Welt*) und vor allem Friedrich Naumann geworden war. In den Oberlehrerinnenkursen kam sie dann mit der bürgerlich-liberalen Frauenbewegung in Berührung (der in Deutschland wie auch anderswo maßgeblichen) und hat sich wohl schon damals dem ADLV angeschlossen, genauer dessen 1904 gegründeten Fachverband "für akademisch gebildete und studierende Lehrerinnen".

1910 bezogen die frischgebackenen Oberlehrerinnen Emmy und Hanna Beckmann eine Wohnung am Ostrand von Hamburg: Hanna (mit den Fächern Religion und Geschichte) hatte eine Stelle an einem der beiden ersten hamburgischen, soeben eröffneten staatlichen Oberlyzeen (dem am Lerchenfeld, rechts der Alster) erhalten; Emmy dagegen, weniger vom Glück begünstigt, machte Vertretungen bei Margarete Schneider in Wandsbek und an einer privaten Hamburger Mädchenschule.

Die Lebensgemeinschaft der Zwillingsschwestern sollte erst durch Hannas Tod 1956 beendet werden. Die nahezu identischen äußeren Umstände der beiden Lebensläufe lassen Emmy Beckmanns Weg in Spitzenpositionen der Frauenbewegung, der Hamburger linksliberalen Partei(en) und der Hamburger Schulverwaltung besonders deutlich als das Resultat vorwiegend ihrer ganz persönlichen Eigenschaften erkennen: ihres Ehrgeizes und ihrer Zielstrebigkeit, vor allem eines ausdauernden Fleißes; wenn es um höhere moralische Gesichtspunkte ging, konnte ihr eine kämpferische Note eignen. Während Hanna Beckmann - mäßig im *Deutsch-evangelischen Frauenbund* engagiert und im Kirchenrat der St.-Nikolai-Gemeinde, in der Heinz Beckmann jetzt wirkte - vergleichsweise eher noch die Rolle der "Hausfrau" spielte, verging für Emmy Beckmann im Durchschnitt wohl kaum je ein Tag ohne einen außerhalb der Berufstätigkeit ressortierenden "Termin": in öffentlichen, Partei- und Verbandsgremien. Regelmäßig und häufig beteiligte sie sich an literarisch-philosohischen Diskussionskreisen mit deutlich politischem Einschlag, die sich um den Literaturwissenschaftler und zeitweilig starken Vertreter der "*Neuen Ethik*" Helene Stöckers, Dr. Heinrich Meyer-Benfey, um den evangelischen Pastor Dr. Hermann Junge (in der NS-Zeit ein führender Kopf der Hamburger Bekennenden Kirche) und um den Wandsbeker Oberbürgermeister Erich Wasa Rodig gebildet hatten.

1914 erhielt Emmy - 34 Jahre alt - ihre erste feste Anstellung an der privaten *Hamburger Gewerbeschule für Mädchen*. Getragen von einem *Verein zur Förderung weiblicher Erwerbstätigkeit,* umfaßte diese Schule eine Reihe von Bildungsanstalten für verschiedene Frauenberufe, für die der Staat damals noch keine Ausbildungsstätten zur Verfügung stellte. "Als ich in das Kollegium eintrat", so hat sich Emmy Beckmann später erinnert, "umfaßte die Schule ein Zeichen- und Handarbeitslehrerinnenseminar, eine Handels- und Höhere Handelsschule, ein Kindergärtnerinnenseminar mit Kindergarten und Lyzeumskurse für Schülerinnen, die nach der Volksschule noch die Lyzeumsreife erwarben ... Ich selbst hatte das Glück, durch den Unterricht von Deutsch, Geschichte und Englisch in den meisten der verschiedenen Schulen diese in ihrer Eigenart kennenzulernen."[10] An der Gewerbeschule, die 1922 verstaatlicht wurde und den Namen *Schule für Frauenberufe* erhielt, sollte Emmy Beckmann bis 1924 bleiben, die letzten beiden Jahren als stellvertretende Direktorin. Dann folgten drei schnelle Wechsel, die eng mit ihren mittlerweile eingenommenen Positionen in der Hamburger Bürgerschaft (seit 1921) und im ADLV zusammenhingen. Vorübergehend von der Zwangspensionierung im Zuge des damals im ganzen Reich betriebenen öffentlichen Personalabbaus bedroht, wurde sie zunächst an die neu eingerichtete staatliche Aufbauschule versetzt, die begabte Volksschulabsolventinnen und -absolventen in stark verkürztem, fünfjährigem Lehrgang zum Abitur führen sollte. Vielleicht versprach sich der reformfreudige Schulsenator Krause (SPD) von der Abgeordneten Beckmann und dem linksliberalen Koalitionspartner (Deutsche Demokratische Partei) insgesamt nun eine größere Unterstützung für diesen Schulversuch, der auf seiten der Rechtsopposition auf einige Skepsis traf.

Die Gemeinschaftserziehung an der Aufbauschule bedeutete für Emmy Beckmann eine neue Erfahrung. Später hat sie sich erinnert, viel Freude über den Lerneifer der jungen Leute empfunden zu haben: "Die Jungen standen aber in der Unterrichtsbeteiligung durchaus vor den Mädchen; sie wagten leichter eine falsche Antwort oder schiefe Frage, während die Mädchen ihnen in den Leistungen durchaus gleichwertig, aber eben scheuer waren."[11]

Emmy Beckmann hat in diesen Zusammenhang darauf hingewiesen, daß an der Aufbauschule nur drei weibliche Lehrkräfte beschäftigt waren, und diesen Umstand wohl mit als ursächlich für die Zurückhaltung der Mädchen gedeutet. Jedenfalls gehörte es zu den Hauptargumenten des ADLV zugunsten der reinen Mädchenschule, daß eine "echte" Koedukation, nämlich das ausgewogene Verhältnis nicht nur von Mädchen und Jungen, sondern auch (und zwar sowohl der Zahl als auch der Funktion nach) von Lehrern und Lehrerinnen auf lange Zeit hinaus gar nicht organisierbar erschien. Emmy Beckmann hat ihre bloß ein Jahr während Zeit an der Aufbauschule als zu kurz empfunden, "um zu einem endgültigen Urteil über den Wert oder Unwert der Koedukation zu berechtigen".[12]

1926 kehrte sie ins Mädchenschulwesen zurück, als das Kollegium der *Staatlichen Oberrealschule für Mädchen an der Hansastraße* sie zur Schulleiterin wählte. (Es handelte sich bei dieser Lehranstalt um die links der Alster gelegene "Zwillingsschwester" jener Schule, an der Hanna Beckmann seit 1910 arbeitete). Emmy Beckmann erreichte, daß am 2. Februar 1927 ihrer Schule in festlichem Akt der

---

10 A.a.O., S. 27.

11 A.a.O., S. 29.

12 Ebendort.

Name *Helene-Lange-Oberrealschule* (HLO) gegeben wurde. Einige Monate später wurde sie als erster weiblicher Oberschulrat der Hansestadt mit der Aufsicht über das gesamte allgemeinbildende Mädchenschulwesen betraut. Die HLO aber wählte zu ihrer Nachfolgerin niemand anderen als ihre Schwester: der Name Beckmann besaß schon Symbolkraft. Daß es Hanna Beckmann freilich an den erforderlichen Fähigkeiten nicht mangelte, bewies der Umstand ihrer zweimaligen Wiederwahl 1930 und 1933. Die Nazis haben dann auch sie in den Ruhestand entlassen.

Die Schule - so verkündete der nationalsozialistische Bürgermeister Krogmann am 10. Mai 1933 der gleichgeschalteten Bürgerschaft (der Emmy Beckmann nun nicht mehr angehörte) - müsse mit "neuem Geist" erfüllt werden, denn "die liberalistische Bildungsvorstellung hat zur Zerstörung jeglichen politischen Empfindens geführt ... Dieses bedingt, daß die Erziehung wieder auf christlicher Grundlage erfolgt, daß wieder deutsche Geschichte gelehrt wird ... [Deshalb] mußte die Landesschulbehörde zunächst diejenigen Personen aus dem Schulaufsichtsdienst abberufen, die nach ihrer politischen und weltanschaulichen Einstellung nicht ausreichend Gewähr bieten konnten, daß die Ziele ... auch tatsächlich erreicht werden. Notwendig erscheint es, ... einer jeden Schule einen von der Behörde ernannten und nur ihr verantwortlichen Leiter zu stellen ..."[13]

Auch wenn man die hier geäußerten Vorwürfe - die ja nicht eigentlich NS-Propaganda waren, sondern eine Zuspitzung der Kritik weiter, rechtsstehender Kreise an der sozialdemokratisch-demokratischenSchulpolitik der "Weimarer" Jahre - dem Inhalte nach ernstnahm, so konnten sie doch aber Emmy Beckmann aufgrund der bisherigen Diensttätigkeit und auch der Äußerungen als Politikerin keineswegs so treffen, daß ihre Entlassung gerechtfertigt gewesen wäre; andererseits hätte sie jedoch eine große geistige Wende vollziehen müssen, um auch nur eine begrenzte Zeit weiterhin loyale Beamtin bleiben zu können. Die Schwester eines Hamburger Hauptpastors und einer Religionslehrerin, die Anhängerin Friedrich Naumanns hat der christlichen Religion ihren festen Platz in Öffentlichkeit und Schulwesen nie bestritten. Freilich war ihr Blick über das Christentum hinaus auch interessiert und vergleichend auf andere Religionen gerichtet, und so hat sie zum Beispiel am 23. Juni 1926 in der Bürgerschaft für die Hamburger Universität eine Professur für Religionswissenschaft gefordert (und nicht eine Theologische Fakultät), einmal, damit "die akademische Lehrerschaft ihre für die Schule notwendige Ausbildung hier in Hamburg bekommen" könne, zum anderen, weil "hier die beste und intensivste Fühlungnahme mit den außerchristlichen Religionen und Kulturen möglich ist ... Für die Religionswissenschaft muß man auch etwas mehr als die christliche Religion studieren ..."[14]

Die deutsche Geschichte ist bei Emmy Beckmann, die ihr Studium mit einer Arbeit über *Luthers Meinungen und Vorschläge betreffend die Organisation der Gemeinde bis zum Jahre 1525* abgeschlossen hatte, keineswegs zu kurz gekommen (wie damals auch ganz generell wohl nicht). Dies bewies auch die von ihr ab 1926 herausgegebene Reihe der *Quellenhefte zum Frauenleben in der Geschichte* - gewissermaßen ein frauengeschichtlicher Durchgang durch die Historie.[15] Freilich

---

13 Stenographische Berichte der Hamburger Bürgerschaft, 1933, S. 141.

14 A.a.O., 1926, S. 719.

15 Die Quellenhefte - ein bis heute nicht wiederholtes und weitgehend in Vergessenheit geratenes Unternehmen der Frauenhistorie, gerade auch für den Gebrauch von Lehrern in Vorbereitung und

zeigten die Quellenhefte ebenfalls, daß Emmy Beckmann die deutsche Geschichte eingebettet sah in die europäische, und gerade auch als Anglistin war ihr eine nationalistische Verengung des Geschichtsbildes durchaus zuwider.

Was schließlich die Anklage des übertriebenen Liberalismus und Individualismus anging, also ja wohl die, daß die Jugend der Bindungslosigkeit überlassen worden sei, so hätte zu deren Abwehr etwa auf die erregt geführte Bürgerschaftsdebatte vom 27. Februar 1929 über die Behandlung sexueller Fragen im Schulleben hingewiesen werden können. Emmy Beckmann hatte damals - wie stets - ganz und gar abgelehnt, daß "das Programm: Folgt frei Euren Trieben! verkündet wird. Dann allerdings kommen wir zu einer Verwilderung und Auflösung der Kultur, und es ist traurig und auf das energischste zu bekämpfen, wenn die erwachsene Generation nichts mehr weiß von der Aufgabe des Menschen, durch Bändigung der Natur die innere Freiheit zu erlangen." Freilich hat sie sich in derselben Debatte gegen politische Schülervereinigungen ausgesprochen: "Der jugendliche Mensch will sich gar nicht von vornherein einschränken und eindämmen lassen, sondern will das Leben von allen Seiten erfassen; er will diese parteipolitische Festlegung gar nicht. Es ist bedauerlich, daß die erwachsene Generation ihre Parteifarben der Jugend immer wieder aufdrängt, um sich ihre Parteizukunft zu sichern."[16]

Immerhin hat Emmy Beckmann bald darauf feststellen müssen, daß ein starkes, durchaus irrationales Bedürfnis junger Erwachsener nach sozialer Anbindung, nach Gemeinschaftserlebnissen sich auch in der mittlerweile auf ihre Art schon zum "Establishment" gehörigen Frauenbewegung bemerkbar machte. Eine sich selbst so nennende "Neue" oder "Junge Frauenbewegung", die vor allem auch Studentinnen und Pädagoginnen umfaßte, drängte die "alte Frauenbewegung", sich zur "bündischen Tatgemeinschaft" zu wandeln, machte ihr den Vorwurf, sich nicht hinreichend den Problemen der Arbeiterin zugewandt zu haben und zugleich nicht national

---

Unterricht bestimmt - verdienen hier noch einmal aufgeführt zu werden (Bd. 1 ist nicht zur Ausführung gelangt); Bd. 2: Dora Bieber-Lux, Die Frau in der griechischen Sage und Geschichte, Berlin 1927; Bd. 3: Emma Wulff, Die Frau in der römischen Sage und Geschichte, 1932; Bd. 4a: Ida Naumann, Die altgermanische Frau der Vorzeit, 1927; Bd. 4b: Dies., Germanische Frauen der Völkerwanderungszeit, 1930; Bd. 5: Elfriede Gottlieb, Die Frau in der frühchristlichen Gemeinde, 1928; Bd. 6: Elisabeth Meyn, Nonne und Heilige in der frühchristlichen Gemeinde, 1927; Bd. 7: Dora Schuster, Die Stellung der Frau in der Zunftverfassung, 1927; Bd. 8: Pauline von Knieriem, Die deutsche Frau und Fürstin des Mittelalters, 1927; Bd. 9a: E. Meyn-von Westenholz, Frauenbildung im Mittelalter, 1930; Bd. 9b: Elisabeth Kranz und E. Meyn-von Westenholz, Die mittelalterliche Hausfrau, 1931; Bd. 10: Elisabeth Havelmann, Die Frau der Renaissance, 1927; Bd. 11: Käthe Stricker, Die Frau in der Reformation, 1927; Bd. 12a/b: Inge Glatzer, Die großen Herrscherinnen, H.1/2, 1927; Bd. 13: Elisabeth Lürssen, Die Frauen des fürstlichen Absolutismus und des internationalen Adels, 1929; Bd. 14: Ilse Neumann, Die Frauen der französischen Revolution, 1927; Bd. 15: Elisabeth Toelpe, Die Frauen von Weimar, 1927; Bd. 16: Johanna Lürssen, Frauen der Romantik, 1932; Bd. 17: Helene Lange, Die Anfänge der Frauenbewegung, 1927; Bd. 18: Olga Essig, Die Frau in der Industrie, 1933; Bd. 19a/b: Agnes Gosche, Die organisierte Frauenbewegung, T.1/2, 1927; Bd. 20: Hanna Beckmann, Evangelische Frauen in bahnbrechender Liebestätigkeit im 19. Jahrhundert, 1927; Bd. 21: Käthe K. Stricker, Deutsche Frauenbildung vom 16. Jahrhundert bis Mitte des 19. Jahrhunderts, 1929; Bde. 22-24: Gertrud Bäumer, Heimatchronik während des Weltkrieges, T.1/2, 1930; Bd. 25: Emmy Beckmann, 1931; Bd. 26: Dies. 1936 - Die Bändchen umfassen in der Regel rund 60 Seiten, manchmal erheblich mehr.

16 Stenographische Berichte 1929, S. 228f.

genug, zu sehr den "linken", "internationalistischen" Parteien verbunden gewesen zu sein.[17] Diese Frauen - meist eher optimistisch in ihren Erwartungen hinsichtlich der Heraufkunft des Nationalsozialismus - waren nicht traurig, als Emmy Beckmann sich am 7. Mai 1933 (kurz nach der Zerschlagung der Gewerkschaften) gezwungen sah, einer außerordentlichen ADLV-Mitgliederversammlung zu empfehlen, den folgenden Beschluß zu fassen: "Im Interesse der Volkwerdung und der Einheit des Erzieherstandes sind die Lehrerinnen bereit, ihre ihnen so wertvolle Gemeinschaft im ADLV aufzugeben. Die Verbände gliedern sich in die neue gemeinsame Erzieher-Gemeinschaft ein unter der Voraussetzung, daß die Zugehörigkeit zu ihr nicht abhängig gemacht wird von anderen Bindungen als denen, die die Reichsregierung für die Erziehertätigkeit im neuen Staat für notwendig erklärt."[18] Daß die "Voraussetzung", die da gemacht wurde, nichts weiter als eine Floskel zur Wahrung des Gesichtes darstellte, wird nicht allein Emmy Beckmann, sondern den meisten jener Pädagoginnen bewußt gewesen sein, die sich - im ADLV von der Kindergärtnerin bis zu Hochschuldozentin vereinigt - stets als die eigentliche Kerntruppe der deutschen Frauenbewegung verstanden hatten.

Der ADLV hatte in seinem vierten Jahrzehnt unter Emmy Beckmanns Führung vor allem das "weibliche Ordinariat", also das Klassenlehreramt für Frauen an den Mädchenschulen bis hin zur Abschlußklasse gefordert; er hatte sich für die verheirateten Kolleginnen eingesetzt, vor allem ihren "Abbau" zu verhindern gesucht; er war unter anderem dafür eingetreten, dem weiterführenden Mädchenschulwesen überall dieselben Qualitätsmerkmale wie den Knabenschulen zu geben, in den Knabenschulen aber den Anteil an weiblichen Lehrkräften einzuführen, den der ADLV auch vice versa für angebracht hielt. Der ADLV hatte schließlich für die akademische Ausbildung sämtlicher Lehrkräfte beiderlei Geschlechts gestritten. Mit alledem war es jetzt mehr oder weniger schnell vorbei. Gewiß, die getrennte Erziehung von Jungen und Mädchen wurde beibehalten, ging aber zunehmend zu Lasten der Mädchen und Frauen, denen das Dritte Reich eine eng begrenzte und untergeordnete Funktion zugedacht hatte - wie es von Emmy Beckmann (wie von manch anderen) vorausgesehen worden war. Mit Themen wie "Hitler betrügt die Frauen", oder "Frauenschicksale im Dritten Reich" hatte sie 1932/1933 Wahlkampf betrieben. Das nationalsozialistische *Hamburger Tageblatt* erinnerte sich am 11. April 1933 mit Genugtuung "der grausigen Bilder, mit denen sie die Stellung der Frau im Dritten Reich ausmalte. Nun, es hat nichts genützt. Die deutsche Frau bekannte sich zum Nationalsozialismus, Emmy Beckmann aber mußte verschwinden."

Im Duodezennium des "Tausendjährigen Reiches" wurde Emmy Beckmann ihrerseits zum Mittelpunkt einer Reihe von literarisch-philosophischen Zirkeln. Sie und ihre Schwester Hanna luden erstmals Ende 1933 Kolleginnen, vor allem aus dem einstigen ADLV, in ihre Wohnung ein, um "in Verfolg unserer früheren Aussprache-Abende über pädagogische Fragen ... in diesem Winter eine Reihe von Aussprache-Abenden zu veranstalten, in denen diejenigen Dichter und Denker, deren Gedankengut mitbestimmend für die herrschenden Anschauungen unserer Tage erscheint ... erörtert werden sollen. Folgende Reihe ist geplant: Fichte, Hegel, Schelling, Hölderlin, Carlyle, Lagarde, Nietzsche, Stefan George, Barth, Freyer ..." - Die Schwestern

---

17 Vgl. Treuge 1933 und Waßmann 1933.

18 Beckmann 1933, S. 546f.

wiesen darauf hin, daß sie nicht mehr als 30 Personen gleichzeitig zu sich einladen könnten.[19] Ob nun die Anmeldezahlen über dieser Grenze lagen oder ob Sicherheitsvorkehrungen als notwendig erachtet wurden[20] - jedenfalls ging Emmy Beckmann ab 1934 mehr und mehr dazu über, Vortragsreihen in verschiedenen Kreisen "außer Haus" zu halten. Im Winter 1939/1940 - dem Höhepunkt dieser Aktivitäten - "bediente" sie sechs solcher Zirkel. Dicke Bündel von Referatsmanuskripten sind aus jenen Jahren erhalten geblieben, in denen Emmy Beckmann - wie Irma Stoß, die langjährige Schriftleiterin des ADLV - Verbandsorgans, später formuliert hat - "von dem Reichtum deutscher Literatur und deutscher Philosophie Kunde gegeben, während ringsherum die Enge und Geistlosigkeit nationalsozialistischer Propaganda herrschten"[21]

Einige Aufsätze schrieb Emmy Beckmann noch für *Die Frau* - viel zu wenige nach Auffassung Gertrud Bäumers, die mit der Zeitschrift noch fast bis Kriegsende einen kleinen Freiraum für liberales Denken zu bewahren vermochte. Im Oktober 1935 nahm Emmy Beckmann darin Stellung zu "Fragen der Mädchenbildung", bezeichnenderweise in der eher unverbindlichen Form eines kommentierenden Berichtes über einschlägige Artikel "in der pädagogischen Presse der letzten Montate". Aber dennoch stand ihre Kritik nicht bloß zwischen den Zeilen. Einen Beitrag in der Zeitschrift *Die Deutsche Höhere Schule* (des Nationalsozialistischen Deutschen Lehrerbundes), dessen Autorin betritten hatte, daß die Frauen einen Kampf darum führen müßten, "wie weit ihre Berechtigung im öffentlichen Leben zu gehen" habe (denn: "Wahre Werke wirken sich von selbst aus"), hat Emmy Beckmann damals beispielsweise mit der Bemerkung quittiert: "Tatsachen, wie diejenigen ..., daß die Leitung höherer Mädchenschulen in Hamburg zum Beispiel ausnahmslos den bewährten Frauen genommen und Männern übertragen ist, legt den Frauen, die ihren Beruf in Verantwortung gegen ihr Volk, im Bewußtsein ihrer Verpflichtung, als Frauen ihrem eigenen Geschlecht und der Volksgesamtheit in Gemäßheit ihrer Kräfte zu dienen, doch eine andere Auffassung und einen anderen Entschluß nahe: nämlich den 'einen Kampf darum zu führen', daß 'ihre Berechtigung im öffentlichen Leben' nicht von außen und nach innen so eingeengt wird, daß sie ihre unablösbaren und unveräußerlichen Verantwortungen nicht mehr erfüllen können."[22]

Zwölf Jahre lang hat Emmy Beckmann nach dem Zweiten Weltkrieg noch an maßgeblicher Stelle Bildungspolitik betreiben können. Nachdem Schulsenator Landahl (SPD) sich Ende 1948 ihrem schon mehrfach vorgetragenen Wunsch nach endgültiger Pensionierung nicht länger verschließen konnte - er hatte sie bis zur vorläufigen Fertigstellung eines Schulgesetzentwurfs zu halten vermocht - ließ sich Emmy Beckmann 1949 von der FDP zur Bürgerschaftswahl aufstellen, um auf dieser

---

19 Vervielfältigtes, undatiertes Schreiben im Nachlaß-Bruchstück der "Feminathek" im Interdisziplinären Zentrum für Hochschuldidaktik der Hamburger Universität, Mappe I.

20 Am 25. März 1936 erfuhr Emmy Beckmann von Gertrud Bäumer, "daß die Gestapo im Besitz meines Anschreibens zu der Werbung für die 'Frau' ist". Das Schreiben, welches Gertrud Bäumer nur an die Gäste der Schwestern Beckmann und zwei weitere Hamburger Zirkel gerichtet hatte, war eigentlich harmlos, aber der Gestapo offenbar zum Zwecke der Denunziation übergeben worden (vgl. Beckmann 1956, S. 87).

21 Mädchenbildung ... 1955, S. 158.

22 Beckmann 1935, S. 5.

Ebene gegen just dieses neue Schulgesetz, das von einer absoluten sozialdemo-kratischen Mehrheit noch kurz vor Ende der Legislaturperiode über die Bühne ge-bracht worden war, in seinem umstrittensten Punkte anzugehen: der Einführung der sechsjährigen Grundschule. Diese Maßnahme war nach Meinung der nichtsozial-demokratischen Oppositionsparteien allein durch eine gleichmacherische Ideologie zu rechtfertigen und keineswegs in der Lage, allen Schülern das - wie sich Emmy Beckmann einmal im Landesparlament ausdrückte - "notwendige geistige Futter" zu geben. Emmy Beckmann war enttäuscht darüber, daß auf diese Weise das Niveau des Gymnasiums als einer Eliteschule im besten Sinne ausgerechnet jetzt in Gefahr geriet, wo nach langen Bemühungen (an denen sie selbst ja teilgehabt hatte) nunmehr endlich und erstmals der gleichberechtigte Zugang der Mädchen zu dieser Schulform von keiner Seite mehr in Frage gestellt würde.

Die bürgerlichen Parteien schafften 1949 den Wechsel nicht, aber 1953 errang der *Hamburg-Block (CDU-FDP-DP-BHE)* einen knappen Sieg. Fußend auf den Unter-suchungen einer *Unabhängigen Kommission für das Hamburger Schulwesen* wurde das Schulgesetz moderat geändert, die vierjährige Grundschule als Regelangebot verankert. Mehrfach wies Emmy Beckmann in der Bürgerschaft die Attacken der SPD zurück: "Ich möchte Sie fragen ..., woher Sie das Recht nehmen zu sagen, wir wollten den Aufstieg der breiten Schichten verhindern ... Das stimmt nicht, sondern Tatsache ist, daß wir dafür sorgen wollen, daß die Nivellierung der Begabungen, die notgedrungen durch die sechsjährige Grundschule eingetreten ist, verschwindet."[23]

Nicht mehr als höfliche Verständnislosigkeit bei sämtlichen Hamburger Parteien - ihre eigene eingeschlossen - hat Emmy Beckmann 1952 mit ihrem Vorstoß geerntet, in die neue Verfassung der Freien und Hansestadt kurz vor deren Verabschiedung noch den Passus "Dem Senat müssen Frauen angehören" einzufügen. Selbstver-ständlich war ihr nicht entgangen, daß seit 1946 bereits die Sozialdemokratin Paula Karpinski der Landesregierung angehörte, aber sie erwartete von einer solchen Ver-fassungsbestimmung eine psychologische Ausstrahlung auch auf die nachfolgenden Ränge: "Wir haben keinen weiblichen Syndikus, keinen weiblichen Leitenden Regie-rungsdirektor, obwohl die organisierten Frauen Vorschläge machen konnten von tüchtigen, fachlich vorgebildeten und ausgezeichnet bewährten Menschen."[24]

Daß auch die "Kompromiß"-Senatorin damals noch alles andere als ein Selbst-gänger war, demonstrierte dann der Hamburg-Block-Senat, als er im Dezember 1953 rein männlich antrat und sich erst im April 1954 als weibliches Mitglied die Freide-mokratin Emilie Kiep-Altenloh zugesellte. Ihr publizistisches Wirken hat Emmy Beckmann in dieser Zeit durch die Edition von Briefen Helene Langes und Gertrud Bäumers gekrönt, pointillistischen Lebensbildern gewissermaßen, aufgrund jahr-zehntelanger, vertrauter Beziehungen zu diesen beiden Pädagoginnen und Frauen-führerinnen liebevoll komponiert.[25] Während von Gertrud Bäumers ausgewählten Briefen nur ein Teil einst an Emmy Beckmann selbst gerichtet war, weitere nun vor allem von Marianne Weber, Dorothee von Velsen, Theodor Heuß zur Verfügung ge-stellt wurden, hatten die hier veröffentlichten Briefe Helene Langes fast ausschließ-lich der Herausgeberin gegolten. So sind vor allem sie zugleich eine Quelle für die

---

23 Stenographische Berichte 1954, S. 61.

24 A.a.O. 1952, S. 718.

25 Beckmann 1956 und 1957.

Biographie Emmy Beckmanns in der Weimarer Zeit. Sie hat sich mit den beiden Briefe-Editionen auch selbst ein Denkmal gesetzt, hat signalisiert, daß sie sich als geistige Erbin der beiden Leit- und Symbolfiguren betrachtete, und sie ist gelegentlich auch so verstanden worden: "Eine von drei Großen" lautete 1960 die Überschrift einer Würdigung der alten Dame im *Hamburger Abendblatt* zu ihrem 80. Geburtstag - eine Formel, die vielleicht auch außerhalb der Heimatstadt Emmy Beckmanns akzeptiert werden könnte. Für den engeren Kreis ihrer gleichaltrigen und jüngeren Zeitgenossinnen galt dies wohl ganz fraglos.[26]

1955 knüpfte Emmy Beckmann an die *Quellenhefte* an, als sie mit der Kieler Studienrätin und ihrer Nachfolgerin an der Spitze der Arbeitsgemeinschaft für Mädchen- und Frauenbildung, Elisabeth Kardel, *Quellen zur Geschichte der Frauenbewegung* herausgab. Im Vorwort dazu ist der Überzeugung Ausdruck verliehen worden, "daß die beiden großen Kulturbewegungen der letzten 100 Jahre: die Arbeiterbewegung und die Frauenbewegung ... weithin zur Erfüllung oder zum Siege gekommen" seien[27] - und Emmy Beckmann ist sicherlich eines der besten Beispiele für das Wort Gertrud Bäumers, daß es sich bei der Frauenbewegung um die "disziplinierteste, besonnenste und gewissenhafteste aller sozialen Bewegungen" gehandelt habe.

Die Arbeitsgemeinschaft hat unter den doch recht anderen Verhältnissen der Bundesrepublik das Format des ADLV, der zuletzt rund 40.000 Mitglieder zählte, nicht wieder erreichen können. Die "Kampfzeiten" der Frauenbewegung waren vorbei, und an die Stelle der "großen" Frauenfrage von einst (ob nämlich die Frauen als grundsätzlich gleichberechtigte, da gleichwertige, wenn auch partiell andersartige Menschen anerkannt werden sollten) ist nach der Verabschiedung des Bonner Grundgesetzes 1949 (worin diese Frage ausdrücklich bejaht wurde) eine Fülle "kleiner", im einzelnen sehr unterschiedlicher Frauenfragen getreten.

Die Lehrerinnen neigten nach 1945 - wie es schon gegen Ende der Weimarer Republik zuweilen von Emmy Beckmann mit leichter Sorge beobachtet worden war - mehr und mehr dazu, sich für ihre Interessen, die nun nicht mehr in erster Linie geschlechtsspezifisch, sondern eher wirtschaftliche und politische Interessen waren, in den großen "gemischten" Verbänden einzusetzen - Deutscher Philologenverband, Gewerkschaft Erziehung und Wissenschaft -, welche 1947 fast gleichzeitig mit der Arbeitsgemeinschaft entstanden und zunächst insbesondere in der Frage der auf sechs Jahre verlängerten Grundschule aufeinanderprallten.

Die separate Erziehung von Jungen und Mädchen im öffentlichen Schulwesen trat - gerade auch wegen ihrer besonderen Betonung im Dritten Reich - zurück hinter die Neigung zur Koedukation - scheinbar zumindest auch zunehmend einer "echten" Koedukation, die - wie man überwiegend annahm - nicht geschlechtsnivellierend zu sein brauchte, vielmehr in Lage sei, unter gegenseitiger Anregung (und auch Dämpfung) vorzubereiten auf ein partnerschaftliches Verhältnis in Familie und Beruf. Konnte man den Koedukations-Skeptikern doch entgegenhalten, daß der vielleicht tatsächlich typisch-männliche, von Emmy Beckmann sogenannte "rastlose, schweifende und ausgreifende Machtwille" unter Umständen besonders in Knabenschulen, wie in reinen Männergemeinschaften überhaupt, entstünde. So ist in einer neueren

---

26   Vgl. Ritter 1961.

27   Beckmann 1955.

Enzyklopädie Erziehungswissenschaft (1984) sogar die These aufgestellt worden, daß es unter einem größere Zeiträume umfassenden Aspekt "keine besondere Geschichte der höheren Mädchenbildung nach 1945" mehr gebe.[28]

Das doppelte (oder gespaltene) Mann/Frau-Menschenbild der "Getrennt-aber-gleich"-Konzeption des ADLV, nunmehr besser "Gleich-aber-differenziert" geheißen, lebte jedoch fort. Weiterhin nahmen Erziehung und Unterricht fast überall Rücksicht "auf Eigenart und Lebensaufgabe der Geschlechter" (um eine gängige Formel zu zitieren). Wo man die "wesenhaft weiblichen Anlagen, Kräfte und Aufgaben" in der Haupt- und Realschule durch allein den Mädchen erteilten Unterricht etwa in Handarbeit, Hauswirtschaft oder Erziehungskunde zu fördern versuchte, wurde daran - vornehmlich in den siebziger Jahren - zwar vielfach Kritik geübt unter dem Stichwort "Benachteiligung der Mädchen in der Schule".[29] Die Kritiker wollten Gleichheit der Stundentafeln, meist Gleichheit der Fächerwahlmöglichkeiten in einer Rahmenstundentafel. Was die "sinngebenden" Fächer angeht, so ist freilich bald darauf nunmehr wiederum ein Ruf nach Differenzierung der Inhalte laut geworden: Die Bonner Geschichtsdidaktikerin Annette Kuhn hat "Ansätze zu einem frauengeschichtlichen Curriculum" gebildet und fortentwickelt, dessen Ziel "die geschlechtsspezifische Identitätsbildung von Mädchen in der patriarchalischen Gesellschaft" sei.[30] Emmy Beckmann hat diesem Ziel schon mit den Quellenheften zu dienen versucht.

Die Arbeitsgemeinschaft zählte Mitte der 50er Jahre nur etwa 2000 Mitglieder, zwei Landesverbände (angesichts der traditionellen Verwobenheit von Frauenbewegung und Liberalismus vielleicht nicht zufällig in Württemberg und Baden), 29 Ortsgruppen und zwei angeschlossene Verbände: den niedersächsischen *Verband der Lehrerinnen an Landwirtschafts-, Berufs- und Fachschulen* und die *Frauengruppe des Verbandes Deutscher Diplomhandelslehrer* in Nordrhein-Westfalen. Im Lichte der Einsicht, daß es die Aufgabe von Interessenverbänden sei, sich selbst - durch Erreichung ihres Zieles - überflüssig zu machen, war dieser rückläufigen Entwicklung auch eine positive Seite abzugewinnen. Als 1963 die Zeitschrift *Mädchenbildung und Frauenschaffen* ihr Erscheinen einstellen mußte, hat Emmy Beckmann im Schlußwort ihrer Hoffnung - und wohl auch ihrer Erwartung - Ausdruck gegeben, "daß nunmehr die Zeit reif geworden ist, alle Fragen der Mädchenbildung und des Frauenschaffens nicht nur in Fachzeitschriften zu erörtern, sondern auf breiter Ebene in der Tages- und Fachpresse".

Nicht zuletzt als Angehörige "jener Pioniergeneration, die den Frauen den Weg zum unmittelbaren Einfluß in der Verwaltung und in der Politik erst freigekämpft hat" ist Emmy Beckmann 1961 als erste Frau nach 19 Männern vom Hamburger Senat mit der *Bürgermeister-Stolten-Medaille* ausgezeichnet worden, die zur Erinnerung an den ersten sozialdemokratischen Bürgermeister der Hansestadt gestiftet worden ist und die Maxime zeigt: "Das Gemeinwohl ist das höchste Gesetz".

---

28 Lundgreen 1984, S. 105.

29 Vgl. etwa Borris 1972.

30 Kuhn 1980.

Quellen und Literatur

Beckmann, Emmy (1918): Die Aufgaben der politischen Neugestaltung. Vortrag, gehalten am 26. November 1918 im Zirkus Busch. Hrsg. vom Wahlwerbeausschuß Hamburgischer Frauenvereine. Hamburg (Broschüre).

dies. (1919): "Die gegenwärtige Lage des Lehrerinnenberufs", in: Die Lehrerin. Organ des ADLV, Jg. 36, S. 3-5.

dies. (1921): "Der Kampf um die Mädchenbildung" (Mit Helene Lange und Alexandrine Hänicke), in: Die Frau, Jg. 28, S. 335-344.

dies. (1921): "Das Mädchenschulwesen im Neuaufbau der deutschen Schule", in: Die Lehrerin, Jg. 38, S. 5-6, 42-44, 49-52.

dies. (1922): "Die unverheiratete Lehrerin", a.a.O., Jg. 39, S. 34f.

dies. (1924): "Friedrich Naumann", in: Die Frau, Jg. 31, S. 361-364.

dies. (1925): "Der 'ewige' Mann", a.a.O., Jg. 33, S. 26-32.

dies. (1926): "Um das Ordinariat in den Mädchenschulen", in ADLV. Deutsche Lehrerinnenzeitung (vormals: Die Lehrerin), Jg. 43, S. 17-19.

dies. (1930): "Das vierte Jahrzehnt des ADLV", in: ADLV, Jg. 47, S. 210-214.

dies. (1931): Die Frau im Volksstaat. Rede (gekürzt), gehalten auf der Verfassungsfeier des Hamburgischen Staates am 11. August 1931. Hamburg (Broschüre).

dies. (1931a): Kampf gegen die Doppelverdiener und der Abbau der verheirateten Lehrerinnen. Berlin (Broschüre).

dies. (1931b): Helene Lange (Quellenhefte zum Frauenleben in der Geschichte, Bd. 25). Berlin.

dies. (1933): "Die Auflösung des Allgemeinen Deutschen Lehrerinnenvereins", in: Die Frau, Jg. 40, S. 546-550.

dies. (1935): "Entwicklungen in der dramatischen Dichtung seit der Jahrhundertwende", a.a.O., Jg. 42, S. 480-488, 543-550.

dies. (1935b): "Fragen der Mädchenbildung in der pädagogischen Presse der letzten Monate", a.a.O., Jg. 49, S. 3-11.

dies. (1936): Die Entwicklung der höheren Mädchenbildung in Deutschland 1870-1914 (Quellenhefte zum Frauenleben in der Geschichte, Bd. 26). Berlin.

dies. (1937): "Fragen der Mädchenbildung", in: Die Frau, Jg. 44, S. 207-213.

dies. (1946): "Ziele und Aufgaben der höheren Mädchenbildung", in: Die Sammlung. Zeitschrift für Kultur und Erziehung. Jg. 1, S. 296-302.

dies. (1955): Quellen zur Geschichte der Frauenbewegung (Quellensammlung für den Geschichtsunterricht, H. 12/Sammlung "Wege der Völker" - Reihe Quellenhefte, bearb. von Emmy Beckmann u.a.). Frankfurt a.M.

dies. (Hrsg.) (1956): Gertrud Bäumer. Des Lebens wie der Liebe Band. Briefe. Tübingen.

dies. (Hrsg.) (1957): Was ich hier geliebt. Briefe von Helene Lange. Mit einem Lebensbild von Gertrud Bäumer. Tübingen.

dies. (1966): "Lebenserinnerungen", handschriftliches, diktiertes Manuskript von Beckmanns Privatsekretärin und Nichte Hanna Petersen, im Nachlaß (Staatsarchiv Hamburg), 34 Seiten.

Borris, Maria (1972): Die Benachteiligung der Mädchen in Schulen der Bundesrepublik und Westberlins. Unter Mitarbeit von Peter Raschke. Frankfurt a.M.

Kuhn, Annette (1980): "Frauengeschichte und die geschlechtsspezifische Identitätsbildung von Mädchen. Ansätze zu einem frauengeschichtlichen Curriculum", in: dies. und Tornieporth, Gerda: Frauenbildung und Geschlechtsrolle (Kennzeichen. Studien und Problemberichte aus dem Projekt 'Frauen als Innovationsgruppen' des Deutschen Nationalkomitees des Lutherischen Weltbundes, Bd. 6). Gelnhausen 1980, S. 69-142.

Lundgreen, Peter (1984): "Institutionalisierung des höheren Schulwesens", in: Enzyklopädie Erziehungswissenschaft. Handbuch und Lexikon der Erziehung. Bd. 5: Organisation, Recht und Ökonomie des Bildungswesens. Stuttgart, S. 98-113.

Mädchenbildung und Frauenschaffen (1955), 5. Jg., H. 4. Emmy Beckmann zum 75. Geburtstag am 12. April 1955. Mit Beiträgen von Margarete Schecker ("Emmy Beckmann im ADLV"); Elisabeth Kardel ("Emmy Beckmann in der Arbeitsgemeinschaft für Mädchen- und Frauenbildung"); Irma Stoß ("Emmy Beckmann in der Arbeit in Hamburg"); Else Ulich-Beil und Ilse Reicke ("Emmy Beckmann in der deutschen Frauenbewegung"); Peter Franz Stubmann ("Emmy Beckmann in der politischen Arbeit vor 1933"); Emilie Kiep-Altenloh ("Emmy Beckmann in der Hamburger Bürgerschaft nach dem Zweiten Weltkrieg"); Harriet Wegener ("Emmy Beckmann im Zonta-Club"), u.a.

Meyn-von Westenholz, Elisabeth (1936): Der Allgemeine Deutsche Lehrerinnenverein in der Geschichte der Deutschen Mädchenbildung. Berlin.

Reicke, Ilse (1984): Die großen Frauen der Weimarer Republik. Freiburg i.Br.

Ritter, Ruth (1961): "Helene Lange und ihr engster Kreis (in Selbst- und Fremdzeugnissen)", in: Mädchenbildung und Frauenschaffen, Jg. 11, S. 149-156.

Stubbe-da Luz, Helmut (1984a): "Emmy Beckmann - 'Pionier' in Deputation und Bürgerschaft", in: Das Rathaus, Jg. 37, S. 578-582.

ders. (1984b): "Emmy Beckmann - ein Leben für 'Mädchenbildung und Frauenschaffen'", in: Neue Bonner Depesche, H. 10, S. 32-33.

ders. (1984c): "'... daß aus dem ewigen Mann sich herauslöse der Menschenbruder': Emmy Beckmann (1880-1967)", in: Frei sein, um andere frei zu machen. Frauen in der Politik. Die Liberalen. Hrsg. von Liselotte Funcke. Stuttgart, S. 154-161.

ders. (1987): "Emmy Beckmann (1880-1967) - Hamburgs einflußreichste Frauenrechtlerin", in: Zeitschrift des Vereins für Hamburgische Geschichte, Bd. 73, S. 97-138.

Treuge, Margarete (1933): "Vom 'Frauenverein' zur 'bündischen' Tatgemeinschaft", in: Die Frau, Jg. 40, S. 329-333.

Waßmann, Hanna (1933): "Der Übergang von der 'alten' zur 'neuen' Frauenbewegung", a.a.O., S. 610-611.

Anna Siemsen - sozialistische Pädagogin in der Weimarer Republik

Ralf Schmölders

"Sie gehört der USPD und der Vereinigung der entschiedenen Schulreformer an, die schon so beklagenswerte Unruhen in den Schulbetrieb gebracht haben. Nicht sachliche, sondern nur parteipolitische Gründe haben zur Aufstellung der Kandidatur Siemsen geführt. Die beabsichtigte Wahl einer Frau und einer Angehörigen der USPD muß als eine unerhörte Herausforderung angesehen werden, da von den 161 höheren Schulen Berlins 160 unter männlicher Leitung stehen und die überwältigende Mehrheit der Eltern und Schüler den bürgerlichen Parteien angehört."

Mit dieser Begründung verlangte im Sommer 1921 eine Berliner "Freie Arbeitsgemeinschaft von Elternbeiräten an höheren deutschen Schulen" die Revision einer geplanten Berufung von Anna Siemsen zur Oberschulrätin in Berlin. Eine Frau und eine Sozialistin noch dazu, das war zuviel für das Berliner Bildungsbürgertum. An der Anstellung von Anna Siemsen freilich konnte dieser Protest nichts ändern. Mit der vormaligen Düsseldorfer Beigeordneten für das Fach- und Berufsschulwesen hatten die Berliner Sozialdemokraten eine außerordentlich qualifizierte und engagierte Frau für sich gewinnen können. Die 40 jährige promovierte Lehrerin hatte sich 1918/1919 der Unabhängigen Sozialdemokratischen Partei (USPD) angeschlossen und galt binnen kurzer Zeit als anerkannte Expertin für bildungspolitische Fragen. In der (wiedervereinigten) SPD der Weimarer Republik profilierte sich Anna Siemsen später als eine scharfzüngige linkssozialistische Kritikerin der sozialdemokratischen Bildungspolitik. Die pädagogische Historiographie hat sie indes bis heute kaum zur Kenntnis genommen, allenfalls in Fußnoten. Angesichts eines literarischen Oeuvres, das mehr als 30 Bücher und Broschüren sowie Unmengen von Aufsätzen in pädagogischen und politischen Fachzeitschriften umfaßt, kein geringes Versäumnis. Wer also war diese Frau, die angeblich soviel "beklagenswerte Unruhe in den Schulbetrieb" gebracht hat?

Pfarrerstocher und Oberlehrerin

Anna Siemsen erblickte als zweites Kind der westfälischen Pastorenfamilie Siemsen in dem Dörfchen Mark nahe der Stadt Hamm am 18. Januar 1882 das Licht der Welt. Außer der zwei Jahren älteren Schwester hatte sie noch drei jüngere Brüder. Besonders mit dem ältesten ihrer Brüder, mit August Siemsen, der wie Anna später eine wichtige Rolle als sozialdemokratischer Pädagoge und Politiker spielen sollte, pflegte sie von Kind an ein enges persönliches Verhältnis. Von den fünf Pastorenkindern war Anna Siemsen das kleinste und sensibelste Kind. Sie litt von Geburt an unter einem verkürzten Bein und häufigen Migräneanfällen. Dennoch, das kann man wohl sagen, verlief ihre Kindheit im Vergleich zum Erziehungsalltag vieler anderer Familien im deutschen Kaiserreich noch recht beschaulich und sowohl emotional wie auch kognitiv sehr anregend. Zwar war der Vater, ein strenger und konservativer protestantischer Pfarrer, nur mäßig mit den elementarsten Kenntnissen der Kindererziehung vertraut, doch wurde dies schon zu einem guten Teil durch das ruhige und ausgleichende Wesen seiner Frau Anna Sophie ausgeglichen, der in erster Linie die Kindererziehung oblag. Alle Kinder der Familie lernten wohl schon frühzeitig Lesen und wurden im Kreise der Familie bald mit den Kulturgütern des wilhelminischen Bildungsbürgertums vertraut gemacht. So gehörten zum Beispiel das Lesen deutscher Klassiker oder antiken Sagen wie auch die Rezitation und Aufführung kleiner Dramen im abendlichen Familienkreise zu den kulturellen Höhepunkten des Siemsenschen Pfarrhauses (vgl. Siemsen 1951, S. 9ff.).

Die dörfliche Volksschule bereitete Anna Siemsen keine großen Schwierigkeiten und sie kam, trotz häufigen krankheitsbedingten Fehlens, immer "ganz gut mit", wie es ihre Schwester Paula einmal formulierte. Nach der Volksschule schlug Anna Siemsen die mehr oder weniger obligatorische Bildungslaufbahn einer Bürgerstochter aus "höherem Hause" ein und absolvierte mit Erfolg 1901 die Lehrerinnenprüfung. Nachdem sie 1905 nach privater Vorbereitung als Externe an einem humanistischen Gymnasium in Hameln die Abiturprüfung abgelegt hatte, begann sie noch im selben Jahr in München ein Studium der Fächer Germanistik, Philosophie und alte Sprachen. Nach zwei Semestern wechselte sie für ein Jahr nach Münster und beendete dann in Bonn im Frühjahr 1910 ihr Studium mit dem Staatsexamen und der Lehrbefähigung für das höhere Schulwesen. Ein halbes Jahr zuvor hatte sie bereits bei dem Bonner Germanisten Prof. W. Wilmanns zum Dr. phil. promoviert. Es folgten einige Jahre Lehrtätigkeit an Mädchenschulen in Detmold und Bremen, bis Anna Siemsen dann im April 1915 als Oberlehrerin an den Städtischen Luisenschulen in Düsseldorf angestellt wurde (vgl. Schmölders 1987, S. 15ff.).

Weltkrieg und Novemberrevolution

Der Erste Weltkrieg überraschte die junge Lehrerin Anna Siemsen während einer Wanderung in den Schweizer Alpen. Die Tatsache, daß selbst die Sozialdemokraten die Bewilligung der Kriegskredite für notwendig hielten, war ihr anfangs noch Beweis genug, daß an der Berechtigung und Unausweichlichkeit des Krieges kein Zweifel bestand. Unter dem Sturm der Ereignisse sollte sich diese Einstellung jedoch schon bald ändern. Bereits auf der Rückreise aus dem Urlaub verdächtigte man sie wegen ihres großen Panamahutes in der aufwallenden Kriegshysterie als Spionin. Der Einmarsch der deutschen Truppen in das neutrale Belgien, Berichte aus den Schützengräben der Front vom Bruder Karl, aber auch die heftige und lügenhafte Kriegspropaganda der Presse wirkten bald ernüchternd auf Anna Siemsen. 1917 trat sie dem "Bund neues Vaterland", der Vorläuferorganisation der "Deutschen Liga für Menschenrechte", bei, was ihr prompt auch die Überwachung durch die politische Polizei bescherte. Über ihren jüngsten Bruder Hans, der 1915/1916 in Berlin als Schriftleiter der Literaturzeitschrift "Zeit-Echo" tätig war, bekam sie losen Kontakt zur linksintellektuellen pazifistischen Schriftstellerszene um Heinrich Mann und Kurt Hiller. Für kurze Zeit steuerte sie einige literarischen Glossen und Kritiken für das "Zeit-Echo" und den ein oder anderen Aufsatz für die expressionistischen "Weißen Blätter" des Elsässers René Schickele bei. Als die politische Zensur die Verlagsorte dieser beiden Zeitschriften in die Schweiz vertrieb, zerrissen jedoch die ohnehin lose Bande zu Anna Siemsen. Denn wie viele Kriegsgegner machte auch sie die Erfahrung, daß sie nicht die einzige Leserin ihrer Briefe blieb. Die militärischen Überwachungsbehörden interessierten sich ebenso dafür (vgl. Schmölders 1987, S. 19ff.).

Schon in diesen Jahren formulierte Anna Siemsen einige schulpädagogische Prinzipien, den sie in großen Zügen auch später treu bleiben sollte. Anfang 1918 machte Anna Siemsen ihre Skepsis und Mißtrauen gegenüber der Erziehungsleistung der preußischen Schulen geltend und griff diese als das Spiegelbild einer gespaltenen Gesellschaft an:

> "Unsere Schulen", schrieb sie in einem längerem Aufsatz über 'Staatsschule und Schulreform', "sind - wie alle Schulen es sein müssen, ein getreues Spiegelbild heutigen Lebens überhaupt: sie bewerten die Begabung und den Erfolg. Sie stacheln die Kinder durch äußere Mittel, durch Zeugnisse über ihre Leistungen künstlich zur Arbeit an und setzen sie in einen Wettbewerb mit den Kameraden, der Eifersucht, Ehrgeiz und Neid, alle antisozialen Triebe, erregt und stärkt: sie scheiden schon die Kinder nach Stand und Vermögen, verhindern das gegenseitige Kennen- und Verstehenlernen. Sie füttern sie mit Mengen vom Kinde nicht verlangter und nicht oder halbverdauter Stoffe und gewöhnen sie daran, mit unklaren Begriffen sich zufriedenzugeben. Kritik und Wahrhaftigkeit ertötend, wie wir 's im Leben nicht anders tun. Sie schwächen durch ihre äußere Disziplin das Gewissen der Kinder, die nicht mehr nach Recht und Unrecht, sondern nach Gebot und Verbot fragen" (Siemsen 1918/1919, S. 176).

Weder vom vermittelten Inhalt des Unterrichtes noch von der moralischen Seite her mochte sie die bestehende Schule akzeptieren. Demgegenüber verlangte Anna Siemsen eine grundlegende Befreiung der Schule von der Bürokratie und Unterrichtsverwaltung. Sie dachte dabei einmal an die Abschaffung von sämtlichen bindenden Lehrplänen und gleichzeitig wollte sie dem einzelnen Lehrer wesentliche Freiheit in der Organisation und Durchführung des schulischen Unterrichts zugestehen. Zeugnisse, Berechtigungen und Examen besaßen für Anna Siemsen keine Existenzberechtigung mehr und sollten deshalb ersatzlos abgeschafft werden. Ging es nach ihren Vorstellungen, so hatte sich die zukünftige Schule im wesentlichen auf einen Kernunterricht zu beschränken, der die Vermittlung der Kulturtechniken und eine gewisse handwerkliche und körperliche Schulung zu gewährleisten hätte. An diesen Kernunterricht gliederte sich ein freies Kurswahlsystem, ähnlich dem amerikanischen College-Modell. Hier sollte jedem Lehrer die Möglichkeit gegeben werden, nach eigenen Wünschen und Neigungen Kurse anzubieten, die von den Schülern je nach deren individuellen Interessen ausgewählt werden konnten. Dem Staat kam in diesem Schulmodell lediglich die Aufgabe zu, für die Bereitstellung der finanziellen Mittel Sorge zu tragen. Weit mehr Einfluß und Mitspracherecht wollte Anna Siemsen stattdessen der kommunalen Schulverwaltung, den Eltern und Schülern sowie den Berufsorganisationen gewähren.

Über das Ergebnis einer solchen Schule machte sich Anna Siemsen zumindest mit Blick auf die bisher vermittelten Inhalte keine Illusionen:

> "Ich bin überzeugt, daß das, was man so allgemeine Bildung nennt, beträchtlich zurückgehen würde. Ob es irgendein Mensch betrauern wird, dies Konversationslexikonswissen, dass unsere Examina jetzt feststellen? Wir würden etwas anderes erhalten. Mehr Freiheit menschlicher Entwicklung, mehr Wahrheit und Selbstbe-

scheidung. Und mehr Glück bei Lehrern und Kindern. Vielleicht werden wir sogar das erhalten, was jetzt unsere Reformsysteme so häufig und selbstverständlich voraussetzen, und was unsere Schulen, wo es einmal auftaucht, so schnell ersticken und zerbrechen: die Persönlichkeit und damit das seltene Wunder: den Erzieher von Gottes Gnaden" (vgl. ebenda, S. 184).

Insgesamt betrachtet enthielt dieses heftige Anklage gegen die Schule doch eine Reihe bereits bekannter Elemente aus der aufkeimenden und an Bedeutung gewinnenden Reformpädagogik. Die Kritik der Schule als antisoziale "Zwangsanstalt" (Berthold Otto), die Forderung nach einer Umorientierung der Pädagogik zu einer "Erziehung vom Kinde aus" (Johannes Gläser) oder auch die "Selbsttätige Erziehung" (Maria Montessorie) hatten sich Anfang des 20. Jahrhunderts kontinuierlich einen Platz im Gedankengut fortschrittlicher liberal-bürgerlicher Erziehungsprogrammatik erkämpft (vgl. Scheibe 1976, S. 51ff.).

Pädagogin in der sozialdemokratischen Arbeiterbewegung

Beeindruckt von der deutschen Novemberrevolution 1918/1919 suchte Anna Siemsen in Düsseldorf den Kontakt zur sozialdemokratischen Arbeiterbewegung. Zwar hatte sie sich anfänglich noch vehement für die Einigung der beiden sozialdemokratischen Parteien USPD und MSPD eingesetzt, doch mußte sie rasch erkennen, daß diesem Unternehmen in beiden Parteizentralen große, allzu große Hindernisse entgegenstanden. Im März 1919 schließlich, nachdem der (mehrheits-) sozialdemokratische Wehrminister Noske die ersten Freikorpstruppen nach Düsseldorf geschickt hatte, um dem dortigen Arbeiter - und Vollzugsrat die politische Macht zu entziehen, trat Anna Siemsen nach eigenen Angaben in die USPD ein (vgl. Siemsen 1939, S. 23).

In der USPD herrschte nach der Novemberrevolution ein großes Vakuum an qualifizierten Fachkräften und so ist es verständlich, daß man Anna Siemsen hier mit offenen Armen empfing. Zusammen mit dem Berliner Schulpolitiker Dr. Kurt Löwenstein, dem späteren Vorsitzenden der "Arbeitsgemeinschaft sozialdemokratischer Lehrer" und der "Reichsarbeitsgemeinschaft der Kinderfreude", hatte Anna Siemsen maßgeblichen Anteil an der Erarbeitung des Schulprogramms der USPD. Verstärkt engagierte sie sich nun in den sozialistisch orientierten pädagogischen Reformverbänden wie etwa im "Bund entschiedener Schulreformer" um den Berliner Philologen Paul Oestreich oder im "Verband sozialistischer Lehrer und Lehrerinnen."

In beruflicher Hinsicht gestalteten sich die nächsten vier Jahre für Anna Siemsen äußerst turbulent. In Düsseldorf vertrat sie die USPD im Stadtrat und wurde hier im Frühjahr 1920, im Anschluß an ein halbjähriges Engagement im preußischen Kultusministerium, wo sie an der Vorbereitung der Reichsschulkonferenz von 1920 mitwirkte, zur ersten besoldeten Beigeordneten für das Düsseldorfer Fach- und Berufsschulwesen gewählt. Die Einrichtung eines kommunalen Arbeitsschulseminars ging hier beispielsweise unmittelbar auf ihre Initiative zurück. Im Herbst 1921 verließ Anna Siemsen jedoch Düsseldorf und wurde in Berlin als Oberschulrätin angestellt. Ihre letzte Tätigkeit als Beamtin, eine Anstellung im thüringischen Kultusministerium ab Herbst 1923, bei der ihr die Schulaufsicht für das mittlere Schulwesen übertragen wurde, stand von Anfang an unter einem schlechten Stern und währte kaum ein halbes Jahr. Der thüringische Kultusminister Greil (SPD) hatte eine ganze Reihe bekannter sozialdemokratischer Pädagogen - unter ihnen Olga Essig und August Siemsen - nach Jena berufen, um seine Politik einer zügigen Verweltlichung und Vereinheitlichung des Bildungswesens voranzutreiben. Anna Siemsen übertrug er in diesem Zusammenhang zusätzlich eine Honorarprofessur an der Jenaer Universität. Die Aufgabe dieser Professur bestand in der Praxisbegleitung der Volksschullehrer, die nach den Plänen von Greil von nun an einheitlich an den Universitäten ausgebildet werden sollten. Der Einmarsch von Reichswehrtruppen in Sachsen und Thüringen im Herbst 1923 und das Ergebnis vorgezogener Neuwahlen, die den bürgerlich-konservativen Parteien eine parlamentarische Mehrheit brachten, stoppten dieses ansonsten erfolgversprechende Reformvorhaben für eine grundlegende Demokratisierung des Bildungswesens jedoch frühzeitig. Die konservative Landesregierung hatte im Frühjahr 1924 nichts eiligeres zu tun, als die sozialdemokratischen Oberschulräte wieder aus der Schulverwaltung zu entlassen. Bis 1933 allerdings blieb Anna Siemsen die Professur an der Philosophischen Fakultät - die im übrigen gegen den starken Protest der konservativen Professorenschaft eingerichtet wurde - erhalten.

Aktiv beteiligte sich Anna Siemsen besonders in den ersten Jahren der Weimarer Republik, als alternative Schulkonzepte noch Konjunktur hatten, an der bildungspolitischen Diskussion über die Struktur eines neuen republikanischen Schulwesens. Unter Rückgriff auf ihr eigenes Konzept aus der Kriegszeit stellte sie auf der "Produktionsschultagung" des "Bundes entschiedener Schulreformer" im Oktober 1920 den Entwurf eines Schulsystems vor, daß sich in erster Linie durch eine horizontale Gliederung, weitgehender Durchlässigkeit und die konsequente Verwirklichung des sozialistischen Arbeitsschulprinzip auszeichnete.

Paul Oestreich, der Vorsitzende des Bundes, hielt ihren Vortrag immerhin für den "Höhepunkt der Tagung" und auch der (mehrheits-) sozialdemokratische "Vorwärts" ließ seiner Bewunderung der "äußerst lebendigen, fesselnden Ausführungen von Anna Siemsen" freien Lauf (vgl. Oestreich 1921, S. 8 und Vorwärts von 5.10.1920).

Das Bildungsziel der Produktionsschule, wie Anna Siemsen dieses Schulsystem in Anlehnung an die Programmatik des Bundes nun nannte, beschrieb sie mit folgenden Worten:

> "Aufgabe der Produktionsschule ist, die Kinder und Jugendlichen durch eigene planvoll geregelte, nutzbringende Tätigkeit innerhalb einer Arbeits- und Lebensgemeinschaft zum Bewußtsein ihrer Kräfte zu bringen, sie in ein lebendig wirkendes Verhältnis zur Umwelt zu setzen und schaffende Gemeinschaftsarbeit ihnen zum gewohnten Bedürfnis zu machen" (Siemsen 1921a, S. 15).

Besonders dieser Begriff der Gemeinschaftsarbeit beziehungsweise der Erziehung zur Gemeinschaft spielte in dem Denken von Anna Siemsen immer eine große und wichtige Rolle. Noch ganz im Bann der pädagogischen und politischen Aufbruchstimmung zu Anfang der 20er Jahre schrieb sie in einer kleinen Broschüre über die "Erziehung im Gemeinschaftsgeist":

> "Diese neue Erziehung kann nur erwachsen auf einem ganz anderen Boden, nur aus der Gemeinschaft, die im gemeinsamen Leben und gemeinsamer Arbeit den einzelnen ein-

ordnet, ohne ihn zu vergewaltigen, wie das bisher immer geschenen ist. Diese Erziehung ist also nur möglich, wenn und insoweit eine Befreiung der menschlichen Arbeit überhaupt eintritt. Aber sie ist zugleich Voraussetzung dieser Befreiung. Eins hängt vom anderen ab. Eins ist Bedingung des anderen" (Siemsen 1921b, S. 38).

Aus der Sicht der sozialistischen Pädagogin Anna Siemsen durfte der Begriff Gemeinschaft nicht allein als Antithese zur 'Gesellschaft' formuliert werden. Denn diese Auffassung, die etwa von dem Kieler Soziologen Ferdinand Tönnies vertreten wurde, vernachlässigte, "daß das gesellschaftliche Leben eine Einheit darstellt, die bestimmten Gesetzen unterliegt, und daß diese Gesetze sich auf alle Gebiete des gesellschaftlichen Lebens auswirken. Das Gesetz der Konkurrenz, daß unsere kapitalistische Gesellschaft beherrscht, wirkt durch sie bindend und läst keine Ausnahme zu (...). Es ist also sinnlos, innerhalb der gegebenen Gesellschaft Gemeinschaftsmöglichkeiten zu suchen, solange man das Gesetz dieser Gesellschaft, den Konkurrenzkampf und das Recht des siegreichen Stärkeren bejaht. Es ist aber auch falsch, nebeneinander den Bereich von Gesellschaft und Gemeinschaft so abzugrenzen, daß bestimmte Formen des Beieinander- und Miteinander lebens dem einen Gebiet, andere dem anderen andauernd zugesprochen sind. Vielmehr stellt sich das Verhältnis so dar, daß die Gesellschaft in ihren mannigfachen Gruppierungen uns als Tatsache gegeben ist, die Gemeinschaft aber, nämlich das Zusammenleben- und wirken von innerlich durch ihren Willen und ihre Neigung verbundenen Menschen, uns als Forderung aufgegeben ist, und das seit dem Anbeginn alles gesellschaftlichen Lebens" (Siemsen 1931, S. 69).

Insbesondere die Arbeiterbewegung war für Anna Siemsen der Ort, wo eine Erziehung zur Gemeinschaft notwendigerweise ihren Platz hatte. Denn wie viele Vertreter des Weimarer Kultursozialismus stand sie dem orthodoxen Marxismusverständnis mit seinem ökonomischen Fatalismus eher reserviert gegenüber. Schon 1921 schrieb sie in diesem Sinne: "Die Zukunft der Gesellschaft ist eine Frage der wirtschaftlichen Entwicklung und der politischen Macht. Sie ist ebensosehr die Frage des einzelnen Menschen und ihrer Erziehung" (Siemsen 1921b, S. 57).

Aus diesem Grunde unterstützte Anna Siemsen die sozialdemokratischen Kultur- und Erziehungsorganisationen wie beispielsweise die Kinderfreunde, die Sozialistische Arbeiterjugend oder die Jungsozialisten. Ähnlich wie die austromarxistischen Theoretiker Max Adler oder Otto Felix Kanitz glaubte Anna Siemsen fest daran, daß in diesen Organisationen der Arbeiterbewegung der "Neue Mensch" - so der programmatische Titel einer Schrift von Max Adler - für die zukünftige sozialistische Gesellschaft erzogen werden konnte (vgl. hierzu Scholing/Walter 1986, S. 250ff.).

Die politische Entwicklung der Weimarer Republik gestaltete sich jedoch schon frühzeitig ganz anders. In den ersten Jahren des neuen demokratischen Staates zeigte sich bald, daß viele der sozialistisch inspirierten Reformkonzepte keine Chance der Realisierung besaßen. Spätesten 1924 war deutlich geworden, daß die restaurativen konservativen Politik- und Machteliten die Zukunft der Republik wieder in stärkerem Maße beeinflußen sollten.

Nachdem Anna Siemsen Anfang 1924 von der konservativen thüringischen Landesregierung aus der Schulverwaltung ausgeschlossen worden war, blieb ihr in erste Linie die Rolle einer kritischen Beobachterin der künftigen Bildungs- und Schulpolitik. Nach der Spaltung der USPD hatte sie sich zusammen mit der verbliebenen Minderheit des rechten USPD-Flügels wieder der SPD angeschlossen. Als Vertreterin des linkssozialistischen Flügels gehörte sie in der Folgezeit zu den schärfsten Kritikern der sozialdemokratischen Schulpolitik in Preußen und im Reich. Entbunden von der zeit- und kräfteaufwendigen und zermürbenden Arbeit in der Bildungsverwaltung, nutzte sie die freie Zeit für eine ausgedehnte Referentinnentätigkeit in den sozialistischen Kulturorganisationen. In ungezählten Aufsätzen und Artikeln widmete sie sich in hohem Maße aktuellen bildungspolitischen Fragen, angefangen bei der Berufsausbildung oder bei Problemen der Mädchen- und Frauenbildung, bis hin zu so speziellen Einzelfragen wie der des Moralunterrichts in den weltlichen Schulsystemen in Preußen. Außerdem verfaßte sie zu den verschiedensten kulturellen Themen eine Reihe von Büchern und Broschüren (vgl. u.a. Siemsen 1925, 1927, 1929, 1930b).

Für ein normales Privatleben blieb der Vollzeit-Pädagogin und -Politikerin nur wenig Zeit. "Ein wirkliches Familienleben, auf das wir gehofft hatten", schrieb der Bruder August Siemsen, "konnte sich nicht entwickeln, da Anna keinerlei Zeit dafür übrig blieb (...). Ihre Gesundheit litt unter dem Übermaß der Arbeit. Sie litt unter Migräne; und bei öfter wiederkehrenden Gleichgewichtsstörungen kam es ein paar Mal vor, daß sie auf der Straße zusammenbrach. Mit Staunen und Unruhe sahen die Mutter und ich dieser täglichen Überanstrengung zu, die nur Raum für Essen und Schlafen ließ, höchstens, daß wir am Sonntagvormittag einen gemeinsamen Spaziergang machen konnten. Aber es war völlig unmöglich, zu bremsen und sie zu ein wenig mehr Rücksicht gegen sich selbst zu veranlassen" (Siemsen 1951, S. 54-55).

Beruf und Erziehung

Neben den mehr aktuell ausgerichteten Beiträgen rückte für Anna Siemsen in den zwanziger Jahren die Beschäftigung mit Fragen der Berufsbildung und Bildungstheorie in den Vordergrund. 1926 erschien mit dem Buch "Beruf und Erziehung" (Berlin 1926) wohl eines der besten und vielleicht auch wichtigsten Bücher von Anna Siemsen. In erster Linie verfolgte sie hier das Ziel, die Verschränkung des Bildungswesens mit der gesellschaftlichen Produktionssphäre aufzuzeigen. Am Beispiel der Entstehung des Berufes und seinen verschiedenen Wandlungen verdeutlichte sie die Abhängigkeit bürgerlicher Pädagogik vom jeweiligen Stand der ökonomischen Entwicklung und versuchte daraus auch für die Zukunft einige Schlußfolgerungen zu ziehen.

Erziehung faßte Anna Siemsen dabei als einen Prozeß der individuellen Anpassung an eine bestehende Gesellschaft: "Als gesellschaftliche Erscheinung aber ist die Erziehung allen Wandlungen der Gesellschaft unterworfen. Das Erziehungsideal, aus bestimmten gesellschaftlichen Bedürfnissen geboren, wandelt sich mit der Gesellschaft" (Siemsen 1926, S. 14). Stand demnach im Zentrum der bürgerlichen Bildungstheorie die freie Entwicklung und Entfaltung der Persönlichkeit mittels Ausübung eines frei und individuell gewählten Berufes, so entwarf Anna Siemsen in der Gewissheit, die kapitalistische Gesellschaft entwickle sich langsam in Richtung Sozialismus, eine neue Orientierung des Bildungsideals an den Werten einer solidarische Gemeinschaft und einer positiven Aufhebung der Trennung von Hand- und Kopfarbeit. Indem sie die Arbeit in gesellschaftlich nützlichen Bereichen als Grundbedingung der individuellen Bedürfnisbefriedigung postulierte, machte sie zugleich auch deutlich, daß in einer sozialistischen Gesellschaft der bürgerliche Berufsbegriff - gekennzeichnet durch individuelle und freie Wahl - keine Berechtigung mehr besaß:

> "Nur Bedarfswirtschaft und solidarische Sicherung der Arbeitsmöglichkeit durch die Gesellschaft können diese Fragen lösen. Damit aber würde der Beruf aufhören, eine Angelegenheit individueller und freier Willkür zu sein. Die Gesellschaft, welche die Arbeit sichert, würde auch ein Recht der Regelung beanspruchen können, mit anderen Worten: Das Ende des Berufsproblems wäre auch das Ende des Berufes" (Siemsen 1926, S. 149).

Anstelle der frühzeitigen Spezialisierung und der Vermittlung von Expertenwissen verlangte sie für die Berufsschule die Ausbildung von breiten Grundqualifikationen, die den einzelnen in die Lage versetzen sollten, in verschiedenen Bereichen innerhalb einer solidarischen Gesellschaft einsetzbar zu sein.

Die reformpädagogischen Bemühungen, den Beruf und die Arbeit ganz allgemein als Bildungs- und Menschwerdungszentrum zu begreifen, stand Anna Siemsen insgesamt zwar positiv gegenüber. Zugleich aber kritisierte sie jedoch die ungenügende Reflexion des Bildungsbegriffs in politischer Sicht. "Aber Kerschensteiner selbst" schrieb Anna Siemsen, "ist durchaus bürgerlicher Ideologie. Er sieht im Berufsleben den reinen Ausdruck der menschlichen freien Schöpferkraft und übersieht, daß die Wirtschaft heute als kapitalistische Profitwirtschaft den Menschen zur Erzielung der Kapitalsrente braucht, daß die menschliche Arbeit nicht nach ihrer Produktivität, sondern nach ihrer Rentabilität gewertet wird, und daß der Beruf zur Erwerbsangelegenheit herabgesunken ist. Er übersieht gleichermaßen, daß der Staat in der bürgerlichen Gesellschaft nur die Funktion hat, die bestehenden Zustände aufrechtzuerhalten, daß demnach das Staatsbürgertum des einzelnen eine leere Form ist, welche Inhalt erst erhält durch die gesellschaftliche (das heißt berufliche) Stellung, durch die Klassenzugehörigkeit des Staatsbürgers" (Siemsen 1926, S. 201).

Der Weimarer Staat war im Verständnis von Anna Siemsen nur eine "politische Demokratie", die in bescheidenem Maße die bürgerlichen Freiheiten sicherte, deren konkrete Ausgestaltung aber vom jeweiligen politischen Kräfteverhältnis abhängig war. Nur die Vergesellschaftung der Produktionsmittel zum Zwecke planvoller, bedürfnisdeckender und solidarischer Arbeit, die alle Menschen gerecht und gleichmäßig zu befriedigen habe, bot ihres Erachtens einen Ausweg aus den Ungerechtigkeiten und sozialen Nöten des Kapitalismus. Und für die Schule, dies machte sie deutlich, bedeutete dies: "In dem Maße, wie in diesem Staat die Arbeiterschaft Einfluß direkter oder indirekter Art hat, werden auch in der Schule sozialistische Tendenzen sich auswirken können. Niemals aber kann diese Schule aufhören eine bürgerliche Klassenschule zu sein, bevor der Staat aufgehört hat, ein bürgerlicher Klassenstaat zu sein" (Siemsen 1931b, S. 262).

Frauenrolle und Mädchenbildung

In einem Gutachten für die Reichsschulkonferenz von 1920 sprach sich Anna Siemsen für die gemeinsame Erziehung von Jungen und Mädchen durch Lehrkräfte beiderlei Geschlechts aus. Dabei begriff sie Koedukation nicht einfach als formale

Gleichsetzung der Geschlechter, sondern in ihrem Sinne mußte die Verwirklichung dieses Erziehungsprinzips in ein umfassendes Schulreformkonzept eingebunden sein, wenn es nicht lediglich dazu führen sollte, nun auch Mädchen den negativen Auswirkungen des (weiterführenden) Knabenschulsystems ("Intellektualismus, Unproduktivität und Oberflächlichkeit") auszusetzen. Praktisch sollte die Koedukation im Sinne von Anna Siemsen in erster Linie in solchen Schulsystemen umgesetzt werden, wie sie beispielsweise von ihr selber im Herbst 1920 auf der Produktionsschultagung des Bundes entschiedener Schulreformer vorgeschlagen worden waren. "In solch beweglichen Schulsystemen", schrieb Anna Siemsen in ihrem veröffentlichten Gutachten, "würden nebeneinander Knaben und Mädchen Raum haben. Sie würden zum größten Teil zu gemeinsamer Arbeit vereint sein, daneben aber auch getrennten Unterricht und getrennte Arbeit kennen, in der jedes Geschlecht seiner besonderen Natur folgen würde und so der Gefahr der Vergewaltigung entgehen" (Siemsen 1920, S. 200). Auf diesem Wege, daran bestand für sie kein Zweifel, ordne sich das Verhältnis der Geschlechter "sehr selbstverständlich in einem gesunden natürlichen Dasein" (vgl. ebenda). Im Einklang mit anderen sozialistischen Pädagoginnen und Pädagogen befürchtete Anna Siemsen bei der üblichen rigiden Trennung der Geschlechter wesentlich größere Gefahren für Moral und Sittlichkeit. Besonders in der Praxis der sozialdemokratischen Kinderfreundebewegung hatte die gemeinsame Erziehung von Jungen und Mädchen einen festen Platz (vgl. Löwenstein 1930, S. 255ff.).

Die Verwirklichung der Koedukation in der Schule ließ freilich noch einige Jahrzehnte ins Land verstreichen. Zwar wurde in der Weimarer Republik das Mädchenschulwesen insgesamt ausgebaut, doch hinderten andere Faktoren, wie etwa die materielle Lage oder die gängige bürgerliche Geschlechtsrollendefinition von der "natürlichen" und einzigen Aufgabe der Frau als Mutter und Ehepartnerin die Mehrheit der Mädchen und jungen Frauen an einer umfassenderen Partizipation an schulischer und beruflicher Bildung. Für Anna Siemsen war die Vorstellung von der Frau als aufopferungsvoll sorgende Mutter am heimischen Herd, die im übrigen auch innerhalb der Arbeiterbewegung keine geringe Verbreitung besaß, ein gesellschaftlicher Anachronismus. Beispielhaft kam ihre Mißbilligung eines solchen rückständigen Frauenbildes 1929 in einem Aufsatz über den amerikanischen Schriftsteller Jack London zum Tragen. Londons Bücher hatten zu dieser Zeit in Deutschland große Erfolge gerade auch in den Kreisen der Arbeiterschaft erzielt. Und auch wenn Anna Siemsen ansonsten seine sozialkritischen Erzählungen sehr schätzte, so verurteilte sie jedoch um so heftiger Londons Auffassung von der Frau als "Luxusgegenstand, als die Frau, die verhätschelt, verwöhnt, die ausgehalten werden muß dafür, daß sie dem Manne geschlechtliche Befriedigung gibt" (Siemsen 1929b). Diese Auffassung, so protestierte sie energisch, müsse doch von Frauen und Männern noch einiges hinzugefügt werden: "Beispielsweise dies, daß unsere Beziehungen nicht rein biologische, sondern auch gesellschaftliche sind, daß die höchstentwickelte Frau keinesfalls nur Weib, sondern als Ehefrau und Mutter, als Kameradin und Arbeitsgefährtin des Mannes, selbständiger Mensch mit mannigfaltigsten selbständigen Beziehungen zu Menschen, Gesellschaft und Welt ist" (vgl. ebenda).

In ungezählten Aufsätzen beleuchtete Anna Siemsen aus dieser Grundeinstellung heraus den Problemkreis von Frauenerwerbsarbeit und Mädchenbildung. Anhand vorliegender Statistiken wies sie anschaulich nach, daß einerseits die Erwerbsarbeit für das Gros der Frauen eine existenzielle Notwendigkeit darstellte und das andererseits auch die Wirtschaft diese "industrielle Reservearmee" immer wieder als geschickte Manövriermasse im politischen Kampf um die Arbeitslöhne und Rationalisierungen auszunutzen wußte. Ausgehend von der Annahme, daß für die Mehrzahl der Frauen auch zukünftig die Doppelbelastung durch Mutterschaft und Haushaltsführung auf der einen und Erwerbstätigkeit auf der anderen Seite bestand - ersteres stellte sie wohl nie grundsätzlich in Frage - forderte Anna Siemsen vordringliche Maßnahmen auf drei Gebieten. Zuallererst, so fand sie, sei den Mädchen eine gleichwertige, der Knabenausbildung adäquate Ausbildung zu ermöglichen, um somit allgemein die Berufschancen der Mädchen zu sichern. Zumindest soweit dies in einer kapitalistischen Gesellschaft überhaupt möglich war. Als zweite direkte Maßnahme verlangte sie eine "Anerkennung der Mutterschaft als gesellschaftlich notwendige und daher gesellschaftlich zu sichernde Leistung". Besonders dachte sie dabei an die Ausweitung sozialer Maßnahmen bei der Schwangerschaftsunterstützung und ganz allgemein an den Ausbau des Mutterschutzes durch ein öffentliches Erziehungssystem, daß die Frauen schon frühzeitig unterstützen sollte. Drittens schließlich sollte die tägliche Hausarbeit durch grundlegende Aufklärung und Schulung über eine rationelle Haushaltsführung erleichtert werden (vgl. Siemsen 1930b, S. 97ff. und Siemsen 1946).

Dieses sozialdemokratische Programm wurde von den meisten Frauen in der Weimarer Republik jedoch nicht als politische Alternative aufgefaßt. Bei den verschiedensten Wahlen zeigte sich hingegen, daß die Mehrzahl der Frauen eher den konservativen Partei ihre Stimme anvertrauten. Und dies, obwohl die SPD die einzige Partei gewesen war, die sich nach 1918 uneingeschränkt für das Frauenwahlrecht eingesetzt hatte. Eine gewisse antifeministische Einstellung in einigen Teilen der Arbeiterbewegung wurde dadurch immer wieder Nahrung gegeben, wenngleich, dies darf nicht vergessen werden, schon damals Zweifel an der Repräsentativität des vorliegenden Datenmaterials geäußert wurden. Denn nicht überall wurde die Stimmabgabe nach Geschlechtern getrennt erfaßt, was schließlich die Voraussetzung für eine stichhaltige Aussage über das geschlechtspezifische Wahlverhalten gewesen wäre. Anna Siemsen betrachte das Wahlverhalten ihrer Geschlechtsgenossinnen eher unter einem soziologischen Blickwinkel und sie kam dabei auch zu ganz interessanten Ergebnissen. "Die Politik", schrieb Anna Siemsen in einer Wahlanalyse nach den Reichstagswahlen 1928, "erreicht sie (die Frauen R.S.) auf dem Weg durch die Familie, die Arbeitskollegin, die Unterhaltung im Laden, auf der Straße, bei Besuchen und Ausflügen, das heißt weniger als politisches Argument denn als politischer Stimmung. Dieser Stimmung unterliegt sie. Und deshalb geben die Stimmen der Frauen mit ihren überraschenden Schwankungen ein besseres Bild der politische Lokalatmosphäre, als die der Männer. Wo bereits eine Stadt "rot" geworden ist, da erreichen die sozialistischen Frauenstimmen die der Männer oder gehen darüber hinaus. Man vergleiche Berlin, Leipzig, Magdeburg. Man erinnere sich auch an die glänzende Resultate der Frauenstimmen in den Arbeitervierteln Wiens. Wo dagegen die Atmosphäre noch vorwiegend bürgerlich ist, da folgen die Frauen der gesellschaftlich führenden und bestimmenden bürgerlichen Partei" (Siemsen 1928, S. 578).

Wollte die SPD ihren Einfluß bei den Frauen erhöhen, so lautete Anna Siemsens These, so mußte sie dies insbesondere über eine sozialistische Kulturarbeit, durch die Propagierung von Reformen auf den Gebieten der Lebens- und Haushaltsführung, des Wohnens oder bei der Gestaltung proletarischer Festlichkeiten versuchen. Gleichzeitig erwartete sie auch durch die Berufstätigkeit vieler Frauen eine gewisse Verstärkung im politischen Bewußtseinsbildungsprozeß. Denn eines war für die Weimarer Sozialdemokraten gewiss: die Lösung der "Frauenfrage" durfte nicht losgelöst von der gesellschaftlichen und politischen Wirklichkeit betrachtet werden, und war - so die sozialistische Theorie- auch endgültig nur zu bewältigen durch die Überwindung der bestehenden Klassengesellschaft.

Zwischen den Stühlen: Von der SPD zur SAP

Gegen Ende der zwanziger Jahre profilierte sich Anna Siemsen zunehmend als exponierte Vertreterin des linken SPD-Flügels. Für zwei kurze Jahre, von 1928-1930, übte sie zudem ein Reichstagsmandat aus, daß sie allerdings wegen einer längeren Krankheit vor Ablauf der regulären Legislaturperiode aufgeben mußte.

Als sich im Spätsommer 1931 nach einer längeren innerparteilichen Auseinandersetzung die "Sozialistische Arbeiterpartei" (SAP) von der SPD abspaltete, schloß sich auch Anna Siemsen dieser neugegründeten Partei an. Grundlegende Bedenken gegen die sozialdemokratische Tolerierung der mit Notverordnungen regierenden Reichsregierung Brüning (Zentrum), sowie insgesamt die bürokratische Verkrustung und politische Immobilität der SPD gegen Ende der Weimarer Republik gaben letztlich den Ausschlag für diesen Entschluß (vgl. Schmölders 1988, S. 353f.).

Anna Siemsens Erwartung, angesichts des drohenden politischen Aufstiegs der NSDAP innerhalb der SAP über die politische Taktik und Strategie eine solidarische und offene Diskussion führen zu können, erwies sich alsbald als eine Illusion. Denn sehr rasch entpuppte sich diese Partei als ein Sammelbecken versprengter linker Splittergruppen, die ein einheitliches Handeln unmöglich machten. Mit ihrem Konzept einer "demokratischen Revolution", die vom proletarischen Mehrheitswillen getragen sein sollte, stieß die links-pazifistische Gruppe um Anna Siemsen in der SAP auf harsche Ablehnung. Das Konzept einer breiten Massenmobilisierung, bei der die Partei nur die Rolle des 'Katalysators' nie aber die der eigenmächtig handelnden Vorhut nach dem leninistischen Vorbild einnehmen durfte, erwies sich als mehrheitsfähig. Enttäuscht verließ Anna Siemsen deshalb noch vor dem März 1933 die SAP, nachdem auch die beiden Parteigründer Seydewitz und Rosenfeld resigniert das Handtuch geworfen hatten und die Auflösung der Partei betrieben (vgl. Drechsler 1983).

Wenige Tage nach dem Reichstagsbrand und den Reichstagswahlen vom 5. März 1933 zwang der nationalsozialistische Terror wie viele andere Sozialisten auch Anna Siemsen zur Emigration. 1933 war ihr vom nationalsozialistischen thüringischen Volksbildungsminister die Honorarprofessur an der Jenaer Universität entzogen worden. "In Heidelberg war im Sommer 1932 der Professor Gumbel seines Amtes entsetzt worden", schrieb Anna Siemsen später in ihren autobiographischen Erinnerungen, "weil er sich unerbietig über den letzten Krieg geäußert habe. Einige Professoren hatten im Namen der Lehr- und Gesinnungsfreiheit gegen diese Maßregelung protestiert. Von den tausenden deutschen Universitätsprofessoren hatten aber nur 42 diesen sehr vorsichtig gehaltenen Protest unterschrieben. Mir war die Unterzeichnung selbstverständlich. Aber ausser mir hatte keiner der Jenaer Professoren unterzeichnet. So war ich zufällig der einzige Professor der unter einer Naziregierung protestiert und der einzige der deswegen diszipliniert wurde" (Siemsen 1939, S. 80).

Exil in der Schweiz - Rückkehr in das Nachkriegsdeutschland

In der Schweiz fand Anna Siemsen für die nächsten 13 Jahren eine neue Heimat. Hier besaß die Familie seit längerem ein kleines Grundstück am Genfer See und auch zur eidgenössischen Arbeiterbewegung hatte Anna Siemsen schon zehn Jahre zuvor einige Kontakte geknüpft. 1934 sicherte sie sich durch eine "politische Heirat" mit Walter Vollenweider, dem Sekretär der Schweizer Arbeiterjugendbewegung, die schweizer Staatsbürgerschaft und unterlag somit nicht mehr den restriktiven Auflagen der Asylantenpolitik jener Jahre. Vor der bürgerlichen Frauenbewegung als "kommunistische Giftspritzerin" angefeindet, wirkte sie in der Arbeiterbildung und in den sozialistischen Emigrantenkreisen. In der Öffentlichkeit trat Anna Siemsen frühzeitig gegen die annexionistische Politik des nationalsozialistischen Deutschlands auf.

Im Hungerwinter 1946/1947 konnte Anna Siemsen ihren langersehnten Wunsch, die Rückkehr in ein befreites und - wie sie hoffte "anderes Deutschland" - verwirklichen. Eigentlich sollte sie in Hamburg an entscheidender Stelle mit dem Neuaufbau des hanseatischen Bildungswesens betraut werden. Bürokratische Einwände und vielleicht auch politische Vorbehalte gegen eine entschiedene Sozialistin verhinderten es jedoch, daß sie hier mit einer angemessenen Professur an der Hamburger Universität eingestellt werden konnte. Allein die Leitung eines Sonderkurses für die Ausbildung von Volksschullehrern und einen Lehrauftrag für "Europäische Literatur" vertraute man der 60jährigen Pädagogin an (vgl. Siemsen 1951, S. 87ff.).

1948 erschien mit dem Buch "Die gesellschaftlichen Grundlagen der Erziehung" eine der letzten großen Veröffentlichungen von Anna Siemsen. Im wesentlichen war dieser Band bereits in den Jahren 1934-1935 abgeschlossen worden. Der Zweite Weltkrieg hatte seine Veröffentlichung jedoch verhindert. Von der pädagogischen Fachwelt wurde Anna Siemsens Beitrag wohlwollend aufgenommen. Für Franz Hilker beispielsweise galt er als "ein wertvoller Beitrag zur Grundlegung einer pädagogischen Soziologie", während sich der Rezensent der "Allgemeinen Deutschen Lehrerzeitung" im März 1949 wünschte, das Buch möge den Erziehern "bei der so notwendigen sozialen und sittlichen Neuordnung beistehen!" (vgl. Hilker 1949, S. 237 und Ketscher 1949, S. 49).

Ganz besonders widmete sich Anna Siemsen in ihren letzten, kurzen Lebensjahren in Deutschland der Förderung des Europagedankens. Die Einigung Europas unter einem sozialistischen Vorzeichen sah sie als wichtigste Aufgabe an. Eine Idee, die sie schon in den zwanziger Jahren vertreten hatte und die ihr nun, angesichts des Schreckens des vergangenen Weltkrieges und dem zur Verfügung stehenden atomaren Vernichtungspotentials, als eine elementare Voraussetzung für die Existenz zukünftiger Generationen schien. "Und die Gefahr einer dritten und noch viel fürchterlicheren Zerstörung dauert an", schrieb sie 1947 und fuhr fort: "Das ist die erste große Wahrheit, die wir uns einprägen müssen. Die zweite ist, daß die Regierungen der Erde nur dann imstande sind, diese Gefahr zu beseitigen, wenn die zwanzig Milliarden einfacher Menschen, die auf Erden leben, sie in diesem Willen unterstützen und befähigt sind, ihnen entscheidend beizustehen" (Siemsen 1947, S. 7).

Im Januar 1951, drei Tage nach ihrem 69. Geburtstag, starb Anna Siemsen in einem Hamburger Krankenhaus. Bis wenige Tage vor ihrem Krankenhausaufenthalt hatte sie in der SPD, der Lehrergewerkschaft und in der sozialistischen Jugendbewegung für eine demokratische und humane - und dies bedeutete für sie immer nur eine sozialistische - Gesellschaft gestritten.

Literatur

Drechsler, Hanno: Die Sozialistische Arbeiterpartei Deutschlands (SAPD). Ein Beitrag zur Geschichte der deutschen Arbeiterbewegung am Ende der Weimarer Republik. Neudruck Hannover 1983.

Hilker, Franz: Anna Siemsen: Die gesellschaftlichen Grundlagen der Erziehung, in: Bildung und Erziehung 2/1949, S. 237.

Ketscher, ?.: Erziehung zur gesellschaftlichen Reife. Anna Siemsen: Die gesellschaftlichen Grundlagen der Erziehung, in: Allgemeine Deutsche Lehrerzeitung 5/1949, S. 49.

Löwenstein, Kurt (Hrsg.): Freie Bahn den Kinderfreunden, in: Sozialismus und Erziehung. Berlin/Bonn/Bad Godesberg 1976, S. 235ff.

Oestreich, Paul (Hrsg.): Zur Produktionsschule. Abrisse und Leitsätze nach den Vorträgen der dritten Tagung des Bundes entschiedener Schulreformer vom 2.-6. Oktober 1920 in der Gemeindefesthalle zu Berlin Lankwitz. Berlin 1921.

Scheibe, Wolfgang: Die Reformpädagogische Bewegung 1900-1932. Eine einführende Darstellung, 5. Auflage. Weinheim 1976.

Schmölders, Ralf: Anna Siemsen: Zur Biographie einer sozialdemokratischen Pädagogin in der Weimarer Republik. Ein Beitrag zur Geschichte sozialdemokratischer Bildungspolitik 1918-1933. Diplomarbeit Universität Bielefeld 1987.

ders.: Anna Siemsen (1882-1951). Zwischen den Stühlen: eine sozialdemokratische Pädagogin, in: Lösche, Peter/Scholing, Michael/Walter, Franz (Hrsg.): Vor dem Vergessen bewahren. Lebenswege Weimarer Sozialdemokraten. Berlin 1988, S. 332ff.

Scholing, Michael und Walter, Franz: Der "Neue Mensch". Sozialistische Lebensreform und Erziehung in der sozialdemokratischen Arbeiterbewegung Deutschlands und Österreichs, in: Saage, Richard (Hrsg.): Solidargemeinschaft und Klassenkampf. Politische Konzeptionen der Sozialdemokratie zwischen den Weltkriegen. Frankfurt a.M. 1986, S. 250ff.

Siemsen, Anna: Staatsschule und Schulreform, in: Die Tat 10 (1918/1919), S. 176ff.

dies.: Möglichkeiten der Linienführung in Grundschule und Aufbau, in: Oestreich 1921, S. 15ff. (Siemsen 1921a).

dies.: Die gemeinsame Erziehung der Geschlechter, in: Die deutsche Schulreform. Ein Handbuch für die Reichsschulkonferenz. Hrsg. von Zentralinstitut für Erziehung und Unterricht in Berlin. Leipzig 1920, S. 200ff.

dies.: Literarische Streifzüge durch die Entwicklung der europäischen Gesellschaft. Jena 1925.

dies.: Beruf und Erziehung. Berlin 1926.

dies.: Politische Kunst und Kunstpolitik. Berlin 1927.

dies.: Die Frauenwahlen, in: Sozialistische Monatshefte 34 (1928), S. 573ff.

dies.: Selbsterziehung der Jugend. Berlin 1929a.

dies.: Jack London und die Frauen, in: Leipziger Volkszeitung Nr. 154 vom 5.7.1929 (Siemsen 1929b).

dies.: Religion, Kirche und Sozialismus. Berlin 1930a.

dies.: Frauenerwerbsarbeit und Mädchenbildung, in: Deutsche Lehrerinnenzeitung 47 (1930), S. 97ff. (Siemsen 1930b).

dies.: Der einzelne und die Gemeinschaft, in: Hausbuch für Freidenker. Berlin 1931, S. 63ff. (Siemsen 1931a).

dies.: Zur Neutralität der Schule, in: Der Volkslehrer 13/1931, S. 235f. (Siemsen 1931b).

dies.: Mein Leben in Deutschland. Unveröffentlichtes Typoskript ca. 1939.

dies.: Frau und Sozialismus. Arbon 1946.

dies.: Einführung in den Sozialismus. Hamburg 1947.

dies.: Die gesellschaftlichen Grundlagen der Erziehung. Hamburg 1948.

Siemsen, August: Anna Siemsen - Leben und Werk. Frankfurt a.M. 1951.

Empfohlene Literatur

Gegenwärtig existiert kaum nennenswerte Sekundärliteratur über Anna Siemsen. Schon aus diesem Grund empfiehlt sich die Lektüre der angegebenen Original-Schriften von Anna Siemsen.
Eine Biographie über Anna Siemsen befindet sich zur Zeit in Arbeit.

Lebenslauf Anna Siemsen

Anna Siemsen, geb. 18.1.1882 in Mark bei Hamm/Westfalen. 1905 Abitur anschließend Studium d. Germanistik, Philosophie und Alte Sprachen in München, Münster und Bonn. 1909 Promotion zum Dr. phil. 1910 Staatsexamen. 1910/1911 Lehrerin am Lehrerinnenseminar in Detmold. 1912-1915 Lehrerin an einem Oberlyzeum in Bremen. 1915-1919 Oberlehrerin an der Düsseldorfer Luisenschule. Während des Ersten Weltkrieges Mitglied im "Bund Neues Vaterland". 1919/1920 Hilfsarbeiterin im Preußischen Kultusministerium. 1920/1921 Beigeordnete für das Berufs- und Fachschulwesen in Düsseldorf. 1921-1923 Oberschulrätin für das Fach- und Berufsschulwesen in Berlin. 1923/1924 Oberschulrätin im Thüringischen Volksbildungsministerium. 1924 aus politischen Gründen in den einstweiligen Wartestand versetzt. 1923-1932 im Rahmen der Lehrerausbildung Honorarprofessorin an der Universität Jena. 1918/1919-1922 USPD. 1923-1931 SPD. 1931-1933 SAP. 1928-1930 MdR. Aktive Mitarbeit in der sozialistischen Kultur- und Bildungsarbeit. 1933 Entzug der Professur aus politischen Gründen durch den Thüringischen Volksbildungsminister Waechtler (NSDAP). März 1933 Emigration in die Schweiz. 1934 Politische Heirat mit Walter Vollenweiler. Mitarbeit in der schweizer Gewerkschaftsbewegung, in der SPS u.d. Schweizerischen Arbeiterbildungszentrale. 1938-1945 (?) verantwortliche Redakteurin der sozialdemokratischen Frauenzeitschrift "Die Frau in Arbeit und Leben"/Führende Mitarbeit in der "Union deutscher Sozialisten in der Schweiz". Dezember 1946 Rückkehr nach Deutschland. Lehrauftrag für "Europäische Literatur" an der Universität Hamburg. Führende Funktion in der "Sozialistischen Bewegung für die Vereinigten Staaten von Europa". Am 22. Januar 1951 in Hamburg gestorben.

Wichtigste Veröffentlichungen u.a.: Erziehung im Gemeinschaftsgeist. Stuttgart 1921. Literarische Streifzüge durch die Geschichte der europäischen Gesellschaft. Jena 1925. Beruf und Erziehung. Berlin 1926. Politische Kunst und Kunstpolitik. Berlin 1927. Selbsterziehung der Jugend. Berlin 1929. Kirche, Religion und Sozialismus. Berlin 1930. Auf dem Weg zum Sozialismus. Berlin 1932. Der Weg ins Freie. Zürich 1943. Spanisches Bilderbuch. Paris 1937. Frau und Sozialismus. Arbon 1946. Einführung in den Sozialismus. Hamburg 1947. Die gesellschaftlichen Grundlagen der Erziehung. Hamburg 1948. Goethe - Mensch und Kämpfer. Frankfurt 1949.

Trude Bürkner (Mohr) und Jutta Rüdiger - die Reichsreferentinnen für den Bund Deutscher Mädel (BDM)

Martin Klaus

I. Hinführungen

Bürkner (Mohr) und Rüdiger einen Platz zwischen bedeutenden Pädagoginnen dieses Jahrhunderts zuzuweisen, erscheint als schwieriges Unterfangen. Zum einen bezeichnen und bezeichneten sich beide Frauen selbst nie als der Pädagogik zugehörig, zum anderen wird hier die seit Jahren geführte Diskussion um die "strukturell bedingte Erziehungsfeindlichkeit des Faschismus" (Lingelbach, Gamm u.a.) angerührt. Bürkner (Mohr) - vor ihrer BDM-Zeit berufstätig im Postverwaltungsdienst - und Rüdiger - vor ihrer BDM-Tätigkeit Abschluß des Psychologiestudiums - verstanden sich nie als "Pädagoginnen", sie sprachen von sich als "Führerin", "Referentin" der NS-Jugendbewegung, als "Trägerin und Vermittlerin nationalsozialistischer Weltanschauung".

Eine eigenständige, originäre Erziehungstheorie brachte der Nationalsozialismus nicht hervor; es war ihm unmöglich - und wäre seinen Macht- und Herrschaftsabsichten auch keineswegs dienlich gewesen -, ein in sich geschlossenes Gebäude nationalsozialistischer pädagogischer Theorie zu entwickeln und darzubieten. Dort, wo klare Leitvorstellungen über das Wesen von Mann und Frau entwickelt beziehungsweise vom Nationalsozialismus aufgegriffen wurden, finden sich in der Literatur Männer als Verantwortliche.

Auch wenn man sich auf die faschistische Erziehungspraxis im sogenannten Dritten Reich beschränkt, stößt man zunächst nicht auf Frauen, sondern Männer wie Rust oder von Schirach. Wie also von Pädagoginnen reden? Warum Biographisches von Rüdiger und Bürkner vorstellen?

Nachdem man sich durch die männliche Dominanz in den erzieherischen Einrichtungen des NS-Staates - sei es Arbeitsdienst, Schule oder Hitlerjugend (HJ) - durchgearbeitet hat, finden sich nach einigem Suchen mehrere Millionen organisierter Mädchen (1939 über 4.000.000) in einer Untergliederung der HJ, in der weiblichen Hitlerjugend, dem Bund Deutscher Mädel. Und hier tauchen die Namen Bürkner (Mohr) und Rüdiger auf: Beide hatten Einfluß auf den Alltag dieser Mädchen; sie beschrieben Leitbilder eines "Deutschen Mädeltyps", gaben Richtlinien für Heimabende und Gruppennachmittage heraus, ordneten Wettkämpfe für "Mädel und Jungmädel" an, entwarfen Schulungspläne für Führerinnen. Rüdiger und Bürkner hatten in diesem Sinne Bedeutung für die Mädchenerziehung, die erzieherische Praxis, die das "Dritte Reich" über seine Organisation BDM - der maßgeblichen staatlichen Einrichtung zur erzieherischen Beeinflussung der weiblichen Jugend zwischen 1933 und 1945 - Mädchen im Alter von 10 bis 21 Jahren zugedachte. Diese Bedeutung wird im folgenden dargestellt; untersucht wird, mit welchem Ziel und mit welchem Inhalt Bürkner und Rüdiger den BDM geprägt und gestaltet haben. Dabei will der Aufsatz insbesondere solche Beiträge der beiden ehemaligen Reichsreferentinnen herausfinden und diskutieren, die Mädchen und jungen Frauen emanzipative Ansätze ihrer persönlichen Entwicklung ermöglichten, erweiterten beziehungsweise begrenzten und einschränkten. Ich möchte so vorgehen, daß die Beiträge der beiden ehemaligen Reichsreferentinnen anhand ihrer Lebenswege und privaten Daten sichtbar werden. Grundlegendes Wissen über Geschichte und Organisation des BDM sei vorausgesetzt.

Als Materialien dienen a) zeitgenössische Aufsätze und Veröffentlichungen der beiden genannten Frauen zwischen 1933 und 1945; dazu kommen b) Informationen aus mehreren von mir mit den genannten Frauen geführten Interviews, und c) werden Veröffentlichungen (von Jutta Rüdiger) nach 1945 hinzugezogen.

II. Trude Bürkner (Mohr)

Bürkner (Mohr) war *Reichsreferentin des BDM* von Juni 1934 bis November 1937. Sie bekleidete damit in diesen Jahren das höchste Amt, das eine Frau in der von Baldur von Schirach (ab 1940 von Arthur Axmann) geleiteten Hitlerjugend überhaupt ausüben konnte. Die Reichsreferentin unterstand direkt dem Reichsjugendführer, stand ihm "beratend auf allen Gebieten der Mädchenerziehung" zur Seite und hatte weitgehende Vollmachten, die Führung des BDM zu bestimmen.

Trude Mohr wurde im September 1902 geboren, ihre Mutter war Hausfrau, ihr Vater Beamter (Postinspektor). Das Klima des Elternhauses war gut-bürgerlich und deutschnational. Mohr gehörte zu den ca. 10 Prozent Mädchen der damaligen Zeit, die eine höhere Schulbildung erhielten; sie besuchte das 10-klassige Lyzeum der Königin-Elisabeth-Schule in Berlin, anschließend ein Jahr das Oberlyzeum. Vorbild der damaligen Zeit war für sie die Königin Luise. Als Kind erlebte sie den Ersten Weltkrieg mit. Nach Beendigung der Schulzeit wollte sie zunächst Lehrerin werden, begann dann aber eine berufliche Laufbahn bei der Post auf dem Postcheckamt. Mit 17 Jahren trat sie in den Deutsch-Nationalen Jugendbund ein; hier machte sie Erfahrungen in der Arbeit mit Mädchengruppen, mit dem Jugenderleben der bündischen Zeit. 1928 wählte Mohr bei den Reichstagswahlen zum ersten Male die NSDAP und näherte sich in dieser Zeit persönlich mehr und mehr den Ideen und dem Umfeld des Nationalsozialismus - wobei Begegnungen mit Goebbels sie besonders beeinflußten. Mit 26 Jahren trat sie 1929 in die Hitlerjugend ein und war maßgeblich am Aufbau von Mädchengruppen innerhalb der HJ im Raum Berlin, Brandenburg und Potsdam beteiligt, zunächst ehrenamtlich neben ihrer beruflichen Beschäftigung bei der Post. Von Schirach, im Oktober 1931 von Hitler zum Reichsjugendführer der NSDAP ernannt, wollte Mohr 1932 in die Reichsleitung der HJ nach München holen, sie wollte jedoch in Berlin bleiben.

Nach der Machteinsetzung des Nationalsozialismus erhielten HJ und BDM die rechtlichen, finanziellen, organisatorischen und machtpolitischen Möglichkeiten, die Jugend des damaligen Deutschlands zu erfassen und "auszurichten" im nationalsozialistischen Sinne. Seit dem 1. Mai 1933 arbeitete Mohr als hauptamtliche Gauverbandsführerin im Gauverband des BDM.

In der sogenannten "Kampfzeit" der HJ waren die Aufgaben der Mädchen in der Hitlerjugend vorwiegend wirksame öffentliche Untermalung nationalsozialistischer

Propagandaarbeit durch Lieder, Tänze, Sprechchöre etc. sowie Unterstützung durch Verpflegungs- und Betreuungsdienste. Ab 1933 begann der BDM innerhalb der ideologische Vorgaben der NSDAP eine eigene Mädchenarbeit aufzubauen, wobei zunächst Sport und Leibesübungen besondere Bedeutung erhielten. Trude Mohr knüpfte noch 1933 Kontakte zur Deutschen Hochschule für Leibesübungen, die Studentinnen und Lehrerinnen für eine geregelte Sportarbeit im BDM abstellte. Diplom-Sportlehrerinnen wurden vollamtlich in den BDM eingestellt.

Der BDM stand 1933/1934 zunächst vor vielfältigen organisatorischen Problemen, die inhaltliche und konzeptionelle Fragen einer Mädchenarbeit im Hintergrund beließen. Mohr hatte dies erkannt und forderte in einem Aufsatz des Jahres 1934 im HJ-Führerorgan "Wille und Macht":

> "Wir müssen unsere Aufmerksamkeit und unser Wollen und unsere Kraft nun nicht mehr einzig und allein auf die Organisation, in diesem Sinn also auf den Rahmen unseres Bundes lenken, sondern auf den Inhalt - auf die Menschen und ihre Lebens- und Geisteshaltung" (S. 18).

Die angesprochene *"Lebens- und Geisteshaltung"* sollte nach Trude Mohr gefüllt sein mit *"charakterlicher Sauberkeit und ehrlichem Willen"*, mit "bedingungsloser Einsatzfreude" für den "Führer" und seinen Reichsjugendführer: "... wir fordern den ganzen Menschen, sein Wollen, seinen Einsatz, sein Denken, sein Tun." Die Aufgabe des BDM sei es, die "deutschen Mädel" hineinzuführen in die Gemeinschaft der Hitlerjugend und in die Gedankenwelt des Nationalsozialismus (Mohr 1934, in: Wille und Macht, S: 18f.). In dieser Allgemeinheit erschöpfte sich die erzieherische Aufgabenstellung des BDM; sie blieb schwammig und unkonkret, wobei sich die immer wiederkehrenden pädagogischen und ideologischen Grundsätze von Mohrs Erziehungsverständnis bereits hier im Februar 1934 zeigen; ihre Auftrag sah sie in der *Erziehung zum Einsatz für "Führer und Volk", in der Erfassung des "ganzen Mädchens"*, in dessen Eingliederung in die NS-Gemeinschaft und in der Heranbildung der nationalsozialistischen Lebenshaltung. Diese erzieherischen Vorstellungen, nach denen das Mädchen als Objekt der Erziehung "zu formen" und "auszurichten" war, wurden in den folgenden Jahren nur wenig modifiziert. Theoriearmut und Konzeptlosigkeit zeichneten die pädagogische Praxis der Trude Mohr und des BDM aus.

Im Juni 1934 ernannte Baldur von Schirach Trude Mohr zur "Reichsreferentin des BDM" und berief sie als direkt ihm unterstellt in die Reichsjugendführung (RFJ) - ohne vorherige Absprache zwischen von Schirach und ihr. "Das war üblich, es wurde bestimmt", so Trude Bürkner (Mohr) im Gespräch mit dem Autor dieses Beitrags über ihre Ernennung zur BDM-Reichsreferentin. Ebenso üblich war es, über sich bestimmen zu lassen; Trude Mohr erschien am 19. Juni 1934 - bestellt vom Reichsjugendführer - im alten Stadtschloß zu Potsdam und wurde der höheren BDM-Führerinnenschaft als Reichsreferentin vorgestellt. In der Spitze der Reichsjugendführung bewegte Mohr sich häufig als einzige Frau ausschließlich unter Männern.

In den Jahren von 1934 bis 1936 trieb Mohr die Aufbauarbeit des BDM stark voran; unter der Zielsetzung, die *"Mädelgeneration ... zu wirklichen Trägerinnen nationalsozialistischer Weltanschauung"* zu formen, wurden neben der "sportlichen Ertüchtigung" weitere Arbeitsgebiete im BDM installiert: Arbeit zu Grenz- und Auslandsfragen, Rassenhygiene und Erbbiologie, Volks- und Brauchtum mit Lied, Tanz, Spiel und Werkarbeit. Führerinnenschulen wurden eingerichtet, Berufsschulungen in den Bereichen Haushalt, Kranken-, Säuglingspflege und Landhilfen nahmen von Jahr zu Jahr zu (vgl. Mohr 1935, in: Wille und Macht).

Die ideologischen Prämissen der genannten Arbeit drückte Mohr an anderer Stelle 1935 wie folgt aus:

> "Wir stehen in einem geistigen Umbruch auf allen Gebieten des Lebens. In unglaublich kurzer Zeit ist ein ganzes Volk imstande gewesen, neue, freie und zuchtvolle Gedanken zu denken. In diesem Umbruch stark mit einbeschlossen ist die Stellung der Frau. Befreien wir sie von orientalischem Einfluß, der ein Jahrtausend hindurch versucht und erreicht hat, sie aus den, den Germanen selbstverständlichem Gesetzen zu lösen; und kommen wir als Volk wieder dorthin, wo unsere Ahnen schon einmal standen, zu der stolzen, heldischen Haltung *aller* Teile des Volkes: .
> aller Männer und Frauen, aller Jungen und Mädel, denen nichts höher stand *als die Sauberkeit des Blutes, die Treue zum Land und die Hingabe an das Volk, in das Gott sie hineingestellt hat*" (Mohr, in: Munske 1935, S. 10).

Nach Bürkners (Mohrs) Auffassung sollte der Typ des "Deutschen Mädels" sein: sportlich, diszipliniert und gepflegt, sollte eine "charakterlich einwandfreie" Persönlichkeit sein, eine "gute Mutter mit bewußter Mütterlichkeit". Das Mädchen sollte *für* andere (Staat, Mann, Führer, Volk) da sein; Fragen nach persönlicher Sinnfindung als Frau stellte Trude Bürkner (Mohr) nicht.

Im April 1936 heiratete Trude Mohr; sie bekam im März 1938 - als Trude Bürkner - ihren Sohn und schied im November 1937 aus ihrem Amt als Reichsreferentin aus.

Die Arbeit im Bund Deutscher Mädel, die Arbeit mit Menschen und für andere prägte Mohrs weiteres Leben an den Stationen Werksfürsorge der Reichswerke Hermann Göring, später des Volkswagenwerkes und bei der Inneren Mission des Diakonischen Werkes. Im Interview Anfang der 80er Jahre sagte sie: "Ich habe mein Leben lang gearbeitet." Der BDM hatte ihrem Leben und ihrer Person öffentliche Bedeutung und Sinngebung verliehen. Ihre damalige Zeit im BDM schätzte sie uneingeschränkt ein als sinnvollen und erfüllten Lebensabschnitt, in dem sie Bestmögliches gewollt, getan und erreicht hat.

III. Jutta Rüdiger

Im November 1937 trat Dr. Jutta Rüdiger die Nachfolge von Trude Bürkner an: Baldur von Schirach ernannte sie zur *Reichsreferentin für den Bund Deutscher Mädel*. Rüdiger war 1910 in Berlin geboren, Tochter einer Mutter, die Hausfrau, und eines Vaters, der Ingenieur war. Ihre Kindheit hatte sie in Düsseldorf verbracht, 1929 auf dem Schuback-Schmidt-Oberlyzeum das Zeugnis der Reife abgelegt. Wichtige Erfahrungen ihrer Kindheit waren die deutsche Niederlage des Ersten Weltkrieges und die Besetzung des Ruhrgebietes (und der Stadt Düsseldorf) durch die französische Armee. 1930 begann sie das Studium der Psychologie in Würzburg, wo sie im Mai 1933 ihr Studium mit der Promotion abschloß. Anschließend arbeitete sie kurzzeitig als Psychologin beim Rheinischen Provinzial-Institut für Arbeits- und Berufsforschung.

1931 war sie in den NS-Studentenbund eingetreten, im Oktober 1933 in den Bund Deutscher Mädel. 1935 ging sie hauptamtlich zum BDM, wurde bald Obergauführerin und ab 1. April 1937 Sonderbeauftragte der Reichsreferentin Bürkner. Die Nachfolgerin von Trude Bürkner, die von sich selbst sagte, daß sie aus einem "kultivierten Elternhaus" komme (vgl. Interviews 1980/1981), eignete sich als Akademikerin besser zur Repräsentation des Mädelbundes als ihre Vorgängerin. Ehemalige BDM-Mitglieder beschrieben die großgewachsene neue Reichsreferentin eher als distanziert und intellektuell. Mit der hohen Stellung in der Reichsjugendführung waren zahlreiche Repräsentationsaufgaben verbunden; diese reichten von Auftritten auf Parteitagen der NSDAP über wichtige Auslandskontakte (insbesondere nach Spanien und Italien) bis hin zur Vorführung der neuen BDM-Führerinnenkleidung vor den Augen von Schirachs und Hitlers.

Ideologisch schloß sich Rüdiger nahtlos an die bisherigen Grundsätze des BDM an; eine Rundfunkansprache Rüdigers zu Beginn des Jahres 1938 - also sechs Wochen nach ihrem Amtsantritt - über die Aufgaben des BDM macht dies deutlich: *Die Mädel* sollen *zu tapferen und starken Frauen* erzogen werden, sie haben die nationalsozialistische Weltanschauung später als Frauen und Mütter in ihre Familien zu tragen und werden "so wieder großziehen eine neue Generation der Härte und des Stolzes". Als Grundlage der Erziehung gelten "weltanschauliche Schulung, sportliche Ertüchtigung und die soziale Einsatzbereitschaft der Mädel"; hinzu treten Leistungswille und bedingungslose Einordnung in die Gemeinschaft (vgl. Rüdiger, in: Das Deutsche Mädel, Jan. 1938, S. 1ff.).

In ihrer Rede beschwor Rüdiger Inhalte, die bereits wohlbekannt waren und kozeptionell keinen pädagogischen, sondern den parteipolitischen Hintergrund der NSDAP aufwiesen. Neu erscheint in ihrer Rede die besondere Betonung des Sanitätsdienstes und der Luftschutzarbeit für Mädchen in deren 17. Lebensjahr, neu auch die Hinweise auf die Steigerung der Berufsleistungen. Die Jahrgänge der 18- bis 21jährigen Mädchen wurden als "Jahrgänge des Sondereinsatzes" ausgewiesen, die sich in Sonderscharen für Gesundheitsdienst, in Luftschutzscharen, in Scharen für Sport, Gymnastik, Tanz und Scharen für Werkarbeit sowie in Spielscharen zusammenfinden sollten. Hieraus entwickelten sich dann die Arbeitsgemeinschaften der BDM-Untergliederung *"Glaube und Schönheit"*, die ebenfalls im Januar 1938 Baldur von Schirach als BDM-Werk verkündete. Zu den obengenannten AGs traten Arbeitsgemeinschaften der "weltanschaulichen und hauswirtschaftlichen Schulung" hinzu wie Auslandskunde, Geschichte, Kultur, Volkstumarbeit, persönliche Lebensgestaltung, Hauswirtschaft oder bäuerliche Berufsertüchtigung.

Im BDM wurde - wie oben gesagt - Praxis gemacht; Handlung (Schlagwort: "Sozialismus der Tat") hatte Vorrang vor jedwedem in sich geschlossenen Theoriegebäude, jeder pädagogisch aufgeschlüsselten Konzeption. Rüdiger - die in neueren Aussagen immer wieder ihre Herkunft als Psychologin betont - blieb diesem Prinzip treu. Entwicklung der Persönlichkeit bedeutete für sie Einordnung, beinhaltete in erster Linie das Erlernen der nationalsozialistischen Haltung und der disziplinierten "Einsatzbereitschaft". Erziehung hieß immer *praktische Inanspruchnahme und ständiges Gefordertsein*; Worthülsen waren beliebig austauschbar. Rüdiger 1939:

> "Unsere allererste Aufgabe ist es, die Mädel zu einer inneren und äußeren Sauberkeit und Gradheit zu erziehen. Die Mädel sollen in erster Linie einmal sich einfügen lernen

in die Gemeinschaft, sollen Zucht und Disziplin kennen, sollen wissen, daß die höchsten Ideen, die über ihrem Leben stehen, für sie wie für das ganze Volk sind: Ehre und Treue" (Rüdiger, in: Meier-Benneckenstein 1939, S. 398).

Begleitet wurden solche Aussagen von biologistischen Grundsätzen. (Ein Leitwort von Rüdiger, mit dem Mädchen auf die Verantwortung gegenüber ihrem Volk hingewiesen wurden, lautete: "DEUTSCHES MÄDEL / DEINE EHRE IST DIE TREUE ZUM BLUT DEINES VOLKES".) Gesetzt war, daß die menschliche Persönlichkeit grundlegend von internen, erblichen, biologisch-rassischen Faktoren determiniert wurde.

In ihrem Werk über die Hitlerjugend von 1983 behauptet Rüdiger, das BDM-Werk "Glaube und Schönheit" sei von von Schirach ins Leben gerufen worden, um der "besonderen individuellen Förderung der 17-21jährige Mädel" zu dienen (S. 236).

Mit den zeitgenössischen Texten und Reden läßt sich diese Behauptung nicht belegen. "Gemeinschaftsgebundene Persönlichkeit" hieß das Schlagwort für das BDM-Werk; gemeint war eine Spezialisierung der Mädchen auf verschiedenen Interessengebieten in Arbeitsgruppen, deren Ergebnisse wiederum der NS-Gemeinschaft zur Verfügung gestellt werden sollten. Eine im BDM-Werk entwickelte Persönlichkeit hob sich von anderen Mitgliedern der Gemeinschaft nicht ab durch Individualität, kritische Reflexion oder eigenverantwortliche Tätigkeit, sondern durch Höchstleistungen und Spezialfähigkeiten auf einem bestimmten - Frauen seit jeher zugewiesenen - Aufgabenfeld.

Mit "Glaube und Schönheit" traten Rüdiger und von Schirach einerseits kritischen Stimmen gegen eine "Vermassung und Vermännlichung" der damaligen Mädchengeneration entgegen (1937 waren u.a. Zeltlager für Mädchen verboten worden, wenn keine feststehenden sanitären Einrichtungen vorhanden waren); "Glaube und Schönheit" hieß Betonung weiblicher Formen, zeigte weiße Tanzkleider und elegante Gymnasik. Andererseits wurde mit der Einrichtung versucht, die 18-21jährige Mädchen - die nicht der Jugenddienstpflicht unterlagen - in die HJ einzubinden, um so die Konflikte um diese Altersgruppe insbesondere mit der NS-Frauenschaft für sich zu entscheiden.

Das BDM-Werk war als Glanzpunkt und Vervollkommnung der gesamten BDM-"Ausrichtung" gedacht. Rüdiger schrieb dazu:
"Am 19. Januar gründete der Reichsjugendführer das BDM-Werk 'Glaube und Schönheit'. Genau nach fünfjähriger Aufbauzeit konnten wir den ersten großen Abschnitt beenden und unserer Arbeit eine neue und höhere Bestimmung geben" (BDM-Jahrbuch "Wir schaffen" 1939, wiedergegeben in Rüdiger: Der BDM in Dokumenten 1984, S. 45).
Der nächste und letzte "große Abschnitt" war der "Kriegseinsatz des BDM". Rüdiger betont in neuerer Literatur, daß das Jahr 1938 der Höhepunkt der BDM-Geschichte gewesen sei, der BDM bis dahin als "Erziehungs- und Tatgemeinschaft ... eine bemerkenswert zu nennende Entwicklung durchlaufen habe" (vgl. Der BDM in Dokumenten 1984, S. 3); dann hätte der Krieg diese Entwicklung unterbrochen. Dem muß widersprochen werden: Der eigentliche Sinn der NS-Mädchenerziehung mußte konsequenterweise in der "bedingungslosen Einsatzbereitschaft" und Aufopferung der BDM-Mitglieder liegen; es gab sicherlich keinen besseren Ort (wenn auch nicht notwendigerweise nur diesen einen), an dem sich die Verwirklichung der erzieherischen Ansprüche Rüdigers und des BDM zeigen, "bewähren" konnte, als den Krieg.

Der geschichtliche und moralisch traurige Höhepunkt des BDM liegt im "Kriegseinsatz der Mädel und Jungmädel".

Rüdiger hatte gemeinsam mit der Reichsjugendführung lange vor dem Einmarsch in Polen Vorbereitungen für einen möglichen "Kriegsfall" getroffen; Aufrufe zur Gesundheitsführung, zu Sanitäts- und Luftschutzdiensten, zu verstärkter Berufsarbeit von jungen Frauen und Mädchen sind unter diesem Blickwinkel zu lesen. Im April 1938 hatte Rüdiger in "Das Deutsche Mädel" Hitlers Einmarsch in Österreich im März desselben Jahres mit folgenden Worten begrüßt:

> "Deutschland können wir nicht beschreiben, wenn wir seine Grenzen aufzählen. Deutschland können wir erfühlen und ahnen in den Bauernaufständen, in den Freiheitskriegen, in den Stürmen von Langemarck und in der Größe des 30. Januar 1933 ... Adolf Hitler ist uns Symbol geworden für Deutschland. Wenn wir uns zu ihm bekennen, bekennen wir uns zu der Aufgabe, die der Allmächtige unserem Volk gestellt hat."

Weitere Grenzüberschreitungen der deutschen Armee wurden hier ideologisch vorbereitet, "Deutschland" über Krieg und Kampf definiert. Unter Rüdigers Leitung bereitete sich der BDM in seinen Organisationsstrukturen, mit seinen gesetzlichen Regelungen und seiner "weltanschaulichen" Propaganda auf die kriegspolitischen Gegebenheiten vor. Geheime Rundschreiben Rüdigers an die Führerinnen der Obergaue gaben Anweisungen, was "Bei Eintritt eines Kriegsfalles" zu tun sei. So konnte ab 1. September 1939 gut gerüstet das beginnen, was im HJ-Jargon "Bewährung im Kriegseinsatz" hieß. Rüdiger im Rückblick 1940:

> "Wir waren wohl vorbereitet durch die Jahre des Friedens und des Aufbaues, als die Tage des Einsatzes kamen. Groß waren die Anforderungen, die man uns stellte. Wir können heute bekennen, unser Mädelbund hat diese Probe bestanden ... Was das kommende Jahr 1940 uns bringen mag, was der Führer von uns fordern wird: WIR SIND BEREIT" (Jahrbuch des BDM "Wir schaffen" 1940, wiedergegeben in Rüdiger: Der BDM in Dokumenten 1984, S. 67).

Rüdiger selbst war "bereit" und hat im nationalsozialistischen Sinne gute Arbeit geleistet; sie war sicherlich nicht in maßgebliche Entscheidungen über den Beginn des Krieges, über die Kriegsaufgaben der HJ, die grundlegende Instrumentalisierung der Jugend im Kriegssinne einbezogen. Sie war beteiligt als Ausführende, beteiligt an der Durchführung dieser Entscheidungen von oben (von der Männerspitze um Hitler und von Schirach); sie hat sich mit ihrer eigenen "Disziplin und Zucht" funktionalisieren lassen für die NS-Herrschaftsinteressen.

Im Verlauf des Krieges und der sich abzeichnenden Niederlage des deutschen Faschismus zeigten sich mehr und mehr Widersprüche zwischen verschiedenen Herrschaftsinteressen einerseits und zwischen Herrschaftsinteressen und NS-Ideologie andererseits. Diese Widersprüche wirkten in den BDM hinein und erklären beispielsweise die *verstärkte Werbung für die Berufstätigkeit* und -ausbildung der Frau während der Kriegsjahre trotz ihrer "eigentlichen Bestimmung für die kleine Welt", erklären zum Beispiel auch den tendenziellen Wandel des BDM-Leitbildes vom eher "frischen, fröhlichen Mädel" hin zum - verstärkt in den letzten Kriegsjahren propagierten - "tapferen, einsatzfreudigen Mädel".

In den angesprochenen Auseinandersetzungen zwischen verschiedenen Interessen im NS-Staat will ich zwei Punkte herausgreifen, die für eine Biographie Rüdigers von Bedeutung sind: erstens die Idee, Mädchen an Waffen auszubilden und Frauen-bataillone aufzustellen, zweitens die Vorhaben, das uneheliche Kind zu legalisieren, um so "Volk und Führer" rascheren (Soldaten-)Nachwuchs zu ermöglichen.

Gab es eine Reihe von Männern in der NS-Führung um Reichsleiter Bormann, die darüber nachdachten, als eines der letzten Kriegsaufgebote auch Mädchen gegen die anrückenden Armeen der Alliierten zu bewaffnen, so wurde diese Idee von Hitler verworfen. Auch Rüdiger wehrte sich gegen eine Bewaffnung von jungen Frauen und Mädchen; die Haltung Rüdigers - die sich mit ihrer Auffassung gegen Axmann, der eine solche Bewaffnung für möglich befand, behaupten mußte - war hier wie-derum biologisch begründet: es widerspräche dem weiblichen Wesen, einen militäri-schen, *offensiven* Einsatz mit der Waffe zu führen (vgl. Rüdiger 1983, S. 305 f.).

In den letzten Jahren der faschistischen Herrschaft in Deutschland wurde von SS-Männern (ausgelöst durch Himmler) die Frage der Geburt unehelicher Kinder für den NS-Staat diskutiert; in der Reichsjugendführung fand diese Diskussion - trotz herrschender Prüderie und Asexualität in der HJ - ihren Niederschlag; Beiträge vom damaligen Obergebietsführer und Hauptamtschef des Kulturamtes in der RJF, Dr. Rainer Schlösser, zeugen davon. Rüdigers Haltung war hier eindeutig gegen die Pro-pagierung des unehelichen Kindes; sittliche und moralische Prinzipien sprachen für sie dagegen; "sauberer und anständiger Lebenswandel" galt als BDM-Maxime, die später zu "gesundem Ehe- und Muttertum" führen sollte. Nicht der Schutz der jungen Frauen vor einer weiteren tiefgreifenden Inbesitznahme durch den NS-Staat führte Rüdiger als Motiv ihrer Haltung an; ihren Hintergrund bildete eine *sexualvernei-nende Moral*, die weibliche Erotik überhaupt tabuisierte. BDM-Mitglieder, die un-ehelich ein Kind zur Welt brachten, mußten aus der BDM-Arbeit ausscheiden.

Im Mai 1945 war Deutschland vom Faschismus befreit, HJ und BDM wurden verboten und aufgelöst. Rüdiger wurde gefangengenommen und verbrachte 2½ Jahre Haft in amerikanischen und englischen Internierungslagern; als ehemaliger BDM-Reichsreferentin galt ihr dort besonderes Interesse. Nach der Entlassung aus der In-ternierung fand sie zunächst keine Arbeitsmöglichkeit und machte sich daraufhin noch 1948 als Psychologin beruflich selbständig. Sie gründete eine Praxis, in der sie Eignungsuntersuchungen für Jugendliche sowie Beratungen zur Schul-, Studien- und Berufswahl und Personalberatungen für Firmen durchführte. Heute lebt Jutta Rüdiger gemeinsam mit der ehemaligen Amtsreferentin im Personalamt der RJF, Hedy Böh-mer, als Rentnerin in Süddeutschland.

Anfang der 80er Jahre erschienen mehrere Publikationen von Rüdiger über BDM und HJ. Diese Beiträge zeichnen sich zunächst aus durch die Darbietung einer Reihe von - zum Teil schwer zugänglichen und erstmals veröffentlichten - interessanten zeitgenössischen Texten. Reduziert man den Blick ausschließlich auf Vermittlung von Quellenmaterial, die insbesondere in ihrem Buch "Die HJ und ihr Selbstver-ständnis ..." von 1983 und in dem Band "Der Bund Deutscher Mädel in Dokumen-ten" von 1984 geleistet wird, so findet sich dort Erstaunliches. Betrachtet man jedoch die Darbietung dieser Materialien im angebotenen ideologischen Kontext, so sind die Rechtfertigungsabsichten und selektiven Wahrnehmungsmuster von Rüdiger nicht zu übersehen. HJ und BDM werden ohne jede kritische Reflexion als "soziale Tatge-meinschaften" hingestellt, die entfernt von allen Brutalitäten des NS-Regimes allein fröhliche, einsatzfreudige und aufopferungsvolle Jugend- und Sozialarbeit geboten hätten. Hitlerjugend sei Jugendbewegung gewesen, in der - über alle Irrungen und

Wirrungen hinweg - die überwältigende Mehrheit der damals jungen Menschen freiwillig und bereitwillig selbst unter Opfern nationale und soziale Ideale verwirklicht habe (vgl. Rüdiger 1983, S. 13ff.). Ein Gespür für die mißbräuchliche Funktionalisierung von Jugendlichen, für die versuchte Instrumentalisierung von Millionen Jugendlicher für die NS-Herrschaftsinteressen vermißt man bei Rüdiger. Eine Problematisierung der - in der Tat bei hunderttausenden von Jugendlichen vorhandenen - Begeisterung für das "Dritte Reich", eine reflektierte Betrachtung der jugendlichen individuellen Motive sowie deren psychosozialen Hintergründe bleiben vollkommen ausgespart. Rüdiger bedient sich auch in den 80er Jahren weiterhin uneingeschränkt der NS-Terminologie und transportiert ungebrochen nationalsozialistisches Gedankengut in die Gegenwart. Aufbau und Gliederung ihrer jüngeren Publikationen unterscheiden sich wenig von denen der HJ-Jahre; Beurteilungen und Einschätzungen der damaligen Jahre werden weitgehend wiederholt oder beschönigt.[1]

IV. Schlußfolgerungen

Bürkner (Mohr) und Rüdiger haben das Gesicht des BDM entscheidend gestaltet, sie waren maßgeblich an der Einbindung hunderttausender Mädchen in den nationalsozialistischen Mädchenverband BDM beteiligt. Mit ihrer Hilfe konnte der BDM - mit seinen Worten gesprochen - zur "größten Mädelorganisation der Welt" werden. Wie gesehen waren es nicht erziehungstheoretische und pädagogische Vorgaben oder Konzepte, die Bürkner und Rüdiger als Grundlagen ihrer Arbeit vorwiesen und darlegten. Sie verwirklichten die Integration großer Teile der damaligen Mädchengeneration in das sogenannte Dritte Reich unter den allgemeinen politischen Prämissen Hitlers wie des Nationalsozialismus überhaupt. Rüdigers und Bürkners vorherrschende erzieherische Vorstellungen orientierten sich insbesondere an *biologisch-rassischen Grundsätzen*. Erziehung war versuchte Inanspruchnahme *"für"*, hatte

---

[1] Zum Nachweis ihrer Sichtweise und zur Rechtfertigung damaliger Inanspruchnahme der Mädchen ignoriert Rüdiger wissenschaftliche Erkenntnisse und sucht selektiv das aus Veröffentlichungen über die HJ heraus, was ihrem gewünschten Bild entspricht. Im Werk von 1984 - Rüdiger nennt es "Richtigstellung" der Dissertation des Autors dieses Beitrags über die "Mädchenerziehung zur Zeit der Faschistischen Herrschaft in Deutschland", Frankfurt a.M. 1983 - werden jene Interviews der genannten Arbeit vollständig wiedergegeben, die den BDM als frohe Gemeinschaft zu belegen scheinen; kritische Interviews derselben Arbeit werden unterdessen nicht nur nicht dargestellt, ihre Existenz bleibt schlichtweg unerwähnt. Von den für Rüdiger verwertbaren Interviews werden 63 Seiten als Fotokopien aus o.g. Arbeit (noch mit den dortigen Seitenzahlen, ohne Rücksprache mit dem Autor) übernommen. Über diese Verfahrensweisen kann man sich sicherlich monieren, bedeutsam scheint hier jedoch die Zielsetzung zu sein, die sich dahinter verbirgt: Aufrechterhaltung der alten Wahrnehmung und Zurechtrückung angekratzter, angezweifelter Idealbilder. In jedem Sinne scheint Rüdigers Leben an dem Bund Deutscher Mädel zu hängen, selektive Erinnerung und Darstellung mögen da schützend für die eigene Biographie wirken.

Rüdigers Interview von 1981 mit dem Autor dieses Aufsatzes endet mit dem Appell, der heutige Jugend klarzumachen, "daß sie nicht nur Rechte, sondern auch Pflichten und Verantwortung für die Gesellschaft hat" (S. 100). Das Ziel einer erzieherischen Beeinflussung, nämlich den dienenden und pflichtbewußten Einsatz für die Gemeinschaft, und ein Menschenbild, das den Einzelnen - trotz biologischer Determiniertheit - als formbares Objekt - einiger Auserwählter (zum Beispiel Pädagogen oder Politiker) - sieht, hat sich Rüdiger bis heute erhalten.

keine eigene pädagogische Zielperspektive. Was unter der Leitung der beiden Reichsreferentinnen im BDM wirksam wurde, waren Versatzstücke der Jugendbewegung gemischt mit Teilen des tradierten konservativen Frauenbildes und vermengt mit nationalutopischen Hoffnungen unter parteipolitischen und "volks"-wirtschaftlichen Zielvorgaben. Rüdiger und Bürkners Beiträge für das erzieherische Geschehen im "Dritten Reich" sucht man vergeblich auf konzeptionell-theoretischer Ebene; ihre Beiträge waren pragmatischer Natur, dienten dem praktischen Aufbau der weiblichen Hitlerjugend.

Unter der Zielvorgabe, Erziehung der Mädchen zum optimalen Einsatz für den NS-Staat, ließ sich im BDM vieles, zum Teil Widersprüchliches subsumieren, mußte Erziehung aber auch zum Konfliktfeld werden.

War zwar die reaktionäre Bestimmung der Frau im Idealbild bewußter Mütterlichkeit und "Mutter vieler Kinder" für Mädchen genannt, so erfüllte die Verwirklichung dieses Bildes ihren Beitrag für das NS-System jedoch erst in einer späteren Zukunft der Mädchen; vor dieser Zukunft lag die Jugendzeit mit ihren aktuellen Einsatz- und Zugriffsmöglichkeiten für den Dienst an "Volk und Führer". Rüdiger und Bürkner propagierten diese *eigenständige Jugendzeit für Mädchen* und schufen - immer mit Blick auf die zweckmäßige Einsetzbarkeit für den Nationalsozialismus - vielfältige Lern- und Bildungsmöglichkeiten, die die breite Masse früherer Mädchengenerationen nicht kannte. Die Nutzung dieser Lernchancen durfte jedoch aus NS-Sicht nie dazu führen, eine individuelle Entwicklung hin zu wirklicher Subjektentfaltung zu ermöglichen. Eine gefährliche Stelle nationalsozialistischer Erziehungswirklichkeit zeigte sich hier: einerseits Bildung und Förderung, andererseits immer wieder Beschneidung im Hinblick auf die NS-Herrschaftsinteressen - ein Widerspruch, der sich innerhalb des NS-Systems nicht lösen ließ, mit dem die Spitze der Reichsjugendführung zu kämpfen hatte und der sich auch in den Personen der Reichsreferentinnen verkörpern mußte. Attraktive Angebote im BDM waren vermengt mit Bewußtseinsmanipulationen, mit Zwang und Terror.

Beide Reichsreferentinnen hatten sich gegen die Orientierung der Erziehung an den vier "K's" (Küche, Kleider, Kinder, Kirche; vgl. zum Beispiel Bürkner 1937, S. 18) ausgesprochen. Und so boten beispielsweise die oben genannten Arbeitsgemeinschaften des BDM-Werkes "Glaube und Schönheit" zahlreiche Entfaltungschancen dem einzelnen Mädchen an. Gleichwohl lag der inhaltliche Schwerpunkt der Mädchenbildung auf den seit je den Frauen zugesprochenen Gebieten des "HELFENS, HEILENS, ERZIEHENS", wie Bürkner betonte (Bürkner 1937, S. 23), und erhielt hier seine Begrenzungen.

Auch berufliche Bildung für Mädchen, Berufsarbeit für junge Frauen war kein Tabu mehr, sondern wurde - insbesondere in den Kriegsjahren - gefordert und gefördert.

Insgesamt gesehen ermöglichten die Instrumentalisierungsabsichten der BDM-Spitze Entwicklungen für Mädchen, die eine - zumindest formale - Gleichstellung ("Ebenbürtigkeit und Gleichwertigkeit" hießen die von Bürkner und Rüdiger hier benutzten Begriffe) mit den Jungen in vielen Bereichen herstellten. Noch nie zuvor hatte die weibliche Jugend in Deutschland eine derartige Massenorganisation aufzuweisen gehabt, die an Umfang und Form der Jungenorganisation um nichts nachstand. Der Sport, in vielen Regionen des damaligen Deutschen Reiches für Mädchen noch verpönt, war zentraler Bestandteil des BDM-Dienstes. Reisen, Fahrten ermöglichte die Mitgliedschaft im BDM, Gesundheitsversorgung und hygienische Betreuung wurden planmäßig für Mädchen durchgesetzt. Die BDM-Mitgliedschaft legitimierte die Abnabelung von familialen, konfessionellen und schulischen Autoritätsstrukturen, ermöglichte für viele Mädchen *jugendbewegtes Erleben.* Zum Bund Deutscher Mädel dazuzugehören, konnte für einen Großteil der damaligen Mädchengeneration Zuwachs an Selbstbewußtsein, Selbstwertgefühl bedeuten; das Bewußtsein der Zugehörigkeit konnte ein Gefühl von weiblicher Macht entstehen lassen. Hier lag die Quelle, die Mädchen den BDM attraktiv erscheinen lassen konnte, sie korrumpierbar machte, sich gegen eigene Interessen "freiwillig" den NS-Interessen unterzuordnen, die positive Identifikation mit dem NS-Staat bewirken konnte.

Sicherlich war der genannte Zuwachs persönlicher Selbstschätzung und weiblicher Stärke nicht gleichzusetzen mit gelungener Ich-Findung in der Rolle als Mädchen oder Frau. Deutlich wird aber, daß unter der beabsichtigten und in vielen Punkten realisierten Inanspruchnahme des Nationalsozialismus - wie von Bürkner und Rüdiger gefordert - Mädchen Möglichkeiten zur Entfaltung fanden, die einer weiblichen Jugend vorher nicht zugänglich waren - Entfaltungsmöglichkeiten, die existierten trotz der ideologischen Minderbewertung gegenüber dem männlichen Geschlecht, trotz Ausschlusses von den entscheidenden politischen Ebenen, trotz der reaktionären Festschreibung der Frau auf ihre biologischen Funktionen mit einhergehender Ignorierung weiblicher Erotik. Die besondere Situation von Mädchen im Nationalsozialismus zeigt sich als Konfliktfeld dergestalt, daß Mädchen einerseits dazu gebracht wurden, sich selbst aufzuopfern, *selbstlos zu dienen,* - also massivst in ihrer Entwicklung beschnitten wurden -, andererseits jedoch zugleich ansatzweise ein neues Selbstwertgefühl gewannen, ein *Öffentlichwerden ihrer Bedeutung* in der Gesellschaft spürten.

Bürkner und Rüdiger haben zu dieser Entwicklung beigetragen, indem sie maßgeblich am Aufbau der NS-Mädchenorganisation BDM wirkten und diesen garantierten. Entstehendes Selbstwertgefühl als Gefühl individuellen Frauseins mußte sich jedoch gegen die einengenden Absichten Bürkners und Rüdigers, gegen den Anspruch des bedingungslosen Dienens und Unterordnens behaupten, mußte die - zahlreichen - Spielräume des BDM ausfindig machen und auskosten, um zu überleben.

Diese Auseinandersetzungen zwischen entwicklungsfeindlichen beziehungsweise -behindernden Erziehungsinstitutionen einerseits und dem nach seiner optimalen Persönlichkeitsentfaltung suchenden Subjekt andererseits finden sich auch heute überall im pädagogischen Feld; sie sind noch lange nicht zu Gunsten einer maximalen individuellen Subjektförderung und Persönlichkeitsentwicklung entschieden.

Literatur

Quellen

Mohr, Trude: Wir Mädel!, in: Wille und Macht, H. 4/1934, S. 17-19.

dies.: Rede im Völkischen Beobachter vom 6.9.1934, abgedruckt in: Gehl, W. (Hrsg.): Der Staat im Aufbau. Breslau 1934, S. 174ff.

dies.: Mädel von heute - Frauen von morgen, in: Wille und Macht, H. 1/1935, S. 4-7.

dies.: Wille und Weg, in: Munske, H. (Hrsg.): Mädel im Dritten Reich. Berlin 1935, S. 9f.

Bürkner, Trude: Vom Weg des BDM, in: Wille und Macht, H. 21/1936, S. 7-9.

dies.: Der Bund Deutscher Mädel in der HJ, in: Schriften der Deutschen Hochschule für Politik, H. 16. Berlin 1937.

Rüdiger, Jutta: Der Wiederholungssatz bei der Entwicklung vom Säugling zum fünfjährigen Kinde. Zugleich ein Betrag zur Persönlichkeitsbeschreibung jüngerer Kinder (Dissertation), in: Zeitschrift für Psychologie, Bd. 131, H. 1-3. Leipzig 1934, S. 145-175.

dies.: Die Aufgaben des BDM im Arbeitsjahre 1938, in: Das Deutsche Mädel, Jan. 1938, S. 1-3.

dies.: Rundfunkrede der Reichsreferentin: Über nationalsozialistische Mädchenerziehung, Reichsjugendpressedienst. Berlin 17.1.1938.

dies.: Deutschland, in: Das Deutsche Mädel, April 1938.

dies.: Aufbau des BDM-Werkes "Glaube und Schönheit". Ein Gespräch mit der Reichsreferentin für den BDM, Reichsjugendpressedienst. Berlin 1938.

dies.: Der Bund Deutscher Mädel in der Hitler-Jugend, in: Die elegante Welt, H. 19. Berlin 1939.

dies.: Der Bund Deutscher Mädel in der Hitler-Jugend, in: Meier-Benneckenstein, P. (Hrsg.): Das Dritte Reich im Aufbau, Übersichten und Leistungsberichte, Bd. 2. Berlin 1939, S. 395-413.

dies. (Hrsg.): Die Hitler-Jugend und ihr Selbstverständnis im Spiegel ihrer Aufgabengebiete (Studienausgabe). Lindhorst 1983.

dies.: Der Bund Deutscher Mädel. Eine Richtigstellung. Lindhorst 1984.

dies.: Der Bund Deutscher Mädel in Dokumenten. Materialsammlung zur Richtigstellung (hrsg. von der Arbeitsgemeinschaft für Jugendforschung). Lindhorst 1984.

Sekundärliteratur

Klaus, Martin: Mädchen in der Hitlerjugend. Die Erziehung zur "deutschen Frau". Köln 1980.

ders.: Mädchenerziehung zur Zeit der Faschistischen Herrschaft in Deutschland. Der Bund Deutscher Mädel. 2 Bde. Frankfurt a.M. 1983. Darin insbesondere: Interviews mit Bürkner und Rüdiger in Bd. 2, Materialband (Sozialhistorische Untersuchungen zur Reformpädagogik und Erwachsenenbildung 4), S. 8-33 und S. 79-101.

Miller-Kipp, Gisela: Der Bund Deutscher Mädel in der Hitler-Jugend. Erziehung zwischen Ideologie und Herrschaftsprozeß. Pädagogische Rundschau. Sonderdruck 1982.

Schulgründerinnen und Reformpädagoginnen

Auszug aus den Institutionen - weibliche Pädagogik der Jugendbewegung

Irmgard Klönne

"Und alle jene früheren Generationen lediger Frauen, die man um ihre Jugend betrog, ahnten noch nichts davon, daß nicht etwa der Emanzipationskampf der Frauenbewegung, auf die sie gehofft hatten, sondern eine Jugendbewegung die Befreiung ihres Geschlechtes bringen würde" (Busse-Wilson 1920, S. 79).

Was war die bürgerliche Jugendbewegung?

Der zeitgenössische Mythos des jugendbewegten Aufbruchs um die Jahrhundertwende war weitgehend konzentriert auf die Geschichten und Bilder von "Führern". Ihnen wurden mit philosophischem und literarischem Aufwand charismatische Züge und heroische Eigenschaften zugesprochen. Die Vorstellung von einem "Bruch mit der Gesellschaft" und die Aufstandsphantasien der Söhne des Bürgertums waren tief verbunden mit kultisch überhöhten Männlichkeitsvorstellungen und den Imaginationen einer "männlichen Lebens- und Tatgemeinschaft". Verstärkt wurde dieser Begriff der Jugendbewegung auch durch die übersteigerten Erwartungen einer Erwachsenengeneration, die die Jugendbewegung als Träger einer kulturellen Erneuerung der in die Krise geratenen Alten Gesellschaft begrüßte.

Sozialgeschichtlich ist die Entstehung der bürgerlichen Jugendbewegung darin begründet, daß "Jugend" sich als besondere Altersgruppe und Entwicklungsphase herausgebildet hatte und sich ein Raum für "Kulturpubertät" öffnete. In der Folge der sozioökonomischen Umwälzungen der expandierenden Industriegesellschaft war die auf reproduktive Funktionen beschränkte Kleinfamilie ebensowenig wie die an traditionellen Bildungsinhalten festhaltende Schule noch in der Lage, die gesellschaftliche Integration der nachwachsenden Generation voll zu gewährleisten. Beide Sozialisationsinstitutionen konnten neuen Orientierungsbedürfnissen von Teilen der Jugendgeneration nicht entsprechen. In Absetzung vom bürgerlich -konventionellen Ordnungs- und Statusdenken schufen sich der Vorkriegswandervogel wie auch die Bündische Jugend der Weimarer Republik eine eigene Erlebniswelt und Lebenspraxis, die sich im Laufe der Weimarer Zeit zu einem dritten Sozialisationsbereich entwickelte und in ihren Formen auch weite Teile anderer Jugendverbände und die Jugendpflege beeinflußte.

Der von den Wandervögeln formulierte Protest gegen "Hohlheit und Doppelmoral" der bürgerlichen Welt gab dem Unbehagen am technischen Zeitalter und an der sogenannten "Massengesellschaft" Ausdruck. Zivilisationskritik und Verachtung ihrer sozialen Umwelt verband die bürgerliche Jugendbewegung mit dem zeitweiligen Auszug aus dem wachsenden Industriemilieu der großen Städte.

Auf ihren Wanderungen durch Dörfer und fern gelegene kleine Ortschaften entdeckten die Gruppen der Jugendbewegung eine identifikationsfähige Kontrastwelt zu den sie bedrängenden Problemen der gesellschaftlichen Realität.

Das "einfache Leben" in der Natur, die Idealisierung "bäuerlicher Gemeinschaft" oder auch "echter Handwerkskultur" prägten die jugendbewegten Vorstellungen von einem "wahren" Leben und von einer "anderen" Gesellschaft und formten die kulturelle Praxis der jugendbewegten Gruppen.

Zum Wandern gehörte auch das Übernachten in Wäldern und Scheunen, das Kochen unter freiem Himmel, das Lagerfeuer am Abend und das gemeinsame Singen längst vergessener Volkslieder.

Hier, im Erlebnis der Gemeinschaft in der Gruppe Gleichaltriger, lag das bestimmende Moment jugendbewegter Kultur. Ob sie wanderten, diskutierten oder Feste feierten: Die Mitglieder der Jugendbewegung fühlten sich miteinander verbunden. Die Entwicklung des Eigenrechts von Jugend und die Kultivierung des Primärsystems der "Gruppe" wurden zu wesentlichen Erfahrungen der Menschen in der Jugendbewegung. Die Gruppen der Jugendbewegung schufen sich in Kleidungsstil, Liedgut, Gruß und anderen Ritualen eine eigene Symbolwelt und über unterschiedliche Anschauungen hinweg vermittelten das Gefühl der eigenen Auserwähltheit und das Erlebnis von "Bund" und "Gruppe" ein gemeinsames jugendkulturelles Bewußtsein. Ziel und Sehnsucht waren damit vorgegeben: Die ständige Wiederkehr der erfahrenen Erlebnisdichte.

Entwicklung weiblicher Jugendbewegung

Im frühen Wandervogel waren Mädchen und junge Frauen nicht erwünscht. Deren Teilnahme empfanden die jungen Männer als Abwertung ihrer eigenen "schöpferischen" Leistung. Die ersten organisierten Versuche junger Frauen, auch für sich die freien Lebensformen des Wandervogels zu erschließen, verbinden sich mit dem Namen von Marie Luise Becker (1872-1960, verheiratet mit Wolfgang Kirchbach, der zu den Gründungsmitgliedern des Wandervogel gehörte). 1905 gründete sie in Berlin den "Bund der Wanderschwestern" und hoffte, "daß viele der Schwestern unserer Wandervögel daran teilnehmen und ebenso wie die Gymnasiasten auf frohen Wanderfahrten ihr Heimatland kennen lernen (würden)" (Dokumentation, Bd. II/1968, S. 120). Marie Luise Becker galt als "Vorkämpferin für Frauenrechte" und ist mit ihren Vorstellungen dem konservativen Flügel der alten Frauenbewegung zuzurechnen. Nach dem Studium der Archäologie und Philosophie war sie als Journalistin und Schriftstellerin tätig und verfaßte eine Reihe von Romanen, Märchenspielen und Gedichtbänden.

Der "Bund der Wanderschwestern" hat nicht lange bestanden. Nachdem noch 1907 die sogenannte "Mädchenfrage" Anlaß für eine der ersten großen Spaltungen des Wandervogel gegeben hatte, setzte sich gleichwohl in den Jahren danach das Mädchenwandern durch. Seitdem umfaßte der Anteil von Mädchen und Frauen etwa ein Drittel der in der Jugendbewegung zusammengeschlossenen jungen Leute. Unter der Leitung einer meist selbstgewählten, oftmals nur wenig älteren Führerin genossen nun auch Mädchen außerhalb einengender Reglementierungen in Elternhaus und Schule die "unbeschränkte Freiheit" und "ungeahnte Lebensfülle" der Wandervogelkultur.

Sie trafen sich in Stadtnestern, gingen auf Wanderfahrt und fuhren in die Landheime. Schon die Vorbereitungen dafür, die Versorgungs- und Übernachtungsfragen erforderten selbständiges Planen. Wegesuchen in Wäldern, Kartenlesen, Klettern auf Felsen und Burgen, Durchwaten von Bächen und Quartiersuche eröffneten nicht nur abenteuerliche Erlebnisse, sondern halfen der weiblichen Wandervogeljugend, Selbständigkeit und Mut, Geschicklichkeit und Widerstandsfähigkeit zu entwickeln. Das Erleben von Anstrengungen und Müdigkeit, der Aufenthalt im Freien bei allen Witterungen und zu jeder Tageszeit, das Baden in Flüssen und Tanzen auf Wiesen, - dies alles entsprach nicht nur Bedürfnissen nach sinnlicher Lebensfreude, sondern vermittelte den jungen Mädchen das Bewußtsein ihres Eigenwertes und enthielt Impulse einer eigenständigen und gestaltungsfähigen Frauenkultur.

Die Wandervogelmädchen sangen und musizierten. Sie wählten Literatur aus und sprachen darüber. Sie organisierten Landes- und Bundestreffen, gestalteten die Programme dafür und stellten Laienspiele und Tänze vor. Die Höhepunkte des jugendbündischen Lebens feierten Jungen und Mädchen gemeinsam.

Die Herrichtung zweckmäßiger Wanderkleidung verlangte von der weiblichen Jugend besonderen Erfindungsgeist und handwerkliche Fähigkeiten. Die selbstbestickten oder mit Bordüren benähten "Reform- und Inselkleider" bildeten nicht nur Erkennungsmerkmale, sondern galten den weiblichen Angehörigen der Bünde auch als Ausdruck ihrer Kritik an bürgerlichen Weiblichkeitsmustern. In der sich im Verlauf der 20er Jahre ausbreitenden völkischen Orientierung symbolisierten dann allerdings die betonte Einfachheit des sogenannten Eigenkleides und die in Zöpfe gefaßten Haare das Bild einer "deutschen" Frau gegen den verpönten Typus der "modernen" Frau mit Bubikopf und Seidenstrümpfen.

Mit der Entwicklung der Wandervogelbünde zur Freideutschen Jugend (Fest auf dem Hohen Meißner, 1913) verband sich eine Öffnung der Jugendbewegung für gesellschaftsreformerische und linke Ideen; dies bedeutete auch eine für damalige Verhältnisse erstaunlich freie Diskussion über die "Geschlechterfrage" innerhalb der Jugendbewegung, in der die asexuelle Umgangsweise kritisiert und nach neuen Formen gesucht wurde.

Als die älteren männlichen Wandervögel während des Ersten Weltkrieges an der Front waren, übernahmen auch junge Frauen Führungspositionen in den verschiedenen Bünden. Mit dem Ende des Krieges allerdings gewann die "Mädelfrage" wieder eine neue Aktualität.

Die Kriegserfahrungen der heimkehrenden Wandervögel, aber auch die politischen und sozialen Entwicklungen der Weimarer Zeiten bewirkten einen weitreichenden Wandel des bis dahin geltenden Männlichkeitsideals der Wandervogelbewegung. Die individuelle und romantische Vielfalt verlor sich zugunsten soldatisch-heroischer Leitbilder. Das Führer-Gefolgschaftsprinzip gestaltete sich hierarchischer und verband sich mit Vorstellungen von Befehlsgewalt und Gehorsamstugend. Das Selbstverständnis einer Elite, das sich aus der Verschworenheit der jugendbewegten Gruppe gespeist hatte, veränderte sich in Richtung auf eine "Auslese der Besten", die für eine "zukünftige völkische Erneuerung" Großes zu leisten hätte. Es ging nun um "Erziehung zur Härte, zum Willen, zur Tat". In der imaginären Gegenwelt ihres

Bundes schufen sich die männlichen Jugendbewegten nach dem Muster mittelalterlicher Ritter- und Ordensgemeinschaften Leitbilder aristokratischer Gesellung. Daß Mädchen und Frauen in solchen mythischen Welten keinen Ort haben sollten, ist leicht nachvollziehbar.

Die Entwicklung der Wandervogelbewegung zur Jungenschaftsbewegung ab etwa 1923 war so gleichzeitig eine antifeministische Wende innerhalb der Jugendbewegung. Aus einer Reihe großer Bünde wurden die Mädchengruppen ausgeschlossen.

In der Folge wurden die Mädchen und jungen Frauen in den Bünden darauf verwiesen, die "natürliche Eigenart des weiblichen Geschlechts" auf ihr Selbstverständnis und auf ihre eigene Praxis hin zu reflektieren. Wenn auch eine Minderheit mehr und mehr die soziale Festlegung auf das Ideal der Ehefrau und Mutter kritisierte, setzte sich in der Mehrheit der Bünde doch die Vorstellung von einer "gesellschaftlichen" beziehungsweise "völkischen" Aufgabe der Frau durch, womit den überkommenen Weiblichkeitsbildern nun eine höhere Wertigkeit zugeschrieben wurde.

Andererseits bewirkten die Veränderungen der politischen und sozialen Verhältnisse nach 1918 eine erhebliche Ausweitung der Teilhabe von Mädchen an den Lebensformen der Jugendbewegung. Waren in der Vorkriegszeit vornehmlich die Töchter des Bildungsbürgertums zum Wandervogel gestoßen, so kamen jetzt viele junge Mädchen aus ganz anderen Bevölkerungsschichten in die Jugendbünde.

Darüber hinaus setzten sich auch in konfessionellen Jugendverbänden die Lebensformen des Wandervogel oder der Bündischen Jugend durch und die sozialistische Jugendbewegung übernahm vieles aus dem Lebensstil der bürgerlichen Jugendbewegung. "Jugend" als kulturpubertärer Raum auch von Mädchen gewann im Laufe der 20er Jahre an Akzeptanz, so daß man für die Weimarer Zeit auch von einer weiblichen Jugendbewegung sprechen kann. Dabei ist festzuhalten, daß die Mädchengruppen - ob selbständig organisiert oder als Teil der gemischten Bünde - bis zum Ende der 20er Jahre den alten Wandervogelformen treu blieben. Erst in den letzten Jahren vor 1933 setzten sich auch in den Mädchengruppen ein strafferer Stil und Uniformierung durch: Leitbilder, die in ähnlicher Weise nach 1933 mit dem BDM in der HJ massenhafte Verallgemeinerung erfuhren.

Das Weiblichkeitsbild, das die Emanzipationsideen jugendbewegter Sozialisation und deren Grenzen am ehesten ausdrückt, war das der "Kameradin". Dieses Leitbild veränderte sich entsprechend dem Wandel, den die Jugendbünde selbst erfuhren. Traditionelle Vorstellungen von einem biologisch begründeten "weiblichen Wesen" der Frau waren und blieben das Kernstück der Weiblichkeitskonstruktion der "Kameradin". Das Bild der Kameradin lebte aus der "Gefährtenschaft der Geschlechter"; dabei waren die Erstrangigkeit des Mannes und die Zweitrangigkeit der Frau niemals infragegestellt. In seiner Entstehungszeit vor dem Ersten Weltkrieg erkämpften sich die jungen Frauen der Jugendbewegung mit dem Leitbild der Kameradin Orientierungs- und Handlungsmöglichkeiten, die sie aus dem Zustand des Wartens auf die erhoffte Ehe hinausführten. Dabei erhielt dieses Bild in betonter Abgrenzung gegen die um "äußere Gleichberechtigung" kämpfende "Frauenrechtlerin" die Idee einer Selbständigkeit, die sich aus "weiblicher innerer Wesenhaftigkeit" speisen sollte. Im Laufe der Weimarer Republik wurde die Kameradin mehr und mehr auf die gesellschaftlichen Führungsaufgaben des Mannes - und darüber vermittelt - auf die Aufgabe der Frau in der ersehnten "Volksgemeinschaft" hin gedacht.

Bedeutungen der jugendbewegten Sozialisation für Mädchen und Frauen

Die weibliche Bildung in der Jugendbewegung war durch besondere Widersprüchlichkeiten gekennzeichnet. Einerseits eröffnete sich der weiblichen Jugend zum erstenmal ein Lebensbereich, in dem sie Vorstellungen von selbstbestimmtem Handeln entwickeln und ausprobieren konnte; dies bedeutete eine enorme Erweiterung ihrer Handlungskompetenzen. Andererseits wirkten sich die männliche Dominanz und die Gleichsetzung jugendbewegter Aktivitäten mit männlichen Verhaltens- und Lebensformen im Sozialisationszusammenhang der Jugendbewegung verhängnisvoll auf die Möglichkeiten weiblicher Selbstbefreiung aus; sie erzwangen von den Mädchen und jungen Frauen die Betonung spezifisch weiblicher Verhaltensweisen.

Die umfassenden Veränderungen der sozialen und politischen Lebensbedingungen von Frauen im ersten Drittel unseres Jahrhunderts kamen am unmittelbarsten in der Frage weiblicher Erwerbstätigkeit zum Ausdruck. Einerseits verstärkten sich Notwendigkeit und soziale Anerkennung beruflicher Arbeit. Andererseits führten die damit verbundenen Auseinandersetzungen über die Stellung der Frau in der Gesellschaft zu einer Politisierung von Weiblichkeitsvorstellungen, die in der Jugendbewegung durch deren völkische Vorstellungswelt geprägt waren. Frauen wurden zunehmend auf die Aufgaben als Mutter und den Dienst an der Volksgemeinschaft rückorientiert.

Zwischen diesen Widersprüchen bildeten reformpädagogische und soziale Tätigkeiten die Bereiche, in denen die Frauen eine halbwegs akzeptierte Praxis entwickeln konnten. Hier ließen sich Wünsche nach beruflicher Selbständigkeit verbinden mit dem Umsetzen der jugendbewegten Ideale in gesellschaftliche Realität; und sie waren leichter durchsetzbar, indem die Frauen sich auf Reformbewegungen berufen konnten. Dabei eröffnete ihnen das soziale Geflecht der Jugendbewegung vielfach berufliche Einstiegsmöglichkeiten und bot ihnen bis dahin nicht gekannte kollektive Zusammenhänge außerhalb der Familie.

Die Frage, ob die im folgenden vorgestellten Pädagoginnen der Jugendbewegung in ihren Biographien "typisch" sind, muß offen bleiben; vielleicht ist sogar anzunehmen, daß die Lebenswege der hier ausgewählten Pädagoginnen im Vergleich zu den vielen anderen Frauen, die Führungspositionen in der Jugendbewegung übernommen hatten, eher ungewöhnlich verlaufen sind. Dennoch spiegeln sich in der Lebensgeschichte von Elisabeth Busse-Wilson, deren "führende" Rolle in ihrem literarischen Einfluß zu suchen ist, ebenso wie in den Lebensläufen von Elisabeth Vogler und Marie Buchhold in besonderer Weise die Motivationen, Probleme und Möglichkeiten von Frauen aus der Jugendbewegung.

Elisabeth Busse-Wilson

Elisabeth Busse-Wilson ist die in ihrer Theoriearbeit interessanteste Frau in der Jugendbewegung und hier zugleich die einzige, die umfassende Analysen über die gesellschaftliche Stellung der Frau und speziell der weiblichen Jugend veröffentlicht hat. Eine Ausnahmeposition hatte Busse-Wilson insofern, als sie nicht, wie sonst in den Gedankengebäuden der Jugendbewegung weitgehend üblich, die Lösung der

"Frauenfrage" von einer "natürlich" gegebenen Ungleichheit der Geschlechter her dachte. In Abwehr lebensphilosophischer Ideen und abseits der Tradition des deutschen Idealismus interpretierte Elisabeth Busse-Wilson Zeitprobleme aus kultursoziologischer Sicht und unter Einbeziehung sozialgeschichtlicher und psychoanalytischer Ansätze. Das Besondere bei Busse-Wilson - und dies macht sie auch nach 15 Jahren neuer Frauenforschung noch lesenswert - liegt darin, daß sie ihre radikale Kritik an Ideologien über Rolle und Stellung von Frauen in der Jugendbewegung aus der Analyse des gesellschaftlich geformten Geschlechterverhältnisses herleitete. Busse-Wilsons Analysen bezeugen nicht nur intellektuelle Schärfe, sondern auch persönliches Engagement und "waches Gewissen", von dem sie selbst sagt, es stehe denjenigen wohl, die nicht vergessen, daß sie auch einmal im Ghetto gewesen seien.

Obwohl Busse-Wilson, am 19. Februar 1890 in Thüringen geboren und "keineswegs in einem kleinbürgerlichen Milieu" aufgewachsen, keine Klage über ihr Elternhaus führte - "mein Vater war stolz auf mich, von meiner Mutter (die in ihrer Jugend schon das Lehrerinnenexamen gemacht hatte und deswegen in ihrer Generation als 'gelehrt' galt) wurde ich in jeder Weise in meinem Beginnen unterstützt" - erschien ihr der Beginn des Hochschulstudiums wie das Heraustreten aus einer "Nicht-Welt" und als "Riesenschritt einer echten Emanzipation". (Diese und folgende Zitierungen ohne Quellenangabe: Biographische Notizen. Nachlaß Elisabeth Busse-Wilson, Dr. Konrad Busse und AddJ.) Ihr Abitur hatte Elisabeth Busse-Wilson nach sechsjähriger Vorbereitung durch einen Kursus des Vereins Frauenbildung-Frauenstudium 1909 als Externe an einem Gymnasium abgelegt. Noch als 79jährige nennt sie diese Prüfung "ohne Pathos die größte Leistung", die sie in ihrem Leben vollbracht habe.

An der Jenaer Universität war Busse-Wilsons erster Eindruck, "als Eindringling in die rein männliche Gesellschaft der Hochschulen" geraten zu sein. Es erschien ihr wie das "Betreten eines Auslandes, das dem Fremden mit achtungsvoller Feindschaft begegnete". Dennoch bedeuteten die Studienjahre für sie "einen Vorsprung an Glück vor anderen, der für ein ganzes Leben ausreicht". Nicht gezwungen, ein reines Zweckstudium betreiben zu müssen, studierte Elisabeth Busse-Wilson nach Jena auch an den Universitäten von Leipzig, Bonn, Köln und München; ihre Schwerpunkte wählte sie in Geschichte, Kunstgeschichte und Ethnologie, zum Teil also in Disziplinen, die keine Unterrichtsfächer der Schule waren. So legte sie auch kein Staatsexamen ab, sondern promovierte 1914 in Leipzig. Das Thema ihrer Arbeit war von der Philosophischen Fakultät der Leipziger Universität als Preisarbeit ausgeschrieben worden. Busse-Wilson war mit dem zweiten Preis ausgezeichnet worden. Noch 1969 erinnert sie sich daran, daß keiner der am Rigorosum beteiligten Professoren ihr gratuliert hatte. "Ich spürte wieder, die Führer der Universität sahen in uns akademischen Frauen nur eine Vergrößerung der Arbeitsanforderungen an sie. Aber persönliches Interesse nahm man wenig an uns, nicht einmal Neugierde."

Schon in ihrem ersten Semester war Busse-Wilson mit jugendbewegten Gruppen in Berührung gekommen. Über die Akademische Freischar (Zusammenschluß jugendbewegter Studenten), die damals noch keine Frauen aufnahm, hatte sie Zugang zum Serakreis gefunden, einer Gruppe von Studenten und Studentinnen, die sich um den Verleger Eugen Diederichs geschart hatte. Elisabeth Busse-Wilson war fasziniert von der "schöpferischen Bohème des geheimnisvollen Kreises". Die Vagantenfahrten mit dem damals noch exklusiven Gitarrenspiel und dem Tanzen auf der Waldwiese, Lesungen und Theaterspielen begründeten ihre Zugehörigkeit zur Freideutschen Jugend und standen am Anfang ihrer späteren Zusammenarbeit mit Menschen aus der Jugendbewegung.

1915 heiratete Elisabeth Busse-Wilson. Sie zog nach Frankfurt, wo ihr Mann, Dr. Kurt Busse, versuchte, sich zu habilitieren, seine Schrift aber abgelehnt wurde. Noch mit finanziellem Rückhalt bei den Eltern, führte sie auch in Würzburg, wohin sie mit ihrem Mann überwechselte, ein quasi studentisches Leben. Sie weigerte sich während dieser Jahren des Ersten Weltkrieges, von der "großmütigen Berufszulassung" für Frauen Gebrauch zu machen. Dem gemeinsamen kunsthistorischen und volkskundlichen Interesse folgend, erwanderte sie mit ihrem Mann in ihrer freien Zeit die fränkischen Landschaften und Städte. Während des letzten Kriegsjahres zogen sie nach Berlin, wo Kurt Busse in verschiedenen halbamtlichen Organisationen tätig war. Nach Kriegsende wurde Elisabeth Busse-Wilson zum ersten Mal in ihrem Leben von der allgemeinen wirtschaftlichen Not auch persönlich betroffen. Nicht nur am Hunger leidend, sondern auch an der eigenen gesellschaftlichen Entwurzelung, nahm sie sensibel und scharfsinnig die Auswirkungen des politischen sozialen Umbruchs wahr. Sie besuchte so viele politische Versammlungen, wie sie nur erreichen konnte. Gegenüber der Vorkriegszeit, in der "eigentlich nur der beamtete Mensch etwas (gegolten hatte)", sah sie die Jugend, die Arbeiterschaft und "vor allem die eine Hälfte des ganzen Volkes, - die Frauen aus dem Dunkel an das Licht (gelangen)".

Elisabeth Busse-Wilson war nicht nur beeindruckt davon, wie die Frauen in den ihnen zugestandenen Rechten ihre kühnsten Erwartungen erfüllt sahen und überall ans Werk gingen - "wohl in keiner Menschenschicht ist nach 1918 soviel und mit solcher Inbrunst gearbeitet worden, wie von ihnen"; als ebenso beglückend empfand sie, wie sich durch das Heraustreten der Frauen in die Öffentlichkeit auch ein neues Verhältnis zwischen den Geschlechtern anbahnte: "Die Männer sahen in uns nicht nur jene Wesen, die auf die Hochzeitsreise lauerten." Die positiven Revolutionserfahrungen waren für sie persönlich mit dem Erlebnis der Freideutschen Jugend verbunden. Die Toleranz und Aufgeschlossenheit der Menschen, denen sie hier begegnete, empfand sie als "Erfrischungsquelle nach den Gehässigkeiten des politischen Lebens."

In diesen Jahren begann Elisabeth Busse-Wilson ihre schriftstellerische Tätigkeit. Neben ersten Buchveröffentlichungen erschienen regelmäßig (auch längere) Artikel von ihr in der von Eugen Diederichs herausgegebenen Zeitschrift "Die Tat"; aber auch in anderen Zeitschriften - und nicht nur solchen, die der Jugendbewegung nahestanden - taucht sie als regelmäßige Mitarbeiterin auf (siehe Bibliographie). Neben den Themen der Jugendbewegungskultur griff sie philosophische und ethnologische Fragen auf, und immer wieder beschäftigte sie sich mit den diskriminierenden Sozialisationsbedingungen der weiblichen Jugend des Bürgertums.

Die entwürdigenden Erfahrungen, daß "nicht hoch und niedrig, alt und jung, gut und böse, sondern verheiratet und nicht verheiratet zu sein", in ihrem sozialen Umfeld als größter aller Wesensunterschiede von Frauen galt und diese nur als Gattinnen oder Töchter gesellschaftlichen Handlungsspielraum fanden, faßte sie in der Aussage zusammen, daß Frauen sozial nie erwachsen werden konnten. Angewiesen auf die Ehe als alleinige wirtschaftliche Sicherung, gälte den Mädchen "von Kind auf Verlobung und Ehe als das Tor zum Leben und Lieben" (1920, S. 49). Das daran geknüpfte Keuschheitsgebot belaste die weibliche Jugend mit dem "ganzen Schwergewicht der bürgerlichen Moral" und rücke sie "innerlich wie äußerlich zur Matrone, mit ihr zusammendie bürgerliche Moral verkörpernd" (1920, S. 56); - und das in dem Augenblick, in dem der männlichen Jugend alle Freiheiten gestattet seien und sie sich wenigstens einige Jahre lang als Träger neuer Ideen, Maßstäbe und Ziele fühlen könne. Diese Situation sah Elisabeth Busse-Wilson noch dadurch ins "Perfide" gesteigert, daß Mädchen als Individien "in jenen halb widerspruchsvollen Zustand des Dürfens und des Nichtdürfens, des Ausgeschlossenseins und des Teilhaftigseins" gestellt seien (1925, S. 43). Als Folgen dieser "unmenschlichen Zustände" beklagte sie die charakterologischen Deformationen eines "moralischen Schwachsinns beim weiblichen Geschlecht" und eine "bittere Feindschaft" zwischen den Geschlechtern, die in den verlogenen Konventionen der Gesellschaft als Anstand und Sitte einen unangemessenen Ausdruck fänden.

Aktuell waren Busse-Wilsons Studien über die gesellschaftliche Stellung von Frauen gegen die antifeministischen Thesen Hans Blühers gerichtet, der in zahlreichen Schriften seine Ideen vom Wandervogel als einer männlichen Gemeinschaft theoretisch zu begründen suchte. In ihrer brillanten Streitschrift über die Stellung der Frau in der Jugendbewegung führte sie Blühers sozialbiologische Argumentationsweise und hämische Deutung der gesellschaftlichen Minderwertigkeit von Frauen als geistige Minderwertigkeit und wesensgemäße "Hörigkeit" auf männliche Herrschaftsansprüche zurück. Während sie die Blüherschen Beschreibungen weiblichen Verhaltens als zutreffende Charakterisierungen bestätigte, setzte sie seiner Behauptung, der Mann sei zum Logos geschaffen, die Frau an den Eros gebunden, die These entgegen: "Der Mann besitzt Logos und Eros, die (empirische) Frau hat keines von beiden" (1920, S. 16). Die große Bedeutung der Jugendbewegung für die weibliche Jugend sah Elisabeth Busse-Wilson darin, daß hier auch die Mädchen zur Jugend gerechnet wurden, und sie wertete diese Tatsache als den stärksten Bruch, den die Jugendbewegung mit bürgerlichen Auffassungen vollzogen habe. Gleichzeitig bezeichnete sie die im Kameradschaftsideal sich ausdrückende Gleichberechtigung als teuer erkauft und verdeutlichte die in diesem Ideal angelegten Widersprüchlichkeiten damit, daß das jugendbewegte Kameradschaftsverhältnis zwischen den Geschlechtern, das Keuschheitsgebot anerkennend, ein Zugeständnis an die bürgerliche Moral darstelle, zugleich aber, mit der für beide Geschlechter geltenden Keuschheitsforderung, den Kampf dagegen beeinhalte.

So hob sie hervor, daß der kameradschaftliche Umgang wie das gegenseitige Ernstnehmen besonders für die Mädchen ein nicht zu überschätzender Gewinn sei und gleichzeitig die Gefahr bedeute, daß diese durch die Verleugnung des Eros weiterhin in der Pose bürgerlicher Sittsamkeit erstarrten.

Zu der Frage, warum die jungen Menschen der Jugendbewegung nicht um ihr "ganzes Recht" auf Leben kämpften, wies sie auf das Glücksgefühl der jugendbewegten Gruppe und deren Geborgenheit hin: Erfahrungen, die den Mangel zunächst gar nicht hätten empfinden lassen. Eine weitere Begründung sah sie in den Ausleseprinzipien der Jugendbewegung gegeben: dem "unaggressiven Männertypus" entspreche (neben den noch jungen Mädchen) ein "neutralisierter Mädchentypus" - jene Frauen, die angesichts der Alternative "natürlicher Beruf" oder Erwerbsleben die "Dressur auf den Mann" nicht auf sich genommen hätten, aber, verbraucht durch den aufreibenden Existenzkampf, sich den harten Verzichtsforderungen freiwillig angepaßt hätten (1925, S. 99).

Erste Anzeichen für eine aktive Neugestaltung der Geschlechterbeziehungen, die für sie gleichbedeutend war mit den von ihr der Jugendbewegung zugesprochenen Emanzipationsmöglichkeiten, sah Busse-Wilson in den sich während des Weltkrieges häufenden Debatten über vorehelichen Geschlechtsverkehr, Geburtenkontrolle, Heirat und Mutterschaft.

Diese Erwartung, die sich auf Einstellungen und Haltungen der Freideutschen Jugend bezog, löste sich im weiteren Verlauf der Jugendbewegung nicht ein. Die gesellschaftspolitische Entwicklung der Weimarer Republik und die Einbeziehung breiterer Bevölkerungsschichten in die Jugendbewegung wie auch die Ausbreitung des völkischen Ideengutes ließen keinen Raum für eine soziale Praxis, wie Busse-Wilson sie in ihren pädagogisch-konzeptionellen Überlegungen erhofft hatte. Die Freideutsche Jugend, die zeitwillig als Handlungsfeld für Elisabeth Busse-Wilson zur Verfügung gestanden hatte, fiel ab Mitte der 20er Jahre auseinander und ihre Mitglieder fanden keine Fortsetzung eines organisierten politisch-sozialen Zusammenhangs. Ebenso wie dieser Verlust das Leben Elisabeth Busse-Wilsons prägte, spiegeln sich in ihrem persönlich-sozialen Schicksal auch die historischen Handlungsbedingungen von Frauen ihrer sozialen Schicht wider.

1921 hatte sie ihren Mann veranlaßt, mit ihr zusammen von Berlin wegzugehen. Sie zogen nach Hannover in das leergewordene Elternhaus Kurt Busses. Später sagte sie von ihrer Hannoveraner Zeit, es seien die besten zehn Jahre ihres Lebens gewesen. Das schöne Jugendstilhaus war mit allem Komfort ausgestattet und bot viel Raum. Ein Tagesmädchen nahm ihr viel der niemals erlernten und immer ungeliebten Hausarbeit ab. Nach den Jahren der Armut genoß sie diese Annehmlichkeiten der gesicherten sozialen Existenz und stürzte sich in ihre Arbeiten. Neben erfolgreichen schriftstellerischen Tätigkeiten nahm die freiberufliche Arbeit in der Erwachsenenbildung einen wichtigen Raum in ihrem Leben ein. Sie unterrichtete an der Leibniz-Akademie, an der ihr Mann eine leitende Position übernommen hatte; auch an der städtischen Volkshochschule und an freien Volkshochschulen übernahm sie Arbeitsgemeinschaften und hielt Vorträge vor Organisationen der alten Frauenbewegung. Überall begegnete sie den Menschen aus der Jugendbewegung, die in der Volksbildungsarbeit ihre Ideale einer neuen Gesellschaft umzusetzen suchten. Über diese Kontakte hatte sie 1927 für einige Wochen eine Einladung auf das Schloß der Grafen Solms in Assenheim erhalten, die dort eine Forschungsstätte und Diskussionsforen für den wissenschaftlichen Nachwuchs eingerichtet hatten.

1929 wurde ihr Sohn Konrad geboren. Elisabeth Busse-Wilson erfuhr an dem lebhaften Kind, "wie (ihr) das Leben entgegenkam". Aber schon 1930 veränderte sich ihre Lebenssituation entscheidend. Ihr Mann war nicht länger an der Leibniz-Akademie beschäftigt und war ohne regelmäßiges Einkommen. Damit wurde ihr Wunsch nach einer eigenen gesicherten Berufstätigkeit dringender. Noch in demselben Jahr erfuhr sie eine schwere Enttäuschung, als eine, ihr schon vom Direktor der neugegründeten Pädagogischen Akademie in Kassel zugesagte Stelle plötzlich anders besetzt wurde. Als sie 1931 zum zweiten Mal bei der Besetzung einer Stelle an der Dortmunder Akademie übergangen wurde, fühlte sie sich "vernichtend getroffen". Sie hatte dort schon ein zeitlang das Fach Geschichte vertreten und eine Berufung war ihr in Aussicht gestellt worden. Die endgültige Einstellung scheiterte an veränderten politischen Konstellationen. Daß Elisabeth Busse-Wilson sich dabei auch als Frau diskriminiert wußte, lag nicht nur daran, daß in beiden Fällen Männer, die schon im Staatsdienst standen, an ihrer Stelle berufen worden waren, sondern auch an einem Verhalten, durch das sie sich gezwungen sah, "einmal sich hüten (zu müssen), zu wenig bedeutend und dann wieder zu bedeutend zu erscheinen". Später meinte sie, sie habe durch den Krieg und die Jahre danach den Anschluß an einen Beruf verpaßt. Gleichzeitig gestand sie: "In Wahrheit bemühte ich mich gar nicht in den Jahren, auf die es ankam, hineinzukommen." Immer wieder bezeichnete sie es als eine Art Verhängnis, auch für sich, daß die Menschen der Jugendbewegung nicht die höheren Berufe erstrebt hätten.

> "Da der politische Mensch, wenn er nicht einen Schuß Ehrgeiz und Geltungsverlangen hätte, gar nichts schaffen würde - gerade diese Eigenschaften aber in weiten Kreisen mindestens als zweifelhaft gelten - schaltete sich der ethisch gerichtete Mensch, gleichviel ob religiöser oder pädagogischer Herkunft, selbst aus. So habe ich es denn mehr als einmal gesehen, daß Männer und Frauen, tadellose Pesönlichkeiten, die ganz im Dienst am Volk standen, am Ende doch Zwergenkönige oder Zwergenköniginnen blieben."

Neben diesen von Elisabeth Busse-Wilson beschriebenen Werthaltungen jugendbewegter Menschen, die gleichzeitig historisch zustandegekommene spezifisch weibliche Lebensmuster berührten, dürfte für ihre Probleme persönlich noch etwas anderes von Bedeutung gewesen ist. Aus einer bildungsbürgerlichen Familie mit sicherem wirtschaftlichen Hintergrund stammend, dachte sie für sich wohl nicht so sehr an eine Berufskarriere, sondern an eine "selbständige" wissenschaftlich-schriftstellerische Tätigkeit.

Das Werk, mit dem Elisabeth Busse-Wilson gehofft hatte, ihren Bemühungen um eine Berufung an eine der Pädagogischen Akademien Nachdruck zu verleihen, erschien 1931 als Buch und brachte der Autorin außerordentliche Anerkennung. In dieser vielbeachteten Arbeit über das Leben der Heiligen Elisabeth zerstört sie das Bild der Heiligen als landesmütterlicher und frommer Wohltäterin, mit dem die Persönlichkeit der Landgräfin von Thüringen umgedeutet und zum bürgerlichen Frauenideal erhoben worden war. Gegen diese "Verharmlosung", die sie als "männliche Wunschvorstellung" (1931, S. 4) kritisiert, zeichnet Elisabeth Busse-Wilson das erschütternde Schicksal einer gequälten Frau nach, deren wahres "Verdienst" sie darin sah, in freiwilliger Leidensbereitschaft und Passionsmystik einen Ausweg aus den gewalttätigen und würdelosen Erniedrigungen ihres geistlichen Herrn und Beichtvaters Konrad von Marburg gefunden zu haben.

Nach ihren beruflichen Enttäuschungen folgte Elisabeth Busse-Wilson 1931 "innerlich widerstrebend" ihrem Mann nach Berlin, der dort ein kleines Verlagsunternehmen gegründet hatte. Ihre Abneigung, in die politisch radikalisierte Hauptstadt zu gehen, wurde dadurch gemildert, daß die Familie eine günstige Wohngelegenheit fand, wo das Kind unter "sehr glücklichen Umständen" heranwachsen konnte.

Die erzwungene Berufsuntätigkeit und mehr noch die wirtschaftlichen Existenzsorgen - das Einkommen ihres Mannes reichte oft nicht mehr aus für den Lebensunterhalt - belasteten Elisabeth Busse-Wilson in den folgenden Jahren immer stärker und veränderten in gleichem Maße ihr Selbstverständnis, als (Ehe-)Frau zu leben. Es war ihr immer wichtig gewesen, als Frau in ihren wissenschaftlichen Leistungen ernstgenommen und beruflich anerkannt zu werden, aber sie hatte nicht darunter gelitten, in finanziellen Abhängigkeiten zu leben. Erst die Erfahrung unmittelbarer Beeinträchtigungen ließ sie auch ihre wirtschaftliche Abhängigkeit als entwürdigend empfinden.

Jahrelang arbeitete Elisabeth Busse-Wilson an einer Biographie über Annette von Droste-Hülshoff, die sie bewunderte als "schöpferische Frau, die allein die Last des Selbstbefreiungskampfes trug und deren unendliche Freiheits- und Gestaltungssehnsucht allen Widerständen zum Trotz zur Auswirkung kam." Immer wieder hatte Busse-Wilson aus finanziellen Gründen ihre Forschungsarbeiten unterbrechen müssen. Sie schrieb für die Zeitschriften der Deutschen Arbeitsfront über kulturhistorische und volkskundliche Themen, sie half im Betrieb ihres Mannes und war als Postarbeiterin tätig. Nach vielen Bemühungen, ihre Droste-Arbeit finanziert zu bekommen, war ihr 1937 von der Helene-Lange-Stiftung eine einmalige finanzielle Unterstützung zugestanden worden.

Angesichts dieser persönlich belastenden Lebensumstände und der Sorge um die politische Entwicklung im nationalsozialistischen Deutschland lebte Elisabeth Busse-Wilson während ihrer Berliner Jahre im Austausch mit nur wenigen alten Freunden und Bekannten. Das gemeinsame Gefühl des "Bedrücktseins und Ausgeschlossenseins" ließ sie nahe zusammenrücken; "es gab soviel Anlaß, sich gegenseitig zu informieren und zu trösten".

Anfang 1939 trennte Elisabeth Busse-Wilson sich von ihrem Mann. Nach einem Aufenthalt in ihrem Elternhaus in Frauensee, das für ihren Sohn Konrad immer ein zweites Zuhause gewesen war, ging sie an die Hermann-Lietz-Schule Haubinda. Dort arbeitete sie bis 1942 als Lehrerin. Dann zog sie mit dem Kind nach Gaienhofen/Bodensee, wo sie eine zeitlang an einer Hermann Lietz nahestehenden Schule unterrichtete. Schon 1943 wechselte sie erneut den Wohnort nach Überlingen/Bodensee. Die allgemeine wirtschaftliche Not der Nachkriegszeit traf auch Elisabeth Busse-Wilson besonders hart. Erst durch den beruflichen Erfolg des Sohnes sicherte sich ihre materielle Situation. Die letzten 13 Jahre ihres Lebens wohnte sie in Bad Godesberg, eine zeitlang auch zusammen mit ihrer um wenige Jahre älteren Schwester, die aus Thüringen herübergezogen war. Bis in ihr hohes Alter hinein arbeitete sie intensiv an kulturgeschichtlichen und soziologischen Themen.

Ein Freund von Elisabeth Busse-Wilson schreibt in einem Nachruf auf sie, schon in den Überlinger Zeit habe ein Vereinsamungsprozess für sie begonnen (Wehnes 1977, S. 310). In ihren biographischen Notizen fand ich den Satz: "Schreiben ist die einzige Waffe der Eingesperrten und Berufslosen und Unverwöhnten." Etwas verwundert hatte sie hinzugefügt: "Aber ich war ja gar nicht eingesperrt." Und doch hatte sie sich schon in den 30er Jahren nach Diskussionszusammenhängen gesehnt. Sie schrieb und schrieb - Tagebücher, Notizen, Briefe und Manuskripte - so ihre Ansprüche an ein selbstbestimmtes Leben verteidigend. Beruflicher Erfolg hätte für sie geheißen, als Frau in ihrem Selbst-Wert erkannt zu werden - und sie hätte sich grenzenlos verwöhnt gesehen.

Trotz unvorstellbar mutiger Anstrengungen gelang es Elisabeth Busse-Wilson nicht, auch nur eines ihrer Manuskripte aus der Zeit nach 1945 zu veröffentlichen. Am 6. November 1974 starb sie in Bad Godesberg.

Es scheint, daß eine ihrer Arbeiten, "Das Leben der Maria von Nazareth", in den Verlagskorrespondenzen verloren gegangen ist. In dem noch vorliegenden Entwurf beeindruckt auch heute Busse-Wilsons nachdrückliche Intention, die Gestalt der Maria den allen biblischen und theologischen Interpretationen eingeschriebenen Zentrierungen auf ihren Sohn Jesus zu entreißen.

Sie selbst meinte in eine Zeit hineinzuwachsen, in der Frauen über ihren Selbstbefreiungskampf ihre gesellschaftliche und kulturelle Ausgeschlossenheit überwinden könnten. Diese Annahme begründete sich nicht zuletzt durch ihre Erfahrungen in der Jugendbewegung und durch die Chancen der Emanzipation-durch-Bildung, jenen "Vorsprung an Glück". Verstärkt wurde sie in diesem Bewußtsein durch die Anerkennung, die ihr als außergewöhnlich gebildeter Frau schon früh entgegenkam, aber auch durch ihre Tätigkeit des wissenschaftlichen Arbeitens: Indem sie die Muster der Frauenunterdrückung schreibend verobjektivierte, hatte sie sie imaginär auch überwunden.

Über die Schwierigkeiten, die ganz entgegengesetzten konkreten Erfahrungen des Ausgeschlossenseins auch in ihrem späteren Leben ohne die politisch-sozialen Zusammenhänge der Jugendbewegung jeweils als solche zu erkennen und alternative Gestaltungsmöglichkeiten daraus zu entwickeln, lese ich in Busse-Wilsons Notizen: "Es ist ein Gesetz, daß man auch das unnatürliche, ja das verkehrte nicht als verkehrt empfindet, wenn man hineinwächst; habe ich die Fremdheiten, die mich umgaben, eigentlich empfunden? Ich glaube nicht."

Elisabeth Vogler und Marie Buchhold

Mehr als bei vielen anderen Frauen der Jugendbewegung sind die Lebensgeschichten der beiden Freundinnen Elisabeth Vogler und Marie Buchhold gleichzeitig ein Teil der Geschichte der weiblichen Jugendbewegung selbst. Tief geprägt durch ihre Zugehörigkeit zum Wandervogel und zur Freideutschen Jugend haben Elisabeth Vogler und Marie Buchhold die dort erfahrenen Werte in ganz besonderer Weise auf die Lebenswirklichkeit von Frauen hin zugespitzt; - und das nicht nur in der eigenen Lebenspraxis, sondern auch konzeptionell: Als "Beispiel und Beitrag zur Frauenexistenzfrage - im leiblich-wirtschaftlichen und geistig-beruflichen Sinne" - schufen sie 1923 die "Frauenbildungsstätte Schwarze Erde", so benannt nach dem Weiler in der Rhön, wo sie sich ansiedelten. Hier suchten sie mit gleichgesinnten Frauen zusammen ihre Vorstellungen von einer weiblichen Kultur zu verwirklichen, die - eingebettet in die großartige Naturlandschaft der Rhön - den Bedürfnissen von Frauen nach eigenständigen Lebensformen und materieller Unabhängigkeit entsprechen sollte. Die aus diesen Idealen geschaffene Gymnastikschule, die sich "besonders mit der Einführung der Gymnastik in das soziale Leben befassen sollte" (Vogler 1974, S. 1607), besteht noch heute und gehört zu den führenden Ausbildungsstätten auf diesem Gebiet.

Marie Buchhold wurde am 6. Oktober 1890 in Darmstadt geboren. Aufgewachsen im "klassischen" deutschen Bildungsbürgertum - der Vater war Gymnasialdirektor - hatte sie selbstverständlich Zugang zum Lyzeum mit angeschlossenem Lehrerinnenseminar (1900-1910). Unterbrochen von Studienaufenthalten in München und Paris, war ihre Tätigkeit als Lehrerin an den unterschiedlichsten Schulformen (einer Höheren Mädchenschule, einer Volksschule und einer Sonderschule) nur von kurzer Dauer. Schon 1915/1916 kündigte Marie Buchhold den Schuldienst auf.

Trotz eines großen Konflikts mit ihrer Familie hat sie ihre derart "praktische" Kritik an den damals herrschenden Schulverhältnissen vermutlich ohne große Zweifel vollzogen. Ihre emotionale und geistige Heimstatt lag im Mädchenbund des Jungwandervogel (JWV) und in den vielfältigen Zusammenhängen der Freideutschen Jugend. In der Gemeinschaft dieser Gruppen suchte sie nach Möglichkeiten, das Bekenntnis der Freideutschen Jugend vom Treffen auf dem Hohen Meißner 1913 wahrzumachen, "(ihr) Leben aus eigener Bestimmung, vor eigener Verantwortung und mit innerer Wahrhaftigkeit (zu) gestalten." Wesentliche Anregungen erhielt sie durch die freiheitlichen Ideen des literarisch-künstlerischen Kreises "Die Dachstube" in Darmstadt und durch die "Freie Handwerksgemeinde", eine aus dem Darmstädter Wandervogel hervorgegangene Gruppe, die schon damals in einer Wohngemeinschaft lebte. In dieser Gruppe, die sich nicht nur mit der Dichtung Stefan Georges beschäftigte und philosophische Probleme und gesellschaftliche Fragen diskutierte, sondern auch musische Geselligkeit pflegte, spielte Marie Buchhold eine führende Rolle.

Im Sommer 1918, nach gemeinsamen Ferienwochen im Bundesheim der Mädchen des JWV in Römershag/Rhön, hatte sich eine Gruppe junger Frauen aus dem JWV unter der Führung Marie Buchholds dazu entschlossen, "eine Mädchensiedlung als werdende Frauengemeinschaft" aufzubauen (Buchhold 1974, S. 1604). Noch in demselben Jahr tat sich die Frauengruppe mit der "Freien Handwerksgemeinde" zusammen, um ihre Pläne zu realisieren. Mit Unterstützung der Stadt Darmstadt gelang es ihnen, in der Nähe von Gernsheim am Rhein ein Stück Land zu erwerben; dort gründeten sie die Jugendsiedlung Frankenfeld. Über die landwirtschaftliche und gärtnerische Bearbeitung des Bodens hinaus beabsichtigte die Frauengruppe den Aufbau einer sozialen Frauenschule, die "nebengeordnet einen Unterrichtsaufbau vom Kindergarten bis zur Volksschule" vorsah (Buchhold 1974, S. 1606). Die Handwerksgemeinde plante die Einrichtung einer Buch- und Kunstdruckerei, einer Arbeitsstätte für bildende Künstler, in der über die Verbindung mit landwirtschaftlicher und handwerklicher Tätigkeit eine "Quelle steter Anregung" geschaffen werden sollte.

Mit viel Idealismus machten sich die jungen Leute - etwa 30 junge Frauen und 30 junge Männer - an den Aufbau ihres Gemeinschaftspojektes. Dabei sollte die wirtschaftliche Seite der Siedlung nur der materiellen Sicherung der "eigentlichen" Zielsetzung, eines "gelebten" Sozialismus dienen. Da die Idee der landwirtschaftlichen Produktions- und Lebensgemeinschaft zu dieser Zeit viele Gruppen der Jugendbewegung beschäftigte, wurde Frankenfeld, wie Elisabeth Vogler schreibt, ein "Durchgangslager für freideutsche Jugend aller Stände". Im Sommer 1920 war auch sie mit einer Gruppe junger Frauen dorthin gewandert, um die Jugendsiedlung kennenzulernen und bei der Arbeit zu helfen. Die klaren Zielvorstellungen dieser freideutschen Frauengruppe und deren Kritik an dem Projekt trugen dazu bei, daß die inneren Konflikte der Frankenfelder zum Auseinanderbrechen der Siedlungsgemeinschaft führten. "Viele Probleme ohne Lösungen hatten (sie) zerstört: Die Kluft zwischen Führenden und Mitarbeitenden, die Fragen des Zusammenseins, Liebe, Ehe, Freundschaft..." (Buchhold 1974, S. 1606). Im folgenden Winter zog der größte Teil der Mädchengruppe des JWV über die Alpen nach Italien. Nur Marie Buchhold blieb zurück. Zusammen mit Elisabeth Vogler, die ihre Ausbildung in der Gymnastikschule Loheland im Winter 1920/1921 abgebrochen hatte, und fünf weiteren jungen Frauen führte sie noch bis zum Herbst 1921 die Arbeit in der geteilten Siedlung weiter. Dann beschloß auch diese kleine Gruppe, Frankenfeld zu verlassen.

Elisabeth Vogler war Sport- und Gewerbelehrerin gewesen. Am 23. Februar 1892 als Tochter eines Konsistorial- und Rechnungsrates und seiner Ehefrau in Kassel geboren, hatte sie 1911 ihre Seminarausbildung in Frankfurt und Bonn abgeschlossen. Als sie 1912 ihre erste Stelle als Lehrerin am Lyzeum/Oberlyzeum in Neuwied antrat, übernahm sie auch "von heute auf morgen" eine große Mädchengruppe im Altwandervogel. Das Leben in der Gruppe und die Zusammenarbeit mit den anderen Führerinnen gefielen ihr sehr. Mit Studenten der Akademischen Freischar befreundet, beteiligte sie sich an der Vorbereitung des Freideutschen Jugendtages 1917 auf der Loreley. Dort lernte sie auch Gustav Wyneken kennen und ließ sich nachhaltig beeindrucken durch seine fortschrittlichen Erziehungsgedanken. Daß sie mit einigen Schülerinnen aus ihrer Wandervogelgruppe über seine Ideen der "Schulgemeinde" diskutierte, zog für Elisabeth Vogler tiefgreifende Konflikte mit der Elternschaft der Neuwieder Wandervögel und der Schulleitung nach sich, in denen ihr auch Verbindungen zum "linken" Flügel der Freideutschen Jugend vorgeworfen wurden. Sie wurde vom Unterricht suspendiert und auch die Leitung der Wandervogelgruppe wurde ihr entzogen. Obwohl sich in dem von Elisabeth Vogler selbst beantragten Disziplinarverfahren die gegen sie erhobenen Vorwürfe als haltlos erwiesen, kündigte sie 1919 den Schuldienst auf. Damit fühlte sie sich frei, "eigene Lebensformen zu suchen und Berufsideen, die (ihr) schon länger vorgeschwebt hatten, zu verwirklichen" (Vogler 1963, ungedrucktes Manuskript, Archiv Schwarzerden).

In ihren Ferien hatte Elisabeth Vogler schon mehrfach an Gymnastikkursen teilgenommen und dann im Januar 1920 eine Gymnastikausbildung an der Lohelandschule/Rhön begonnen, die damals von vielen jungen Frauen aus der Jugendbewegung besucht wurde. Nach einer Zwischenprüfung hatte sie die Schule wieder verlassen und war in die Jugendsiedlung Frankenfeld gegangen. 1922 zog sie zusammen mit Marie Buchhold wieder in die Rhön, um nach einem geeigneten Gebäude mit Grundstück für die von ihnen geplante Siedlungs- und Bildungsstätte für Frauen zu suchen. Sie fingen an mit dem "Nichts"; bei der Überwindung der zwangsläufig auftretenden Schwierigkeiten half ihnen die Frankenfelder Erfahrung, "daß klares Denken und kritisches Handeln den nackten Tatsachen des selbstgewählten Lebens gegenüber eine Notwendigkeit sind" (Vogler 1963, S. 112).

Wenn auch für Elisabeth Vogler und Marie Buchhold während der ersten Jahre nicht grundsätzlich klar war, welche inhaltliche Ausgestaltung die "Frauenbildungsstätte" haben sollte, spielte in ihren Überlegungen doch die gymnastisch-rhythmische Bildung eine zentrale Rolle. Mit der Betonung der Körperbildung griffen sie ein wesentliches Element der lebensreformerischen Kultur der Jugendbewegung auf. Besonders in der Mädchenbewegung war das freie Bewegen in der Natur, wie auch die neue Kleiderkultur, nicht nur als "neues Körper- und Lebensgefühl" begriffen worden, sondern auch in Verbindung gebracht mit Vorstellungen über eine befreite weibliche Identität. Tanz und Reigen, Gymnastik und Rhythmik galten dabei als dem weiblichen Körper und weiblicher "Eigenart" entsprechende natürliche Bewegungsformen; sie schienen geeignet, den vielfach beklagten "Widerspruch zwischen Kultur und Natur" aufzulösen und die Einheit zwischen Körper, Geist und Seele wiederherzustellen.

Diese Ideen eines "organischen" Gegenentwurfes zur modernen Zivilisation verbanden Elisabeth Vogler und Marie Buchhold mit ihrem Interesse an beruflicher Eigenständigkeit von Frauen. Indem sie die Bewegungskultur der Gymnastik in den Zusammenhang der Gesundheitslehre und -pflege brachten, trugen sie dazu bei, in den Bereichen der Wohlfahrtspflege und Gesundheitsfürsorge ein neues Berufsfeld für Frauen zu schaffen.

Bevor die beiden Freundinnen jedoch ihren ersten Kurs einrichten konnten, hatten sie unter einfachsten Lebensbedingungen mit abenteuerlicher Phantasie und Kraft das eigene Überleben zu sichern. Die erste Zeit wohnten Marie Buchhold und Elisabeth Vogler in einem kleinen Altenteilhäuschen. Im Frühjahr 1923 konnten sie - nun schon zu dritt, denn die Frankenfelderin Marta Neumayer war ihnen inzwischen gefolgt - einen Bauernhof in dem abgelegenen Schwarzerden übernehmen. In einem vermutlich 1925 entstandenen Bericht beschreibt Elisabeth Vogler die näheren Umstände:

"Wir übernahmen im Frühjahr 1923 pachtweise einen seit 30 Jahren leerstehenden Bauernhof, bestehend aus einem sehr verwahrlosten Wohngebäude, alten Stallungen und zum Teil völlig zerfallenen Scheunen und Nebenräumen. An Land konnten wir erst im Herbst 1923 einen Anteil von acht Morgen Ackerland übernehmen. Ferner bewirtschafteten wir ca. 1½ Morgen Wiesen, einen kleinen Bauerngarten und sind beim Anlegen eines größeren Hausgartens. Für die Mitbeweidung der Hutweiden im Sommer, sowie für die Benutzung der Wohn- und Wirtschaftsgebäude haben wir als Gegenleistung das Jungvieh, Ochsen und Kuhkälber des in Poppenhausen wohnhaften Verpächters zu pflegen, sommers zu weiden, winters im Stall zu füttern. Es steht uns zu bis fünf Stück eigenes Großvieh sommers mitzuweiden. Im Winter haben wir aus eigener Ernte genügend Heu für zwei Stück Großvieh (Milchkühe). Bis jetzt - haben wir im Frühjahr 1923 mit ganz geringen Barmitteln begonnen - haben wir zwei Kühe als Eigentum erworben, etliche Ziegen und Hühner stellen zusammen den eigenen Viehstand dar. Für den stark verunkrauteten Acker zahlen wir - außer der Arbeitsleistung in der Viehpflege - jährlich 100 RM an den Verpächter. Das Haus, eine Doppelwohnung mit sogenannten Altenteil, richteten wir selber her und haben es im Laufe der Zeit auch wohnlich und der Gesundheit auch einigermaßen zuträglich gestaltet. Es besteht aus vier beheizbaren, nunmehr gut hergestellten Wohnräumen, zwei Küchen und drei kleineren Nebenräumen, ferner ausgedehnten Speicherräumen und Dachseitenräumen" (Vogler 1925, Archiv Schwarzerden).

Über ihr Leben in der Anfangszeit schreibt sie 1971:

"Eine von uns besorgte Stall und Hof, eine andere den Haushalt. Dazu gehörte auch Käsezubereitung, teils im leeren Uhrenschränken, teils im Keller! Marie Buchhold half überall und schrieb außerdem kulturelle Zeitungsartikel, wofür ab und zu ein Zehnmarkschein eintraf. Wir hatten noch eine Anzahl Dollar, bekamen auch durch Empfehlungen eine Reihe von Care-Paketen, die jedesmal Festtage zur Folge hatten! Schön war das gesellige Leben der Bauern im Winter, an dem auch wir teilnahmen. Sie ruhten sich aus, flochten Körbe, die Frauen strickten und spannen, eine 'behäbige Ruhe' trat ein. Ungehemmte Heiterkeit und Fröhlichkeit durchzog die Bauernstuben bis in die Nächte hinein. Die Jugend war voller lustiger Einfälle" (Vogler 1974, S. 1608).

Der gute Kontakt zu den Bauern und Bäuerinnen der Umgebung half den Siedlerinnen, sich in dem ländlichen Leben zurechtzufinden. Wohl weniger ihr Idealismus als mehr der persönliche Einsatz und ihre Leistung in der Landwirtschaft brachten ihnen die Achtung der Rhöner/Innen. Gegenseitige Hilfeleistungen waren ebenso selbstverständlich wie das gemeinsame Feiern von Festen.

Die große wirtschaftliche Armut in der Gründungszeit Schwarzerdens veranlaßte die Frauen, neben der landwirtschaftlichen Bearbeitung ihres Anwesens auch eine Werkstatt für Flecht- und Webarbeiten einzurichten. Die aus Bast und Weiden hergestellten Körbe, Matten und Teppiche versuchten sie über die Dürerläden zu verkaufen.

1924 lebten sieben Frauen ständig in der Siedlungsgemeinschaft. In demselben Jahr konnten auch die ersten Ferienkurse für junge Lehrerinnen und andere Berufstätige durchgeführt werden. Deren Mitarbeit in der Land- und Hauswirtschaft und handwerkliche Arbeit gehörten zum Bildungskonzept der Frauenbildungsstätte Schwarzerden. Neben dem Gymnastikunterricht und Atemübungen und Massagen wurde die Gesundheitsvorsorge bei Kindern einbezogen und Behandlungsmethoden für haltungsschwache Kinder angeboten. Auch literarische Themen und allgemeine und musische Bildung waren als wichtige Elemente in die Ausbildung integriert. Die Teilnehmerinnen der Kurse wohnten auf den Bauernhöfen der Umgebung.

Im Sommer 1925 wurde auf Initiative der Schwarzerdener Frauen im nahegelegenen Gersfeld ein Luftbad für Kinder eingerichtet, das in den folgenden Jahren zu einer Ferienerholungsstätte ausgebaut wurde, in der Kinder zu Gymnastik, Sport und Spiel angeleitet wurden. Im Herbst 1926 gelang es Elisabeth Vogler und Marie Buchhold, einen ersten 2½-monatigen Kursus für Wohlfahrtspflegerinnen durchzuführen, der von einer Behörde finanziert wurde. Elisabeth Vogler und andere Gymnastiklehrerinnen von Schwarzerden reisten auf Einladung auch in einige Städte, wo sie im Rahmen beruflicher Weiterbildung Lehrgänge für Lehrerinnen, Kindergärtnerinnen, Jugendleiterinnen und Wohlfahrtspflegerinnen durchführten. Marie Buchhold, die sich auf den pädagogischen und sozialkundlichen Unterricht konzentriert hatte, ging auf Vortragsreisen, um die Bildungsstätte bekannt zu machen. Hierbei erhielten die Frauen viel Unterstützung von freideutschen Freundinnen und Freunden, die das einfache, aber vielseitige Leben in Schwarzerden während ihrer Ferien selbst genossen. (Auch Elisabeth Busse-Wilson besuchte die Siedlung und lud Marie Buchhold "von Zeit zu Zeit" nach Hannover ein, "um sie" - wie sie in einem wahrscheinlich 1970 geschriebenen Brief an Werner Kindt sagte - "sich von ihrem spartanischen Dasein erholen zu lassen". Bei diesen Gelegenheiten organisierte sie auch Vortragsabende für Marie Buchhold.)

1925 gründeten die Schwarzerdenerinnen eine Genossenschaft und kauften den bis dahin gepachteten Hof; den landwirtschaftlichen Produktionsbereich konnten sie erweitern. 1927 gelang es endlich, Schwarzerden als Ausbildungsinstitution fester zu etablieren: Im Mai desselben Jahres begannen erstmalig zwölf Schülerinnen einen dreisemestrigen Lehrgang in der Einrichtung, die umbenannt worden war in "Schule Schwarzerden eGmbH, Ausbildungsstätte für sozial angewandte Gymnastik und Körperpflege". Damit gilt 1927 als Gründungsjahr der Schule; das Examen dort gewann 1929 staatliche Anerkennung.

Mithilfe öffentlicher und privater Zuschüsse gelang es 1928 den beiden Gründerinnen, den verkehrstechnisch günstiger gelegenen Bodenhof zwischen Gersfeld und Poppenhausen zu erwerben und Alt-Schwarzerden zu verkaufen. In den folgenden Jahren trat die sozialpflegerische und gymnastisch-musische Ausbildung mehr und mehr in den Mittelpunkt, die Ausbildung in den wirtschaftlichen Bereichen verlor allmählich an Bedeutung; die Landwirtschaft wurde aber erst in den 50er Jahren ganz aufgegeben.

Im Unterschied zu vielen anderen Projekten, die aus ähnlichen sozialutopischen und reformpädagogischen Vorstellungen heraus von Menschen der Jugendbewegung gegründet worden waren und wieder aufgegeben werden mußten, waren Elisabeth Vogler und Marie Buchhold mit ihrem Siedlungs- und Ausbildungsunternehmen erfolgreich geworden. Das erscheint mir umso bemerkenswerter, als Schwarzerden von einer reinen Frauengemeinschaft geschaffen wurde.

In einem wahrscheinlich 1930 herausgegebenen Informationsblatt stellten Elisabeth Vogler und Marie Buchhold vier unterschiedliche Ausbildungsgänge ihrer Schule vor:

1. das allgemeine Frauenbildungsjahr (zur Berufsfindung);
2. ein 1½jähriges sozial-gymnastisches Seminar (mit dem Berufsziel in der "sozialhygienischen Körperpflege");
3. zwei-dreimonatige Ausbildungskurse für Wohlfahrts-pflegerinnen und Lehrerinnen;
4. Ferienkurse.

In der Satzung der Schule hatten sie 1929 formuliert: "Mitarbeiter und Schüler werden unabhängig von der Zugehörigkeit zu sozialen und nationalen Gruppen, Rassen, Religionen und Weltanschauungen aufgenommen."

Diese liberalen Grundsätze schützten die Gründerinnen Schwarzerdens nicht davor, ihre Ausbildungsstätte nach dem Machtwechsel 1933 in das neue System einordnen zu müssen. 1971 betonte Elisabeth Vogler, der Geist der Schule und die idealistische Gesinnung ihrer Trägerinnen seien über die Wechsel der Zeiten dieselben geblieben und auch Marie Buchhold äußerte sich anläßlich ihres 90. Geburtstages in ähnlicher Weise: Die Entwicklung der Schule sei mit "geistigen Brücken zu begehen und nirgends ein Riß oder eine Kluft...".

Wirklich nirgends ein Riß?

In einer Ansprache von Elisabeth Vogler zum 20jährigen Bestehen der Schule (1974) fand ich eine einzige Aussage, die sich direkt auf die Zeit vor 1945 bezog. Hier heißt es, die Schule habe "ansteigend von 1927 bis 1945 eine beachtliche Rolle in der Volksgesundheitspflege gespielt. Die gesundheitspflegerischen Methoden (seien) praktisch und organisatorisch verwendbar gewesen, konnten also einen Sinn für das Ganze haben, der ursprünglichen Ideen gemäß" (Vogler 1947, Archiv Schwarzerden).

Entgegen der ausdrücklichen Betonung von Kontinuitäten in der Geschichte Schwarzerdens meine ich, daß Elisabeth Vogler in dieser Aussage aufschlußreiche Referenzverschiebungen deutlich werden läßt. Die früher formulierten frauenzentrierten Interessen werden nicht mehr formuliert; lediglich die "Volksgesundheitspflege" erscheint als maßgeblicher Bezugspunkt. Diese Veränderung mag zum Teil als Folge der Institutionalisierung Schwarzerdens zur staatlich anerkannten Ausbildungsstätte zu erklären sein. Meines Erachtens aber weist die Hervorhebung der gesundheitspflegerischen Ausrichtung der Schwarzerdener Gymnastikerziehung mehr noch daraufhin, in welcher Weise die Ausbildungsstätte in nationalsozialistische Bestrebungen zu integrieren war.

Gymnastik und Tanz hatten als "arteigene" Arbeitsgebiete von Frauen während des Dritten Reiches besondere Bedeutung gewonnen; über die schon vorher damit stische Leibes- und Gesundheitserziehung einfügen. Die Körperbetonung wurde zur "Körperertüchtigung" und erhielt in der funktionalen Ausrichtung der nationalsozialistischen Gesundheitspflege einen hervorragenden Stellenwert. Als unverzichtbarer Bestandteil wurde sie in die Ausbildung von Kindergärtnerinnen und Jugendleiterinnen aufgenommen und gehörte zum Programm von Kindergärten und Kinderheimen, aber auch von Mütterschulungen und medizinischen Einrichtungen - alles Arbeitsbereiche, für die in Schwarzerden ausgebildet wurde.

Demgegenüber mag es verwunderlich sein, daß erst im Jahre 1942 von Elisabeth Vogler, Marie Buchhold und einigen anderen Frauen der Schwarzerdener Genossenschaft zusammen mit Vertretern der Nationalsozialistischen Volkswohlfahrt (NSV) ein Verein als Schulträger gegründet wurde, "Schwarzerden in der Rhön, Schule für Gymnastik und Gesundheitspflege, staatlich anerkannte Ausbildungsstätte für deutsche Gymnastik e.V., beim Amt für Volkswohlfahrt". Vorsitzende waren Elisabeth Vogler und Marie Buchhold. Schon im Jahr zuvor waren zwei Baracken von der NSV auf dem Schulgelände aufgestellt worden, um den zunehmenden Raumbedarf der Schule zu decken. (Eine dritte wurde im Laufe des folgenden Jahres aufgestellt.) Anläßlich der ersten Hauptversammlung der Vereinsmitglieder war von den Vertretern der NSV der zur Unterstützung der Schule und zum Zusammenhalt ehemaliger Schülerinnen gegründete "Bund der Schülerinnen und Freunde der Schule Schwarzerdens" als nicht mehr zeitgemäß beanstandet worden. Elisabeth Vogler argumentierte lebhaft für die Aufrechterhaltung des Zusammenschlusses - bis die Auflösung des "zeitgenössischen Schönheitsfehlers" auf die nächste Mitgliederversammlung verschoben wurde (Protokoll, Archiv Schwarzerden).

Ich versuche mir vorzustellen, was sie gedacht haben mag, als es spätestens 1938 um eine "zeitgemäße" Anpassung der Aufnahmebedingungen für die Schule gegangen war. Vermutlich war die alte Regelung überholt gewesen durch die Ausgrenzungspolitik jüdischen Mitbürger/Innen gegenüber; - und eine "Korrektur" war längst kein Anlaß mehr, für einen Augenblick die politischen Dimensionen des Nationalsozialismus offenbar werden zu lassen. Was hatte sich seit 1933 in ihrer alltäglichen Praxis verändert? Die Schwarzerdener Frauen waren bis dahin noch nicht in der Lage gewesen, ein Gehalt auszuzahlen. Nun erführen sie durch die "soziale" Komponente des Nationalsozialismus eine größere Bereitwilligkeit der Behörden, ihre Arbeit zu unterstützen. Damit erreichten sie nach den langen Jahren schwieriger wirtschaftlicher Krisen endlich die Sicherheiten, auf die sie hingearbeitet hatten. In ihren unmittelbaren Erfahrungen wird es keine Konflikte gegeben haben, über die sie Gegenpositionen zum System des Nationalsozialismus hätten entwickeln können, - und zu ihrem Herkunftsmilieu gehörten solche Positionen nicht.

Marie Buchhold, die Repräsentantin der Schule nach außen, war schon 1933 in die NSDAP eingetreten, - wie viele andere Menschen aus Jugendbewegung und Reformpädagogik. Als Leiterin der lokalen NS-Frauenschaft erhielt sie in ihren kulturellen Aktivitäten unter der Rhöner Bevölkerung nun ein politisches Gewicht und öffentliches Ansehen, das ihr als "Privatperson" nicht entgegengebracht worden war. Marie Buchhold, von der Elisabeth Busse-Wilson sagte, daß sie es verstand, auch ein längst bekanntes Phänomen so darzustellen, "als wär's vor ihr niemals gedacht", genoß die neuen Wirkungsmöglichkeiten ihrer volksbildnerischen Arbeit. Diese Tatsache belastete Marie Buchhold nach 1945 bis zu ihrem Tod. "Nicht früher erkannt (zu haben)", welche Verbrechen mit dem Nationalsozialismus verbunden waren, veranlaßte sie nach erfolgter Entnazifizierung 1948, ihre Arbeit als Lehrerin nicht wieder aufzunehmen. In einem Nachruf über sie heißt es: "(Marie Buchhold) hat sich intensiv mit dem Nationalsozialismus auseinandergesetzt, mit seinen tieferen Wurzeln und Zusammenhängen. Sie trug mit an der Schuld, an dem Leiden, das über die Menschen in Deutschland und anderswo gekommen war" (Dietlind Brehme, Archiv Schwarzerden). Wenn auch nicht mehr in offiziellen Verpflichtungen, "hat sie weiter für Schwarzerden gelebt" und blieb den Schülerinnen und Mitarbeiterinnen verbunden. In dieser Zeit schrieb sie sehr viel. Drei Gedichtbände wurden veröffentlicht. Am 6. Februar 1983 starb Marie Buchhold.

Auch Elisabeth Vogler blieb bis zu ihrem Tod in Schwarzerden. Sie ist am 3. März 1975 gestorben, konnte 1977 das 50jährige Jubiläum der von ihr mitgeschaffenen Einrichtung nicht mehr mitfeiern. In der ihr zu Ehren herausgegebenen Festschrift heißt es:

"Die 'Gründer' der Schule haben ihr 'Leben' im wahren Sinn des Wortes dem Werden der Schule in der Rhön geweiht. Sie haben wohl, um das große Wort zu brauchen, ihre 'Weltanschauung' dort gelebt und weitergegeben, und wir Glücklichen durften aufnehmen und versuchen, durch alle Fährnis des Lebens hindurch diese, ihre Gabe zu behalten und sie möglichst auch für andere Menschen wieder fruchtbar zu machen. Für mich, als werdender Mensch, (ist) Schwarzerden das Ausschlaggebende in meinem Leben gewesen" (Festschrift für Elisabeth Vogler 1977, S. 37, ohne Verlagsangabe).

Pfingsten 1987 wurde in Schwarzerden das 60jährige Bestehen der Schule gefeiert. Unter den Gästen waren viele Frauen, die dem "Bund der Schülerinnen und Freunde Schwarzerdens" angehören, der im Dritten Reich nicht aufgelöst worden war. Die dauerhafte Verbindung von "Ehemaligen" zu ihrer Schule begründet sich bis heute aus Traditionen, die in den Werten der Jugendbewegung und im Lebensgefühl der Begründerinnen Schwarzerdens ihren Ausgangspunkt fanden. (Ein Zusammenhalt, der für die finanzielle Unterstützung der Schule ebenso wichtig ist wie für den Austausch zwischen denen, die im Beruf stehen und denjenigen, die dafür ausbilden.)

Heute leben und arbeiten etwa 110 Menschen in Schwarzerden. Die Schülerinnen und Schüler wohnen in ihrer Mehrzahl in den elf Gebäuden, die inzwischen auf dem Gelände errichtet worden sind.

Anfang 1985 wurde neben dem Ausbildungsgang zur Gymnastiklehrerin ein zweiter für Beschäftigungs- und Arbeitstherapeuten eingerichtet, an dessen Planung Marie Buchhold bis zu ihrem Tode großen Anteil genommen hatte. Einen dritten Schwerpunkt bilden, wie in den Anfangsjahren Schwarzerdens, Sommer- und Fortbildungskurse im Bereich der Gymnastik und Gesundheitspflege.

Die Pädagoginnen in der Jugendbewegung, also diejenigen, die während ihrer jugendbewegten Praxis wichtige soziale Funktionen in den Gruppen und Bünden innehatten, haben nicht in jedem Fall ihre "pädagogische Arbeit" professionalisiert. Sie, wie auch diejenigen, die in pädagogische Berufe gingen, verstanden ihr Engagement in der Jugendbewegung nicht als "Arbeit"; es war ihnen "das Leben" selbst.

Wenn sich in diesem nichtprofessionellen Selbstverständnis die spezielle Pädagogik der Jugendbewegung ausdrückt, so ist festzuhalten, daß die soziale Identität der Pädagoginnen der Jugendbewegung durchweg geprägt blieb von dem besonderen Erlebnis ihrer Jugend - und das unabhängig von ihrem späteren Arbeitsbereich.

Literatur

Primärliteratur

Buchhold, Marie: Mädchen und Frauen, in: Freideutsche Jugend, 7 Jg., Heft 9, o.J., S. 192.

dies.: Wirtschaft und Gemeinschaft (Zur Problematik einer Praxis), in: Vivos Voco, Bd. V, Heft 12/1926.

dies.: Der Jugendcharakter der Heiligen Johanna, in: Vivos Voco, Bd. V, Heft 7/1926.

dies.: Ländliche Wirtschaftsgemeinde und Frauenbildungsstätte "Schwarze Erde", in: Die schaffende Frau, 6. Jg., Heft 60/1925.

dies.: Frankenfeld, Schicksal einer Jugendsiedlung, in: Kindt, Werner (Hrsg.): Dokumentation der Jugendbewegung, Bd. III. Düsseldorf/Köln 1974.

dies.: Rhön-Gedichte und andere, 1974.

dies.: Die Schlange als Geschöpf und Symbol, 1981.

dies.: Werke, Zeitgedichte, Geleite, 1981.

Busse-Wilson, Elisabeth: Die Frau und die Jugendbewegung. Hamburg 1920. Reprint: Münster 1989.

dies.: Stufen der Jugendbewegung. Jena 1925.

dies.: Liebe und Kameradschaft, in: Stufen der Jugendbewegung, nachgedruckt in: Kindt, Werner (Hrsg.): Dokumentation der Jugendbewegung, Bd. I (Grundschriften). Düsseldorf/Köln 1963.

dies.: Freideutsche Jugend 1920, nachgedruckt in: Kindt, Werner (Hrsg.): Dokumentation der Jugendbewegung, Bd. I (Grundschriften). Düsseldorf/Köln 1963.

dies.: Die soziale Stellung der Frau in kulturgeschichtlicher Entwicklung, hrsg. von der Angestelltenkammer. Bremen 1925.

dies.: Das Leben der Heiligen Elisabeth. München 1931.

dies.: Das moralische Dilemma in der modernen Mädchenerziehung, in: Schmidt-Beilman, Ada (Hrsg.): Die Kultur der Frau. Berlin 1931.

dies.: Der moralische Schwachsinn beim weiblichen Geschlecht, in: Zeitschrift für Menschenkunde, 2. Jg., Heft 1.

dies.: Das proletarische Mädchen, in: Die Erziehung, 7. J.g, Heft 10/1.

dies.: Die Frau im Proletariat, in: Die Frau, 39 Jg., Heft 9.

dies.: Der Einbau der geistigen Frauenkräfte in das Gemeinschaftsleben, in: Die Frau, 40 Jg., Heft 6.

dies.: Mädchenerziehung und Frauenberufung, in: Die Frau, 40. Jg., Heft 12.

dies.: weitere Beiträge in folgenden Zeitschriften: Philosophie und Leben; Die Tat; Zeitschrift für Völkerpsychologie und Soziologie.

Sekundärliteratur

Hering, Sabine und Kramer, Edith (Hrsg.): Aus der Pionierzeit der Sozialarbeit. Weinheim/Basel 1984.

Kindt, Werner (Hrsg.): Dokumentation der Jugendbewegung, Grundschriften (Bd. I). Düsseldof/Köln 1963; Die Wandervogelzeit (Bd. II). Düsseldorf/Köln 1968; Die Bündische Zeit (Bd. III). Düsseldorf/Köln 1974.

Klönne, Irmgard: "Ich spring in diesem Ringe." Mädchen und Frauen in der deutschen Jugendbewegung. Pfaffenweiler 1990.

Kuhnke, Wolf: Blaue Blumen und Spinnrocken, Die Geschichte des Bundes Deutscher Pfadfinderinnen 1912-1933, hrsg. vom Bund der Pfadfinderinnen und Pfadfinder e.V., im Eigenverlag. Gießen 1984.

Linse, Ulrich (Hrsg.): Zurück, o Mensch zur Mutter Erde, Landkommunen in Deutschland 1890-1933. München 1983.

Musial, Magdalena: Jugendbewegung und Emanzipation der Frau. Essen 1982.

Naujoks, Martina: Mädchen in der Arbeiterbewegung, in: Ergebnisse 25, Zeitschrift für Demokratische Geschichtswissenschaft 1984.

Schwarz, Gudrun: "Gemeinschaftsleben ist immer ein Wagnis". Frauensiedlung und -gymnastikschule Schwarzerden in der Rhön, in: Die ungeschriebene Geschichte (hrsg. von Wiener Historikerinnen). Wien 1984.

Stiftung Jugendburg Ludwigstein und Archiv der deutschen Jugendbewegung Burg Ludwigstein (Hrsg. und Verlag), Jahrbuch des Archivs der deutschen Jugendbewegung, Bd. 9/1977; Bd. 15/1984-1985.

Hedwig von Rohden und Louise Langgaard -
Die Gründerinnen Lohelands

Irmgard Klönne

Hedwig von Rohden wurde am 10.12.1890 als viertes Kind des Pfarrers Gustav von Rohden und seiner Ehefrau Agnes, geborene Dörpfeld in Helsinki geboren. Mit sieben Geschwistern zusammen wuchs sie in einer Atmosphäre kultureller und sozialer Aufgeschlossenheit auf. Ihre erste Schulzeit verbrachte sie in Verden a.d. Ruhr, später in Düsseldorf, wo der Vater als Gefängnisseelsorger tätig war - eine Aufgabe, die die Mutter veranlaßte, eine Vereinigung zur Resozialisierung weiblicher Haftentlassener zu gründen. Nach dem Tod der Mutter, 1907, mußte Hedwig weitgehend die Führung des Haushaltes und die Erziehung der jüngeren Geschwister übernehmen. Nachdem der Vater als Konsistorialrat nach Berlin berufen worden war, besuchte Hedwig von Rhoden dort die soziale Frauenschule bevor sie 1909 eine halbjährige Ausbildung am Seminar für Harmonische Gymnastik von Hede Kallmeyer absolvierte. Zwei Jahre später erhielt sie von Prof. Zimmer, dem Begründer verschiedener Frauenbildungsstätten, das Angebot, innerhalb der Mathilde-Zimmer-Stiftung in Kassel ein Gymnastikseminar aufzubauen. Als 1912 für das neue Seminar weitere Lehrkräfte eingestellt wurden, entschied Hedwig von Rohden sich für eine Mitarbeiterin, die von der bildenden Kunst herkam: Louise Langgaard. Mit dieser Entscheidung war der Grundstein für eine langjährige Freundschaft und ungewöhnlich produktive Zusammenarbeit gelegt.

Louise Langgaard wurde am 9.1.1883 in London geboren und wuchs als einziges Kind einer Kaufmannsfamilie auf. Sie war sieben Jahre alt, als die Familie nach Deutschland zurückkehrte, wo sie in Stuttgart die Schule besuchte und im Anschluß daran eine Ausbildung an der Dresdner Kunstgewerbeschule aufnahm. Nach ihrem Examen, 1901, war sie als Zeichenlehrerin tätig, schob diese Arbeit aber mehr und mehr in den Hintergrund. Ihr Interesse an einer künstlerischen Weiterbildung brachte sie in Kontakt mit verschiedenen Malern, darunter auch dem ungarischen Künstler G. Hollòsy, von dem sie wichtige Anregungen für ihre Arbeiten erhielt. Seit 1907 verbrachte sie die Sommermonate in Ungarn und Rumänien, wo sie mit einer Gruppe anderer Maler/innen zusammen wanderte und arbeitete. Während der Wintermonate gab sie in Dresden weiterhin Malunterricht und beschäftigte sich mit der Herstellung kunstgewerblicher Gegenstände. Ihr besonderes Interesse an der menschlichen Gestalt und deren Bewegungsformen bewog sie, 1911 für ein halbes Jahr das Gymnastikseminar von Beß Mensendieck in Norwegen zu besuchen. Für die 1912 beginnende Zusammenarbeit mit Hedwig von Rohden wurde dieses künstlerische Interesse an der Gestaltungskraft menschlicher Bewegung ebenso wichtig wie Louise Langgaards Bezug zur Anthroposophie. (Schon 1912 gehörte sie der Anthroposophischen Gesellschaft an.)

Noch in demselben Jahr wurde das "Seminar für Klassische Gymnastik - Lehrweise von Rohden-Langgaard" gegründet, in dem die Gymnasiklehrerinnen für die Zimmerschen Töchterheime ausgebildet wurden. Schon 1913 lösten Hedwig von

Rohden und Louise Langgaard sich im Einverständnis mit Prof. Zimmer aus der Zusammenarbeit; sie wollten das Seminar selbständig weiterführen. (Zimmers großzügige Unterstützung in den Anfangszeiten blieb nicht die einzige Hilfestellung, die Hedwig von Rohden und Louise Langgaard immer wieder durch einflußreiche und wohlhabende Förderer erfuhren; und manchmal waren solche Hilfeleistungen entscheidend für die weitere Existenzmöglichkeit des Seminars.)

Die ersten sieben Jahren waren für die beiden Frauen und ihre Seminaristinnen Wanderjahre. Von Kassel zogen sie 1914 nach Potsdam, von dort 1916 nach Tambach/Thüringen und ein Jahr später kamen sie auf Schloß Bieberstein/Rhön unter, das Hermann Lietz ihnen für die Dauer des Kriegseinsatzes der Oberstufenschüler zur Verfügung gestellt hatte.

Nachdem diese im März 1919 zurückkamen, wurden die Seminaristinnen entlassen und Hedwig von Rohden und Louise Langgaard machten sich auf die Suche nach einer dauerhaften Bleibe. Im Frühsommer 1919 gelang es ihnen, ein etwa 170 Morgen großes, unerschlossenes Grundstück in Künzell/Rhön zu erwerben. Sie hatten es ohne eigenes Kapital auf der Basis von Hypotheken und mit der Unterstützung von Freunden und Förderern gekauft.

Die sieben Frauen, die während der folgenden Monate versuchten, die Voraussetzungen für eine Seminararbeit zu schaffen, wohnten in den umliegenden Dörfern. Für ihren Lebensunterhalt halfen sie den Bauern bei der Feldarbeit, schafften auf dem eigenen Brachland und besorgten das Material für die ersten Häuser und Werkstätten. Ihr Hilferuf an die Bünde der Jugendbewegung blieb nicht erfolglos; etwa 80 junge Menschen mußten im Sommer 1912 bekocht werden; sie schliefen bei den Bauern auf Stroh. Am Ende des Sommers war nicht nur die alte Baracke aus Tambach als Übungsraum wieder aufgestellt, auch ein Holzhaus war errichtet worden und konnte im September von den ersten Mitarbeiterinnen bezogen werden. Sogar ein neuer Gymnastikraum, ein Rundbau aus Natursteinen, die aus einem nahegelegenen Steinbruch herangeschafft wurden, stand im Rohbau fertig.

Nach drei Monate intensiver Arbeit - "es war ein Sommer voller Heiterkeit und ernster Gespräche nach der Tagesarbeit" - konnten im September, nach halbjähriger Unterbrechung, die Seminaristinnen wieder zusammengerufen werden: 80 Schülerinnen nahmen ihre Ausbildung auf. Eine Gruppe von Mitarbeiterinnen war vorher durch die Dörfer gezogen, Eimer und Farbe auf dem Bollerwagen; die Frauen hatten die Bauern "beschwätzt", ihre ausgedienten Kammern zu vermieten und hatten gleich Decken und Wände neu gestrichen, "beliebt war ein ganz zartes Rosa". Den Neuanfängerinnen wollte man das primitive Leben auf den Dörfern und die langen Wege nach Loheland nicht zumuten; sie wohnten in einer leeren Pension in Salzschlirf - "warm und gewohnt bürgerlich". Ein- bis zweimal wöchentlich reisten die Lehrerinnen aus Loheland an (Hertling 1984).

Ab 1920 wurden die Wohngelegenheiten mehr und mehr um Loheland konzentriert und der Unterricht, der zum Teil in Wohnräumen der Mitarbeiterinnen stattgefunden hatte, konnte zunehmend in dafür errichteten Gebäuden erteilt werden. Die gemeinsamen Mahlzeiten stellten in dieser Zeit manchmal noch ein Problem dar. Im Sommer wurde das vegetarische Essen in großen Tonschüsseln in der Heide gereicht, im Winter drängten sich alle in einer der kleinen Stuben des Holzhauses zusammen.

Die mühevolle Aufbauarbeit dieser Frauengruppe um Hedwig von Rohden und Louise Langgaard hatte nicht nur mit dem Streben nach einem selbstbestimmten und gesunden Leben zu tun; sie stand vielmehr im Zeichen der allgemeinen Not von Nachkriegs- und Inflationszeiten. So war es auch ein Gebot der praktischen Notwendigkeit, daß mit der entstehenden Schulsiedlung gleichzeitig der Aufbau eigener Landwirtschaft, Gärtnerei und Handwerksstätten verbunden war. (Der genossenschaftlichen Schulgründung 1919 folgte 1921 die Gründung der Lohelandwerkstätten GmbH: Weberei, Schreinerei, Drechslerei, Korbflechterei; 1931: Töpferei, Schneiderei, Lichtbildwerkstatt; einige davon wurden als Lehrbetriebe geführt.)

Die Frauensiedlung Loheland wurde anders als Schwarzerden nicht als Werk der Jugendbewegung geschaffen, doch stand sie in enger Verbindung mit dieser. Hedwig von Rohden war durch ihre Brüder dem Wandervogel verbunden gewesen und von Anbeginn hatten junge Frauen aus dem Wandervogel sich als Mitarbeiterinnen oder Schülerinnen Hedwig von Rohden und Louise Langgaard angeschlossen. Während der ersten Jahre in Loheland kamen immer wieder auch männliche Freunde aus der Freideutschen Jugend und den Akademischen Freischaren, um bei den Bauarbeiten und in der Landwirtschaft zu helfen. Sie alle waren davon angezogen, ihre in der Jugendbewegung gewonnenen Ideale eines Lebens und Arbeitens in enger Verbindung mit der Natur in der Lohelandsiedlung auf eine neue Realität hin umzusetzen.

Im Mittelpunkt der vielfältigen Tätigkeiten beim Aufbau Lohelands aber stand immer die weitere Ausgestaltung des Gymnastikseminars, denn für die Begründerinnen der Schulsiedlung war die künstlerische Erziehung - als Lehrweise und als Verständnis vom Menschen - grundlegend für alle Vorstellungen von einem ganzheitlichen Leben jenseits bürgerlich-konventioneller Zwänge.

Von Hedwig von Rohden heißt es, sie sei eine geniale Pädagogin gewesen, außerordentlich bewegungsbegabt, und die Klarheit ihrer Bewegungen habe sich ebenso in ihrem Denken ausgedrückt. Von den besonderen Stärken Louise Langgaards wird hervorgehoben, sie habe einen sicheren, sozusagen architektonischen Blick für die Stimmigkeit der menschlichen Gestalt und der darin "gestalteten" Haltungen des Individuums gehabt.

Angesichts solcher Wesensbeschreibungen wundert es nicht, daß die beiden Frauen eine künstlerisch-wissenschaftliche Lehre für die Gymnastik zu entwickeln suchten. Sie begriffen die menschliche Bewegung als Element des Lebens selbst, in dem die dem Menschen zugehörigen Kräfte des Bewußtseins und Willens ihren sinnlichen Ausdruck fanden. Die große Bedeutung der Gymnastik sahen sie darin, daß sie den widerstreitenden Antrieben des Menschen eine harmonische, richtungweisende Form zu geben vermöge, so daß Denken in das Handeln und Wille in das Denken eingehen könne. In ihrer pädagogisch-pflegerisch und künstlerisch orientierten Arbeit ging es ihnen darum, die gymnastische Tätigkeit so aufzubauen, daß sie diesen menschenbildenden Wert gewinnen und als befreiende Welt- und Selbsterfahrung erkannt werden kann. Als methodisch wichtiges Moment führten sie das "Raumerlebnis als Grundelement der Gymnastik" ein. Dabei bezogen sie das Erlebnis des äußeren Raumes auf das innere Raumerlebnis des Menschen und stellten dessen "moralische Dimensionen" der Höhe-Tiefe-Weite in den Mittelpunkt ihres Bestrebens, die menschliche Bewegungsfähigkeit zu entfalten (von Rohden/Langgaard 1932, S. 165ff.; Langgaard 1950, S. 119ff.).

Die geistige Grundlage für dieses philosophische System der Bewegungslehre fanden die beiden Frauen in dem Menschen- und Weltbild der Anthroposophie, in die sie sich mit großer Intensität einarbeiteten. Hedwig von Rohden war 1918/1919 eine zeitlang nach München in das damalige Zentrum der Anthroposophischen Gesellschaft gegangen; 1927/1928 studierte sie in Dornach/Schweiz unter der Leitung Marie Steiners und Isabel de Jaagers Eurythmie, die seitdem kursweise in Loheland unterrichtet wird.

Einer der Höhepunkte beim Aufbau Lohelands war 1928 - nach vierjähriger Bauzeit - die Einweihung des von Louise Langgaard entworfenen "Franziskusbaues". (Bei einem Besuch 1988 beeindruckte mich sehr, wie das eigenwillig gestaltete, inzwischen um einen Bühnenanbau erweiterte Gebäude die künstlerische Ausdruckskraft der Architektin erkennen läßt.) Damit hatte Loheland sein räumliches Zentrum für die vielfältigen kulturellen Aktivitäten erhalten. Aber Louise Langgaard entwarf nicht nur den aus Natursteinen errichteten Franziskusbau. Eine große Anzahl der inzwischen 40 Gebäude Lohelands entstand nach ihren Entwürfen und unter ihrer Leitung, wobei ihr jedesmal das gute Verhältnis mit den Arbeitern aus der dörflichen Nachbarschaft eine besondere Freude war.

Durch den Nationalsozialismus geriet Loheland in außerordentlich komplizierte Verhältnisse; 1941 drohte die Schließung der Schule, aber schon 1937 war es durch die nationalsozialistischen Gleichschaltungsversuche zu gravierenden Veränderungen in Loheland gekommen.

Bis dahin hatten die versuchten Eingriffe in die Eigenständigkeit Lohelands das Leben der Loheländerinnen wenig berührt. Wesentliche Maßnahmen des nationalsozialistischen Systems hatten die Schulsiedlung zunächst nur schrittweise erreicht und waren für die Mehrzahl der Mitarbeiterinnen kaum zu bemerken gewesen. Erste Zugriffe traten in Verbindung mit den staatlichen Abschlußprüfungen auf. Die von der Schulaufsichtsbehörde vorgeschriebenen Themenformulierungen für die Abschlußklausuren zielten auf eine Lernkontrolle i.S. der nationalsozialistische Ideologie und bevorstehende Auflagen drohten auch die Lehrinhalte zu verändern. Hedwig von Rohden erkannte sehr bald die weitreichenden politischen Dimensionen dieser Eingriffe und versuchte, im Gespräch mit Louise Langgaard und den anderen Mitarbeiterinnen eine Antwort darauf zu finden. Sie konnte sich mit ihren Bedenken nicht verständlich machen. Viel später äußerte sie sich über die damalige Konfliktsituation: "Die eigenwillige künstlerische Kraft, die Louise Langgaard zueigen war und die sie ihrer Natur nach in alles hineintragen wollte und mußte, war verständnislos den politischen Entwicklungen gegenüber."

Damit aber war für Hedwig von Rohden die unverzichtbare Basis ihrer Arbeit in Loheland so grundsätzlich infragegestellt, daß sie sich nach schweren inneren Kämpfen zu einschneidenden persönlichen Konsequenzen entschloß. 1937 ging sie von Loheland fort. Als freiberufliche Eurhythmistin und Gymnastin arbeitete sie in verschiedenen Städten und konnte sich - mit einer Zusatzausbildung in Heileurhythmie - einen bescheidenen Lebensunterhalt verdienen, der gelegentlich ergänzt wurde durch finanzielle Unterstützungen von Loheland und von ehemaligen Schülerinnen. Sie lebte in diesen Jahren bei einer Freundin, Friedja Schugt, und deren Mann. Zeitweilig wohnten sie in Dortmund, später am Bodensee, seit 1974 in Dornach/Schweiz.

Erst 1970 intensivierten sich im Austausch mit Eva von Zimmermann (eine der nachfolgenden Schulleiterinnen und heute die erste Vorsitzende des Loheländer

Stiftungsvorstandes) ihre niemals abgerissenen Verbindungen zu Loheland wieder zu engen Arbeitsbeziehungen. Hedwig von Rohden spricht von einem "Neubeginn nach 33 Jahren". Zur großen Freude aller Loheländerinnen kam sie 1977 erstmalig wieder nach Loheland. Und 1982 erfuhr sie es als "ein seltenes Menschen-zugeteiltes Glück, daß (sie) noch einmal zurückgeführt wurde zu dem Schicksal, das (sie) nicht vollendet hatte". In diesem Jahr kehrte sie im hohen Alter von 92 Jahren - und nun endgültig - wieder an den Ort ihres Lebenswerkes zurück.

Louise Langgaard war während all der Jahre in Loheland geblieben. Die durch Hedwig von Rhodens Weggang entstandene schwierige Situation hat sie nur mithilfe des Kreises "alter" Loheländerinnen bewältigen können. Mit deren Unterstützung konnte sie auch den weiteren Aufbau der gemeinsam gegründeten Schulsiedlung, der immer auch ein Kämpfen um wirtschaftliche Existenzbedingungen war, leiten. Es dauerte noch bis 1941, bis sie in der direkten Kontrontation mit dem Terror des nationalsozialistischen Systems aufmerksam wurde für die politischen Geschehnisse der Außenwelt. Da nämlich erschien die Gestapo in Loheland, stellte Verhöre an, beschlagnahmte Bücher und leitete eine weitgehende Untersuchung ein. Im Sommer desselben Jahres wurden die Mitarbeiterinnen gezwungen, unter Gestapoaufsicht ihre Pfingstfeier zum Zwecke der Überprüfung zu wiederholen; ein tragisch-komisches Theater, das die Loheländerinnen veranlaßte, ihre heikle Situation in eine Demonstration für die anthroposophische Ausrichtung ihrer Arbeit umzuwerten. Der deutlich gezeigte Mut und die Begeisterung der Loheländerinnen für ihre musisch-kulturellen Aktivitäten beeindruckten die Vertreter der Geheimen Staatspolizei. So wichtig allerdings auch der Bericht der Gestapoleitstelle Fulda dafür gewesen sein mag, daß die anstehende Schließung der Lohelandschule ausgesetzt wurde, - entscheidend war eher die Einschaltung ehemals jugendbewegter Freunde, die als innere Opponenten in höhere Staatsfunktionen gelangt waren und über Kontakte zum Reichssicherheitshauptamt verfügten. (Andere Institutionen, die auf anthroposophischer Grundlage arbeiteten, wie zum Beispiel die Waldorfschulen, wurden um diese Zeit geschlossen; eine Aktion, die im Zusammenhang mit dem Flug von Rudolf Hess nach England stand, der bis dahin seine Hand über diese Einrichtungen gehalten hatte.)

Louise Langgaard versuchte, die Arbeit des Seminars in der beschriebenen Weise zu erhalten. (Wichtige Unterstützung erhielt sie dabei auch von Franz Hilker, der - bis 1933 Oberschulrat in Berlin und nach 1945 Leiter der "New education fellowship" - in seiner leitenden Funktion im deutschen Gymnastikbund für die Erhaltung der Lohelandarbeit eintrat.) Ihrer künstlerischen Ausrichtung gemäß behielten alle musischen Aktivitäten, wie Malen, Musik und Schauspiel trotz ständiger finanzieller Sorgen eine zentrale Bedeutung für Loheland.

Neben den schon seit Jahren durchgeführten Sommer-Ferienkursen für Kinder und Erwachsene wurden 1943 als erste neu hinzukommende Arbeitsbereiche ein Internat und eine Schule für Kinder aus bombengefährdeten Städten eingerichtet. (1977 als Freie Waldorfschule in den Bund der Waldorfschulen angenommen, seit 1987 bis zum Abitur führend, für Internatsschüler/Innen und Externe.)

Bis etwa 1960 gehörte zu den Bildungsangeboten Lohelands auch ein "Freies Lehrjahr" (zur beruflichen Orientierung). Von wesentlicher Bedeutung war die Einrichtung des Werkstudiums für "Helfer". Diese Seminaristinnen verdienten sich Schulgeld und Unterhalt durch ihre Mitarbeit in den Betrieben bei täglich zwei bis drei Unterrichtsstunden. Die späteren Mitarbeiterinnen gingen überwiegend aus diesem Kreis hervor. Ferienkurse und Fortbildungsveranstaltungen sind bis heute Teil des Seminarprogramms. Die seit Beginn biologisch-dynamisch geführten Landwirtschafts- und Gartenbaubetriebe arbeiten immer noch - ebenso wie die von den Werkstätten noch bestehende Handweberei - als Lehrbetriebe.

Um die anthroposophische Grundlegung ihrer Arbeit auch für die zukünftige Entwicklung Lohelands festzuhalten, wurde 1971 auf ausdrücklichen Wunsch Louise Langgaards die bis dahin gültige Rechtsform der Schulsiedlung in eine Stiftung umgewandelt.

Als jüngste Neuerung wurde 1982 ein Waldorfkindergarten eröffnet, und im Herbst 1988 wurde neben der dreijährigen Gymnastikausbildung ein neuer einjähriger Studiengang eingerichtet: Das Seminar für Sprachgestaltung und Schauspiel auf Grundlage gymnastischer Bewegungsschulung.

Seit 1978 besuchen auch männliche Schüler das Gymnastikseminar und neben den Lehrerinnen erteilen männliche Lehrkräfte Unterricht, und Männer haben auch leitende Positionen in Loheland - dem ehemaligen Frauenland - übernommen.

1989 konnte Loheland sein 70jähriges Jubiläum feiern. Entstanden auf dem Hintergrund der großen Reformbewegungen um die Jahrhundertwende, der Pädagogischen Reformbewegung, der Tanz- und Gymnastikbewegung, der Kunsterziehungsbewegung und der Jugendbewegung und Frauenbewegung, ist die Geschichte Lohelands ein Beispiel für weiblichen Mut und weibliches Durchsetzungsvermögen. Heute leben und arbeiten etwa 350 Menschen in den unterschiedlichen Bereichen der Lohelandsiedlung; im Gymnasikseminar lernen ca. 70 Studierende. Indem Hedwig von Rohden und Louise Langgaard sich gemeinsam daranmachten, in den Bewegungsmöglichkeiten der Menschen die Idee von einem menschenwürdigen Leben in 'Selbst'-Enwürfen Gestalt gewinnen zu lassen, haben sie gleichzeitig der Eigenständigkeit von Frauen und ihrer schwesterlichen Zusammenarbeit sichtbaren Ausdruck verliehen.

Auch wenn sie es nicht ausdrücklich formuliert haben, ging es ihnen in ihrer Arbeit um die "Menschwerdung" von Frauen. Ihre eigenen Handlungsbedingungen waren durch die spezifische Geschichte von Frauen geprägt und es waren Frauen, mit denen sie gelebt und gearbeitet haben. Daß die Wege von Hedwig von Rohden und Louise Langgaard sich nach 1937 trennten, verweist meines Erachtens nicht nur auf die Schwierigkeiten, sich in der Zeit des Nationalsozialismus zurechtzufinden, sich "richtig" zu entscheiden. Ebenso deutlich tritt darin die Radikalität hervor, mit der die beiden Frauen die von ihnen vertretenen Ideale in ihrem eigenen Leben umsetzten. Sie haben sich niemals wiedergesehen, aber ihr Schmerz über die Trennung ließ die innere Beziehung zwischen ihnen nicht abreißen. Die wiederaufgenommene Verbindung Hedwig von Rohdens zu Loheland war für Louise Langgaard das letzte große Erlebnis vor ihrem Tod am 4. Oktober 1974 und bedeutete für beide Frauen das große Glück, darüber Gewißheit zu erhalten, einander vertrauenswürdig gewesen zu sein.

Hedwig von Rohden starb am 25. März 1987.

Literatur

Aufsätze in der Zeitschrift "Gymnastik", Hedwig von Rohden und Louise Langgaard (Hrsg.), Nr. I/1926; Nr. II/1928; Nr. IV/1929; Nr. VI/1931; Nr. VII/1932. Berlin.

Hertling, Elisabeth: Das Entstehen und das Werden der Schulsiedlung Loheland; vervielfältigtes Typoskript 1984.

Langgaard, Louise, in: Kunstpädagogischer Kongreß Fulda 1950. Stuttgart.

Rohden, Hedwig von und Langgaard, Louise: Gymnastik/Sport/Schauspiel. Loheland 1928.

Minna Specht.
Sozialismus als Lebenshaltung und Erziehungsaufgabe

Elisabeth Harder-Gersdorff

In ihrem Elternhaus sei "von Politik und den Läufen der Zeit wenig die Rede" gewesen, schrieb Minna Specht rückblickend (Erziehung, S. 369). Sie kam am 22. Dezember 1879 in Reinbek bei Hamburg, als jüngstes von sieben Kindern, in einem konservativen Milieu zur Welt. Beide Eltern hatten bäuerliche Vorfahren. Großvater und Vater Specht besaßen, bevor die Familie am Rande des Sachsenwaldes Schloß Reinbek erwarb, das benachbarte Jagdschloß Friedrichsruh. Hier hatte sich 1871 der Reichskanzler Bismarck eingekauft, er verbrachte dort seinen Lebensabend. - Die Spechts führten auf Reinbek kein Herrenleben. Knapp zwei Jahre nach Minnas Geburt verunglückte der Vater tödlich. Um den Unterhalt der großen Familie zu bestreiten, betrieb seine 28jährige Witwe in dem stattlichen Haus eine Pension für wohlhabende Kur- und Sommergäste aus Hamburg.

In dieser Umgebung, im Kreis der Geschwister und unter der Obhut eines geliebten Kinderfräuleins, verlief Minnas Jugend gedrängt. Schon als Vierjährige besuchte sie eine Privatschule in Reinbek, bereits 1893 hatte sie die Mädchenschule in Bergedorf abgeschlossen. Danach fügte sie sich ohne Begeisterung dem Rat der Familie, eine Lehrerinnen-Ausbildung an der Klosterschule in Hamburg (1895-1898) zu absolvieren. Trotz großer Qualen bei Unterrichtsproben, von denen sie schließlich befreit wurde, beendete sie das Seminar erfolgreich. Sie begab sich mit dem Vorsatz, "... nie in eine Staatsschule einzutreten", für drei Jahre als Erzieherin auf ein Gut in Pommern. Danach arbeitete sie, gleichzeitig durch autodidaktische Geschichtsstudien gefesselt, als Privatlehrerin an Mary Henkels Höherer Töchterschule in Hamburg. Sie entdeckte dort, wie sie später hervorhob, "das Wunder, daß das Unterrichten meine Leidenschaft wurde" (Erziehung, S. 370f).

Von 1906 bis 1909 studierte Minna Specht an den Universitäten Göttingen und München Geschichte, Geographie und Philosophie. Sie gehörte in Deutschland zu einer damals noch sehr kleinen Avantgarde weiblicher Studenten und schnitt in allen Fächern hervorragend ab. Sie unterrichtete sodann drei weitere Jahre in Hamburg, immatrikulierte sich aber 1912 von neuem in Göttingen, um ein Mathematikstudium aufzunehmen. Hier ergaben sich ihre ersten Kontakte zum Kreis um den Philosophen Leonard Nelson.

Nelson-Kreis: Konsequenzen einer Politischen Philosophie

Als Privatdozent in der Naturwissenschaftlichen Abteilung der Philosophischen Fakultät entwickelte Nelson (1882-1927) ein "System der philosophischen Ethik und Pädagogik", das die Arbeiten des Kant-Schülers Jakob Friedrich Fries (1773-1843) fortsetzte. - Als einer von wenigen erkannte er die barbarischen Dimensionen des Ersten Weltkrieges bereits im Juli 1914. Die "Raserei des Unrechts" führte er letzten Endes auf die Tradition einer passiven Geisteshaltung, auf einen Schein-Idealismus zurück, dem sich "die gesamte gebildete europäische Gesellschaft" ausgeliefert habe (Heydorn 1974, S. 240 und S. 256). Aus der Notwendigkeit, kritische Erkenntnis mit richtigem Handeln zu koppeln, forderte er die Liquidierung des herrschenden Bildungssystems und eine neue, auf ethischen Realismus zielende Erziehung. Nelson gründete 1917 mit dem Internationalen Jugend-Bund (IJB) eine Organisation, die Jugendliche auf die politische Arbeit für eine "Rechtsordnung der Vernunft" vorbereiten sollte. Diese Ordnung sollte einen dauernden Völkerfrieden, eine antikapitalistische, ausbeutungsfreie Gesellschaft und die autonome geistige Entfaltung handlungsfähiger Individuen sichern (Link 1964, S. 51f.).

Minna Specht gehörte zum Kern der Göttinger Studenten und Mitarbeiter Nelsons, die sich im IJB zusammenschlossen. Als der Bund 1918 an die Öffentlichkeit trat, war sie Mitglied des Vorstands. Im Verlauf von Kriegsende und Revolution hatten sich IJB-Gruppen in Berlin, München, Frankfurt am Main, Magdeburg und Kassel gebildet. Im Freundesrat des Bundes warben Persönlichkeiten wie Käthe Kollwitz und Albert Einstein für seine Ziele. Auf dem ersten Bundestag des IJB im Oktober 1919 hielt Minna Specht die Gedächtnisrede auf Hermann Lietz. Sie hatte nach dem Abschluß des Mathematikstudiums 1914 wieder als Erzieherin, dann als Lehrerin an einer Berliner Schule gearbeitet. Im letzten Kriegsjahr unterrichtete sie auf Nelsons Anregung bei Hermann Lietz im Thüringer Landschulheim Haubinda. Sie orientierte sich an der pädagogischen Tatkraft und an der freien, produktiven Praxis des Schulreformers, verwarf jedoch uneingeschränkt jenen Geist des nationalen Konservativismus, den auch Lietz vertrat.

Nelsons Plan, ein Landschulheim für den IJB zu errichten, wurde von Lietz vor seinem frühen Tod im Juni 1919 gefördert, der Grundplan dieser Schule war nach Minna Specht "durch das Beispiel, das er uns in seinen Heimen gegeben hat", geprägt (Specht 1920, S. 26). Hier ging es um das methodische Konzept der Reformschulpraxis, nicht um inhaltliche Vorgaben. Denn die für eine Erziehungsanstalt des IJB maßgebende Bildungstheorie, Nelsons politische Pädagogik, entstand in Göttingen. Minna Specht beteiligte sich in den folgenden Jahren an diesen Arbeiten wie am Aufbau des IJB. 1925 übernahm sie die Leitung des Landschulheims Walkemühle bei Melsungen, das ein Lietz-Schüler für das Projekt des IJB zur Verfügung stellte.

Für Nelson und den IJB war die "Walkemühle" Mittel zu einem politischen Zweck. Sie hatte Menschen zu erziehen, die anschließend als Führer im "Klassenkampf für das Recht" wirken sollten. Alle Lehrer und Mitarbeiter des Landschulheims gehörten zum IJB. Jedes Mitglied wiederum war verpflichtet, gleichzeitig einer sozialistischen Partei oder Organisation anzugehören, aus der Kirche auszutreten und seine Kräfte ganz in den Dienst der politischen Ziele zu stellen. Nelson hatte sich 1918 der USPD und 1923 der SPD angeschlossen. Minna Specht war SPD- und Gewerkschaftsmitglied. Im Verband für Freidenkertum trat sie ein für den autonomen Kampf der Arbeiterklasse um "freiere, würdigere Lebensbedingungen". Das hieß für sie auch: Unabhängigkeit "von der Kirche und der Macht, mit der sie über die Gemüter herrscht" (Specht 1929, S. 7f.).

Pädagogik und Praxis der "Walkemühle"

Das Landschulheim Walkemühle umfaßte zwei Einrichtungen: eine Kinderschule mit Kindergarten und eine Erwachsenenabteilung, die für die politische Bildungsarbeit des IJB zuständig war. Als "Führerschule" bot sie dreijährige Kurse für Jugendliche an, die das Volksschulalter hinter sich hatten.

Für die Kinderschule galt das Prinzip, daß die Schüler, weder von den Positionen der Lehrer noch durch religiöse und politische Richtungen beeinflußt, durch eigenes Erfahren und Forschen zum eigenständigen Gebrauch ihrer Verstandeskräfte gelangen und jenes "Selbstvertrauen der Vernunft" erwerben sollten, das sie befähigte, autonom, frei von äußeren Einwirkungen, zu handeln. Ein mathematisch-naturwissenschaftlicher Bezug der Unterrichtsstoffe, Arbeit in Haus, Handwerk und Garten, vor allem aber die von Nelson entwickelte "sokratische Methode" standen im Dienst dieses Erziehungsziels. In der "sokratischen" Gesprächsführung hatte sich der Lehrer belehrender Urteile zu enthalten, um mit dem Schüler "Gedanken in Gemeinschaft zu prüfen" (Nelson). - "Solche Gespräche", erinnert sich Hanna Bertholet, Mutter und Mitstreiterin, "wurden oft ausgelöst durch zufällige Unterhaltungen, Zeitungslektüre oder durch bestimmte Ereignisse im Leben der Schule, so wenn etwa die Kinder für oder gegen das Verhalten eines Kameraden Stellung genommen hatten. Wer hatte recht? War jemandem Unrecht geschehen? Worin bestand es? ... Die Kinder gingen solchen Fragen ganz selbständig nach. Minna Spechts Hilfe bestand darin, durch ihre teilnehmende Aufmerksamkeit eine Atmosphäre der Ruhe und Konzentration entstehen zu lassen, die die Kinder befähigte, die hinter diesen Fragen liegenden allgemeinen Überzeugungen aufzufinden" (Erziehung, S. 275).

Dieselbe Methode der Wahrheits- und Urteilsfindung bestimmte auf anderer Ebene die Kursarbeit in der Erwachsenenabteilung. Diese verlief nach einem Stufenplan, der über praktische Anschauung und Tätigkeit zur Erfahrung und schließlich zu eigenem sozialen Urteilsvermögen führen sollte. Erst im letzten Abschnitt kamen sozialwissenschaftliche Fächer wie Geschichte und Volkswirtschaft zum Zuge. Die Leiterin Minna Specht lehrte vorwiegend in diesem letzten Kursusjahr, hauptsächlich im Fach Geschichte. Auch hier habe sie, berichtet ihr Mitarbeiter Hellmut Rauschenplat, vor allem "gelehrt, wie man lernen kann, wie man entdecken kann..." (Erinnerung 1980, S. 13). In Minna Spechts Praxis gehörte zur Intensität derartigen Eindringens in historische oder ökonomische Fragen von Anfang an das Prinzip der Stoffbeschränkung, das sie, deren universeller Geist Bewunderung erregte, besonders überzeugend vertrat. Ihr Lehrangebot in der Walkemühle erstreckte sich auch auf thematische Projekte wie die Analyse von Lenins Schrift "Was tun?", seine Parteitheorie und sein Verhältnis zu Trotzkij.

Der internationalen Ausrichtung des IJB entsprechend bemühte sich die Schule um Auslandskontakte. Es gelang, Schüler aus England, der Schweiz und fünf weiteren europäischen Ländern, aus den Vereinigten Staaten und sogar aus China für die Walkemühle zu gewinnen. Auch das Bestreben, Jugendliche aus der Arbeiterschaft heranzuziehen, blieb nicht erfolglos. Nur im Ansatz hingegen ließ sich vorerst die Absicht verwirklichen, die Kinderschule mit Schülern aus der Unterschicht zu füllen. Mit dem gezielt verzerrten Hinweis auf die "kommunistische und scharf antireligiöse Einstellung" der Schule verhinderte das Landratsamt Melsungen, daß die Jugendämter in der Walkemühle Waisenkinder unterbrachten. - Die Finanzierung des

Heims und seiner Werkstätten beruhte auf Spenden und Beiträgen der Mitglieder und der Freunde des IJB. Mitarbeiter und Lehrer arbeiteten ohne Gehalt. Sie verfügten, wie die Schüler, nicht einmal über eigenes Taschengeld. Der Besuch der Erwachsenenschule war kostenlos.

Zum spartanischen Lebensstil der Walkemühle gehörten vegetarische Kost, die Zuständigkeit aller für Haus- und Gartenarbeiten und für Kursteilnehmer sogar das Gebot, während des dreijährigen Aufenthalts die Verbindung zu außerhalb wohnenden Angehörigen und Freunden abzubrechen. So war die Erwachsenenabteilung als "Kaderschule" zugleich eine Art Ordensgemeinschaft. Die Pflege musischer und praktischer Arbeit, das Prinzip der "sokratischen Methode" und die Tatsache, daß Minna Specht durchgehend als "Pädagogin von erster Natur" (Rauschenplat) wirkte, verhinderten indessen, daß sich in der Walkemühle die Hierarchie einer Clique bildete.

Vom IJB zum Internationalen Sozialistischen Kampf-Bund

Da der IJB die Demokratie als Staatsform in Frage stellte und kulturpolitisch einen kompromißlosen Antiklerikalismus vertrat, kollidierte er in zunehmendem Maß mit dem Kurs der Sozialdemokratie. In die Nähe des Marxismus rückte ihn das Konzept des Klassenkampfes. Der Idealismus der Nelsonschen Philosophie stellte jedoch eine Gegenposition zum historischen Materialismus dar. Die Kommunistische Jugend schloß 1922 IJB-Mitglieder aus ihrem Verband aus. Im Gefolge des Heidelberger Parteitages verabschiedete der SPD-Parteivorstand am 2. November 1925 einen Unvereinbarkeitsbeschluß für Mitgliedschaften im IJB mit allen sozialdemokratischen Organisationen.

Noch im gleichen Monat beschloß die Bundesleitung des IJB dessen Umwandlung in eine politische Partei, in den "Internationalen Sozialistischen Kampf-Bund" (ISK). Die ISK-Satzung entsprach allen Vorgaben des IJB, dessen Mitgliederversammlung sie am 1. Januar 1926 einstimmig annahm (Link 1964, S. 103).

Auf der Suche nach anderen Bündnispartnern faßte Leonard Nelson, den Lenins Leistung nachhaltig beeindruckt hatte, die Möglichkeit ins Auge, für sein pädagogisches Konzept in der Sowjetunion zu werben. Im Frühjahr 1927 hielt er sich deshalb fünf Wochen lang in Moskau auf. Minna Specht, die bereits 1925, eingeladen vom russischen Arbeiterbildungsverein, die Sowjetunion besucht hatte, hatte bei diesem Aufenthalt die Einladung an Nelson angeregt. Sie begleitete ihn 1927 nach Moskau. Hier trafen sie sich mit verschiedenen Wissenschaftlern und Pädagogen, auch mit Nadežda Krupskaja und Anatolij Lunačarskij, der Interesse zeigte, die Walkemühle kennenzulernen. Die angestrebte Aussprache mit Trotzkij ließ sich jedoch nicht mehr herbeiführen. - Nelson bezeichnete die Rußlandreise als ernüchternd und nützlich. Den Entschluß, eine eigene Partei zu gründen, betrachtete er gerade nach dieser Erfahrung als konsequent. Einige Monate später, am 29. Oktober 1927, starb Nelson im Alter von 45 Jahren in Göttingen. Seine Mitarbeiter zögerten keinen Augenblick, den Kampf für die Ziele ihrer Partei fortzusetzen. Auf dem folgenden ISK-Bundestag hielt Minna Specht die Gedächtnisrede auf Nelson. "Wir gehen an die Arbeit", sagte sie, "ohne ein Gelöbnis abzulegen. Was wir zu tun haben, wissen wir" (Heydorn 1974, S. 23).

Man teilte sich die Funktionen. Willi Eichler versah die Geschäfte des Partei-vorsitzenden, er arbeitete als Herausgeber und Redakteur der theoretischen Monatsschrift "isk", des "Mitteilungsblattes des Internationalen Sozialistischen Kampf-Bundes". Hellmut Rauschenplat, Dozent für Wirtschaft an der Walkemühle, war für die Verlagsarbeit und die Finanzpolitik des Bundes zuständig. Minna Specht übernahm neben der Leitung der Walkemühle auch den Vorsitz der Philosophisch-Politischen Akademie. In diesem Amt folgte sie Nelson, der 1922 die Akademie ins Leben gerufen und mit Weisungsbefugnissen gegenüber der ISK-Leitung ausgestattet hatte. Als Akademie-Vorsitzende avancierte Minna Specht deshalb "zur obersten Instanz der Nelsonbewegung" (Inf. Vorholt, 1988). Mit Franz Oppenheimer und Otto Meyerhof gab sie die neue Folge der "Abhandlungen der Fries'schen Schule" heraus. Die Edition von Nelsons "System der philosophischen Ethik und Pädagogik", dem zweiten Teil seiner "Vorlesungen über die Grundlagen der Ethik", besorgte sie gemeinsam mit Grete Hermann.

Die politische Arbeit des ISK stützte sich inzwischen in mehr als 30 Städten auf aktive Ortsvereine, neben rund 300 festen Mitgliedern garantierte ein Freundeskreis von 600 bis 1000 Personen die Existenz des ISK geistig und finanziell. Er ermöglichte das Erscheinen von "isk" in einer Auflage von 5000-6000 Exemplaren. Für die Arbeit einer kleinen Anhängerschaft in England erschienen seit 1929 auch englische Ausgaben. Minna Specht hielt sich im gleichen Jahr in London auf (Link 1964, S. 141f.).

Der Ortsverein Walkemühle verstand sich als Zentrum revolutionärer Impulse, auch innerhalb der Nachbargemeinden. Zu den Aktivitäten dieser ISK-Zelle gehörte hier wie in anderen Teilen des Reichs die Gründung von Siedlungsvereinen im Sinne der Oppenheimerschen Bodenreform. "Minna Specht", erinnert sich Rauschenplat, "gewann die Herzen der Arbeiter und Kleinbauern durch ihr ganzes Wesen, und der Rauschenplat organisierte den Siedlungsverein, durch den eben diese Kleinbauern Siedlungsland von der benachbarten Domäne bekamen" (Erinnerung 1980, S. 11).

Kampf gegen den Faschismus, Widerstand und Emigration

Der lokale Nutzen dieser Siedlungsarbeit offenbarte sich in vollem Umfang, als Wirtschaftskrise und Arbeitslosigkeit wenig später auch im Kreis Melsungen grassierten. - Vorerst verstellten jedoch die klassenkämpferischen Anliegen und der Konflikt mit der Sozialdemokratie dem ISK wie anderen linken Gruppen den Blick für die eigentliche politische Gefahr. Spätestens 1930 aber stellte man sich der für den ISK nun eindeutigen Drohung, die sich mit dem lautstarken Vordringen und den eklatanten Wahlerfolgen der NSDAP verband (Miller 1983, S. 59). Jetzt reagierte der Kampf-Bund konsequent mit der Forderung nach einer antifaschistischen Einheitsfront aller linken Kräfte. Auf dieses Ziel richtete er schließlich sein gesamtes Potential.

Die Erwachsenenschule der Walkemühle, die seit 1924 rund 30 ISK-Mitglieder ausgebildet hatte, wurde im Herbst 1931 geschlossen. Schüler, Mitarbeiter und Leitung begaben sich zum Tageskampf in die Ortsvereine, in der Mehrheit jedoch nach Berlin. Dort gab der ISK seit dem 1. Januar 1932 eine "Tageszeitung für Recht, Freiheit und Kultur" mit dem Namen "Der Funke" heraus. Minna Specht hatte in der Redaktion das außenpolitische Ressort übernommen. Der ISK verfaßte überdies Aufrufe und Flugblätter, er veranstaltete Unterschriftensammlungen für die Einheitsfront mit regional erheblichem Erfolg. Allein im Juni/Juli 1932 organisierte der Kampf-Bund 77 öffentliche Veranstaltungen. Der "Funke" erschien - zweimal vorübergehend verboten - bis zum 17. Februar 1933 täglich.

Im Herbst 1932 aber bereitete sich der ISK-Ortsverein Göttingen bereits auf die illegale Weiterarbeit vor. Minna Specht verließ Ende des Jahres Berlin. Sie ging zurück an die Kinderschule der Walkemühle. Anfang Februar 1933, als sich dort nach amtlichen Angaben noch 22 Kinder aufhielten, besetzten erstmals SA-Leute die Gebäude. Die Auflösung des Landschulheims, für das Hermann Lietz den Namen "Heim der Hoffnung" vorgeschlagen hatte, erfolgte im März 1933 aufgrund einer Initiative des Landratsamts Melsungen gegen den "sehr unerwünschten Unruheherd". Die entsprechende Verfügung des NSDAP-Gauleiters nahmen Minna Specht und Hellmut Rauschenplat noch im gleichen Monat entgegen. Grundstück und Einrichtungen wurden enteignet. Ende Mai beschlagnahmte die SA das gesamte Anwesen der Walkemühle endgültig. Dazwischen lag eine Zeit aufreibender Kämpfe mit den Behörden.

Ostern 1933 hatten sich in Berlin rund 30 ISK-Funktionäre auf einer illegalen Tagung zur Arbeit im Untergrund und zur öffentlichen Auflösung der Partei entschlossen. Das Konzept illegaler Weiterarbeit, das sich in den folgenden Jahren als höchst effektiv erwies, entwickelten die ISK-Vertreter auf zwei weiteren Treffen in der Illegalität, die im gleichen Jahr in Saarbrücken (Juli) und im Amsterdam (Dezember) stattfanden. Ab November 1933 errichtete Willi Eichler, unterstützt von anderen, im Reich bedrohten ISK-Emigranten, die Auslandszentrale des Kampf-Bundes in Paris (Link 1964, S. 177).

Minna Specht sah sich nicht durch unmittelbare Verfolgung zur Emigration gezwungen, sie wählte das Exil nahezu spontan, als sie erkannte, wie erschrocken die Kinder auf die Zerstörung der Schule reagierten. "It just occured to me", erklärte sie später, "when the children asked their questions, that we might go to Denmark. It was the mere desire to help the children who were troubled" (Specht 1935, S. 2).

Die umgehende und konzentrierte Kooperation der ISK-Freunde ermöglichte es, diesen Gedanken zu verwirklichen. Eine finanzielle Basis der Kinderschule in Dänemark konnte der damals in der Schweiz lebende Unternehmer Hermann Roos, Freund und Mäzen des Nelson-Kreises, schon im Juli 1933 sicherstellen. Gustav Heckmann, 1927-1931 Lehrer an der Walkemühle, formulierte und vertrat gegenüber den dänischen Behörden den Antrag auf eine Schule mit etwa 20 Kindern von sechs bis zwölf Jahren, drei Lehrern und zwei Helfern. Maria Saran, ein aktives ISK-Mitglied, das zeitweise in Dänemark gelebt hatte, kam im Mai dorthin aus der Londoner Emigration, unterstützte Heckmann und fand nach gründlicher Suche als erste Unterkunft der Schule ein Sommerhaus in Möllevangen, nördlich von Kopenhagen. Sie suchte und fand die Unterstützung von dänischen Vertretern der Reformschulbewegung und unterhielt gleichzeitig den brieflichen Kontakt zu Minna Specht (Nielsen 1985, S. 45-50).

Exil in Dänemark und Großbritannien

Im August 1933 traf Minna Specht in Möllevangen ein. Sie kümmerte sich gemeinsam mit Maria Saran um die bescheidene Einrichtung des Heims, lernte radfahren und die dänische Sprache. Im Oktober hatten sich acht Kinder mit zwei Lehrern eingefunden. Die Zulassung der Schule durch die Ministerien erfolgte erst im Februar 1934, der Unterricht begann aber schon früher. Ein dänischer Inspekteur erfaßte die Lage Ende 1933 so: "Die Inhaberin der Schule, Fräulein Specht, ist die Haushälterin für die Gemeinschaft, während Herr Heckmann und Fräulein Wettig die genannten Kinder unterrichteten, die ich während meines Besuches alle wohlerzogen, vergnügt und sauber antraf" (Nielson 1985, S. 56).

Das freundliche Bild verbirgt, daß die Kinder schwere seelische Belastungen verarbeiteten, die mit ihren Erlebnissen in Deutschland und der Trennung von der Familie zusammenhingen. Ihre Eltern gehörten zum Widerstand oder versuchten in der Emigration, eine neue Existenz zu finden. - Bevor die Schule in ein anderes, größeres Heim, das Anwesen Östrupgaard auf der Insel Fünen, umsiedeln konnte, fanden die Kinder im Sommer 1934 mehrere Monate in der Gartenbauschule Aarslev Unterkunft. In Östrupgaard, das malerisch lag und als einer der "schönsten alten dänischen Herrenhöfe" galt, ergänzte ein Kindergarten die Schule. Die Zahl der Kinder stieg auf insgesamt 27, rund die Hälfte von ihnen stammte aus jüdischen Elternhäusern.

Lebensstil und Erziehungsprinzipien entsprachen der Kinderschul-Pädagogik, die der Nelson-Kreis entwickelt und die Walkemühle praktiziert hatten, berücksichtigten aber, daß die Kinder der Exilschule durch ein besonderes Schicksal, die "Entwurzelung" aus dem heimatlichen Milieu, geprägt waren. Die reich dokumentierte Arbeit an der "Erziehung zum Selbstvertrauen" in Östrupgaard richtete sich thematisch wie methodisch auf eine sozialistische Grundhaltung, die Zuverlässigkeit und Disziplin einschloß. Die Schule diente ausdrücklich nicht als konspiratives Kontaktzentrum, obwohl alle Mitarbeiter Antifaschisten waren und Besuche von ISK-Freunden die Regel (Nielsen 1985, S. 40f.). Minna Specht reiste häufig, um in England, Frankreich oder der Schweiz Mitstreiter zu treffen, Kongresse zu besuchen und die Herausgabe des Nelson-Nachlasses zu fördern. 1935 erläuterte ihr "Speech on the Nelson School" das Schulprojekt des Ethischen Sozialismus in London. - Gleichzeitig blieb Minna Specht für die Richtlinien und das Milieu der Erziehung in Östrupgaard zuständig; die zierliche Schulleiterin galt trotz mancher Eigenwilligkeit hier wie früher in der Walkemühle bei Schülern und Mitarbeitern als Herz des Unternehmens: "Dieses intensive Miterleben, diese Spontaneität", so sah es die Erzieherin Charlotte Sonntag, "diese Lebendigkeit gab unserem Leben, dem Leben der Kinder und der Erwachsenen in der Schulgemeinschaft, Farbe und vor allem Impulse" (Erinnerung 1980, S. 39).

Ausschlaggebend für Minna Spechts Entschluß, die Schule nach England zu verlegen, waren pädagogische Überlegungen, obwohl sich die Gefahr einer Besetzung Dänemarks in einem Krieg bereits 1936 abzeichnete. Es war nicht gelungen, Östrupgaard auch für dänische Schüler attraktiv zu machen, man bemerkte, daß die Schüler in der Isolation einer ländlichen Idylle weltfremd wurden und gleichzeitig ein Gruppengefühl der Selbstüberschätzung und Intoleranz entwickelten. - Wie konnte die Schule aus der Isolation herauskommen? Den Kontakt mit der dänischen pädagogischen Avantgarde suchend, drängte Minna Specht nach Kopenhagen. Gewissermaßen als Vortrupp ging Gustav Heckmann mit sieben älteren Kindern im Herbst 1936 dorthin. Die Gruppe wohnte in der Altstadt. Im Unterricht studierte sie den Hafen und was die Hauptstadt sonst zu bieten hatte. Der Umzug der Gesamtschule nach Kopenhagen wurde jedoch nicht verwirklicht (Inf. Heckmann 1986). - Wegen des Zieles, "eine fortschrittliche Schule im Sinne des kämpfenden Proletariats" ins Leben zu rufen, entstand der Plan, in eine Bergarbeitersiedlung in Süd-Wales umzuziehen, wo Quäker ein großes Selbsthilfeprojekt für Arbeitslose gestartet hatten und an der Einrichtung einer Schule interessiert waren. Minna Specht widmete dem Projekt ein gründliches Gutachten, sie räumte dabei ein, "daß es auch für Kinder nicht nur Vorteile hat, die Orte ihres Lebens zu oft zu wechseln" (Nielsen 1985, S. 131).

Die Übersiedlung nach Wales erstreckte sich fast über das ganze Jahr 1938. Der NS-Einmarsch in Dänemark (April 1940) rechtfertigte diesen Umzug als Flucht. Für das sozialpädagogische Experiment blieb jedoch in den Wirren kein Raum. Wenige Monate nachdem die Schule in Wales eingerichtet war, scheiterte das Siedlungsunternehmen der Quäker schlagartig. Danach brach der Krieg aus. Jetzt verfolgte Minna Specht den Plan, in England eine international und pazifistisch ausgerichtete Schule zu gründen, für die sich als Heim der Gutshof Butcombe Court bei Bristol fand. - Schüler und Mitarbeiter zogen hier im April 1940 ein und erlebten, daß die Schule einen Monat später, im Mai 1940, schließen mußte. Die vier deutschen Lehrer und Minna Specht wurden interniert, die Schüler kamen in privaten Familien und in anderen Heimen unter.

Von der Nachkriegsplanung zur "headmistress" im Odenwald

Das folgende Jahr im Internierungslager auf der Isle of Man empfand Minna Specht in der Rückschau als durchaus sinnvoll, zumal sie als Lagerälteste, "unterstützt von vielen hilfsbereiten Mitarbeiterinnen, das Leben der Frauen erträglicher machen konnte durch die Einrichtung von Werkgemeinschaften, Vorlesungen, die Einrichtung einer Schule, eines Hospitals und schöner, künstlerischer Veranstaltungen" (Erziehung 1960, S. 372).

Weiterreichende Folgen zeigte die britische Internierungswelle insofern, als sich in verschiedenen Lagern Emigranten trafen, die begannen, Konzepte für die Zeit nach dem Zusammenbruch des NS-Systems zu entwickeln. Fragen der Jugend- und Erziehungspolitik hatten dabei besonderes Gewicht. Ein solcher Kreis, in dem Fritz Borinski und Werner Milch aktiv wurden, kam im Frühsommer 1942 auf Minna Specht zu, die nach ihrer Entlassung an einer Studie für die Fabian Society arbeitete und im Londoner Stadtteil Hampstead ein Zimmer bewohnte. Mit Unterstützung britischer Freunde und Experten konstituierte sich aus dieser Gruppe Anfang Juni 1943 das German Educational Reconstruction Committee (G.E.R.), eine deutsch-britische Organisation, in deren Rahmen deutsche Politiker und Pädagogen zusammen mit Exil-Vertretern der Gewerkschaften und Kirchen begannen, Reformpläne für Nachkriegs-Deutschland zu entwickeln (Erziehung, S. 77-90).

Dabei stellte sich vordringlich die Frage nach der Verfassung einer Jugend, die ein Jahrzehnt lang durch Ideologie und Terror des NS-Systems beeinflußt und im Krieg einer verheerenden militaristischen Indoktrination ausgesetzt war. Mit diesem

Erbe der "Gewaltanbetung" setzten sich Minna Spechts Publikationen in den letzten Exiljahren auseinander. Analytischen wie programmatischen Charakter hatte ihre Schrift über "Die Erziehung der deutschen Jugend", die im Juli 1943 unter dem Obertitel "Gesinnungswandel" erschien und Aufsehen erregte. Die englische Fassung galt als "masterly analysis of Nazi education and its results". Die Verfasserin griff überdies aktiv in die britische Re-education-Debatte ein, sie stritt für eine konsequente Reformpolitik und gegen die Rachetaktik der "Vansittartisten". Ihre Überzeugung, daß "Umerziehung" vom Geist der Freundschaft bestimmt sein müsse, vertrat sie als Mitglied einer britischen Delegation vor einem verblüfften Publikum auf einer internationalen Tagung in Zürich bereits im September 1945, wo zunächst Haß und Abscheu angesichts der deutschen Kriegs- und NS-Verbrechen das Klima prägten.

"You are appointed Headmistress by the Military Government USA in the Odenwaldschule. When do you intend to travel?" Dieser Telegramm-Text vom britischen Passport Office erreichte Minna Specht im November 1945 in London. Die Entscheidung der Militärregierung hatte Paul Geheeb, der Gründer der Odenwaldschule, angeregt, der seine Arbeit seit 1934 im Schweizer Exil fortsetzte. Minna Specht sagte zu. Als sie im März 1946, nun 66jährig, die Leitung der Schule mit damals rund 100 Kindern übernahm, stand sie umgehend vor den aufreibenden Problemen einer Entnazifizierung der Lehrerschaft und vor der Schwierigkeit, Ersatzkräfte zu finden. Hinzu kamen die katastrophale Ernährungslage und der Andrang neuer Schüler, zu dem der Flüchtlingsstrom erheblich beitrug. - Schon vor ihrer Rückkehr im März hatte die SPD, der sich die ehemaligen ISK-Vertreter nun anschlossen, Minna Specht als Mitglied aufgenommen. Eine Einladung, 1951 auf der SPD-Frauenkonferenz in Fulda über ihr Leitthema "Sozialismus als Lebenshaltung und Erziehungsaufgabe" zu sprechen, war für sie ein "schöner Beweis des wiedergewonnenen Vertrauens".

Trotz der materiellen Nöte kämpfte sie in diesem Sinne zielstrebig gegen die Exklusivität eines Landschulheims, das zukünftig nicht nur für "eine wirtschaftlich bevorzugte Schicht von Kindern" offenstehen sollte. Minna Specht wollte die Odenwaldschule "als eine Schule des Volkes, ... in der sich die alte Idee der Menschheitsbildung mit der realistischen, wirklichen gemeinschaftsbildenden Schulung, vor allem der Kinder der arbeitenden Klasse vereint", weiterführen (Erziehung, S. 287-292). Mit diesen Worten appellierte sie Anfang 1947 an die Gewerkschaften, sie warb jedoch auch hier verfrüht um Verbündete für ihr Bemühen, eine Demokratisierung der Bildungsangebote einzuleiten. Effektvoller engagierte sie sich auf anderer Ebene im Landesschulbeirat des Landes Hessen, in den sie 1947 berufen wurde. Sie setzte sich hier besonders für die stoffliche Entlastung gymnasialer Lehrpläne ein, um Raum für kritisches Denken zu schaffen.

Immerhin vollzog die Odenwaldschule, "das wichtigste Schulmodell der Nachkriegsjahre für eine neue Schule überhaupt" (H. Becker) 1953 den ersten Schritt der Umwandlung in eine teilintegrierte Gesamtschule. Minna Specht hatte 1951 die Leitung an Kurt Zier übergeben. Von 1952 bis 1959 arbeitete sie als Mitglied der deutschen UNESCO-Kommission und bis 1954 zugleich als Mitarbeiterin am UNESCO-Institut für Pädagogik in Hamburg. In dieser Zeit gab sie mit Martha Friedländer die Reihe "Kindernöte" heraus, eine Folge populär gehaltener Ratgeber für Mütter, die aktuelle pädagogische Einsichten verbreitete und von einem beachtlichen Kreis psychologisch kompetenter Autorinnen gestaltet wurde. Seit 1954 wohnte

sie, gemeinsam mit Grete Henry-Hermann, in Bremen. Sie wirkte weiterhin in verschiedenen Gremien, reiste häufig und arbeitete im Vorstand der "Vereinigung deutscher Landerziehungsheime" für die überregionale Beratung und Selbstkontrolle.
Am 3. Februar 1961 starb Minna Specht in Bremen. Als Unverheiratete hatte sie das Leben einer "alleinstehenden Frau" auch als Chance betrachtet. Die "Zusammenarbeit von Männern und Frauen", sagte sie hierzu, "die Gesinnungsgemeinschaft, wie sie vor allem die sozialistischen Genossen verbindet, ermöglicht Freundschaften, die durch gemeinsame Ziele gefestigt, das 'Alleinstehen' vergessen lassen ..." (Erziehung, S. 374). Schüler, Mitarbeiter und Freunde fanden bewegende Worte für die Jahre gemeinsamer Kämpfe, Hoffnungen und Erlebnisse. Wenn sie von Minna Spechts "pädagogischer Genialität" sprachen, meinten sie damit auch, daß ihr Umgang mit Menschen in sehr natürlicher Weise durchgehend erzieherisch war, daß sich ihre hervorragende Intelligenz mit Selbstlosigkeit und selbstkritischem Einfühlungsvermögen in glücklicher Weise verband. "Die Welt, die wir kennen", schrieb sie 1948, "ist eine Welt der Unruhe, und was wir am besten in ihr kennen, ist unser eigenes ruheloses Herz."

Literatur

Becker, H., Eichler, W., und Heckmann, G. (Hrsg.): Erziehung und Politik. Minna Specht zu ihrem 80. Geburtstag. Frankfurt a.M. 1960 (zit. "Erziehung").

Borinski, F.: Der geborene Erzieher. Rundfunkansprache zum 80. Geburtstag von Minna Specht, in: Die Sammlung, Jg. 15/1960, S. 113-116.

Erinnerung an Minna Specht. Aus Anlaß ihres 100. Geburtstages am 22. Dezember 1979 (Veranstaltung in Hannover am 19. Januar 1980), hrsg. von der Philosophisch-politischen Akademie e.V. Frankfurt a.M. 1980 (zit. "Erinnerung").

Heckmann, G.: Der Erzieher Minna Specht, in: Allgemeine Deutsche Lehrerzeitung, Jg. 13/1961, S. 120-122.

Heydorn, H.-J. (Hrsg.): Leonard Nelson. Ausgewählte Schriften. Frankfurt a.M. 1974.

Link, W.: Die Geschichte des Internationalen Jugend-Bundes (IJB) und des internationalen Sozialistischen Kampf-Bundes (ISK). Ein Beitrag zur Geschichte der Arbeiterbewegung in der Weimarer Republik und im Dritten Reich. Marburg 1964.

Miller, S.: Kritische Philosophie als Herausforderung zum Widerstand gegen den Nationalsozialismus, in: Dialektik 7/1983, S. 53-67.

Nielsen, B.S.: Erziehung zum Selbstvertrauen. Ein sozialistischer Schulversuch im dänischen Exil 1933-1938, Übers. a.d. Dän. N. Walter. Wuppertal 1985.

Saran, M., Eichler, W., Heydorn, H.-J. und Specht, M.: Re-Making Germany. London 1945.

Specht, M.: Hermann Lietz. Gedächtnisrede. Leipzig 1920.

dies.: Vom Sinn der Jugendweihe. Göttingen 1929.

dies.: Speech on the Nelson School. Privatdruck. London 1935.

dies.: Gesinnungswandel. Die Erziehung der deutschen Jugend nach dem Weltkrieg. London o.J. (1943).

Die Arbeiten von Link und Nielsen enthalten ausführliche Literatur- und Quellenangaben. - Für die Lektüre des Beitrags und hilfreiche Hinweise danke ich Hellmut Becker, Gustav Heckmann, Susanne Miller, Roswitha Riechmann, Udo Vorholt und Nora Walter.

Elisabeth Kitzinger
und der Münchner Verein Israelitische Jugendhilfe

Hildegard Müller-Kohlenberg

"Im November 1904 berief der Ausschuß für geistige und soziale Interessen der München-Loge eine Anzahl Frauen und Mädchen, damit dieselben neben den bisher bestehenden Frauenvereinigungen neue Arbeitsfelder pflegen und auf sozial wirkenden Gebieten sich betätigen sollten."[1] Diese "Berufung" durch die Herren der München-Loge und die Beauftragung zu sozialem Engagement bedeutete die Absegnung eines de facto seit Monaten bestehenden Kindergartens, den drei junge Frauen als private Initiative gegründet hatten. Es waren die Schwestern Luise und Elisabeth Merzbacher, später Luise Feistmann und Elisabeth Kitzinger sowie ihre Freundin Ida Kohnstamm (später Ida Blumenstein). Zunächst wurden einige bedürftige Kinder in der Merzbacherschen Wohnung aufgenommen. Dieser bescheidene Anfang dauerte nur kurze Zeit. Im Herbst mieteten die drei Frauen eine Dreizimmerwohnung in der Baderstraße in München. Auch diese Wohnung wurde nur als Provisorium betrachtet. Es sollte jedoch zwölf Jahre dauern, bis die Kinder (und Jugendlichen) in ein geeigneteres Haus umziehen konnten. Träger des Kindergartens war der Verein Israelitische Frauenhilfe, später Israelitische Jugendhilfe, dessen langjährige Vorsitzende Elisabeth Kitzinger wurde. Sie erweiterte stetig die Kapazität und das Aufgabenspektrum der Einrichtung. In der kleinen Wohnung wurden morgens 130 Kindergartenkinder betreut; nachmittags diente sie als Hort für Schulkinder, abends fand darin ein Mädchenklub für berufstätige Mädchen statt. Den Mädchen wurden Sprach- und Literaturkurse, Nähabende und Geselligkeit geboten. Zusätzlich wurde einmal pro Woche ein Mütterabend durchgeführt. In den Jahren 1912 und 1914 wurden die räumlichen Verhältnisse zwar nicht verbessert, aber doch im gleichen Haus vergrößert, so daß 150 Kinder aufgenommen wurden, die in den Kriegsjahren auch dort verköstigt wurden. Aus dem Kindergarten wurde ein Kinderheim.

Während all der Jahre bemühte der Verein sich angestrengt aber ergebnislos um eine bessere Unterbringung der Kinder. Dann schien, 1920, die Lösung greifbar nahe: Durch Spendensammlungen, Wohltätigkeitsveranstaltungen etc. konnte ein Haus gekauft werden. Aber in geschäftlichen Dingen mußten die Frauen erst bitteres Lehrgeld bezahlen. Das Haus war nun zwar ihr Eigentum, aber aufgrund der Wohnungszwangswirtschaft konnte es nicht bezogen werden. Noch nicht einmal angemessene Miete, die für die laufenden Kosten nötig gewesen wäre, ließ sich erwirtschaften. Nach weiteren sechs Jahren konnte dann allerdings ein geeignetes Haus in der Antonienstraße bezogen werden. Dort gab es eine Säuglingsstation, eine Kleinkinder- und eine Schulkinderabteilung. Statt des Mädchenklubs konnte nun jungen Mädchen eine Ausbildung in Hauswirtschaft, später auch Nähen und Schneidern, an-

---

1   Protokoll des Israelitischen Vereins Frauenhilfe o.J. (vermutlich 1914). Die im folgenden zitierten Protokolle und Jahresberichte sind im Leo Baeck Institut, New York, archiviert. (Kitzinger Collection, LBI Archives. Donated by Prof. Dr. Ernst Kitzinger, Harvard University.) Für die Überlassung des Materials danke ich meinem Kollegen Michael Daxner.

geboten werden. Daraus wiederum entwickelte sich der Bedarf nach einem Mädchenwohnheim für die Absolventinnen beziehungsweise für berufstätige Mädchen. Es wurde in der Virchowstraße eingerichtet. Fast gleichzeitig wurde auch deutlich, daß ein Lehrlingsheim für die schulentlassenen Jungen fehlte. Diese Aufgabe erschien jedoch den "Damen" (wie sie sich selbst immer nannten) nicht passend. Sie wandten sich deshalb an die München-Loge mit der Bitte, daß diese ein solches Haus gründen möge. Das tat die Loge, sie "gründete", zahlte monatlich einen Zuschuß von 300 RM und ließ ansonsten die Frauen die Arbeit machen. "Abgesehen von dieser sehr schönen finanziellen Unterstützung hat die Loge bis zum Mai dieses Jahres (1928) die Sorge und die Arbeit für das Lehrlingsheim allein uns überlassen."[2] Später wurde eine Kuratoriumslösung mit gemischter Besetzung gefunden.

Neben diesen stationären Einrichtungen betrieb der Verein seit 1921 "offene Fürsorge". An der Entwicklung dieses Sektors ist einerseits zu verfolgen, wie sich die Umgestaltung von der freien zur kommunalen Fürsorge beziehungsweise Wohlfahrtspflege vollzog, die die 20er Jahre allgemein in Deutschland kennzeichnete; zum anderen spiegelt sich darin auch die geänderte Auffassung zu sozialen Fragen innerhalb der jüdischen Gemeinde wider. Mit dem Jugendwohlfahrtsgesetz (1922/1924) wurden erstmals koordinierende Behörden geschaffen, die nach dem Subsidiaritätsprinzip den freien Trägervereinen ihre Eigenständigkeit jedoch beließen. Die Zusammenarbeit zwischen dem israelitischen Verein für Jugendhilfe und dem Wohlfahrtsamt der Stadt München gestaltete sich wohlwollend, ohne Abwehr. Von seiten des Vereins wurde die Zusammenarbeit bereits vor Inkrafttreten der neuen Gesetze gesucht, kam aber erst ab 1924 voll zum Tragen. Die neugeschaffenen städtischen Behörden trafen in der jüdischen Kultusgemeinde auf korrespondierende Strukturen, die sich ebenfalls erst seit kurzem herausgebildet hatten. Denn erst nach der Einführung des Proportionalwahlrechts (nach dem Ersten Weltkrieg) gelang es Minderheitengruppen, wie den Ostjuden und den Zionisten in den Vorstand der Gemeinde gewählt zu werden. Mit diesen zog ein neuer Geist ein, der nicht damit zufrieden war, die Aktivitäten der Gemeinde auf das religiöse Gebiet begrenzt zu sehen. Aus der Kultusgemeinte sollte eine Volksgemeinde werden. Der Hauptvertreter auf sozialem Gebiet in München war Dr. Eli Straus, der die Zusammenfassung der jüdischen Sozialarbeit in einem Wohlfahrtsamt betrieb. So wurde 1921 das Wohlfahrts- und Jugendamt der israelitischen Kultusgemeinde München gegründet.[3]

Zwischen den Frauen des Vereins Jugendhilfe, dem jüdischen und dem kommunalen Wohlfahrtsamt gab es in den folgenden Jahren eine enge Zusammenarbeit in personeller und inhaltlicher Hinsicht, die man als "Filz" bezeichnen könnte, wäre sie nicht, jedenfalls für etliche Jahre, ausschließlich zum Wohl der Schützlinge geführt worden: "Wir haben im März dieses Jahres" heißt es im Jahresbericht am 20. Oktober 1925, vorgetragen von Elisabeth Kitzinger "gemeinsam mit der Gemeinde eine Jugendfürsorgerin angestellt - Fräulein K.. Sie arbeitet zum Teil für uns, zum Teil fürs Wohlfahrtsamt. Unsere schriftlichen Arbeiten werden zum größten Teil im Büro des Wohlfahrtsamtes erledigt, unsere Akten dort geführt, unsere Sprechstunden sind dort. Wir sind also jederzeit in engster Fühlungnahme mit dem Wohlfahrtsamt, das

---

2   Bericht bei der Mitgliederversammlung vom 11. Dezember 1928.

3   Vgl. Rahel Straus: Jüdische Wohlfahrtsarbeit in München, in: Hans Lamm (Hrsg.): Von Juden in München. Ein Gedenkbuch. München 1958, S. 72-74.

wiederum genau Bescheid weiß über unsere Tätigkeit, vor allem auch über unser Kinderheim."[4] In verschiedenen Protokollen und Berichten wird die Zusammenarbeit als "ideal", "schön und eng", "sehr ersprießlich" oder wie Elisabeth Kitzinger 1928 ausführte: aufbauend "auf gegenseitigem Verständnis, ja ich möchte fast sagen, auf Freundschaft."[5]

Ich erwähne diese subjektive Seite der institutionellen Zusammenarbeit, weil sie, wie mir scheint, auf tragische Weise dazu beigetragen hat, daß die Mitglieder und Leiterinnen des Vereins die Bedrohung durch den Nationalsozialismus nicht in voller Schärfe wahrgenommen haben, sondern lange Zeit gefiltert durch das Wohlwollen der Behördenvertreter. 1933 war es beispielsweise nicht möglich, eine Mitgliederversammlung durchzuführen, "da unser Verein vom 12. Mai bis zum 12. Juni 1933 von der politischen Polizei beschlagnahmt wurde."[6] Trotzdem bekommt der Verein weiterhin städtische Zuschüsse und beteiligt sich an den Aktivitäten des Winterhilfswerks.

Der folgenschwerste Irrtum in diesem Zusammenhang war vermutlich, daß es aufgrund der guten Beziehungen zum Stadtjugendamt gelang, 1938, als die Schließung des Kinderheims angeordnet wurde, einen Aufschub zu erreichen. Ende der 30er Jahre wäre es wohl noch möglich gewesen, die Kinder ins Ausland zu bringen, was 1942, als die Räumung durchgesetzt wurde, nicht mehr möglich war.

Elisabeth Kitzinger wird in einer Laudatio anläßlich ihres 80. Geburtstags von Rabbiner Bärwald als "spiritus rector der blühenden sozialen Einrichtungen der Gemeinde München in den 20er und 30er Jahren" bezeichnet.[7] Sie muß eine mitreißende Persönlichkeit gewesen sein, die überall, in allen verzweigten Bereichen und auf allen Ebenen, von der Vorstandsarbeit über die Finanzverwaltung, die pädagogische Arbeit bis zur Hausarbeit mitarbeitete und Anregungen gab. "Alle Korrespondenz wird von ihr selbst erledigt, jeder Kassenzettel geht durch ihre Hand, für jeden Monat berechnet sie den pekuniären Stand der Arbeit usw. Jeder kennt sie aber auch mit der großen Schürze arbeitend und schaffend, eine Vorsitzende, die alle Fäden in der Hand hat."[8]

Das Verhältnis zu ihren Mitarbeiterinnen muß intensiv, herzlich und sehr persönlicher Prägung gewesen sein. In den gesammelten Unterlagen (vgl. Fußnote 1) erfährt man wenig über sie selbst. Sie stellt in jedem Bericht die Leistungen der Mitarbeiterinnen in den Mittelpunkt, ihre Tätigkeit bleibt anonym als Leistung "des Vereins". Nur in einigen Briefen klingt an, wie andere sie erlebt und geschätzt haben: "Kraftvoll und schnell arbeitend mit heiterem Ernst und ernster Heiterkeit, Wärme, Güte und Verständnis in so reichem Maße ausströmend, daß eine junge Mitarbeiterin kürzlich auf der Straße weinte, als wir am Abend bei Frau Doktor (so wurde sie als Gattin eines promovierten Rechtsanwaltes stets genannt, die Verfasserin) gewesen waren. Sie sagte, daß man aus diesem Haus immer mit so inniger Bereicherung fortginge, daß es einem manchmal ein gar zu Viel bedeute und daß einem aus über-

---

4   Bericht bei der Mitgliederversammlung vom 20. Oktober 1925.

5   Bericht bei der Mitgliederversammlung vom 11. Dezember 1928.

6   Bericht der Israelitischen Jugendhilfe e.V. für die Zeit vom 1. Juni 1932 bis 1. Juli 1934.

7   Rabbiner Dr. Leo Bärwald: Elisabeth Kitzinger - 80 Jahre, in: Aufbau. April 1961.

8   Aus einem Brief an Anna von Gierke (Absenderin unbekannt) vom 13.11.1933.

vollem Herzen die Tränen kommen. So geht es mir auch oft und ich bin dem Schicksal dankbar, das mich mit einem so umfassenden Menschen zusammengeführt hat, der mich in seiner Berufung für diese Arbeit innerlich so vorbildlich berührt. Da ja auch das Äußere des Menschen der Spiegel seiner Persönlichkeit ist, so will ich Ihnen auch noch erzählen, daß die stattliche Erscheinung der Frau Dr. Kitzinger, ihre schönen ausgeglichenen Züge, in denen so viel Ernstes, Schweres, menschlich Durchgemachtes und Überstandenes liegt, mit den schönen blauen, oft so lebendigen und sogar temperamentvoll werdenden Augen zusammen, einen besonderen und sehr lieben Menschen zeigt. In ihrer Stimme und im warmen Händedruck bringt sich die menschliche Wärme und Herzlichkeit zum Ausdruck, die im eigenartigen Gegensatz zu der großen persönlichen Zurückhaltung steht und doch kein Gegensatz ist, sondern eine Distanz gibt, die alles im rechten Abstand, im rechten Maß und im rechten Gleichgewicht sich auswirken läßt."[9]

Ein anderer Brief ist erhalten, der ihr zum Abschied von zwei Mitarbeiterinnen anläßlich ihrer Auswanderung (zunächst nach Israel, dann 1947 nach USA) geschrieben wurde. Darin heißt es: "Das schöne Heim, das Sie schufen und leiteten, sollte ein dauerndes Denkmal für Sie sein. Wenn es nun den Zeiten zum Opfer fällt, so zeugen Hunderte von Menschen, denen das Heim ihr Elternhaus ersetzte und die dankbar Ihrer gedenken, wo immer Sie auch weilen mögen, Ihres Wirkens und Strebens."[10]

Pädagogen setzen sich im allgemeinen keine Denkmäler und die Zeilen im Brief sollte man als Metapher lesen. Pädagogisches Handeln lebt im Augenblick, und wenn es gelungen ist, wird es vom "Zögling" assimiliert, einverleibt und erscheint als Stück von ihm. Der Pädagoge kann abtreten; es sei denn, er schreibt. Nur schreibende Pädagogen kennt man als "große" Pädagogen. Elisabeth Kitzinger hat in diesem Sinn nicht geschrieben, wenn man absieht von Anträgen für Zuschüsse, Rechenschaftsberichte und einem kurzen Erinnerungsaufsatz.

Über die theoretischen Grundlagen der Arbeit, die Inhalte und Methoden ist wenig festgehalten. Als Grundsätze der Arbeit werden in einem Referat auf der Verbandstagung (Verband bayrischer israelitischer Gemeinden) Prophylaxe und Berufsausbildung angeführt. Die Prophylaxe wurde zu einem erheblichen Teil als Sorge um das leibliche Wohl verstanden. Ernährung und Hygiene spielen in den Berichten eine bedeutende Rolle und auf hygienische Maßnahmen wurde auch unter schwierigen Bedingungen stets Wert gelegt. Als beispielsweise im November 1932 ein Tagesheim in dem Gebäude des Kinderheims eingerichtet wurde, wurden strenge Vorkehrungen getroffen, um die Infektionsgefahr zu vermindern. Die Tageskinder wurden im Heim täglich gebadet und umgezogen, bevor sie mit den anderen Kindern in Berührung kamen.[11]

Elisabeth Kitzinger war eine hervorragende Organisatorin und - mit einem heutigen Wort - Managerin. Die Attribute, die sie ihren Mitarbeiterinnen in den Jahresberichten immer wieder zuteil werden ließ: Aufopferungsvoll, unermüdlich, treu gelten auch für sie. Dieses Einstehen für die Kinder und die Sache, die Treue, war in den

9   Ebenda.

10   Brief von Hedwig Jacobi und Ida Blumenstein an Elisabeth Kitzinger, 10.3.1939.

11   Vgl. auch Werner J. Cahnmann: Die soziale Gliederung der Münchener jüdischen Gemeinde und ihre Wandlungen, in: Hans Lamm (Hrsg.), a.a.O., S. 31-42.

damaligen Zeiten lebensgefährlich und verlangte unendlichen Mut. Es waren gerade viele Frauen, die wegen ihres sozialen Engagements im Nazi-Deutschland ausharrten, während ihre Familien auswanderten. Else B. Rosenfeld, eine engagierte Mitarbeiterin in der jüdischen Sozialarbeit zur damaligen Zeit, schreibt in ihren Erinnerungen: "Inzwischen konnten unsere beiden jüngeren Kinder nacheinander nach England auswandern, und mein Mann und ich warteten auf die Genehmigung, ihnen zu folgen. Am letzten möglichen Termin vor Ausbruch des Krieges erhielt mein Mann sein Visum, mit der Bedeutung, am selben Abend abzureisen. Ich bewog ihn, um der Kinder willen, mehr noch um seiner selbst willen, zu reisen, obwohl die Trennung bitter schwer für uns beide war. Ich stellte mich sofort nach seiner Abfahrt der jüdischen Gemeinde wieder zur Verfügung."[12] Oder "Frau Dr. Anna Renner, die in den letzten Jahren vor dem völligen Zusammenbruch die Leitung des Jugend- und Wohlfahrtsamtes der Gemeinde und des Verbandes hatte, führte all die schwierigen Aufgaben in vorbildlicher Weise mit größter Aufopferung durch. Sie harrte aus auf ihrem Posten, obwohl sie Gelegenheit gehabt hätte, nach England auszuwandern. Im Jahre 1943 wurde auch sie deportiert."[13]

Die jüdische Jugendfürsorge in München endete 1943. Die letzten 13 Kinder wurden mit den beiden Erzieherinnen Alice Bendix und Hedwig Jacobi zuerst in das Sammellager Berg am Laim verbracht. Von da aus wurden sie nach Auschwitz deportiert. Dort fanden die Erzieherinnen mit den Kindern den Tod in der Gaskammer.

---

12 Else B. Rosenfeld: Leben und Sterben der Münchener Gemeinde 1938-1942, in: Hans Lamm (Hrsg.), a.a.O., S. 354-359.

13 Elisabeth Kitzinger: Jüdische Jugendfürsorge in München 1904-1943, in: Hans Lamm (Hrsg.), a.a.O., S. 75-79.

Lotte Kaliski:
Schulgründerin - Widerstand und Exil

Michael Daxner

I.

Lotte Kaliski lebt heute in New York, am Central Park; sie ist - ihrem Alter und ihrer Gehbehinderung zum Trotz, "lebendig", über europäische und amerikanische Politik und Kultur informiert, "diskursiv" agierend und durchaus originell, aber nicht untypisch die deutsche Tradition in ihrer jüdischen Geschichte aufhebend. Im Dezember 1983 schreibt sie, zur Unterstützung eines Forschungprojekts, "Memories": Zehn Seiten maschinengetippte Lebensgeschichte; der Briefbogen der ersten Seite vermerkt: The New Kaliski Country Day School "for the child with learning disabilities", Founded by Lotte Kaliski in 1947 (DOK A, S. 1. Vgl. Editorische Anmerkungen am Ende des Aufsatzes). Das war ihre zweite Schulgründung, sie war 38 Jahre alt, seit August 1938 in der USA im Exil. Als sie ihre erste Schule gründete, war sie 23. Ihre Memoiren, ihre Biographie scheinen mit dieser Schule zu beginnen:

> Der folgende Text repräsentiert eher Vignetten persönlicher Art als den theoretisch-pädagogischen Hintergrund der Gründung und des Aufbaus einer jüdischen Schule in Nazi-Deutschland. Es ist schmerzlich und zugleich dankerfüllt, wenn ich 52 Jahre zurückblicke, eine schrecklich lange Zeit bezogen auf jemandes Lebensspanne.

> Dezember 1931, Weihnachtsferien - ich verließ Breslau, meine Heimatstadt, um eine gute Freundin meiner Mutter in Berlin zu besuchen, die ich sehr gerne hatte. Das Ergebnis war, daß ich niemals mehr nach Breslau zurückkehren sollte.

> Im Januar 1932 beschloß ich in Berlin zu bleiben. Ich hatte die städtische Waldschule an der Heerstraße in Grunewald kennengelernt. Ich mochte das Konzept einer Schule an der frischen Luft, auch wußte ich einiges von der Konzeption der verschiedenen Landschulheime, die in den zwanziger Jahren in Deutschland entwickelt wurden. Ich wurde immer mehr fasziniert von dem Gedanken, eine eigene "Waldschule" zu haben. Ausgerechnet von allen Plätzen in der Welt in Berlin, wo ich nicht eine Menschenseele in der pädagogischen Szene kannte und wo mich sicherlich auch niemand kannte. Aber erstaunlicherweise fand ich Ermunterung und moralische Unterstützung durch eine(n) entfernte(n) Verwandte(n) meines Vaters, die/der zehn Jahre später durch die bestialischen Nazimonster ermordet wurde, ebenso wie mein Vater selbst, 72 Jahre alt.

> Außer, daß ich in Mathematik seit meinem zwölften Lebensjahr unterrichtet habe, war ich völlig unerfahren, 23 Jahre alt, aber abenteuerlustig, energisch, zielorientiert und entschlossen: so startete ich meine ersten Bemühungen, eine Waldschule zu gründen. Ich muß ehrlich sagen, daß ich keine vorbereitenden Untersuchungen oder Erkundungen der Gebäude durchführte, auch keine Forschung, wie man heute sagen würde. Ich sprang einfach hinein und hatte nur ganz wenig finanziellen Rückhalt zur Realisierung meiner Pläne (DOK A, S- 1).

Abenteuerlich, energisch, zielbewußt und entschlossen: die Selbstcharakterisierung entspricht nicht nur der "Persönlichkeit", sie ist auch - nach über 50 Jahren sicher unbewußt - eine gute Beschreibung des Erziehungsideals einer durch die "geisteswissenschaftliche" Pädagogik geforderten und geförderten Schulreform.

Die selbstorganisierte Waldschule öffnet am 7. April 1932 ihre Tore für 26 Schülerinnen und Schüler. Eine kurze Zusammenfassung der Schulgeschichte ist hier geboten (vgl. Daxner 1986, S. 249-287 und Daxner, in: Neue Sammlung 26/1986, S. 68-78).

Mit Unterstützung von Freunden und Eltern werden die Gründungsformalitäten überwunden, im Sportclub Charlottenburg in Berlin-Eichkamp wird die Tageschule gegründet, Anmeldung und Schulgeld werden unbürokratisch geregelt, der Lehrplan ist informell und "frei". (Eine genauere Analyse von Unterricht, Curriculum und Didaktik zeigt ex post sehr wohl "Konzepte", deren Quellen allerdings von Lotte Kaliski nicht erinnert , oder vielleicht als nebensächlich abgetan werden). Engagierte Lehrerinnen und Lehrer finden sich ein - es hat sich etwas "herumgesprochen" über die Schule, die bald in die "gute Adresse" Bismarckallee 37 umzieht. 1933: Aus der für Schüler und Lehrer aller Bekenntnisse offenen Schule wird die private jüdische Waldschule Kaliski. Erzwungen durch die Verhältnisse wird das Judentum zu einem immer intensiveren und differenzierteren Prinzip des Schullebens, primär kulturell, sekundär, religiös und politisch (DOK A, S. 4). Eine Schülerin gibt in ihren Schulerinnerungen ein lebendiges Bild eines reformpädagogischen Alltags, bei dem das "Jüdische" (noch) einen eher identifikatorischen Charakter hat (DOK 12). Aber schon 1935 wird jüdische Realität zum Lehrstoff gemacht, zum Beispiel Schulstatistik über jüdische Schüler und Schulen im Rechenunterricht (DOK 26/7). Orthodox oder einseitig-zionistisch wird der Unterricht aber auch nie: Noch 1939 wird der Eklektizismus der Stoffauswahl ironisiert (DOK 26/8). Entsprechend der Schulpolitik der Nazis wird die Schule - wie vergleichbare andere jüdische Schulen auch - auf ihre kulturelle "Autonomie" nach innen festgelegt, freilich nicht ohne Repressalien. Gemeinsam mit dem Schulleiter Dr. Heinrich Selver und einem solidarischen Eltern-Schüler-Lehrer-Kollektiv wird die Zeit relativ "erfolgreich" gemeistert. Neben der Transformation zum Judentum wird der Focus von der Reformschule zur Vorbereitung auf die Emigration verschoben, dabei rücken sowohl Palästina als auch Frankreich, England und die USA ins Bild. Die Schule wächst, ihre Oberstufe verleiht Cambridge Proficiency Zertifikate und analoge Französisch-Zeugnisse, wichtig für die Auswanderung oder Flucht. Aus ihrem guten Domizil Im Dol 2-6 (Dahlem) wird die Schule 1939 endgültig vertrieben, nachdem Lotte Kaliski und Heinrich Selver schon 1938 emigrieren mußten.

Den nüchternen Fakten kann heute niemand ohne weiteres das Gewicht dieser Geschichte entnehmen:
- Eine junge Frau, mathematisch-naturwissenschaftlich und pädagogisch vorgebildet, gründet in der ökonomisch und sozial erbärmlichen, politisch schon repressiven Zeit 1932/1933 eine Schule - die heutige Diskussion um freie Schulen sei erinnert!
- Diese Frau ist seit ihrem sechsten Lebensjahr durch Polio körperbehindert; sie ist nicht vermögend, muß sich ihre Beziehungen, ihr soziales Kapital, in Verwirklichung ihrer Pläne erarbeiten, ohne "Vorlauf";

- ihre Arbeit ist anfangs nicht politisiert, aber keineswegs unpolitisch. Im Lauf der Jahre wird sie selbst politisch akzentuiert, die Geschichte ihrer Schule ist auch eine des Widerstands;
- die Schulgeschichte ist aber auch eine Geschichte in der Dialektik des verzweiflungsvollen Schicksals der Naziopfer und des Erfolgs der Überlebenden. Der Erfolg aber ist mit ein Produkt von Lotte Kaliskis Schulphilosophie und -praxis.

II.

Heute noch treffen sich viele ehemalige Schülerinnen und Schüler der "PRIWAKI" mehr oder weniger regelmäßig, seit 1982 ein großes Treffen zum 50. Geburtstag stattgefunden hat. Viele von ihnen leben an der amerikanischen Ostküste zwischen New York und Boston, einem typischen Lebensbereich für jüdische Emigranten. Ihre Berufe sind überwiegend im intellektuellen Feld angesiedelt, künstlerische Tätigkeiten und arrivierte Geschäftsarbeit sind nicht selten. Es sind "erfolgreiche" Menschen zwischen 50 und 60, die ihren Erfolg - Flucht, Neubeginn, Stabilisierung - zu einem guten Teil Lotte Kaliski und ihrer Schule zu verdanken meinen. Aus einer Vielzahl von autobiographischen Dokumenten geht dies hervor; mehr noch aus privater Korrespondenz mit Lotte Kaliski. Zwei nicht unrepräsentative Sätze über sie: "She looked quite unwordly and has surely remained so, since I saw her some thirty years later at the New School for Social Research in New York still youthful in body and spirit and by that time very successful in her field" (DOK 10/3). Eine andere Schülerin sagt, sie sei bei der ersten Begegnung "awe struck" (von Ehrfurcht gepackt) gewesen - und so sei es geblieben (DOK 20/1).

Ich würde Lotte Kaliski nicht als "charismatisch" bezeichnen, sondern finde aus eigener Bekanntschaft und in Dokumenten über sie bei ihr eine "Aura" von Widerständigkeit und Willen zum Erfolg. Die beiden Worte sind jetzt mehrfach angedeutet worden: der Widerstand war einer gegen Vorurteil und Ausgrenzung, aufgeklärt, aber nicht klassenbewußt, nicht feministisch, nicht offen politisch. Er wird politisch und weiblich gegen das Nazi-Regime. Gegen dieses Regime muß man auch Erfolg haben, sonst droht Vernichtung. Dieses Wissen kommt erst später, aber eines ist schon vorher klar: der Erfolg ist das Produkt einer gewollten Besonderheit: noch in den letzten Jahren der Schule war die praktische Reform Element des Widerstands:

> Die Zeit im Dol 2-6 waren die Jahre des Gipfels unserer beruflichen Karrieren und der Profilierung jüdischer Erziehung in Nazi-Deutschland. Wir alle im Lehrkörper waren uns der Tatsache bewußt, daß wir auf einer Insel lebten. Nach innen hin waren wir Baumeister, während wir schon zerstört wurden. Wir lernten unentwegt, während wir zugleich unseren Lehrplan entwickelten, glücklicherweise vonseiten des Lehrkörpers mit intellektueller Brillanz, Erfindungsreichtum, Begabung und Zuneigung zu unseren Kindern. Wir wußten, daß wir besser sein mußten, um zu überleben, und wir mußten in unseren Schülern den Drang zur überragenden Leistung einpflanzen. Wir konnten uns nicht Nachlässigkeit oder laissez-faire leisten. Die Zukunft war unmittelbar - wenn es eine Zukunft war. Die Disziplin war bemerkenswert. Jüdische Kinder durften nicht auf sich aufmerksam machen (DOK A, S. 8).

Diese Insel war, so ein ehemaliger Schüler, auch eine "der Ruhe und des Friedens" (DOK 19/1) und - das sagen fast alle Quellen: ein Ort der (intendierten) Normalität in einer abnormen Situation.

III.

Was war das Besondere in dieser Schule? Freier, sportlich-musisch-spielerisch angereicherter Unterricht neben den harten gymnasialen Fächern? Es war eine typische Reformschule im Westen Berlins, nicht in Wedding oder in Neukölln.

Das Bildungsinteresse traf auf eine latente Bereitschaft, den Judaismus zu akzeptieren, der den Assimilierten brutal verordnet wurde. Die Orientierung auf die Zukunft außerhalb Deutschlands mochte schwerfallen, sie war eine "nicht-deutsche", für die meisten eine jüdische Zukunft, so wenig es für sie eine jüdische Vergangenheit gegeben haben mag. Lotte Kaliskis heutige Interpretation der Politik in der BRD, Österreich und den USA, ihr Verhältnis zu Israel, sind gekennzeichnet durch diesen Prozeß.

In der erzieherischen Atmosphäre herrschten eher Disziplin als laissez-faire, aber auch Selbstbestimmung statt Drill vor - es gibt wenig Anlaß, dies zu idealisieren, aber Grund genug, die gelungene Praxis der Schulgründering zu konfrontieren mit den rigiden Modellen sozial prominenter Reformpädagogen.

Daß Lotte Kaliski Koedukation durchsetzt, ist für einen jüdischen Schüler der ersten Stunde ein positives Schlüsselerlebnis (DOK 3/1); solche Details finden sich in den Quellen viele, die weiterer Aufbereitung wert wären. Fast ebenso kühl und sachlich, wie sie über ihr Engagement berichtet erzählt sie von Konflikten mit den Nazis bis hin zur direkten Konfrontation mit der Gestapo: als sei ihr Mut kein Gegenstand der Reflexion (DOK A, S. 4). Daß sie 1947 wieder eine Schule gründet, an der sie heute noch häufig anzutreffen ist, wundert nicht. Und doch habe ich das Problem, daß diese Frau nicht nur die fachliche und menschliche Anerkennung für ihr Lebenswerk braucht, in Form eines gesellschaftlichen Verdankens. Ich denke, wir können aus ihrer Praxis nicht nur gute Erziehung exemplarisch lernen, sondern auch den Takt und die Haltung, welche vielleicht helfen, die Umstände etwas weniger bitter zu gestalten, als Lotte Kaliski sie erleben mußte.

Editorische Anmerkung

Die Quellen sind sämtlich aus originalen Briefen und Texten zusammengestellt, die der Verfasser für eine historische Studie gesammelt hat. Sie sind bis heute nicht veröffentlicht. Da mir viele Texte persönlich zur Verfügung gestellt wurden und Namensnennung nicht unbedingt das Textverständnis verbessert, gebe ich im Aufsatz nur die Dokumentennummer an - damit ist die Quelle identifizierbar. Die Memoiren von Lotte Kaliski tragen die Kennzeichnung A, gefolgt von der Seitennummer. Hier habe ich den Text selbst übersetzt, obwohl für weiterführende Studien der englische Originaltext unverzichtbar ist, auch um die neugewählte Sprache zu respektieren. Zur Zeit wird an der Universität Oldenburg ein DFG-Projekt zur Schulgeschichte durchgeführt.

Literatur

Daxner, M.: Die Private Jüdische Waldschule Kaliski in Berlin 1932-1939, in: Die Juden im Nationalsozialistischen Deutschland 1933-1943, Mohr und Siebeck. Tübingen 1986 (LBI), S. 249-287.

ders.: Der Erfolg der Überlebenden, in: Neue Sammlung, Jg. 26, H.1/1986, S. 68-78.

Helene Helming
- Sorge um den Menschen in unserer Zeit

Barbara Stein

I. Erinnerungen

Helene Helming war meine Patentante, die älteste Schwester meiner Mutter. Ich habe sie in guter Erinnerung: In ihrer geraden Haltung, die grauen Haare zu einem Nackenknoten zusammengebunden, in farbig dezent gehaltener Kleidung, die oft mit einem Seidenbäffchen geschmückt war.

Sie wohnte in Ahaus in Westfalen zusammen mit ihrer Schwester Maria. Zunächst hatten beide im wiederaufgebauten Elternhaus, van Deldenstr. 6, im ersten Stock jeweils voneinander getrennte Wohnungen. Später zogen sie zusammen in die Parterrewohnung, damit sie keine Treppen mehr steigen mußten. Helene Helming hatte ein sehr großes Arbeitszimmer, eichenholzgetäfelt. Sie konnte von dort in den Garten, vor allem auf den Birnbaum sehen. Außer dem Schreibtisch standen in dem Zimmer hohe Bücherregale, ein samtblaubezogenes Sofa, Sessel, ein Teetisch und eine Liege. Eine Muttergottes von Maria Eulenbruch zierte den Schreibtisch.

Meine Mutter pflegte zu erzählen, Helene habe vor dem Krieg ein sehr schönes Arbeitszimmer gehabt, mit Möbeln, entworfen und eingerichtet von Rudolf Schwarz.

Die Sekretärin, Frau Springer, half, die anfallende Post zu erledigen, Montessor-Kurse zu organisieren und Arbeiten für die Montessori-Vereinigung durchzuführen. Die Schwester Maria Helming hielt den Haushalt in Ordnung.

Ich habe meine Tante nur in optimistischer Stimmung erlebt. Selbst wenn sie über politische Strömungen besorgt oder bedrückt war, über die später beginnende lange Krankheit der Schwester - ihr Optimismus als selbstverständliche Lebenshaltung blieb vorherrschend. Sie sagte dann: "Jetzt geht es uns ja nicht so gut. Aber im nächsten Sommer machen wir bestimmt wieder eine schöne Reise zum Ritten."

Sie steckte mir schon mal einen Geldschein zu und meinte: "Wenn man jung ist, kann man immer Geld gebrauchen." Sie mochte mich nicht in Hosen sehen und wollte gerne, daß ich Röcke oder Kleider trug, wenn ich sie besuchte. Sie hatte einen Blick für gute Stoffe und fand, daß man auf Kleidung und Aussehen viel Wert legen sollte. Sie kam bei Gesprächen schnell von der Realität des Lebens auf die dahinterstehenden Grundsätzlichkeiten anthropologischer Art und verfiel ins Dozieren. Sie hatte auch etwas Unnahbares an sich, als sei sie dem Alltag stets etwas entrückt.

Wenn wir mit dem Auto nach Ahaus kamen, freute sie sich, wenn wir ein Stück in die Landschaft fuhren und dann einen Spaziergang in die Bröke oder die Heide machten. Sie liebte ihr Münsterland sehr. Von "Annette" (von Droste-Hülshoff) wurde gesprochen, als sei sie eine nahe Verwandte.

Als Kind war mir die Verbindung der Namen "Tante Helene - Montessori" vertraut, aber "Montessori" war noch ohne Bedeutung für mich. Einmal hörte ich eine abschätzige Bemerkung einer Tante über "Helene und ihren Tick mit Montessori. Als ob man Kindern erlauben könnte, tun und lassen zu können, was sie wollen."

Sie drängte mich zu Beginn meines Studiums nicht, die Montessori-Pädagogik kennenzulernen. Aber sie gab mir den Rat, auch mal ein oder zwei Semester in Münster zu studieren, "weil da so gute Professoren seien" (nämlich Paul Oswald und Günter Schulz-Benesch). Ich folgte diesem Rat und von da ab wurde Montessori-Pädagogik für mich zu einer lebendigen Wirklichkeit; 1964 nahm ich an einem Kurs zur Erlangung des Montessori-Diploms teil und erlebte nun meine Tante auch "beruflich"; sie hielt die Vorträge, während andere Dozenten die praktischen Übungen durchführten. Ich war damals 22 Jahre, Helene Helming eine 76jährige, noch sehr aktive, aber doch vom Alter nun langsam gekennzeichnete Pensionärin: In ihren Vorträgen wiederholte sie sich manchmal, verlor auch hin und wieder den Faden.

Sie erlebte viele Ehrungen: Am 6. März 1963 feierte sie den 75. Geburtstag, im März 1968 den 80., 1973 den 85. Geburtstag. Sie erhielt das Bundesverdienstkreuz Erster Klasse und den kirchlichen Orden "Pro Ecclesia et Pontifice". Sie stand diesen Feiern mit einer gewissen Distanz gegenüber. In ihren Unterlagen fand ich ein in diesem Sinne charakteristisches Antwortschreiben an die Redaktion von "Who is Who in Germany", worin sie mitteilt, daß sie auf eine Aufnahme in dieses Buch verzichte.

Alle meine Erinnerungen beziehen sich auf die Zeit ihrer Pensionierung, in der sie noch sehr aktiv war, aber in der sie doch schon auf ein langes Leben und Wirken zurückblicken konnte. Um mehr zu wissen, muß ich Zeugen und Zeugnisse der Zeit befragen.

II. Aus Berichten von Zeugen und Zeugnissen der Zeit

Helene Helming wurde am 6. März 1888 in Ahaus geboren. Sie war die Älteste von 13 Kindern. Der Vater war Kreisarzt mit einer großen Landpraxis und auch im Stadtrat tätig. Die Mutter leitete den großen Haushalt und übernahm noch soziale Aufgaben im Ort. Das Familienleben war geprägt durch Weltoffenheit und selbstverständliche Einsatzbereitschaft.

Helene Helming besuchte die Schule in Ahaus und Osnabrück, legte das Examen für "mittlere Schulen" ab und unterrichtete zwei Jahre an der Töchterschule in Ahaus. 1911 begann sie das Universitätsstudium in Münster und Berlin. 1916 bestand sie das Staatsexamen in Deutsch, Englisch und Geschichte und bekam eine Stelle am Mädchengymnasium der Ursulinen in Berlin.

Die Mutter, Antonia Helming, führte in den Jahren 1914 bis 1923 ein Tagebuch. Hier wird die Zeitgeschichte lebendig: Das Buch beginnt mit dem Beginn des Ersten Weltkrieges am 1. August 1914. Die Mutter denkt sofort sorgenvoll an die Zukunft und daran, wie es ihren Kindern ergehen wird. Gleichzeitig ist es aber ganz selbstverständlich, daß das Vaterland, dem man treu ergeben ist, verteidigt werden muß. Fünf Söhne werden nach und nach eingezogen. Ein Sohn fällt, ein anderer kehrt mit einer schweren Verletzung zurück. Das Leben ist geprägt von der Sorge um das tägliche Brot und von der Sorge um die Söhne an der Front. Begriffe wie "Vaterland, Kaiser, Held, Tapferkeit", auch "Heldentod", sind keine leeren Floskeln; die Auszeichnung der Söhne mit dem Eisernen Kreuz löst echte Freude aus.

Helene Helming studierte in dieser Zeit in Münster. In einer Rede, die sie viele Jahre später zum 70. Geburtstag von Dr. Gerta Krabbel, Präsidentin des deutschen katholischen Frauenbundes, hielt, die sie als Mitstudentin in Münster kennengelernt hatte, sagte sie: "... Damals stand man noch im Beginn weiblichen Studiums, wir gehörten noch mit zu den Reihen der ersten studierenden Frauen. Spricht man heute mit jungen Studentinnen, so wundert man sich, wie wenig sie von der Frauenbewegung wissen ... Im Beginn des Frauenstudiums war es der Frau wie eine Aufgabe gegeben, und es wurde als eine innere Notwendigkeit erfahren, unabhängig zu sein. Unabhängig zu werden, war wie ein neues geheimnisvolles Glück. Wir dachten bei unserem Studium kaum an den späteren Beruf, wir suchten ... das Wort, dessen Wahrheit uns tief erfüllte und befreite. Wir hörten, wir diskutierten; unser Interesse war das Studium und alles, was mit der "Frauenfrage" sich ergab. Beides einte sich in dem tiefen Streben nach Unabhängigkeit, welche uns der eigentliche Sinn der Frauenbewegung, besonders der christlichen zu sein schien ..."

Es scheint, daß Helene Helming ihr Studium unbehelligt vom Krieg durchführen konnte. Wie die anderen Kinder auch, die von zu Hause fort waren, bekam sie Päckchen mit Lebensmitteln zugeschickt.

Ein paar Eintragungen im Kriegstagebuch der Mutter erzählen von ihr:

23.2.1916
Heute war ein glücklicher Tag. Helene telegrafierte aus Münster: "Glücklich durch". Sie hat das Oberlehrer-Examen also glücklich bestanden ..."

13.3.1916
... Helene erholt sich bei unserer Kriegskost aber gut. Sie ist vergnügt von Berlin zurückgekehrt als wohlbestellte Oberlehrerin der Ursulinenschule. Sie bekommt 3200 Mk Gehalt[1], davon gehen monatlich 140 Mk für Kost und Wohnung im Kloster herunter. Ursulinen! Das klingt so lieb und vertraut ... Drei meiner Schwestern sind Ursulinerinnen ...

1.9.1916
Brief von Helene, Berlin, Lindenstraße 39:
Liebe Eltern! Endlich einmal wieder herzliche Grüße und besten Dank für die neue Nahrungsmittelsendung, die sehr passend kam. Sie haben auf mich und Fräulein Krabbel den tiefsten Eindruck gemacht ... Was meint Ihr vom Krieg und von Hindenburgs neuer Stellung? Als Rumänien und Italien den Krieg erklärt hatten, habe ich abends im Theater ergreifende Kundgebungen gesehen. Es wurden die so echt deutschen "Meistersänger" wundervoll gegeben. Als am Schlusse Hans Sachs sein Loblied auf die deutsche Kunst sang, fing man schon während des Spiels an zu klatschen ..."

9.11.1918
Wie ein Blitzschlag ereilt uns die Kunde, der Kaiser hat abgedankt, ebenfalls der Kronprinz. Tränen habe ich vergossen bei dieser Nachricht ... Überall ist Revolution. Hier in Ahaus hat sich auch ein Arbeiter- und Soldatenrat gebildet ... Das gleiche Wahlrecht ist überall eingeführt. Auch die Frauen sollen wählen.

26.12.1918
Helene hat in Wessum in einer Frauenversammlung eine wohlgelungene Rede gehalten
...

---

1 Jahresgehalt.

29.12.1918
Helene sprach in einer Frauenversammlung über die Aufgaben der Frau bei der Wahl ...
Die Rede in Wessum hat ihr schon eine Mettwurst eingetragen, die eine Bäuerin unserem Vater gab: "Für ihre Tochter, die so schön reden kann!"

Ostern 1919 wechselte Helene Helming die Stelle und unterrichtete nun zwei Jahre am Lyzeum der Schwestern vom armen Kinde Jesu in Köln. Die Freunschaft zu Gerta Krabbel und die Verbindung zur Frauenbewegung blieb bestehen. 1921 erhielt sie die Berufung als Direktorin an eine städtische Mädchenmittelschule in Aachen. In diese Zeit fällt die Begegnung mit der Jugendbewegung, mit Romano Guardini und dem Quickborn. In einer Rede erzählt Guardini, wie er zum Quickborn gekommen ist, und diese Worte könnten auch für Helene Helming gelten: "... 1919 waren einige von uns auf Fahrt gewesen und erzählten nach ihrer Rückkehr von einer alten Burg am Main, Rothenfels, wo aufregende Dinge geschähen. Da kommandiere keiner, sagten sie, und doch sei großartige Ordnung; es werde gearbeitet und gefeiert, aber alles komme aus den Leuten selbst; Jungen und Mädel seien da beisammen, in Ernst und Fröhlichkeit, aber alles schön und sauber. So bin ich denn 1920 zu Ostern selbst hinaufgegangen, und das hat für mich Folgen gehabt wie wenige Dinge sonst. Denn damals ist in mein Leben eine starke Welle von dem eingeströmt, was Jugendbewegung heißt, und ich war doch selbst schon gar nicht mehr so jung ..."[2]
Ob einen die Jugendbewegung erfaßte, das hing ab "von einer bestimmten Art zu fühlen und zu denken, von einem angeborenen Willen, unmittelbar an Dinge und Menschen heranzukommen, echter und einfacher im Leben zu stehen, als es im alternden Bürgertum Regel war. Mitten im Individualismus war ein Gefühl für den anderen aufgegangen; daraus kam Freude an der Gemeinschaft und Verantwortung für sie ... überall lebte ein waches Gefühl der Freiheit und bewirkte, daß man sich seine eigene Unabhängigkeit bewahrte und die des anderen achtete. Es war wirklich eine Scheitelstunde im Fortgang der Geschichte; eine Stunde zwischen den Zeiten, deren innere Fülle einen heute ganz unwahrscheinlich anmutet."[3]
"Auf der zweiten Burgtagung 1920 hatte sich eine Tatsache und Aufgabe ergeben, die in der Folge die Burg tief beeinflussen sollte: die Älteren. Zu den Schülern von 1919 waren reifere Menschen gestoßen, Krieg und Revolution hinter sich ... Schon 1920 fiel das Wort, Quickborn müsse fortschreiten von der Jugendbewegung zur Kulturbewegung. Das wollte sagen: Was Quickborn will, Ernstmachen mit dem Glauben, Unbedingtheit und Natürlichkeit, das alles soll nicht nur das Jugendleben gestalten ..., sondern ebenso das Leben draußen, auf der Hochschule und im Beruf ..."[4]
Die geistliche Führung durch Guardini schaffte Tagungen und Werkwochen, aus denen geistige und religiöse Erneuerung und Vertiefung geschöpft wurde. "Seit 1926 vergeht kein Fest oder Ferienzeit, ohne daß sich nicht größere oder kleinere Kreise auf Burg Rothenfels zusammenfanden. Die religiösen Fragen stehen im Vordergrund. Neben dem theorethischen Denken, das bestimmte Glaubensprobleme zu klären sucht, steht der Wille zu religiöser Vertiefung ... Wichtig weiter daneben die Fra-

2   Burg Rothenfels 1955, R. Guardini zum 70. Geburtstag, S. 7.

3   Burg Rothenfels 1955, R. Guardini zum 70. Geburtstag, S. 7.

4   Burg Rothenfels 1919/1929 "Geschichte und Gestalt", Ludwig Neundörfer, S. 9.

gen der Abgrenzung: Kirche und Staat, Stellung der Frau, Ansatzpunkt des Politischen, des Erzieherischen ..."[5] "... Kultur wird nur in der Bewährung des Alltags geschaffen, und der wichtigste Dienst am Volk geschieht in stetiger Formung unser selbst. Eigentliche Kulturtaten hingegen fordern den berufenen Einzelnen."[6]

Schriftlicher Ausdruck des Gedankenaustausches der älteren Quickborner wurde die Zeitschrift "Die Schildgenossen", die sich 1925 von der formellen Bindung an das Bundesleben löste und sich "frei in das geistige Schaffen des katholischen Deutschland" stellte.[7] Die Zeitschrift wurde zunächst geleitet von Josef Aussem und später weitergeführt von Romano Guardini, Helene Helming, Rudolf Schwarz u.a. Die Schwerpunkte der Beiträge von Helene Helming beziehen sich hier wie später auch in Aufsätzen anderer Zeitschriften auf die Suche nach einer neuen Stellung und Wertschätzung der Frau wie auf den Bereich Erziehung und Bildung. Sie weist darauf hin, daß die männliche, technisierte Umwelt neue Möglichkeiten zur Freiheit, aber auch neue Gefahren birgt, und daß die Frau diese erkennen muß, um einen eigenen Standort zu gewinnen. "Brutalität des Technisch-Gesetzhaften kann das Persönliche einfach zerstören. Die Ablösung des Gesetzhaften vom Persönlichen gibt aber auch Möglichkeit zur Freiheit."[8] Helene Helming legt dar, daß es Aufgabe der Frau sei, die rational erfaßten Dinge wieder in ihren komplexen Zusammenhang zu stellen und ihnen damit ihr eigenes Leben zurückzugeben. "Die Frau mußte mitgehen in diese rationalisierte Welt; dann konnte sie selbst die Grenzen des Wissens erfahren und helfen, die ungekannten Räume um alle Dinge wieder zu öffnen, die einseitig vom Intellekt begriffen, arm und dürftig wurden."[9] Frau Helming möchte, daß die Frauen ihren Anlagen gemäß, "den Lebensraum der Menschen über das Zweckhafte hinaus" weiten[10] und sie wünscht ihnen, daß sie "Herzensbildung und Harmonie des Wesens"[11] gewinnen und bewahren. "Es geht uns Frauen darum, daß wir in moderner Bildungsarbeit dem Leben Raum zu geben vermögen, ohne in eine schöne, aber wirklichkeitsfremde Abseitigkeit hineinzukommen. Damit steht die Hauptfrage da: Wie kann bewußte moderne Bildungsarbeit dem Leben dienen, das heute verkümmert?"[12]

Im Jahre 1922 wird es Helene Helming in neuer Weise möglich, ihre Vorstellung von Bildungsgeschehen an andere zu vermitteln; sie wird Leiterin des Fröbelseminars in Aachen, eine Ausbildungsstätte für Kindergärtnerinnen, Hortnerinnen und Jugendleiterinnen, dem auch ein Kindergarten und ein Kinderhort angegliedert wa-

---

5   Wie Anm. 4, S. 17.

6   Wie Anm. 4, S. 17.

7   Die Schildgenossen 1926. "Zum 6. Jahrgang", Einleitung, (ohne Angabe des Verfassers).

8   Helene Helming: "Zur Frage des Wohnens bei der Maschine", in: Die Schildgenossen, Jg. 7. Augsburg 1927, S. 311-312.

9   Helene Helming: "Grundfragen schulischer Bildung", in: Die Christliche Frau. März 1930, S. 69.

10   Helene Helming: Weibliche Bildung in der Montessorischule. Montessori-Werkbrief, Heft 10/1966, S. 16-17.

11   Wie Anm. 10.

12   Helene Helming - wie Anm. 8, S. 70-71.

ren. Ausgehend von der Frage: "Was ist denn letztes Ziel menschlicher Bildung?"[13] will sie den Schülerinnen Möglichkeiten öffnen, einfühlsam und sehend zu werden; einfühlsam und sehend nicht nur für andere, sondern auch für sich selbst.

Sie will nicht die Einseitigkeit eines auf intellektuelle Ausbildung gerichteten Lehrbetriebs. Die ganze Arbeit soll so gestaltet sein, daß innere Sammlung und die Erfahrung und Annahme des eigenen Selbst möglich wird. Deshalb muß die Ausbildung von Erzieherinnen nach dem gleichen Prinzip gestaltet sein, wie sie für die Erziehung des Kindes wichtig ist: Wir erfahren unser Selbst durch unsere Handlungen und Gedanken, deswegen muß die Ausbildung von Menschen stets deren Leibhaftigkeit miteinbeziehen. Darum sollen nicht nur Vorträge und Seminare, sondern auch Kunst, Musizieren, Tanz, Gymnasik, Theaterspiel, Wandern die zentrale Frage des Bildungsgeschehens beantworten helfen: "Wie hüten wir das Leben und wie befreien wir zu ihm? Denn darum geht es wohl! Wie helfen wir dem anderen, er selbst zu werden, und was bedeuten Freiheit und notwendige Bindung in Gemeinschaft und Ordnung?"[14]

Irgendwann in dieser Zeit hat Helene Helming eine Schrift oder einen Textauszug von oder über Maria Montessori in die Hand bekommen, in dem es um den zentralen Punkt der Bildung geht: das "Phänomen der Polarisation der Aufmerksamkeit", das Helene Helming wie der Schlüssel zur Verwirklichung des Erziehungs- und Bildungsprozesses erschien.

Maria Montessori schreibt über das Phänomen der Konzentration : "Die erste Erscheinung, die meine Aufmerksamkeit auf sich zog, zeigte sich bei einem etwa dreijährigen Mädchen, das damit beschäftigt war, die Serie unserer Holzzylinder in die entsprechenden Öffnungen zu stecken und wieder herauszunehmen ... Ich erstaunte, als ich ein so kleines Kind eine Übung wieder und wieder mit tiefem Interesse wiederholen sah. Dabei war keinerlei Fortschritt in der Schnelligkeit und Genauigkeit der Ausführung feststellbar. Alles ging in einer Art unablässiger gleichmäßiger Bewegung vor sich."[15] ... "Als es endlich aufhörte, tat es dies unabhängig von den Anreizen der Umgebung, die es hätten stören können ... Es schien, als hätte sich in einer gesättigten Lösung ein Kristallisationspunkt gebildet, um den sich dann die gesamte chaotische und unbeständige Masse zur Bildung eines wunderbaren Kristalls vereinte. Nachdem das Phänomen der Polarisation der Aufmerksamkeit stattgefunden hatte, schien sich in ähnlicher Weise alles Unorganisierte und Unbeständige im Bewußtsein des Kindes zu einer inneren Schöpfung zu organisieren ..."[16] "Das Kind, das sich konzentriert, ist unermeßlich glücklich ... Für einen Moment ist sein Geist wie der des Eremiten in der Wüste; in ihm ist ein neues Bewußtsein entstanden, das seiner eigenen Individualität. Wenn es aus seiner Konzentration erwacht, scheint es die Welt, die es umgibt, das erste Mal zu spüren wie ein unbegrenztes Feld für neue Entdeckungen; es bemerkt auch die Gefährten, denen es ein

13 Helene Helming: "Pädagogik Unterricht - Eine Besinnung am Jahresschluß", in: Die Schildgenossen. Augsburg September/Oktober 1930, S. 415.

14 Wie Anm. 13, S 417.

15 Maria Montessori: Kinder sind anders. Stuttgart 1952, S. 165.

16 Maria Montessori: Schule des Kindes. Freiburg 1976, S. 70.

herzliches Interesse entgegenbringt. In ihm erwacht die Liebe für die Personen und die Dinge."[17]

Um Maria Montessori und die von ihr vertretene Pädagogik näher kennenzulernen, fuhr Helene Helming 1926 nach Berlin, wo diese einen Kursus zur Ausbildung von Lehrkräften und Erzieherinnen durchführte.

"Man wird sich mit dieser Methode auseinandersetzen müssen" - schrieb Helene Helming damals. "Es scheint so, als ob mehr als bisher eine pädagogische Methode europäische Bedeutung gewänne ... Einen deutschen Leser mutet es wundersam an, daß man mit einer solchen Selbstverständlichkeit auf dem Boden des Heute stehen und handelnd zugreifen soll, ohne zunächst alle Probleme zu erörtern! Es mag wohl mit dem romanischen Wesen und mit der Art der Frau zusammenhängen, daß Maria Montessori von ihren Einsichten ausgehend, die auf Wissen und auf Erfahrung beruhen, einfach handelt und nicht weiter grübelt ... Sie betont immer wieder,daß Freiheit nicht Willkür ist, sondern Ordnung, Beherrschung und Anmut. ... Hier ist etwas geschehen in einer Zeit, die den Menschen nicht mehr geordnet hält in Stand und Stamm, sondern die ihn in Masse und Technik hineinstellt und von ihm verlangt, daß er innere Wahl und Freiheit besitze, daß er auf äußeren Halt verzichten kann ..."[18] Dies ist eine Methode, nach der ich "zunächst arbeiten möchte, um später mehr sagen zu können".[19] Und Helene Helming läßt der Einsicht die Tat folgen. Sie wandelt eine Kindergartengruppe des dem Fröbelseminar zugehörigen Kindergartens um in eine Montessori-Gruppe. "Der Kindergarten an der Paßstraße, der mit dem Seminar verbunden ist, hatte 1928 wie in den vorhergehenden Jahren fünf Gruppen, die in der zeitgemäß umgewandelten Fröbelschen Tradition arbeiteten. Jede Gruppe hatte etwa 30-35 Kinder und wurde von einer Kindergärtnerin geleitet. Daneben wurde im Sommer 1927 eine Gruppe nach der Montessori-Methode eingerichtet und von einer in dieser Pädagogik vorgebildeten Leiterin geführt. Die Gruppen, die in der Fröbelschen Tradition stehen, und die neue Montessori-Gruppe arbeiten vorläufig ungestört nebeneinander. Die älteren Gruppen suchen den Forderungen der Gegenwart zu entsprechen, ohne das Ererbte voreilig aufzugeben. Andererseits soll in der neuen Gruppe versucht werden, in voller Bejahung der Gegenwart, die aus ihr entsprungene, bedeutungsvolle neue Kindergarten-Pädagogik praktisch zu erproben."[20]

Um die Kenntnisse der Montessori-Pädagogik weiter zu vertiefen, lernte Helene Helming italienisch und reiste 1930 nach Rom, um dort an einem von Maria Montessori geleiteten Kurs teilzunehmen und das Montessori-Diplom zu erwerben.

Im Laufe der nächsten Jahre richtete sie am Aachener Fröbelseminar zwei weitere Montessori-Gruppen ein, so daß ein Montessori-Kinderhaus mit drei Gruppen entstand. "... Das Interesse für Pädagogik war sehr stark. Der damalige Herr Stadtschulrat Kremer und der Beigeordnete Herr Dr. Mundt gaben mir Hilfe und Freiheit. Finanzielle Hilfe gab auch der Elternverein unserer Schule. Es war etwas Besonderes, daß man mir gestattete, mit unserem Montessori-Kinderhaus, das damals drei Gruppen hatte ... eine Montessorischule zu verbinden. Diese wurde organisatorisch mit der benachbarten Volksschule verbunden. Ich hatte aber mit meinen Mitarbeitern

---

17 Maria Montessori: Das kreative Kind. Freiburg 1972, S. 246.

18 Montessori-Methode, in: Die Schildgenossen. Augsburg 1927, S. 142-144.

19 Wie Anm. 18, S. 142.

20 Fröbelseminar Aachen, Jahresheft 1929, S. 6.

volle Freiheit. Wir begannen unsere Arbeit im Gebäude des Fröbelseminars ... und die Stadt baute uns dann eine Baracke in der Nähe des Stadtgartens ... Es bestand neben unserer städtischen Montessorischule eine private Montessorischule, die schon vor der unseren begonnen hatte und an der auch Herr Gösgens unterrichtete."[21]

Die Auseinandersetzung mit der Montessori-Pädagogik wurde Helene Helming zum zentralen Thema ihrer Arbeit. Nicht nur in der Praxis, auch in zahlreichen Artikeln setzte sie sich für diese Pädagogik ein. Sie wurde eine der bedeutendsten Interpretinnen der Montessori-Pädagogik in Deutschland. Das entscheidende Merkmal einer Montessori-Einrichtung - sei es Kindergarten oder Schule - formulierte sie einmal so: "Maria Montessori bestimmt die Gestalt ihrer Schule vom Phänomen der Konzentration her ... Sie geht aus von der Gewinnung des Selbst durch das Vergessen des Ich. Dieses Gesetz des Selbstwerdens, so entdeckt Montessori, ist schon entscheidend für die Bildung des Kindes. Diese Konzentration aber ist, soll sie in einer dem Kind gemäßen Intensität in der Schule gelingen, abhängig von der freien Wahl der Tätigkeit und davon, daß das Kind in seinem eigenen Zeitmaß, ja mit einem Vergessen der Zeit wie des äußeren Zweckes seiner Tätigkeit in unmittelbaren Kontakt mit dem Gegenstand seiner Arbeit ... tätig sein darf."[22] Das Kind braucht für seine Tätigkeiten die "Vorbereitete Umgebung", in der es die Spiel und Arbeitsmaterialien findet, die ihm erlauben, forschend tätig zu sein.

Maria Montessori hat für die Kinder des Kindergartens die "Übungen des täglichen Lebens" und das "Sinnesmaterial" entwickelt, für die größeren Kinder Material zur Entdeckung mathematischer Zusammenhänge und sprachlicher Strukturen: das "Mathematik- und Sprachmaterial". Aufgabe des Erziehers ist es, die Vorbereitete Umgebung gemäß den Entwicklungsbedingungen des Kindes herzustellen und zu erhalten, sie mit seiner Gegenwart zu beleben, das Kind zur Tätigkeit anzuregen, und vor allem dafür Sorge zu tragen, daß Kinder, die sich auf eine Arbeit konzentrieren, nicht gestört werden.

Von 1922 bis 1935 wirkte Helene Helming am Fröbelseminar. Dann wurde sie von den Nationalsozialisten aus dem Dienst verwiesen. Maria Wachendorf, eine Schülerin des Fröbelseminars, die mit Helene Helming freundschaftlich verbunden blieb und an der Ausbreitung der Montessori-Pädagogik mitwirkte, schrieb in einem Rückblick:

"Wenn wir 14-, 15jährigen in den 20er Jahren den Namen "Fröbelseminar Aachen" hörten, verbanden wir damit die Vorstellung eines sehr modernen, von der ersten Jugendbewegung, aber auch von der starken religiösen Bewegung der Zeit, der liturgischen Bewegung her geprägten Institutes ... Helene Helming tat immer einfach das, was sie für richtig erkannte, ohne ihre Mitarbeiterinnen zu bestimmten Änderungen zu zwingen ... Die Schulbehörde ließ der starken, eigenwilligen Persönlichkeit freie Hand ... wir waren tief getroffen, als man Helene Helming eines Mittags - es war der 3. Dezember 1935 vom Unterricht fort zwangsweise in den Ruhestand schickte, obwohl sie erst 47 Jahre alt war. Die Begründung zur vorzeitigen Pensionierung gereicht ihr noch heute

21 Brief an Herrn P. Jungschläger vom 16.6.1961: Peter Gösgens: ein in Aachen sehr angesehener Montessorilehrer, der sofort nach dem Zweiten Weltkrieg in Aachen wieder eine Montessorischule aufbaute.

22 Helene Helming: Die Pädagogik Maria Montessoris und die den Menschen bedrohende Vermassung, in: Pädagogische Rundschau April 1950, 4. Jahrgang. Ratingen 1950, S. 290.

zur Ehre: Die von ihr vertretene und praktizierte Pädagogik der Freiheit und Selbständigkeit war mit nationalsozialistischen Ideen unvereinbar."

Helene Helming verließ das Haus, das von ihrem Geist geprägt war, mit dem Wort
an ihre Schülerinnen: "Bleiben Sie sich selbst treu."[23]

Helene Helming verbrachte die nächsten zehn Jahre in Ahaus, wo sie zusammen
mit ihrer Schwester Maria im Elternhaus lebte. Sie wurde dienstverpflichtet und arbeitete am Landratsamt bei der Familienbetreuung von Wehrmachtsangehörigen,
widmete sich schriftstellerischen Arbeiten und führte die "Schildgenossen" weiter.

"Aus diesen 'Exerzitien' berief Ministerialrat Antz sie Anfang 1946 auf die ver-
antwortungsreiche Stelle der Direktorin der Pädagogischen Akademie von Essen-
Kupferdreh ...", so schildert Professor Paul Oswald[24], ehemaliger Student dieser
Akademie, den Wiederbeginn der beruflichen Tätigkeit von Helene Helming.

> "Es gehörte in der Tat Mut dazu, wie der damals verantwortliche Mann für den Neuauf-
> bau der Pädagogischen Akademien in Nordrhein-Westfalen, Ministerialrat Professor
> Antz, später selbst gesagt hat, eine Frau und dazu noch in gewissem Sinn eine Außen-
> seiterin als Direktorin der ersten Akademie in Nordrhein-Westfalen zu berufen. Und es
> hat wahrlich nicht an Kritikern gefehlt, zumal es für manchen Mann ein ständiger Stein
> des Anstoßes war, eine Frau an diesem Platz zu sehen. Daß Professor Antz seinen Ent-
> schluß später aber nicht bereut hat, sondern sich seiner rückerinnernd noch heute freut,
> beweist das Glückhafte dieser Entscheidung ... Es lag ihr nicht, in intellektueller Syste-
> matik über die Gegenstände des Bildungs- und Erziehungsgeschehens zu reden; aber sie
> verstand es, ihre Hörer in unmittelbaren und lebendigen Kontakt mit diesen geistigen
> Wirklichkeiten zu bringen, sie vor allem aufgeschlossen zu machen für das Wesen des
> Kindes. Sie tat es mit großer Eindringlichkeit, die den Einzelnen zur Entscheidung
> drängte ... Ihr Bestes konnte sie darum mehr in der kleinen Gruppe, in Rede und Gegen-
> rede als im großen Vortragssaal geben. Immer aus der Unmittelbarkeit des Augenblicks
> sprechend, war sie sehr sensibel für die innere Bereitschaft und das Mitgehen ihrer Hö-
> rer."

In diesem Rückblick ruft Paul Oswald auch eine Äußerung von Professor Josef Pie-
per ins Gedächtnis, die besagt, daß Helene Helming sich unter den Mitdozenten und
Studenten eine "heitere Ehrerbietung" erworben habe und daß es sich unter dem
"Krummstab" dieser "Abbatissa" wohl habe leben lassen.

Helene Helming schied 1954 aus dem aktiven Dienst der Akademie Essen aus,
doch setzte sie sich weiter mit ungebrochener Arbeitskraft für die Montessori-Pädagogik ein. Mit der aus Indien zurückgekehrten Maria Montessori hatte sie vor deren
Tod im Jahre 1952 wieder Verbindung aufgenommen, ebenso mit der AMI, der Internationalen Montessori-Gesellschaft und dem Sohn Mario Montessori. Auch setzte
sie sich unermüdlich für die Neugründung der Deutschen Montessori-Gesellschaft
ein und war maßgeblich daran beteiligt, daß 1954 der erste Montessori-Kurs in
Deutschland nach dem Krieg stattfand.

Über diesen ersten Montessori-Lehrgang heißt es in den Mitteilungen der Deutschen Montessori-Gesellschaft: "Auf Wunsch von Montessori-Lehrkräften und Interessierten und im Einvernehmen mit dem Generaldirektor der Association Montes-

---

23 Montessori-Werkbrief Nr. 33/34, Herbst 1973, S. 12-13.

24 Rede zum 70. Geburtstag von Helene Helming (im Nachlaß).

sori Internationale, Herrn Mario M. Montessori, wurde am 17. April 1952 in Frankfurt am Main die Deutsche Montessori-Gesellschaft als Landesgruppe der Association Montessori Internationale gegründet ... Um den Kreis der Montessori-Pädagogen zu erweitern ... entschloß sich die Deutsche Montessori-Gesellschaft, einen Lehrgang zu veranstalten. Dieser 33. Internationale Lehrgang zur Ausbildung von Montessori-Lehrkräften war in zwei Abschnitte gegliedert. Aus praktischen Erwägungen heraus ließ die Lehrgangsleitung während des ersten Abschnittes vom 24.4 bis zum 17.7.1954 drei Vorkurse laufen und zwar in Frankfurt am Main, Essen-Kupferdreh und Berlin ... Der zweite Abschnitt vereinte die drei Gruppen der 156 Teilnehmer in einem Hauptkurs in Frankfurt am Main, der am 15.8.1954 mit schriftlichen und mündlichen Prüfungen, die sich über eine Woche hinzogen, abgeschlossen wurde."[25]

Nach Beendigung des Kurses wurde innerhalb der Montessori-Gesellschaft von dem Kreis um Helene Helming eine "Katholische Arbeitsgemeinschaft für Montessori-Pädagogik" gebildet, um die "bedeutenden Wahrheitselemente in der Pädagogik Montessoris voller und tiefer zu erfassen und die pädagogische Praxis von daher zu entwickeln."[26] Für dieses "Wahrheitselement" gibt es viele Belege in den Schriften Montessoris. So schreibt sie zum Beispiel einmal: "Es ist etwas in uns, das die Menschen nicht kennen, das nur Gott kennt, der es uns selbst auf unerforschliche Weise offenbart, damit wir danach leben. Diese Liebe zur Freiheit ist es, die uns innerlich ernährt und unser ganzes Leben in seinen geringsten Handlungen wohltätig durchdringt."[27] Um dieses "Wahrheitselementes" willen wurde auch Helene Helming nicht müde, immer wieder auf die Verankerung aller Erziehungsbemühungen im christlichen Glauben und die Wechselbeziehung zwischen Selbstfindung und Gehorsam hinzuweisen. "Sittliche Willensbildung ... ist abhängig von dem unmittelbaren Kontakt des Selbst mit der Wirklichkeit und Wahrheit, wie er dem Kind bei der freien Arbeit ermöglicht wird. Durch die absichtslose Aufnahme der Wahrheit, die sich in der Konzentration vollzieht ... formt sich das Selbst, der Kontakt mit dem Sein entsteht, die Liebe beginnt, sich zu verwirklichen."[28]

1961 wurde die Katholische Arbeitsgemeinschaft für Montessori-Pädagogik umgewandelt in die "Montessori-Vereinigung für katholische Erziehung", die sich von der Deutschen Montessori-Gesellschaft organisatorisch trennte. Diese Vereinigung, deren Vorsitzende Helene Helming bis 1968 und deren Ehrenvorsitzende sie bis zu ihrem Lebensende war, entfaltete eine rege Aktivität, so daß in Nordrhein-Westfalen, vor allem zunächst in den Städten Düsseldorf, Köln und Aachen Montessorischulen und Kinderhäuser entstanden und immer wieder Kurse eingerichtet wurden, um den Nachwuchs auszubilden und dem steigenden Interesse an der Montessori-Pädagogik Rechnung zu tragen. In Anspruch genommen von einem immer größer werdenden

---

25 Mitteilungen der Deutsche Montessori-Gesellschaft. Beilage Pädagogische Blätter, Heft 11/12. Berlin 1955.

26 Kinderheim, Sonderheft Montessori. Beitrag zur religiösen Erziehung. München/Kempten 1955, S. 2.

27 Maria Montessori: "Betätigungsdrang und Erziehung"; J. Hoffmann Verlag. Stuttgart 192?, S. 28.

Helene Helming: Die Pädagogik Maria Montessoris und die den Menschen bedrohenden Vermassung. Zitiert aus: Pädagogische Rundschau" April 1950, S. 289.

28 Wie Anm. 27, S. 192.

Interessentenkreis und um sich nicht der Gefahr einer mißverständlichen Isolierung durch das Wort "katholisch" auszusetzen, änderte der Verein im Jahre 1969 den Namen in "Montessori-Vereinigung", ohne jedoch damit die Ziele zu ändern. "Der neue Name bedeutet keine Abwendung von christlicher Haltung, die Montessori-Prinzipien verlangen geradezu danach, sachlich richtige Pädagogik mit christlichem Glauben in Verbindung zu bringen, um dadurch zu ihrer vollen Fruchtbarkeit zu kommen."[29]

Helene Helming legte ihre Überzeugung, was für die Bildung und Geborgenheit des Menschen wichtig sei, in vielen schriftlichen Äußerungen nieder. Sie schrieb zahlreiche Artikel für Zeitschriften, war Herausgeberin der Mädchenzeitschrift "Der Ring" beziehungsweise "Der neue Ring" und schrieb die Bücher "Der Weinstock" (1938), "Die häusliche Vorbereitung der Kinder auf die heilige Eucharistie" (1951) und - zusammen mit Maria Wachendorf - "Der religionspädagogische Auftrag der Kindergärtnerin" (1963).

Im Jahre 1958 erschien ihr Buch "Montessori-Pädagogik", das bis 1987 zum zwölften Mal aufgelegt wurde und bis heute ein grundlegendes Werk zur Interpretation und Darstellung der Montessori-Pädagogik geblieben ist.

Ferner arbeitete sie ständig an der Übersetzung und Neuauflage der Werke Montessoris. Sie blieb tätig bis ins hohe Alter hinein. Sie starb, fast 90jährig, am 5. Juli 1977.

Daß zu ihrem Leben immer auch schon das Wissen und die Beschäftigung mit dem Sterben gehörte, bezeugt ein Text aus den "Schildgenossen":

> Das Ziel unseres Werdens wartet in uns. Es wird angerührt mit jedem Tun, das gläubig aus dem Ja unseres persönliches Seins geschieht ... Auf dieses innere Ja kommt es an, nicht darauf, was oder wieviel wir tun. Wir hatten oft von Freiheit gesprochen. Hier nun stand plötzlich das uralte Wort der Pädagogik: der Gehorsam ... In diesem Ja des Gehorsams kann die Vielfalt unserer Wünsche den Frieden finden[30] ... und wir verstanden das Sterben als einen Vorgang zum Leben."[31]

Helene Helming ist gestorben nach einem erfüllten Leben, und viele Menschen, die durch sie zu den geistigen Wahrheiten von Erziehung und Bildung hingeführt worden sind, setzen das Bemühen um die dem Kind gerechten Erziehungsstätten und Lebensbedingungen fort.

---

[29] Helene Helming in Montessori-Werkbrief, Heft 20/1969, S. 21.

[30] Helene Helming: "Pädagogik Unterricht - Eine Besinnung am Jahresschluß", in: Schildgenossen September/Oktober 1930, S. 416.

[31] Wie Anm. 30.

Literatur

Guardini, Romano: Burg Rothenfels1955, S. 7.

Günther, Carola: Mitteilungen der deutschen Montessori-Gesellschaft - Beilage in Pädagogische Blätter, Heft 11/12. Berlin 1955.

Helming, Helene: Die Schildgenossen, 7. Jahrgang. Augsburg 1927, S. 311-312.

dies.: Ebd., S. 142ff.

dies.: Ebd., S. 142

dies.: Fröbelseminar Aachen, Jahresheft 1929, S. 6.

dies.: Die Christliche Frau. März 1930, S. 69.

dies.: Ebd., S. 70-71.

dies.: Die Schildgenossen. Augsburg 1930, S. 415.

dies.: Ebd., S. 416.

dies.: Ebd., S. 417.

dies.: Pädagogische Rundschau. Ratingen 1950, S. 290.

dies.: Ebd., S. 291.

dies.: Kinderheim, Sonderheft. München 1955, S. 2.

dies.: Brief an Herrn P. Jungschläger 1961 (Nachlaß B. Stein).

dies.: Montessori-Werkbrief, Heft 10/1966, S. 16-17.

dies.: Montessori-Werkbrief, Heft 20/1969, S. 21.

Montessori, Maria: Stuttgart 1952, S. 165.

dies.: Freiburg 1972, S. 246.

dies.: Freiburg 1976, S. 70.

Neundörfer, Ludwig: Burg Rothenfels 1929, S. 9.

ders.: Ebd., S. 17.

ders.: Ebd., S. 17.

Ohne Verfasserangabe, wahrscheinlich Ludwig Neundörfer: Die Schildgenossen. 6. Jahrgang, Druck H. Rauch. Wiesbaden 1926.

Oswald, Paul: Rede zum 70. Geburtstag von Helene Helming 1958 (Nachlaß B. Stein).

Wachendorf, Maria: Montessori-Werkbrief Nr. 33-34/1973, S. 12-13.

Pädagoginnen in der beruflichen Bildung, Erwachsenenbildung und Mutterschulung

Josephine Levy-Rathenau und die Geschichte der Berufsberatung

Hannelore Faulstich-Wieland

Walter Stets unterscheidet vier Abschnitte in der Entwicklung der Berufsberatung:

"1. die ersten Bestrebungen um eine systematische Berufsberatung im freien Raum in der Zeit vor dem ersten Weltkrieg;
2. die Bemühungen pädagogischer, psychologischer, wirtschaftlicher und sozialpolitischer Kreise um eine einheitliche, gemeinnützige und neutrale Berufsberatung, die zu einer behördlichen Eingliederung in die Arbeitsverwaltung führte (1918-1933);
3. die Berufsberatung unter dem Einfluß des autoritären Regimes und des Zweiten Weltkrieges;
4. nach 1945 die Betonung des Grundrechts der Freiheit der Berufswahl und die Wiederherstellung des Gleichgewichts der sozialpädagogischen und der arbeitsmarktpolitischen Belange in der Berufsberatung" (Stets 1961, S. 366).

Im folgenden Beitrag sollen die ersten beiden Abschnitte genauer untersucht werden, und zwar speziell die Entwicklungen, die ausgingen von der Frauenbewegung und die gezielt waren auf die Beratung und Unterstützung von Mädchen und Frauen. Dabei wird zwar versucht, den Rahmen der abgelaufenen Prozesse zu skizzieren und die Geschehnisse dort einzuordnen, im Mittelpunkt stehen soll jedoch eine Frau, die besonderen Anteil an der gesamten Entwicklung gehabt hat: Josephine Levy-Rathenau.

Dabei sind die Daten, die über ihr Leben bekannt sind - trotz Vorliegens einer Monographie über sie von 1922 - eher unvollständig. Nicht einmal das genaue Geburtsdatum ist in Erfahrung zu bringen. Trotzdem soll zunächst kurz ihr Leben skizziert werden, bevor genauer auf die von ihr entwickelte und getragene Berufsberatung eingegangen wird.

1878 (?) geboren, wurde Josephine Rathenau als einzige Tochter "mit den beiden Brüdern von einer klugen, gütigen Mutter und einem weitblickenden liebenden Vater erzogen" (Ernst 1922, S. 55).

Als junges Mädchen arbeitete sie in den Mädchen- und Frauengruppen für soziale Hilfsarbeit um Alice Salomon und leistete über drei Jahre hinweg ehrenamtliche Arbeit beim Berliner Stadtrat für das Armenwesen Emil Münsterberg.

1900 heiratete sie Dr. Max Levy. Im gleichen Jahr war sie aktiv an der Organisierung berufstätiger Frauen beteiligt als Mitbegründerin des "Berliner Frauenclubs von 1900".

1902 erhielt sie die Leitung der Auskunftsstelle für Fraueninteressen des Bundes Deutscher Frauenvereine und widmete sich von da an bis zu ihrem Tod dem Aufbau der Berufsberatung für Mädchen und Frauen. Während des Ersten Weltkrieges hatte sie außerdem die Leitung des Berliner Nationalen Frauendienstes. Nach dem Krieg wurde sie in der Deutschen Demokratischen Partei aktiv. Am 15. November 1921 starb sie erst 43jährig.

Ebenso wie Josephine Levy-Rathenau in der Frauenbewegung tätig war, muß man auch die Entwicklung der Frauenberufsberatung in die Aktivitäten der (bürgerlichen) Frauenbewegung einordnen.

Im Gründungsprogramm des Allgemeinen Deutschen Frauenvereins 1865 wurde das Recht auf Arbeit für Frauen gefordert:

"Wir erklären nach dem Beschluß der ersten deutschen Frauenkonferenz die Arbeit, welche die Grundlage der ganzen neuen Gesellschaft sein soll, für eine Pflicht des ganzen weiblichen Geschlechts, nehmen dagegen das Recht der Arbeit in Anspruch und halten es für notwendig, daß alle der weiblichen Arbeit im Wege stehenden Hindernisse entfernt werden" (Herrmann 1927, S. 1).

Geholfen werden sollte primär den erwerbslosen Frauen, "die nur als ungelernte Kräfte in Betracht kommen konnten. Andererseits wollte man zahlreichen Frauen, die nicht auf Erwerb angewiesen waren, Möglichkeiten bieten, 'das allzu eng gewordene häusliche Tätigkeitsgebiet durch das Wirken für Volkswirtschaft, Volkswohlfahrt, Volkserziehung zu erweitern und die eigene seelische Not, die innere geistige Leere durch verständnisvolle Linderung der Nöte anderer zu überwinden'" (Herrmann 1927, S. 1).

1894 schlossen sich die verschiedenen Frauenvereine zum Bund Deutscher Frauenvereine zusammen. Auch hier spielten Fragen und Forderungen zur Frauenarbeit eine zentrale Rolle. Vier Jahre später gründete der Bund denn auch eine "Kommission zur Förderung der praktischen Erwerbstätigkeit und wirtschaftlichen Selbständigkeit der Frau", deren erste Arbeit wiederum in der Errichtung einer Auskunftsstelle für Fraueninteressen (Bundesauskunftsstelle) bestand. Leiterinnen waren zunächst Jeanette Schwerin, dann Alice Salomon, ab 1902 schließlich Josephine Levy-Rathenau.

Primär ging es also in den Anfängen der Frauenberufsberatung um die Not der älteren Frauen, weniger noch um die später und heute im Vordergrund stehende Beratung von Jugendlichen. Die Sonderaufgaben der Frauenberufsberatung ergaben sich - so Josephine Levy-Rathenau - "aus der Tatsache, daß infolge Fehlens fast jeglicher Berufstradition der Frauenerwerbsarbeit vielfach noch ganz neue Wege gesucht werden müssen und sodann aus der Erfahrung, daß neben den weiblichen Jugendlichen auch zahlreiche ältere Frauen beraten werden müssen, die erst in vorgeschrittenen Jahren erstmalig oder nach jahrelanger Arbeitspause zur Erwerbsarbeit genötigt sind" (Levy-Rathenau 1919, S. 41).

Von 1902 bis 1906 bestand die Arbeit der Auskunftsstelle primär in der Sammlung von berufskundlichem Material und in der Erteilung von schriftlichen Auskünften. 1906 wurde dann zweimal wöchentlich eine Sprechstunde für kostenlose Beratung eingerichtet.

1906 erschien die erste Auflage des fünften Bandes des Handbuchs der Frauenbewegung von Josephine Levy-Rathenau und Lisbeth Wilbrandt: "Die deutsche Frau
im Beruf. Praktische Ratschläge zur Berufswahl". Der Band enthält jeweils eine
textliche Darstellung des Gebietes mit einer Aufzählung der Vorteile und der Pro-
bleme des jeweiligen Berufes, woran sich die Adressen der Ausbildungsstellen an-
schließen. Untergliedert ist der Band in folgende fünf Abschnitte:
- Landwirtschaft und Nebengebiete
- Häusliche Dienste
- Industrie und Gewerbe verschiedener Art
- Handel und Verkehr
- Freie Berufe.
Bis 1917 erschienen fünf, jedesmal gänzlich neubearbeitete, Auflagen.

In den Jahren nach 1906 fand ein zunehmender Aufbau frauenbezogener Auskunftsstellen in verschiedenen Städten statt. Gleichzeitig findet man seit 1902 Initiativen - vor allem von städtischen Arbeitsämtern ausgehend - zur Gewährleistung der
Berufsberatung von Jungen. 1910 hält der Verband Deutscher Arbeitsnachweise
seine Jahrestagung vom Zusammenhang von Berufsberatung und Lehrstellenvermittlung ab, wobei er jedoch nur männliche Jugendliche im Blick hat. 1911 erörtert
die Zentralstelle für Volkswohlfahrt auf einer Konferenz in Elberfeld die Frage des
gewerblichen Nachwuchses - auch hier wurde dabei nur an männliche Jugendliche
gedacht.

Der Bund Deutscher Frauenvereine bringt ab 1910 eine von Josephine Levy-
Rathenau redigierte Erweiterung seines Zentralblattes als Organ der Auskunftsstellen
heraus. Inzwischen existieren ca. 30 Auskunftsstellen und Levy-Rathenau spricht in
dem neugeschaffenen Organ auch die Qualität der Arbeit einzelner Stellen an. Um
den quantitativen und qualitativen Anforderungen der Arbeit besser gerecht werden
zu können, wird am 30.9.1911 das Kartell der Auskunftsstellen für Frauenberufe mit
der Verabschiedung von fünf Leitsätzen gegründet. Umstritten blieb dabei, inwieweit
die Arbeits- und Lehrstellennachweise der Berufsberatung angegliedert werden sollten. Josephine Levy-Rathenau war dagegen und konnte sich in der Gründungsversammlung auch durchsetzen.

Parallel zu diesen Aktivitäten ergreift der Verband Märkischer Arbeitsnachweise
1911 die Initiatieve zur Gründung einer Zentralstelle für Lehrstellenvermittlung, die
im Januar 1912 in Berlin für beide Geschlechter gegründet wird. Die Leiterin der
weiblichen Abteilung wird Emilie Herrmann.

Im Oktober 1912 wurde die bisherige Bundesauskunftsstelle umorganisiert und
einerseits überführt in eine Groß-Berliner Auskunftsstelle für Frauenberufe, deren
Leiterin zunächst Dr. Liese Thurmann-Hermann, später Dr. Hilde Radomski waren.
Andererseits wurde ein Frauenberufsamt des Bundes Deutscher Frauenvereine gegründet, das vor allem wissenschaftliche Arbeit leisten sollte. Zunächst arbeitete dort
nur Josephine Levy-Rathenau, später hatte das Frauenberufsamt fünf Mitglieder, eine
Bibliothek und ein Archiv.

Ein Problem der Frauenbewegung bestand darin, daß einerseits viel direkte Auf-
klärungs- und Beratungsarbeit notwendig war über die Rechte der Frauen, daß andererseits Frauenarbeit selbst nicht unumstritten war. "Es galt aber auch an der Beseitigung der zahllosen Hemmungen mitzuwirken, die der Frauenerwerbsarbeit entgegenstanden und mit allen Mitteln an der Beseitigung der Trugvorstellung zu arbeiten,

daß Frauenarbeit unbedingt Verdrängung der Männerarbeit bedeute" (Levy-Rathenau 1919, S. 42).

Diese für die bürgerliche Frauenbewegung typische Strategie wurde von Elisabeth Altmann-Gottheimer auf der Deutschen Frauenkonferenz 1912 in ihrem Referat über "Die Konkurrenz der Geschlechter im Berufsleben" bekräftigt, in dem sie sich für eine "Gebietsverteilung" als "Arbeitsteilung im Sinne von 'hie Kraft, hie Feinheit'" aussprach (nach Levy-Rathenau 1919, S. 43). Die Teilung des Arbeitsmarktes in geschlechtsspezifische Segmente wurde damit explizit von den Frauen mitvorangetrieben. In ihren Richtlinien für die Beratungsarbeit formulieren Hilde Oppenheimer und Hilde Radomski 1918 denn auch:

"Das Ziel, das erreicht werden soll, ist, die Frauen Einzelberufe zuzuführen, für welche sie sich vom Standpunkt der Produktions- und Sozialpolitik als geeignet erwiesen haben, beziehungsweise sie aus ungeeigneten Tätigkeiten auszuschließen" (nach Levy-Rathenau 1919, S. 44).

Zwar war Josephine Levy-Rathenau deutlich, daß damit die Gefahr bestand, daß Frauen auf geringwertige Arbeiten abgeschoben werden. Dagegen erhob sie als Forderungen "gleicher Lohn für gleiche Arbeit" und "Ausbildung der Mädchen" - beides bis heute nicht eingelöste Forderungen. Die Problematik der Verbindung von Beruf, Ehe, Hausfrauentätigkeit und Mutterschaft sollte dadurch gelöst werden, daß einerseits Berufe gewählt werden, die sich gut mit dem Haushalt verbinden lassen, andererseits der "Hausfrauenberuf" eine Aufwertung erfahren müsse.

Die Akzeptanz einer Andersartigkeit von Frauenerwerbstätigkeit, die letztlich zur Untergeordnetheit führt, war ein Schritt in Richtung auf Zugeständnisse von Frauen an die Arbeitsmarkt- und Wirtschaftspolitik. Das Plädoyer, das Hildegard Sachs 1925 abgab, nachdem der Konkurrenzkampf um Berufs- und Arbeitsmöglichkeiten nicht durch Scheidung in "männliche" und "weibliche" Segmente aufgelöst werden dürfte, traf bereits auf festgelegte Segmentierungen:

"Die Scheidung in männliche und weibliche Berufe, mit oder ohne Hilfe wissenschaftlicher Methoden würde notwendig zu Fehlschlüssen führen:
1. weil sich theoretischer Ermittlung entzieht, inwieweit das bisher am Berufsleben weniger beteiligte Geschlecht vermöge des labilen Charakters der meisten physischen Geschlechtsunterschiede lernen kann, sich zunächst noch ungewohnten Berufsanforderungen anzupassen;
2. weil der Berufscharakter selbst mehr oder weniger von dem physischen Habitus der Ausübenden mitbestimmt wird;
3. weil das Problem der Komponentenverhältnisse die Aufstellung starrer Sätze verbietet.
Die ganze Fragestellung ist verfehlt. Nicht der Scheidung in männliche und weibliche Tätigkeiten gebührt also das zentrale Interesse derer, die ein organisches Ineinandergreifen männlicher und weiblicher Arbeitskräfte in unserem Gesellschaftsleben ersehnen. Die psychischen Geschlechtsunterschiede kommen viel weniger in dem objektiven Charakter der Berufsart als in der Weise, in welcher der Beruf ausgeübt wird, weniger im Was als im Wie, zur Auswirkung" (Sachs 1925, S. 131).

Eine zweite Anpassungsform zeigte sich bei dem Versuch, die von anderen Seiten - vor allem auch behördlichen - ausgehenden Initiativen zur Institutionalisierung einer Berufsberatung auch für die Belange der Mädchen und Frauen zu nutzen.

1913 wurde von der Zentralstelle für Volkswohlfahrt der Deutsche Ausschuß für Berufsberatung gegründet.

Am 10.3.1915 machten das Frauenberufsamt und der Bund Deutscher Frauenvereine eine Eingabe an das Preußische Ministerium für Handel und Gewerbe zwecks Einrichtung eines Reichsberufsamtes und 1916 forderten sie vom Reichsamt des Innern den Ausbau beziehungsweise die Neuschaffung weiblicher Abteilungen an den öffentlichen Arbeitsnachweisen. Auf der Kriegstagung des Bundes Deutscher Frauenvereine 1916 schloß Josephine Levy-Rathenau sich den Tendenzen der psychologischen Eignungsfeststellung an:

"Die Berufsberatung muß künftig starken Nachdruck auf die Ermittlung der Berufseignung legen und versuchen, mit der Zeit zu einem Mittel der Berufsanpassung und Auslese zu werden."

In den folgenden Jahren wurden in den einzelnen Ländern behördliche Berufsberatungsstellen eingerichtet, und der Handwerkskammer- und Gewerbekammertag zu Hannover 1917 verabschiedete eine Entschließung, nach der dem "Gedanken der Einheitlichkeit, Unparteilichkeit und Gemeinnützigkeit einer alle Berufe und Berufsanwärter umfassenden Berufsberatung" organisatorisch Rechnung getragen werden sollte.

Das preußische Kultusministerium gab 1918 einen Erlaß heraus, wonach Berufsberatung Aufgabe der Schule sei und die Berufsberatungsstellen die Aufgabe hätten, einschlägiges Material dafür bereit zu stellen. Von Josephine Levy-Rathenau und dem Frauenberufsamt wurden Materialmappen erstellt zu Landwirtschaft, Gärtnerei und Fachliteratur, wobei sie zunehmend mit behördlichen Ämtern zusammenarbeiteten.

Nach dem Ersten Weltkrieg wurde die Stellung der Frauen im Wirtschaftsleben problematisch: mit einer Demobilmachungsverordnung wurde verfügt, daß Frauen, die nicht dringend erwerbstätig sein müßten, zu entlassen wären. Die Frauenvereine wehrten sich dagegen mit Protesten und mit der Einrichtung von Sprechstunden für entlassene Frauen.

Im Februar 1920 kam ein neuer Erlaß des Ministers für Wissenschaft, Kunst und Volksbildung über die Zusammenarbeit von Berufsberatung und Schule heraus, der die Stellung der Berufsberatung wieder stärkte. Im Mai desselben Jahres wurde die Errichtung des Reichsamtes für Arbeitsvermittlung verordnet. Kurz darauf wurde die Groß-Berliner Auskunftsstelle des Bundes Deutscher Frauenvereine in die "Abteilung für Mädchen mit höherer Schulbildung" des neuerrichteten städtischen Berufsamtes eingegliedert. Josephine Levy-Rathenau befürchtete bei der behördlichen Berufsberatung vor allem parteipolitische Einflußnahme, eine "Durchkreuzung fachlicher Arbeit durch parteipolitische Interessen".

Im Frühjahr 1921 wurde der Deutsche Ausschuß für Berufsberatung aufgelöst, im Oktober des gleichen Jahres löste sich das Kartell auf, um den "Weg behördlicher Berufsberatung" mitzutragen. Obwohl Josephine Levy-Rathenau letztlich aktiv beteiligt war an der Errichtung einer "einheitlichen, gemeinnützigen und neutralen Berufsberatung" (Stets), blieb sie skeptisch gegenüber dem Nutzen der öffentlichen Berufsberatung für Frauen. 1921, kurz vor ihrem Tod, schrieb sie - unveröffentlicht - derartige Gedanken nieder.

Wie recht sie behielt, zeigen exemplarisch Materialien zur Berufsberatung, die vom Berufsamt Harburg-Elbe ab 1925/1926 herausgegeben wurden: "Vor dem Tore des werktätigen Lebens - Jugendblätter zur Berufswahl und Berufsberatung". Sie erschienen monatlich für Jungen, die im letzten Schuljahr standen. Im März 1926 gab es einen Sonderdruck für die Mädchen, in dem wenige Ausbildungsmöglichkeiten, obendrein wenig informativ, erzählend und lenkend, präsentiert wurden. Folgende Themen wurden im Sonderdruck behandelt:

- ein Gang durch unsere Mädchenberufs- und Haushaltungsschule;
- die Bedeutung der Hausfrauenarbeit;
- die Hausangestellte;
- der Lehrling im Schneiderinnenberuf;
- Freude am Handarbeiten;
- die städtische Mädchenhandelsschule zu Harburg-Elbe als Fach- und Erziehungsschule;
- Was verlangt der Beruf von einer tüchtigen Verkäuferin?
- Einige Beobachtungen in den Unterhaltungsabenden mit Schülerinnen unserer Handelsschule.

Abschließend wurden Sprüche zum Sinn des Frauseins im Hausfrauendasein präsentiert ...

Literatur

Altenroth, J.: Berufsberatung und Berufsvermittlung für die Volksjugend, erstellt im Auftrage des Deutschen Ausschusses für Berufsberatung. Berlin 1914.

Ballerstedt, R.: Bedeutung, Notwendigkeit und Gestaltung der Berufsberatung unter besonderer Berücksichtigung des weiblichen Geschlechts, in: Pädagogische Reform, Nr. 11/1918.

Brüning, Martha: Die Entwicklungstendenzen der öffentlichen Arbeitsvermittlung für Frauen, in: Reichs-Arbeitsblatt (nichtamtl. Teil), Nr. 18/1921, S. 702-704.

Bues, Hermann: Vor dem Tore des werktätigen Lebens - Jugendblätter zur Berufswahl und Berufsberatung, hrsg. vom Berufsamt Harburg-Elbe 1926.

Busold, Karl: Berufsberatung und Berufsauslese. München 1928.

Ernst, Johanna: Josephine Levy-Rathenau und die Berufsberatung - Ein Beitrag zur Geschichte der Berufsberatung in Deutschland. Flugschriften zur Berufsberatung. Berlin 1922.

Herrmann, Emilie: Berufsberatung für Frauen und Mädchen. Berlin 1927.

Hintze, Edith: Arbeitsnachweis und Berufsberatung, in: Schmidt-Beil, Ada (Hrsg.): Die Kultur der Frau. Berlin 1930, S. 163-167.

Kindler, H.: Nationalpolitische Aufgaben und Forderungen der öffentlichen Berufsberatung, in: Jugend und Beruf, Heft 7/1933, S. 145-149.

Levy-Rathenau, Josephine: Geschäftsbericht des Kartells der Auskunftstellen für Frauenberufe für die Zeit vom 1.10.1912 bis 30.9.1913, in: Frauenberuf und -Erwerb, Nr. 14 vom 16.10.1913 (Beilage zu "Die Frauenfrage").

dies.: Die Konferenz über Berufsberatung und Berufsvermittlung, in: Zentralblatt des Bundes Deutscher Frauenvereine, Bd. 14, Heft 23/1913, S. 181.

dies.: Organisation und Ausbildung in der Berufsberatungsarbeit, in: Die Frau, Heft 10/1913.

dies.: Entwicklung und gegenwärtiger Stand der Berufsberatung, in: Archiv für Frauenarbeit, Bd. 1, Heft 2/1913.

dies.: Die allgemeinen Grundlagen der Berufsberatung und Lehrstellenvermittlung für Mädchen, in: Archiv für Frauenarbeit, Bd. 2, Heft 3/1914, S. 224-225.

dies.: Arbeitsvermittlung und Berufsberatung als Mittel der Berufsauslese, in: Jahrbuch des Bundes Deutscher Frauenvereine: Frauenberufsfrage und Bevölkerungspolitik 1917.

dies.: Durch Erfüllung welcher Sonderaufgaben können die Frauenberufs-Beratungsstellen bei der Lösung von Berufseignungsproblemen mitwirken?, in: Praktische Psychologie 1 (1/2) 1919, S. 41-47.

dies.: Vergangenheit und Zukunft der Frauenberufsberatung, in: Reichs-Arbeitsblatt (nichtamtl. Teil), Nr. 28/1921, S. 1192-1195.

Liebenberg, R.: Berufsberatung. Leipzig 1925.

Müller-Kohlenberg, Lothar: Berufsberatung - einst und jetzt, in: Stoll, François (Hrsg.): Anwendungen im Berufsleben, Bd. XIII: Die Psychologie im 20. Jahrhundert. Zürich 1981, S. 126-150.

Radomski, Hilde: Besonderheiten der Berufsberatung für Frauen und Mädchen, in: Praktische Psychologie 2 (5) 1921 II, S. 149-154.

Sachs, Hildegard: Psychologie und Berufsberatung. Langensalza 1925.

Schiffel, Walther: Berufsberatung - Aufgaben und Methoden. München 1948.

Stern, Erich: Jugendwohlfahrt und Schule, Bücherei für Jugendpflege, Heft 7. Dortmund 1926.

Stets, Walter: Berufsberatung: gestern - heute - morgen. Bielefeld 1959.

ders.: Formen und Entwicklung der Berufsberatung, in: Mayer, A. und Herwig, B. (Hrsg.): Handbuch der Psychologie, Bd. IX: Betriebspsychologie. Göttingen 1961, S. 362-370.

Stratmann, Karlwilhelm: Diskussion und Ansätze der öffentlichen Berufsberatung im 18. Jahrhundert, in: DBFS, Heft 12/1966, S. 902-917.

Wiedwald, Rudolf: Die öffentliche Berufsberatung - Ihr Wollen und Wirken. Berlin 1930.

Wolffheim, Nelly: Fragen der weiblichen Berufswahl. Nürnberg 1915.

Luise Lampert
- Gründerin der ersten Mütterschule

Anne Lepper-Schone

Luise Lampert - der Name einer Pädagogin, die nur den wenigsten bekannt sein dürfte, deren Wirken und Schaffen jedoch für die gesamte Mütterschulung richtungsweisend wurde.

Im Jahre 1916 entstand aufgrund ihrer Initiative in Stuttgart die erste Mütterschule, die nicht nur zum Vorläufer für deutsche, sondern auch für entsprechende Einrichtungen in anderen Ländern wurde. So orientierten sich Besucher aus Österreich, der Schweiz und den USA am Modell dieser Mütterschule und übernahmen Anregungen und konzeptionelle Überlegungen für ihre eigene Arbeit. Wie Conradine Lück schreibt, wurde hier

> "... eine Arbeit aufgebaut, die weit über Deutschland hinaus bekannt und anerkannt
> wird ..." (Lück 1957, S. 581).

Die Bedeutung des Lebenswerkes Luise Lamperts ist besonders in den von ihr erarbeiteten methodisch didaktischen und organisatorischen Gestaltungsvorschlägen für die Mütterschulung zu sehen, die auf einer detaillierten Analyse der Zielgruppen ihrer Bildungsarbeit basieren. Auch heute noch sind in vielen Familienbildungsstätten, den traditionellen Nachfolgeinstitutionen der Mütterschulen, grundsätzliche Prinzipien dieser Vorschläge wiederzufinden, und gerade durch diese scheinen sie sich von anderen Einrichtungen der Erwachsenenbildung zu unterscheiden.

Als eine der wichtigsten Grundregeln der Mütterschulung postulierte Luise Lampert den 'intimen Charakter' der Unterweisung. Dies bedeutete für sie zum einen, daß Lernen nur in kleinen überschaubaren Gruppen stattfinden sollte und den persönlichen Beziehungen zwischen Lehrkraft und Kursteilnehmerinnen und der Kursteilnehmerinnen untereinander eine zentrale Rolle zugewiesen wurde. Zum anderen sollten die Schulungsräume eine Atmosphäre ausstrahlen, die im wesentlichen der einer privaten häuslichen entsprechen und gleichzeitig Modellcharakter für die eigene Ausgestaltung des Heimes für die Kursteilnehmerinnen besitzen sollte. Neben diesen, von ihr generell als gültig angesehenen organisatorischen Prinzipien hätte sich die inhaltliche Ausgestaltung der Kurse den jeweiligen gesellschaftlichen Problemlagen und Bedingungen anzupassen (vgl. Lampert 1934).

Zum besseren Verständnis der Arbeit Luise Lamperts soll ihre Biographie mit kurzen Überblicken über die zeitlich parallellaufenden geistigen und politischen Strömungen verbunden werden.

Luise Lampert wurde 1891 in Stuttgart geboren. Sie wuchs in einer bürgerlichen Familie auf. Ihr Vater, ein Naturwissenschaftler, leitete das Naturalienkabinett in Stuttgart. Während sich ihre Schwester verehelichte und zwei Kinder bekam, blieb sie selbst unverheiratet und ließ sich, den allgemeinen Strömungen folgend, im Pestalozzi-Fröbel-Haus in Berlin zur Kindergärtnerin ausbilden (vgl. Schymroch o.J., S. 5ff.). In dieser Einrichtung folgte die Erziehung primär zwei Postulaten; zum einen dem der natürlichen und geistigen Mütterlichkeit der Frau und zum anderen, ausgehend von den Ideen Pestalozzis, dem der Wohnstubenkraft, das heißt der engen Verbindung der Erziehung mit den Funktionen der Lebenserhaltung (Tornieporth 1979, S. 213ff.)

Nach Abschluß ihrer Ausbildung als Kindergärtnerin in Berlin ging Luise Lampert nach Rom an die Wirkungsstätte Maria Montessoris, um dort die sogenannte Montessori-Methode für die Erziehung im Kindergarten kennenzulernen (vgl. Schymroch o.J., S. 5ff.).

Ohne Zweifel war die im Pestalozzi-Fröbel-Haus erhaltene Ausbildung für die junge Luise Lampert deutlich prägend. So lassen sich sowohl in ihrem Konzept für die Mütterschule, als auch in den später verfaßten Schriften als Kernaussagen immer wieder die Erziehungsprinzipien Pestalozzis und Fröbels wiederfinden. Für Luise Lampert bedeutete die Pflege und Erziehung der Kinder und die Gestaltung des Heimes die dem Wesen der Frau am meisten entsprechenden Aufgabe. Wie schon bedeutende Pädagogen vor ihr (Comenius, Salzmann, Pestalozzi und Fröbel) sah auch sie die Notwendigkeit, Frauen für ihre Mutteraufgaben zu schulen (Lampert 1934, S. 12ff.). Durch ihre Tätigkeit als Leiterin eines Volkskindergartens in Frankfurt, die sie vor dem Ersten Weltkrieg ausübte, wurde ihr bewußt

"... wie instinktlos, unsicher, ja sogar häufig unverständig und falsch viele, sehr viele Mütter ihre Kinder erziehen, aus dem Augenblicke heraus handelnd, ohne Verständnis für die kindliche Eigenart und die Bedeutung der Erziehungsaufgabe" (Lampert 1947, S. 2).

Neben der Schulung der Mütter für Erziehungs- und Pflegeaufgaben sah sie es als unabdingbar an, Frauen, insbesondere werdende Mütter über Fragen der Schwangerschaft und Geburt aufzuklären. Hierzu schrieb sie

"Es galt damals - 1915 - noch als unpassend, über dergleichen Fragen (Schwangerschaft) zu sprechen. Die Folgen erlebte ich besonders eindrucksvoll bei der Geburt des ersten Kindes einer Freundin, zu der Arzt und Hebamme nicht rechtzeitig erreicht werden konnten. Wir sahen uns gezwungen, die Anleitung für die Vorbereitungen und Maßnahmen noch während der Geburt dem Lexikon zu entnehmen. (Lampert o.J. (2), S. 1).

Zu Beginn des Ersten Weltkrieges war Luise Lampert als Beschäftigungstherapeutin beim Deutschen Roten Kreuz im Rahmen des Nationalen Frauendienstes tätig.

Der Nationale Frauendienst - entstanden aus der bürgerlichen Frauenbewegung - hatte sich der sozialen Hilfstätigkeit im freiwilligen Kriegseinsatz verpflichtet. Als Impulse, diesen Dienst zu tun, lassen sich nationale und patriotische Vorstellungen wie 'dem Vaterlande dienen'; 'nationale Verantwortung übernehmen' und 'sich einsetzen für das wirklich Große' festmachen. Schwerpunkte der Arbeit waren unter anderen die Kinder- und Jugendfürsorge, der Wöchnerinnen- und Säuglingsschutz und die Fürsorge für Obdachlose und Flüchtlinge (vgl. von Gersdorff 1969, S. 15ff.).

Im Januar 1916 entstand aufgrund eines Gespräches zwischen der Leiterin des Nationalen Frauendienstes Stuttgart und Luise Lampert über die sogenannten 'schools for mothers' in England die Idee für eine institutionalisierte Mütterschulung, für die Luise Lampert aufgrund ihrer Erfahrungen spontan eine Planung entwickeln konnte. Schon am darauffolgenden Morgen legte sie einen fertigen Lehrplan vor, der vom Nationalen Frauendienst gutgeheißen wurde (vgl. Lampert o.J. (1)).

Neben Fragen der Kindererziehung, der Schwangerschaft, aber auch des Bewußtmachens und Wachhaltens des Gefühls für die zeitlosen Werte, bildete die Belehrung der Mütter zu Fragen der Säuglingspfege den inhaltlichen Kernpunkt (vgl. Lampert 1934, S. 15ff.).

Dieser Schwerpunkt deckte sich mit den damaligen staatlichen Bestrebungen, die hohe Säuglingssterblichkeit zu senken. So gab das Preußische Innenministerium am 3.10.1916 einen Erlaß für Maßnahmen zur Verhinderung der Säuglingssterblichkeit heraus, 'um das Wachstum des Volkes durch kräftige und wertvolle Nachkommenschaft zu sichern'. Als Ursache der hohen Säuglingssterblichkeit wurden in diesem Erlaß die mangelhaften Kenntnisse der Mütter angeführt und eine Belehrung der schulentlassenen weiblichen Jugend und jungen Mütter in den Grundsätzen der Säuglings- und Kleinkinderpflege gefordert (vgl. Tornieporth 1979, S. 167ff.).

Im November 1916 gründete der Nationale Frauendienst unter Federführung von Luise Lampert die Mütterschule Stuttgart. Während die Mütterschule selber ihren Betrieb erst im Januar 1917 mit einem ersten Kurs für Frauen und Bräute aufnahm, begannen ein der Mütterschule konzeptionell angeschlossener Kindergarten und eine Krippe, in denen die Kursteilnehmerinnen nicht nur theoretisch, sondern auch praktisch geschult werden sollten, schon zum Gründungstermin mit der Arbeit (vgl. Lampert 1934, S. 179).

Da es sich schon bald zeigte, daß potentielle Teilnehmerinnen aufgrund langer Wege den Besuch der Mütterschule scheuten, wurden dezentrale 'Wanderkurse' in verschiedenen Stadtteilen eingerichtet. Über die Bildungsarbeit in Stuttgart hinaus, entwickelte und erprobte Luise Lampert Konzepte für 'Wanderkurse', deren Zielgruppen Frauen in kleineren Städten und auf dem Lande waren (vgl. Lampert 1934, S. 19ff.).

Die Schulungsarbeit blieb nicht ohne Kritik, so wurde von vielen die Notwendigkeit zur Belehrung von Müttern im Hinblick auf die Pflege und Erziehung ihrer Kinder bezweifelt. Luise Lampert bemerkte hierzu

"Die Einführung der Kurse war nicht ganz einfach. Sie wurden viel bekrittelt und bespöttelt, und es gehörte für die Kursteilnehmerinnen Mut dazu, sie zu besuchen. Aber solche Mutigen gab es" (Lampert 1947, S. 3).

Trotz aller Kritik stieß die Mütterschule bald auf sehr hohe Resonanz; so belegten viele Frauen mehrere, manche sogar alle Kurse. Dies berechtigte Luise Lampert zu der Hoffnung, daß auch die 'Gleichgültigen ergriffen' und 'in den Kreis der wahrhaft Mütterlichen' eingereiht werden könnten (vgl. Lampert 1934, S. 30ff.).

"Eine solche Mütterschule wird im Laufe der Jahre eine Keimzelle werden, aus der heraus sich die allgemeine Verpflichtung zur wahrhaften Mütterlichkeit entwickelt" (Lampert 1934, S. 31).

Über die Schulungskurse für Mütter hinaus, wurden ab Mai 1917 sogenannten 'Haustöchterkurse' durchgeführt, die später unter der Bezeichnung 'Kindermädchenkurse' eine inhaltliche und zeitliche Erweiterung fanden. Die Kurse beinhalteten neben dem Bereich der Erziehung und Pflege von Säuglingen, Kleinkindern und

Kindern auch eine umfassende Ausbildung in Haushaltsführung. Nach Abschluß der Ausbildung waren die so geschulten Mädchen gesuchte Hausgehilfinnen, die zumeist von den 'Mütterschulfrauen' in Dienst genommen wurden. Die hier vorgenommene Ausweitung auf den hauswirtschaftlichen berufsbildenden Bereich begründete Luise Lampert unter anderen damit, daß es der ausdrückliche Wunsch der 'Mütterschulfrauen' gewesen sei, ihre Töchter an Kursen der Mütterschule teilnehmen zu lassen (vgl. Lampert 1934, S. 30ff.).

Dieser Wunsch mag dadurch motiviert gewesen sein, daß während und auch nach dem Ersten Weltkrieg in vielen bürgerlichen Haushalten die Kinder- und Hausmädchen aus finanziellen Gründen durch die ältesten Töchter ersetzt wurden, oder die Töchter sogar eine entsprechende Stelle in fremden Haushalten annehmen mußten (vgl. Nave-Herz 1964, S. 41). Darüberhinaus wurde die hauswirtschaftliche Ausbildung 'höhere Töchter' erwünscht, da vermutet wurde, daß eine tüchtige bürgerliche Hausfrau, die aufgrund einer eigenen hauswirtschaftlichen Ausbildung nichts Unmögliches von den Dienstboten verlangte, nicht Gegenstand des Klassenhasses sein könne (vgl. Tornieporth 1979, S. 210).

Ein weiteres Aufgabenfeld erchloß sich für die Mütterschule nach Beendigung des Ersten Weltkrieges, als es zu einer hohen Arbeitslosigkeit kam, von der besonders ehedem in Industrie und Handel tätige Frauen betroffen waren. Während des Krieges noch dringend auch in den sogenannten 'Männerberufen' benötigt, wurden sie nun von den aus dem Krieg heimkehrenden Männern wieder aus ihren Stellen verdrängt. Viele von ihnen waren daher auf die Erwerbslosenunterstützung angewiesen (Vgl. von Gersdorff 1969, S. 36).

Für diese Frauen führte die Mütterschule Erwerbslosenkurse durch, die inhaltlich den bisherigen Kursen entsprachen, jedoch von der Unterstützungsbehörde zwangsweise verordnet wurden. Luise Lampert unternahm hier erstmals den Versuch, gezielt auch proletarische Frauen mit den Inhalten der Mütterschule vertraut zu machen. Nicht zuletzt war dies offensichtlich mit dem Ziel verbunden, die aufgrund der bisherigen Tätigkeiten dieser Frauen scheinbar 'brachliegenden weiblichen Tugenden und Wesenszüge' wieder zu wecken, und sie damit zu motivieren, aus dem beruflichen in den familialen Bereich zurückzukehren. Die 'unfreiwilligen' Kursteilnehmerinnen zeigten jedoch erhebliche Widerstände gegen die Schulung, so daß die Kurse bald wieder eingestellt wurden. Luise Lampert vermerkte resignativ, daß es gerade die Frauen, die die Unterweisung am nötigsten hätten, verständen, Gründe zu finden, den Unterricht ganz oder teilweise zu versäumen (vgl. Lampert 1934, S. 55).

Im Jahre 1926 erfuhr die Konzeption der Mütterschule eine erneute Ausweitung, da von diesem Jahre an auch Männer durch einige Kurse angesprochen werden sollten, um sie für ihre Vaterrolle zu schulen. Methodisch-didaktisch unterschieden sich diese neuen Kurse von denen, die ausschließlich Frauen vorbehalten waren, da nach Meinung Luise Lamperts Mann und Frau voneinander unterschiedliche Wesenszüge als Lernende besitzen.

> "Die Frau als Lernende bindet sich leichter an die Persönlichkeit der Lehrkraft, der Mann geht den Stoff sachlicher an. ... Er will eine Sache von den verschiedensten Seiten sehen, verschiedene Leute darüber hören und sich seine Meinung selber bilden" (Lampert 1934, S. 53).

So wurde zum Beispiel für die Schulung von Frauen die Arbeitsgemeinschaft als gegebene Form angesehen und den praktischen Anleitungen ein wichtiger Stellenwert beigemessen. Für Kurse, an denen Männer teilnahmen, wurde dagegen vielfach die Vortragsform gewählt und spezialisierte Fachleute stellten von verschiedenen Seiten ihre Meinung zu einem Thema dar.

Das hier skizzierte erweiterte Konzept der Mütterschule näherte sich tendenziell den schon 1918 von Kurt Walter Dix erarbeiteten Vorstellungen für eine Elternschule. Nach Dix sollten in der Elternschule Mütter und Väter zum Wohle der Jugend zum Erzieheramt geschult werden (Dix, 1918).

In der Mütterschule Stuttgart blieb die Elternschulung jedoch ein marginaler Bestandteil des Gesamtprogrammes. Sie bewirkte allerdings, daß nun auch Männer als Lehrkräfte eingestellt wurden.

Die Frauen- und auch Mütterschularbeit erhielt durch den Nationalsozialismus neue Akzente. Nach der Machtergreifung wurden die bestehenden Frauenorganisationen aufgefordert, sich der neugegründeten NS-Frauenschaft anzuschließen. Da der Bund der Frauenvereine - Initiator des Nationalen Frauendienstes, dem Luise Lampert eng verbunden war - diesem Aufruf nicht folgen wollte, löste er sich (wie mit ihm auch andere Frauenvereine) 1933 auf und stellte seinen Mitgliedern anheim, sich individuell für oder gegen einen Eintritt zu entschließen. Aus dem Kreise der aufgelösten Frauenorganisationen entschlossen sich viele engagierte Frauen für die Mitarbeit in dieser 'neuen Frauenfront'.

> "Gerade besonders tatkräftige Frauen kamen nun zur Partei, auch wenn sie nicht im Bann von Massenerlebnissen standen. Sie konnten und wollten nicht tatenlos abseits stehen. In noch nie dagewesenem Maße wurden ihnen Arbeitsmöglichkeiten, vor allem auf sozialem Gebiet eröffnet. Autobiographische Berichte schildern die 'Bezauberung' durch den Nationalsozialismus, die 'Begeisterung' über den 'geschlossenen Einsatz' der Frau in der großen 'Volksgemeinschaft'" (von Gersdorff 1969, S. 41).

Die Nationalsozialisten maßen der Mütterschulung einen besonderen Stellenwert bei. Im Rahmen des Deutschen Frauenwerkes e.V. wurde die Organisation 'Mütterdienst im Deutschen Frauenwerk' geschaffen, die im Juli 1935 die alleinige Berechtigung erhielt, Mütterschulkurse durchzuführen, und die vorhandenen Mütterschulen in den 'Mütterdienst' integriert (vgl. Nave-Herz 1964, S. 44). Die Schulungen basierten jedoch weiterhin auf den Inhalten und dem Erfahrungsschatz der bisher auf diesem Gebiet tätigen Organisationen. Ebenso bemühte man sich, qualifizierte Fachkräfte aus den bisherigen Einrichtungen an den 'Mütterdienst' zu binden (vgl. Dammer 1981, S. 235).

Luise Lampert wurde 1934 aufgrund ihrer fachlichen Qualifikationen und der von ihr geleisteten Arbeit Gauabteilungsleiterin für Mütterschulung des Gaus Württemberg. Bis 1945 sorgte sie in ihrem Aufgabenbereich für eine ständige Expansion. So entstanden im Gau Württemberg von 1934-1940 17 neue Mütterschulen und drei Mütterschulungsstätten (vgl. Nave-Herz 1964, S. 45 und Schymroch o.J., S. 5).

1945 wurden nach dem Zusammenbruch des Nationalsozialismus zunächst alle Mütterschulen wegen ihrer Verflechtung mit der nationsozialistischen Partei geschlossen. Die Nachkriegssituation und der 'Zusammenbruch aller Werte' ließen es jedoch schon ein Jahr später erforderlich erscheinen, 'Neugründungen' von Mütterschulen durch verschiedene Träger vorzunehmen.

Luise Lampert blieb den Mütterschulen und der sich schon wenige Jahre nach 1945 gebildeten 'Arbeitsgemeinschaft der Mütterschulen' treu verbunden, wenn auch nun nur noch als Beraterin (vgl. Schymroch o.J., S. 6). Sie verstarb 1962 nach langer schwerer Krankheit in Stuttgart.

Ohne Zweifel war sie eine Frau, die unbeirrt von Kritik und Schwierigkeiten zielstrebig ihre Ideen und Vorstellungen verfolgte, die im Einklang mit der von ihr erfahrenen Erziehung, der beruflichen Ausbildung und Entwicklung und den damaligen geistigen Strömungen und Bewegungen standen. Ihre Nachfolgerin in der Leitung der Mütterschule Stuttgart, Gertrud Kleber, beschrieb sie als

"eine kluge, aktive Frau, die große Redegewandtheit und Überzeugungskraft besitzt und stark intellektuell ausgerichtet ist" (Schymroth o.J., S. 6).

Ohne das Engagement Luise Lamperts diskreditieren zu wollen, darf jedoch die Zielrichtung der von ihr geleisteten Arbeit und die damit verbundene Wirkung im Hinblick auf Bestrebungen zur Gleichberechtigung der Frau nicht aus dem Blickfeld geraten. Es läßt sich nicht übersehen, daß die von ihr vehement vertretene Ideologie der 'Mütterlichkeit der Frau' und die daraus resultierenden Schulungsinhalte die Frauenrolle auf die der Hausfrau und Mutter reduzierte. Darüberhinaus wird deutlich, daß sich die von Luise Lampert vertretene Mütterschulung den jeweiligen staatstragenden Interessen anzupassen wußte, beginnend mit der Kaiserzeit, der Weimarer Republik, dem Nationalsozialismus bis hin zur Demokratie.

Die Auseinandersetzung mit Luise Lampert sollte daher dazu beitragen, die Grundlagen der heutigen in der Tradition der Mütterschulung verhafteten Familienbildung auf ihre Entstehungs- und Wirkungsbedingungen zu hinterfragen und den Versuch zu unternehmen, das tradierte Rollenverständnis von 'Frau und Mutter' weiter aufzubrechen.

Für dieses Ziel wäre den Trägern und Mitarbeitern der Familienbildung die Innovationskraft und Unbeirrbarkeit zu wünschen, wie sie von Luise Lampert gezeigt wurden.

Literatur

Dammer, S.: Kinder, Küche, Kriegsarbeit - Die Schulung der Frauen durch die NS-Frauenschaft, in: Frauengruppe Faschismusforschung 1981, S. 215ff.

Dix, K.W.: Brauchen wir Elternschulen? Langensalza 1918.

Frauengruppe Faschismusforschung: Mutterkreuz und Arbeitsbuch. Frankfurt a.M. 1981.

Gersdorff, U. von (Hrsg.): Frauen im Kriegsdienst 1914-1945. Stuttgart 1969.

Lampert, L. (1): Die Entstehung der ersten Mütterschule, Auszug aus einem unveröffentlichten Manuskript. Abgedruckt in: Blätter des Pestalozzi-Fröbel-Verbandes, Jg. 7/1956, S. 38-39.

dies. (2): Die Mütterschule Stuttgart, zitiert in: Nave-Herz, R. 1964, S. 40.

dies.: Mütterschulung. Leipzig 1934.

dies.: Überblick über die geschichtliche Entwicklung der Mütterschulung. Elberfeld 1947; zitiert in: Nave-Herz, R. 1964, S. 40.

Lück, C.: Zum Problem der Mütterschule, in: Die Sammlung 12/1957, S. 579-586.

Nave-Herz, R.: Die Elternschule. Berlin/Neuwied 1964.

Peters, D.: Mütterlichkeit im Kaiserreich. Bielefeld 1984.

Schymroch, H.: Entstehung und Entwicklung der Familienbildungsstätten. Unveröffentlichtes Manuskript, o.J.

Tornieporth, G.: Studien zur Frauenbildung. Weinheim/Basel 1979.

Bertha Ramsauer
und die Heimvolkshochschulbewegung

Elisabeth Siegel

Bertha Ramsauers Tod liegt schon 40 Jahre zurück. Wenn wir versuchen, uns aus unserer heutigen Sicht ein Bild von Wesen und Wirkung der großen Volkserzieherin des Oldenburger Landes zu machen, dann wird uns einerseits bewußt, wie völlig anders als heute der geschichtliche Wurzelboden ist, dem sie entstammte, und andererseits sind wir überrascht, wie aktuell oder überzeitlich uns die Urteile und Einsichten berühren, die sie in einem an Kämpfen reichen Pädagogenleben hinterlassen hat.

Den Namen Ramsauer hat ihr Großvater Johannes Ramsauer (1790-1848) aus der Schweiz nach Oldenburg gebracht. Das ist eine reizvolle Geschichte. Als zehnjärige Vaterwaise kam er - in seinem Heimatkanton Appenzell war Hungersnot - mit vielen anderen Kindern nach Burgdorf, wo Pestalozzi damals Schule hielt. Der nahm ihn auf, machte seinen Helfer und Lehrer aus ihm und nahm ihn über Burgdorf mit nach Yverdon. Der Oldenburger Großherzog suchte für seine mutterlosen Kinder einen Hauslehrer. Pestalozzi empfahl ihm den jungen Ramsauer. (In dessen späterer "Kurzen Skizze aus meinem pädagogischen Leben" besitzen wir eine höchst anschauliche Schilderung von Pestalozzis Lebensstil und Wirken.) Dieser Johannes gründete die erste weiterführende Mädchenschule in Oldenburg. Der jüngste Sohn seiner kinderreichen Familie war Peter, Berthas Vater. Ihre beiden vor und nach ihr geborenen Brüder sind im Ersten Weltkrieg gefallen. Es blieben fünf berufstätige Töchter.

Bertha hat sich immer als geistige Enkelin Pestalozzis betrachtet. Sein Bild mit der handschriftlichen Widmung an den Großvater hing in ihrem Zimmer; über die Zeiten und Räume hinüber gab es eine tiefe Wesensverwandtschaft zwischen den beiden. In den mancherlei Schwierigkeiten ihres pädagogischen Weges kehrte sie bei ihm ein und machte ihn zu ihrem Bundesgenossen.

Bertha[1] besuchte 1902-1904 das Lehrerinnen-Seminar in Wolfenbüttel, studierte von 1911-1914 in Göttingen und Oxford Englisch, Geschichte und Philosophie und wurde Studienrätin an der Cäcilienschule in Oldenburg. Nach 1918 sprach sie, um die Frauen auf ihr noch unerprobtes Wahlrecht vorzubereiten, für die Weimarer Nationalversammlung. Für die damals junge demokratische Partei wurde sie als Abgeordnete in den Oldenburger Landtag gewählt. Ihre Begabung als Rednerin und ihre Führungskräfte wurden ihr damals bewußt.

Es gibt aus ihren frühen Jahren als junge Lehrerin Erinnerungen ihrer ehemaligen Schülerinnen, die ihre besondere Befähigung, auf Jüngere einzugehen, bekunden. Der eigentliche Schicksalsanruf, der sie zu einer einzigartigen Gestalt in der Erwach-

---

1 Es wird hinfort bei Nennung ihres Namens nicht von Frau Ramsauer, sondern von Bertha, also ihrem Eigennamen, gesprochen werden, weil das von ihren Lebzeiten an bis heute durchgängig der Name war, den Schüler, Mitarbeiter, Freunde ihr gaben, wenn sie von ihr sprachen. Keineswegs immer, wenn sie sie anredeten, also nicht als Zeichen familiärer Vertrautheit, sondern als Ausdruck der vorbehaltlosen Verläßlichkeit, den jeder bei allem Respekt im Umgang mit ihr empfand.

senenbildung machte, erging 1920 an sie, als sie vom Freistaat Oldenburg aufgefordert wurde, Volkshochschulkurse einzurichten. Kurz entschlossen ließ sie sich beurlauben, streifte die Bindungen an Elternhaus und die Höhere Töchterschule ab, richtete sich mit einer Schar junger Mädchen unter behelfsmäßigen Bedingungen in einem Kinderhospiz auf Wangerooge zu einem Fünf-Monats-Kurs ein. So begannen sie aus dem Stand ohne Lehrplan und vorgegebene Lehrbücher ein gemeinsames Heimleben, außerhalb der Badesaison, im eisigen Winter ohne Post, bei zunehmender Inflation. Für die häusliche Versorgung, für die Wäsche sorgte die ganze Gruppe. Der Unterricht in Arbeitsgemeinschaftsform - damals ein neuer Begriff - war Berthas Sache; Deutsch, Geschichte, politische Tagesfragen, Kunstbetrachtung; viele Themen, die sich aus der Zusammensetzung des Kreises ergaben, wurden besprochen. Aufführungen, Vorlesen, Singen, Spielen, es gab auch an Abenden immer Neues. Die Mädchengruppen wechselten mit gemischten und mit reinen, vorwiegend politisch interessierten Jungmännergruppen. Man zog in eine ehemalige Kaserne um, später in andere Behelfsunterkünfte auf dem Festland.

Bertha war damals 40 Jahre alt, auf der Höhe ihrer Kraft, im Lebensalter etwa in der Mitte zwischen ihren Schülern und deren Eltern. Um zu verstehen, was sich damals zwischen den auf der Insel - außer der Welt - miteinander lebenden Menschen - nicht mehr Jugendlichen, sondern jungen Menschen an der Schwelle des Erwachsenseins - eigentlich zugetragen hat, so kann man das wohl - mit einem hohen Wort - den Kairós für ihre pädagogische Sendung nennen. Es galt, die suchenden jungen Menschen zu den ersten Schritten auf dem Wege zu ihrer Selbstverwirklichung anzuleiten - so würden wir das in der heutigen Sprache bezeichnen -, sie zu einer sich untereinander und mit ihr auseinandersetzenden Gruppe zusammenzuführen - damals vor der NS-Zeit nannte man das noch unbefangen Gemeinschaft - und ihnen zugleich für immer eine Aufgabenverpflichtung für "das Ganze" einzuüben. Dieser drei-Schritt "Quem te esse Deus jussit et qua humana parte locatus es in re disce!" enthielt das Konzept für ihr pädagogisches Wirken (Lerne, wer Du nach Gottes Geheiß sein solltest und welche menschliche Aufgabe Dir gesetzt ist).

Solche Aufgabenverpflichtung sollten die jungen Leute nicht als ein "Muß" von außen erfahren, gerade nicht als vom Staat, einer Partei, einer Konfession verlangt, sondern es sollte ein "innengeleiteter" Entschluß sein. Nach der sie beflügelnden Erfahrung ihrer Unterrichtserfolge und der Tragfähigkeit der Lebensgemeinschaft im Heim stand für sie die Überzeugung ganz fest: Deutschland braucht für seine heranwachsende Jugend solche freien Volkshochschulheime, sie müßten ihren Ort im Gesamtaufbau des Schul- und Ausbildungswesens finden. Jedoch, das öffentliche Interesse nahm ab, die Schwierigkeiten der Inflation erschwerten die Planung. Als das Landesamt für Volkshochschulen sich zur Schließung des Wangerooger Heims entschloß, hieß das für Bertha, durchzuhalten um jeden Preis. Sie wußte nicht nur: Ich kann es!, sondern war überzeugt: Ich muß es! Nach wechselnden, immer wieder befristeten Unterkünften faßte sie einen beinahe abenteuerlich kühnen Plan. Mit ehemaligen Schülern, Mitarbeitern, Freunden und einflußreichen Gönnern gelang es ihr im Mai 1923, einen "Verein Freundeskreis der VHS" (= Volkshochschule) zu gründen und 17 km westlich von Oldenburg unmittelbar am Künstenkanal ein Moor-Kolonat zu erwerben, das freilich kultiviert werden mußte, um dann ein eigenes VHS-Heim darauf zu errichten. Dieser Entschluß zum "einfachen Leben auf eigener Scholle" bot sich als einziger Ausweg aus der Not an, war nicht jugendbewegt romantisch begründet. Bertha selbst, landwirtschaftlicher Laie, brauchte und fand sachkundige Berater.

Junge arbeitslose Männer, ehemalige Schüler und ihre Freunde fanden sich zur harten Arbeit des Abtorfens, hausten das Jahr hindurch einsam in einer windigen Baracke, bekamen selten einen Besuch aus der Stadt. In Abständen waren andere Kolonisten an der Arbeit. Für Bertha waren es sorgenvolle Monate: der ungeheure Einsatz der jungen Männer, die ständige Geldnot. Im Rückblick wird sie später sagen: die schwersten Monate meines Lebens. Der Bau des Hauses ging dann zügig voran.

Ein Höhepunkt nach all den Mühen war das große Einweihungsfest mit Schülerinnen, Schülern und Freunden Pfingsten 1926. Im September 1928 schloß sich die Einweihung eines zweiten Hauses an. Inzwischen gab es auch schon Blumen und Büsche ringsum. Heute - 60 Jahre später - führt eine baumbestandene Allee am Kanal entlang, dessen Wasser man ab und an durch die Zweige blitzen sieht, die Höfe auf den einstigen Kolonaten liegen im Schatten von Bäumen, inmitten blühender Gärten. Damals war es ein Fußpfad am kahlen Ufer des schnurgerade eingeschnittenen, moordunklen Kanals, in weiten Abständen die Grundmauern künftiger Höfe, Wellblechhütten, aufgestapelte Torfsoden auf dem noch weitgehend unkultivierten Grund, sonst tellerflaches weites Land bis an den Horizont unter dem hohen Himmel. Fast immer Wind.

Die beiden großen Reden aus den feierlichen Anlässen sind zum Glück erhalten. In ihnen legt Bertha Rechenschaft über das Geleistete ab und entwickelt in großer Klarheit ihr Programm.

Sie hatte sich entschließen müssen, die Arbeit fast ganz auf das weibliche Geschlecht zu beschränken. Es fehlten Räume und das Geld für eine männliche Lehrkraft. Die jungen Männer fanden ihre Chance in relativ befristeten Pausen zwischen den Mädchenkursen. So gerne sie sich auf das Wechselgespräch mit den politisch meist "linken" Schülern eingelassen hatte und so viel ihr daran lag, sie für die Toleranzideale der VHS-Arbeit zu gewinnen, sah sie keinen anderen Ausweg. Der Verzicht tat ihr leid, zumal sie vielen Jungmännern aus der Aufbauzeit so viel zu verdanken hatte. Als überzeugte Anhängerin der Frauenbewegung - voller Verehrung für Helene Lange, aus Oldenburg wie sie - glaubte sie, daß für die jungen heranwachsenden Frauen der VHS - Besuch noch wichtiger war, um ihnen zu einem neuen weiblichen Lebensverständnis zu verhelfen.

Die meisten der jungen Mädchen, die nach Edewecht strebten - Durchschnittsalter 22 Jahre - waren freilich kein x-beliebiger Durchschnitt, sondern bereits "auf der Suche". Nach Schulbildung und sozialer Herkunft verschieden, die meisten freilich Volksschülerinnen aus der näheren Umgebung, aber auch aus Danzig, Breslau, Bonn. Viele wollten etwas anderes erfahren, als ihnen zu Hause geboten wurde, und sich dem Urteil oder Vorurteil der eigenen Eltern entziehen. Für Schritte in wachsende Selbständigkeit, Wahl eines neuen Weges, Entschluß zur Berufsausbildung, für alle diese die Mädchen beunruhigenden Fragen bot Bertha jede Handbietung. Antworten ergaben sich für die einzelnen immer von neuem im Unterrichtsgespräch oder unter vier Augen. Sie stärkte ihnen den Rücken im Aufstand gegen die Mütter, bestätigte sie in ihrer Ungewißheit als Durchgang zu neuer Sicherheit. Statt auf töchterliche Pietät setzte sie auf freie Hilfsbereitschaft. Sie war bereit, von ratlosen Müttern mißverstanden zu werden, aber sie auch in ihrer Enttäuschung zu trösten. Die "Familienschlacht" hat sie nie einfach zugunsten der Eltern entschieden. Für die jungen Leute, die gewohnt waren, überall in Konflikte zu kommen, war das eine erstaunliche Stütze. Verständnis, Ernst und Humor, die sie bei Bertha trafen, enthielten freilich auch die stille Aufforderung: Wenn Du denn selbständig sein willst, dann verschanze Dich bei weiteren Entscheidungen nicht hinter anderen Leuten. Von solcher Haltung gingen Langzeitwirkungen aus.

Frauenthemen in großer Variationsbreite immer von neuem zu besprechen, ergaben sich in Literatur, Biografie, Schauspiel, bei Kunstbetachtung immer neue Anlässe. Daß Ehe und Familie nicht die einzige Bestimmung der Frau zu sein brauchen, lebte sie ihnen ja vor. Unbefangen wurden Themen wie Partnerwahl, Familienplanung, uneheliche Mutterschaft erörtert.

Das zweite Hauptthema der weiblichen Bildung: Erziehung und Befähigung der künftigen Hausfrau - heute wegen seiner überholte Vorurteile bestätigenden Wirkung leicht verpönt - fand weniger in Unterrichtsveranstaltungen, sondern im alltäglichen Leben statt. Wie schon in den Wangerooger Tagen, jetzt in Edewecht in ganz anderem Umfang und mit größerer Dringlichkeit war Mitwirkung aller an den anfallenden Arbeiten in der Wohn-, ja Lebensgemeinschaft des Heims unentbehrlich. Es gab keine Dienstboten "fürs Grobe". Jeder mußte sich je nach Einteilungsplan in Haus und Garten, in Küche und Keller beteiligen.

Bertha konnte nicht mehr das gepflegte Leben einer Studienrätin führen mit lernenden höheren Töchtern wie früher in Oldenburg. Wie eine Gutsfrau mit großem Gesinde mußte sie als Moorkolonistin Augen, Ohren, Geschick und Überblick für die verschiedensten Bereiche haben. Später standen ihr fachlich geschulte Mitarbeiterinnen zur Seite, und doch mußte sie mit ihnen und den Schülerinnen zunächst alles von der Pike an betreiben. Nur so wurde das gemeinsame Heim wohnlich für jeden und bekamen der Tageslauf, die Wochen, das Jahr ihren Rhythmus.

Das Haus sei die eigentliche Kulturleistung der Frau, so hat es Selma Lagerlöf einmal gesagt; die Wohnstube sei der Mittelpunkt des mütterlichen Wirkens in der Familie, heißt es bei Pestalozzi. Für viele Neuankömmlinge, die von Edewechts Ruf angelockt waren, hat der Gegensatz der kargen, fast abweisenden Natur draußen zu der Geborgenheit, die jeden beim Eintreten umfing, den Namen besiegelt: VHS-*Heim*. Die schlichte Behaglichkeit, die Bilder, die Bücherwände, die Lampen, die Art, wie zu Festlichkeiten der Tisch gedeckt war, ließ die Mädchen spüren, so etwas könntest Du auch einmal machen. Die Jahresfeste, zu denen Freunde und Ehemalige einkehrten, waren immer wie ein Nachhausekommen in eine heimisch geprägte Welt mit ihren vertrauten Sitten.

Bei allem hohen geistigen Zuschnitt, den Bertha aus ihrem Leben mitbrachte, hatte sie eine praktische Ader und verkörperte, daß Frauen nüchterner sein können als Männer. "Eine Frau muß dabei sein, um mit Weiberaugen nachzusehen, daß nichts Romanhaftes dahinter steckt", heißt es in Pestalozzis "Lienhard und Gertrud". Wenn sie über ihr abgeerntetes Feld ging und sich darum kümmerte, daß da immer noch Kartoffeln herumlagen, spürte jeder, was für Ansprüche eine gute Hausfrau an wirtschaftliche Ordnung stellte. Diese praktische Nüchternheit erleichterte ihr auch den Verkehr mit den Familien der Moorkolonisten in der Nachbarschaft, für die die "Hochschool" und ihre Bewohner zunächst eine befremdliche Einrichtung waren.

Das wäre nun das nächste Kapitel ihres Wirkens im Moor, wie sie für sich und ihre Schülerinnen von Jahr zu Jahr mehr Verbindungen zu den vielen neuen kleinen Häusern diesseits und jenseits des Kanals aufnahm, für die Kinder nacheinander zwei

Kindergärten einrichtete mit fest angestellten Fachkräften neben den Schülerinnen, wöchentliche Badefeste in der Hochschule einrichtete, bei denen die Kleinen abgeseift wurden, im Sommer über 100 Kindern das Schwimmen beibringen ließ, damit sie nicht im Kanal ertranken, von Oldenburger Freund- und Verwandtschaft Kleider und Stoffe einsammelte, um durch Nähstuben der Notlage bei den Siedlern ein wenig aufzuhelfen - von den vielen Gesprächen "übern Zaun" mit den Frauen und Männern gar nicht zu reden und auch von Hausbesuchen bei akuten Schwierigkeiten. 1932 gelang es ihr sogar, in einer Baracke ein weibliches Arbeitsdienstlager[2] für die älteren Siedlertöchter einzurichten, in dem sie Nützliches lernen konnten. Ein Erste Hilfe-Kurs kam zu stande; zu den großen Festen, zu Sing- und Vorleseabenden wurden sie eingeladen. Solche vielfältige Nachbarschaftshilfe hinderte die Heimgemeinschaft daran, sich nur um sich selber zu drehen. Der allzu harte Arbeitstag machte es unmöglich, die ältere Generation in VHS-Kurse mit einzubeziehen; aber der Bann des Mißtrauens war doch allmählich geschwunden. Auch gelang es mit den Lehrern der Gegend in gewissen Grenzen eine Zusammenarbeit zu organisieren.

Wenn wir von heute aus auf jenen kurzen Zeitraum zwischen 1918 und 1933 zurückblicken, erfüllt von Zuversicht des Bessermachenwollens in Kunst, Wissenschaft, vor allem in der Pädagogik, ob in der mitreißenden Lebensfreude der Goldenen Twenties, der Fortschrittshoffnung durch das neue Jugendwohlfahrtsgesetz, des Jugendgerichtsgesetzes, dann erscheint dieser Schwung kaum vereinbar mit den bedrohlichen Schatten des gleichen Jahrzehntes. Die Ernüchterung nach Kriegsende ("im Felde unbesiegt" und Dolchstoßlegende) Inflation, Weltwirtschaftskrise, Hungersnöte in Rußland, Massenarbeitslosigkeit, Parteienstreit, nicht nur im Parlament, in blutigen Straßenschlachten, dann scheinen diese kaum lösbaren Konflikte eher auf wachsende Erschütterungen, vielleicht sogar Katastrophen hinzuweisen, als es sich die Hoffnungskraft der Bildungsgläubigen damals träumen ließ. Sie wußten nicht, was kam. Wir wissen es. Das im Nachhinein Groteske ist, daß von den heute Klugen jenen unrealistischen Idealisten "präfaschistisches Streben", ja, Schuld angelastet wird, weil ihr Ziel "Volksgemeinschaft" sich mit dem späteren Triumphwort der Nazis benennt.

Für Bertha war die Zeit Ende der 20er Jahre die ihrer tiefsten Befriedigung und Genugtuung. Zudem waren, nachdem der Aufbruchsenthusiasmus der Volkshochschulbewegung der Nachkriegsjahre ernüchtert war, doch quer durchs große Deutsche Reich ähnliche Gründungen zu stande gekommen wie in Edewecht (allein 70 Volkshochschulheime und über 200 Abendvolkshochschulen). Berthas wagemutige Besonderheit, auf selbst erackertem Boden ihre Grundidee einer freien, das heißt nicht von politischen, städtischen, konfessionellen etc. Instanzen abhängige Bildungsarbeit durchzusetzen, wurde von den VHS-Anhängern als beispielhaft anerkannt. Sie hatten sich im Hohenrodter Bund zusammengeschlossen. In ihren Reihen genoß Bertha hohes Ansehen. Sie wurde vielerorts zu Vorträgen eingeladen. Ihre von 1924-1937 in fast regelmäßigen Abständen verschickten "Mitteilungsblätter für alle Freunde und Anhänger der Volks- und Heimhochschule im Freistaat Oldenburg"

---

2   Um der großen Arbeitslosigkeit besonders bei Jugendlichen etwas entgegenzuwirken, entstanden Ende der 20er Jahre durch die verschiedensten Initiativen freiwillige Arbeitsdienstlager; so auch von jugendbewegten Gruppen. Bertha konnte für ihre Gründung eine Kraft aus dem mit solchen Versuchen hervorgetretenen Boberhaus in Schlesien gewinnen. Zum Arbeitsdienst siehe auch meine Bemerkung auf der folgenden Seite.

wurden begierig gelesen. Heute liegt ihre vollständige Sammlung in der Universität Oldenburg vor. Das Wort "Volkszerstörung" als Inbegriff des Bedrohlichen, das durch Gesinnungswandel überwunden werden sollte, verband die VHS-Freunde damals mit vielen Anhängern des Freiwilligen Arbeitsdienstes; auch sie wollten "Arbeiter, Bauern und Studenten" durch gemeinsames Arbeiten und Diskutieren im "agree to disagree" einander näher bringen. Einer der bekannten Erwachsenenbildner damals, Fritz Klatt, brachte es auf die Formel: "Ja, Nein, Trotzdem!".

Als sich 1933 mit Hitlers "Machtergreifung" die "Nationale Revolution" in sich überschlagenden Schüben vollzog, ging es zwar am Kanal nicht ganz so dramatisch zu wie in den Städten. Jedoch entstanden schon wenige Wegstunden von Edewecht entfernt im Südwesten in der Mooreinöde die berüchtigten Emslandlager, von denen damals kaum einer etwas ahnte. Bertha, die sich in den glücklichen Aufbaujahren ganz als zugehörig hatte empfinden können, bekam bald eine Verleumdungswelle zu spüren. Warum? Schwer zu sagen. Weil über dem Gelände noch immer die VHS-Fahne wehte mit den symbolisch ineinander greifenden Ringen und nicht das Hakenkreuz? Merkten die von der braunen Welle Emporgetragenen, wenn sie die Häuser zur Inspektion besuchten, daß Bertha Vorbehalte hatte, ja, nie ihres Geistes Kind werden wollte? Die Schule wurde als im "demokratisch-jüdischen, marxistischen Geist" geführt angegriffen. Fast beschämend ist es, wie ernsthaft sich Bertha mit solchen Anschuldigungen auseinandersetzte und z.B. Hitlers Vorwürfe gegen die bisherige Erziehung für ihr Heim widerlegte. In den nächsten Monaten blieben Schülerinnen weg, die ängstliche Eltern nicht mehr zu schicken wagten. Der Gauleiter von Weser-Ems hielt Ausschau nach den schmucken Häusern, die er für seine Parteitzwecke gut hätte verwenden können.

Die VHS-Arbeit im Reich wurde rasch neu organisiert; der Reichsverband der Volkshochschulen wurde aufgelöst. Eine Zentrale in Berlin ist hinfort für alle VHS-Arbeit zuständig. Ohne Eingliederung ist keine Weiterarbeit erlaubt. Zahllose Einrichtungen werden geschlossen. Bertha brachte es zuwege, daß die für Edewecht zuständigen juristischen Instanzen, die VHS-Stiftung und der Verein zur Förderung der VHS "gleichgeschaltet", das heißt zu 60% mit ihr wohlgesonnenen PG's besetzt wurden. Sie reichte ihre Unterlagen in Berlin ein.

Sie selbst konnte sich nicht zum Partei-Eintritt überwinden. Ihr erging es ja wie vielen anderen in pädagogischer Arbeit beschäftigten Anti-Nazis nicht nur um die Frage: Kann ich in der braunen Flut überhaupt noch mitschwimmen? Muß ich es sogar, um ihr die Jüngeren nicht einfach auszuliefern und soweit wie möglich Gegenhalt zu bieten? Das Besondere ihrer Lage war ja, daß sie gewissermaßen allein auf dem Präsentierteller gelandet war. Sie gehörte nicht als Glied einem größeren Schulorganismus oder einem Internat an, in dem man Lasten und Verantwortungen teilen konnte, sondern als Einzelperson hatte sie für ein unverwechselbar Eigenes einzustehen; und es war allein ihre Entscheidung, was daraus wurde. Sicher, es war von jeher in ihrer Natur angelegt, Schicksalsfügungen als Herausforderungen an ihre eigene Person zu verstehen. Eine Verantwortung von solcher Tragweite war ihr noch nie widerfahren. Sie brauchte Bedenkzeit. Im Spätsommer 1933 zog sie sich von allem zurück, überließ das VHS einer jüngeren Mitarbeiterin. Als sie im Frühling 1934 zurückkehrte, war sie willens, sich unter das NS-Joch zu begeben. Es ist schwer, den Späteren Berthas nach langen Qualen der Selbstprüfung getroffenen Entschluß einleuchtend zu machen, ist sie doch schon damals von Nicht-NS-Enthusiasmierten, ja, von eigenen Freunden nicht verstanden worden. Das Gebirge von Schuld, das im Dritten Reich von uns Deutschen in der Welt aufgetürmt wurde, war damals noch nicht vorauszusehen. Aber daß die "Volksgemeinschaft" nicht als befreiendes Geschenk vom Himmel fiel, sondern mit Gewalt und Betrug erzwungen wurde, sahen die Nicht-Verblendeten. "Die Eintracht hat sich bei unseren Vorfahren nicht einjubeln und einprügeln lassen"[3], sagte Pestalozzi. Aber auch: "Ohne Glauben an das Äußere der Politischen Form, - damals im Hinblick auf die auf die Schweiz übergreifende Französische Revolution - die sich die Menschen als solche würden geben können, hielt ich doch enige durch sie an die Tagesordnung gebrachte Begriffe für nützlich, hie und da einiges zu meinen Zwecken Dienliche an sie anzuknüpfen".[4] Genau in dieser Lage fühlte sich Bertha. Dem "Mütterdienst im Deutschen Frauenwerk" in Berlin als der NS-Einrichtung, von der sie sich noch Möglichkeiten der Annäherung an ihre eigenen Vorstellungen versprach, entschloß sie sich, ganz Edewecht, ihr eigenes Kind, zur Übernahme anzutragen. Damit unterstellte sie sich der Leiterin des Frauenwerks, Frau Gertrud Scholz-Klinck.

Im Rückblick schreibt sie später zu diesem Schritt: "Mein pädagogisches Gewissen ließ es nicht zu ... (mich ganz zurückzuziehen) ... Ich mußte mich weiterhin der Frauen und Mädchen unseres Volkes annehmen. Ich mußte mit den Frauen und Mädchen zusammenleben und durch das tägliche Beieinandersein das Gefühl für Wahrhaftigkeit und Anstand in innerer und äußerer Lebenshaltung in ihnen erhalten oder aber erwecken und sie davon überzeugen, daß nicht der Mann, sondern die Frau über Sitte und Sittlichkeit eines Volkes zu entscheiden hat. Je brutaler und grausamer unser Männerstaat, je verwirrter und verirrter unsere Bräute und Frauen, umso notwendiger war meine Hilfe."[5]

Und später: "... ich würde mich zum zweiten Male so entschließen"; auch darin die Enkelin ihres geistigen Großvaters Pestalozzi: "Ich konnte nicht leben ohne mein Werk."

Das Gelände und die Häuser wurden vom Frauenwerk käuflich erworben, weitere Häuser im Klinkerbaustil hinzugefügt, gärtnerische Anlagen geschaffen. Als Reichsheimmütterschule und Reichsheimbräuteschule Husbäke - so hieß der neue Siedlungsteil von Edewecht jetzt - wurde die Anlage geradezu ein Ausstellungsstück des Frauenwerks, und Bertha mußte es sich gefallen lassen, in der "NS-Frauenwarte" in Bild und Wort vorgeführt zu werden - (nicht der SS-Bräuteschule, wie manchmal irrig behauptet).

Im Herbst 1937 fand als feierlicher Akt der Flaggenwechsel statt. Zum letzten Mal waren in großer Zahl die getreuen Altschülerinnen zusammengekommen, auf der anderen Seite stand der Kreis der bewährten oder neu eingetretenen Mitarbeiterinnen. Es ist bewegend nachzulesen in den erhaltenen Reden, wie selbstbewußt die Alt-Edewechter sich der "neuen Zeit" als längst Bewährte zur Verfügung stellen - und wie andererseits die NS-Jüngerinnen an einen bruchlosen Übergang glauben.

---

3   Pestalozzi: An die Unschuld, den Ernst und den Edelmut meines Zeitalters und meines Vaterlandes.

4   Pestalozzi: Brief über den Aufenthalt in Stanz.

5   Bertha Ramsauer: Anwalt der Seele, S. 76.

Im Sommer 1983 haben Herr Professor Schulenberg und Frau Professor Fülgraff mit Studenten und ehemaligen Schülerinnen von Bertha - jetzt Frauen zwischen 65 und 80 - in der Universität Oldenburg eine gemeinsame Übung zur Erforschung der VHS durchgeführt, ein hoch anregendes Unternehmen mit Gesprächen über die Zeiten hinweg. Gerade diese beiden Fahnenreden ließen die Heutigen erkennen, wie schwer entwirrbar die Motiv-Forschung in den ersten NS-Jahren ist.

Bertha freilich betrog sich nicht selbst; sie täuschte höchstens andere. Wie heikel so ein Verstellspiel vor urteilsunsicheren Schülerinnen war, wußte sie wohl und konnte nur auf spätere Einsicht hoffen. Im Verkehr mit Parteigrößen spielte sie gern die Naive - Seid klug wie die Schlangen! - als gelegentliche Ausflucht vor der sonst verlangten Selbstverleugnung.

Feierliche Staatsaktionen hat sie möglichst vermieden. Auch das tägliche Aufziehen der Fahne geschah "nebenbei". Eine frühere Schülerin hat mir erzählt, daß Bertha sie zum Flaggenhissen einteilte, weil sie sich morgens schwer vom Bett trennte. Trotz der tiefgreifenden Veränderung der Besitz- und Kommandoverhältnisse blieb es *ihr* Heim; und Besuch aus dem fernen Berlin wurde oft entsprechend behandelt. Kirchliche Feste wurden wie immer begangen. Alle Schülerinnen konnten ihren je konfessionellen Gottesdienst besuchen.

Die alte VHS-Arbeit hatte natürlich aufgehört. Statt dessen gab es Einjahreskurse für eine Gruppe von Haushaltschülerinnen und für die Vorbereitung zur sogenannten schulwissenschaftlichen Prüfung. Das Hauptlehrangebot bestand in sechs- bis zehnwöchigen Kursen der Mütterschule in allen einschlägigen Gebieten; oft zehn Kurse nebeneinander. Je länger der Krieg dauerte, desto mehr junge Frauen aus "Großdeutschland" kamen ins entlegene Moor, Sudetendeutsche, Siebenbürgerinnen, Wolgadeutsche etc. ...,... zerstoben, denn gerade diese sogen. "Auslanddeutschen" wurden ja bei Kriegsende besonders hart von Heimatvertreibung, zum Teil von Verschleppung nach Rußland betroffen. Auch wurden werdende und fertige Lehrkräfte der reichsweiten Mütterschularbeit zu Gastrollen nach Husbäke entsandt.

1937 beging Bertha Ramsauer den überfälligen Anpassungsschritt und wurde Parteigenossin. Die Quellenlage zu den zehn NS-Jahren ist deswegen so schlecht, weil bei Kriegsende alles Papier, ob bedruckt oder beschrieben - auf Frauenschaftsbefehl - zu verbrennen war und auch tatsächlich verfeuert ist. Es gibt nur einige mündliche Berichte von ehemaligen Mitarbeiterinnen und Schülerinnen aus der Zeit.

Zweierlei möchte ich jedoch hervorheben: ihre hohe Bildungsüberlegenheit und ihre Befähigung zum Gemeinschaftsleben. Man muß sich verdeutlichen, daß der geistige Zusammenhang, aus dem heraus Bertha lebte, weit in jene fast sagenhafte Vorkriegszeit vor 1900 zurückreichte, als die "Gebildeten" sich den Zeugnissen aus zwei Jahrtausenden abendländischer Überlieferung geöffnet hielten. Die seelische Entwurzelung, die der Erste Weltkrieg in Deutschland bei den in den Generationsfolgen Nachrückenden zum Traditionszweifel, ja, -abbruch führte, hat Bertha nie so getroffen wie viele ihrer späteren Schülerinnen. Sie war 1914 bereits eine gestandene Frau von 30 Jahren. Ihre Bildungsüberlegenheit, die die Jüngeren bei ihr bewunderten, hängt mit ihrer Verwurzelung in der Bildungswelt des 19. Jahrhunderts zusammen. Kriegsostern 1945 ließ sie, so wird berichtet, den Saal in großer Gelassenheit festlich herrichten und forderte dazu auf, den "Faust" mit verteilten Rollen zu lesen, wie es im VHS-Heim üblich gewesen war. Wenige Tage danach brannten die Gebäude teilweise nieder.

Unter dem Unterrichtstitel "Kunstbetrachtung" hatte Bertha von jeher ihre Schülerinnen an Werken der abendländischen Kunstgeschichte teilnehmen lassen. Dieses Lehrangebot bekam jetzt einen erweiterten und vertieften Rang. Auf ihren seltenen Reisen hatte sie ihre Sammlung von Abbildungen planmäßig erweitert. Kunstbetrachtung wurde jetzt zu der Zufluchtstätte und zu einem legitimen Weg, die NS-Thematik zu hintergehen. Im Anschauen und Ausdeuten bildnerischer Kunstwerke konnte sie - über die aesthetische Bildung hinaus - lebenweckende Kräfte anregen, die vielen unvergeßlich wurden. Dürers Ritter - vorbei an Tod und Teufel - ist nur ein Beispiel von zeitnaher "Offenbarung".

Für mich ist eine der erstaunlichsten, weil ganz im Verborgenen sich vollziehenden Leistungen, daß es ihr gelungen ist, die große, oft wechselnde und in sich höchst verschiedene Schar von erwachsenen Mitarbeitern zu einer Hausgenossenschaft zu machen, die sich verläßlich und sachlich den regelmäßigen oder unvermutet notwendigen Aufgaben widmete - sei es im Umgang mit den Schülerinnen, seien es Heimpflichten, die gegen Kriegsende immer mehr Einsatz vom einzelnen erforderten. Die durch zu große Nähe bei gleichzeitiger Isolierung so oft auftauchende "Heiminselkrankheit" mit Klatsch, Eifersucht, Schwärmerei kam in dieser so auf sich selbst gestellten Menschengruppe unter Berthas Führung kaum auf. Bei auftauchenden Auseinandersetzungen gab es kein Gegeneinanderausspielen. Sicher waren Offenheit und Sich-Verlassen - aufeinander gegenüber einigen Wenigen stärker. Berthas überlegene Lebensklugheit und ihre nüchterne - fast ernüchternde - Fähigkeit, die Menschen nie zu überschätzen, brachten diese ausgeglichene Atmosphäre zuwege. So sehr das Geheimnis von Berthas Wirkung mit dem bereitwilligen Glauben an das bessere Selbst der sich ihr Anvertrauenden zusammenhing, so sehr hat es mich im Gespräch mit ihr überrascht, wie genau sie die konkreten Grenzen und Bedingtheiten anderer einschätzte und mit ihnen umzugehen verstand. Ursache für das krisenfreie Miteinander war auch das hohe Maß erworbener Selbstbeherrschung und Zurückhaltung in den sie am tiefsten beschäftigenden Fragen. Ihre innere Einsamkeit war umso größer, da sich ihre härtesten Probleme, die sich aus dem ständigen Zwang zur Verstellung ergaben, nicht zum Aussprechen vor Jüngeren eigneten; damit wollte sie sie nicht belasten.[6]

Im März 1945 wurden die Lehrgangsteilnehmerinnen entlassen. Bis zu 350 Alte, Kranke, Wöchnerinnen, Obdach suchende aus dem Hinterland, aus dem Ruhrgebiet, aus Wilhelmshafen wurden in die Gebäude "verlagert" - zum Schluß noch eine Gruppe halb kindlicher HJ-Jungen, die das Vaterland mit Panzerfäusten verteidigen sollten.

Als dieser überfüllte, schon unter Beschuß liegende Bezirk an dieser Front zum Ort der Endkämpfe zu werden drohte, wußte Bertha, daß für sie eine neue Stunde für 'challenge and response' gekommen war. Ohne jemanden mit ihrem Entschluß zu belasten, machte sie sich unter Risiko ihres Lebens zum Kommandeur der kanadischen Truppen jenseits des Kanals auf, um von ihm eine Beschießungspause zu er-

---

6   In einem Lebensrückblick für ihre Schwester Thekla, vom 10.11.1947, schreibt sie: "Der Zweifel, ob ich recht handelte, kam erst über mich, als ich in der Zeit von 1935-1945 immer wieder erlebte, daß ich gegen mein Gewissen handeln mußte, wenn ich der Jugend in Husbäke helfen wollte. Wie oft habe ich mir die Frage vorgelegt: Muß man um seiner Arbeit willen auch das Opfer des guten Gewissens bringen? Jedenfalls ist das das einzig wirklich schwere Opfer gewesen, das ich gebracht habe."

bitten, bis sie den Weg hin und zurück zu den deutschen Kommandostellen in Oldenburg beendet hätte. Ihre ruhige Art muß die beiden gegnerischen Offiziere wohl so beeindruckt haben, daß tatsächlich, nachdem sie den mühsamen Fußmarsch beendet hatte, an diesem Frontabschnitt die Waffen schwiegen.

Das ersehnte Kriegsende brachte für sie selbst die bitter ernüchternde Erkenntnis, daß ihre helfenden Kräfte nach Besatzungsbeschluß jetzt unerwünscht waren. Obwohl der mit ihr befreundete ehemalige Ministerpräsident von Oldenburg, Theodor Tantzen, der 1933 entlassen, jetzt sofort wieder eingesetzt war, sie gleich an seine Seite holen wollte, weil er gerade sie für unentbehrlich für den Neuanfang hielt. Es half nichts. Diesem *DANACH*, wenn das Unheil endlich ausgestanden sein wird, hatte sie ja durch Jahre hindurch entgegengeharrt. Durch das "Nein" der Engländer drückte sie die NS-Last noch nachträglich schier zu Boden.

Die erzwungene Einkehr bei sich selbst verlangte eine Rechenschaftsablegung für die Siegermächte. Zugleich konnte sie die Ruhe nutzen in diesem erzwungenen Monaten des Wartens und die briefliche Verbindung zu ihren "Ehemaligen", den ungezählten Getreuen in ganz Deutschland, aufnehmen und endlich in aller Offenheit bei jeder einzelnen der positiv oder negativ Betroffenen die Gewissensprüfung anregen. Ihre Nachkriegsrundbriefe sind einmalige frühe Dokumente der später sogenannten "Aufarbeitung" der NS-Zeit.

Unermüdlich war sie beim Plänemachen. Doch ihre eigene "Entnazifizierung" kam für sie zu spät. Im Herbst 1946 warf sie eine Magenkrebsoperation aufs Krankenlager. Nach über sieben Leidensmonaten ist sie am 12. Juli 1947 gestorben.

Daß ihre erzieherische Produktivität durch jahrelange Verstellungszwänge gefesselt war, hat sie mit ihrer Gesundheit bezahlen müssen. Ihre amtliche *Ent*lastung geschah zugleich mit der stärksten persönlichen *Be*lastung, als die tödliche Erkrankung alle Hoffnung auf Wiedergut- und Bessermachen beendete. Sie hat diesen äußersten Verzicht angenommen und schreibt bewegende Abschiedsbriefe an ihre Ehemaligen.

Der fast befremdlich klingende Wunsch am Ende des vorletzten Briefes: "Ich möchte, daß Ihr meiner in jubelnder Freude gedenket, wenn ich heimgegangen bin", schien sich zu erfüllen, als sich zu ihrem 100. Geburtstag am 14.11.1984 über 150 ehemalige - jetzt grau- und weißhaarige - Schülerinnen aus ganz Deutschland zusammen mit vielen anderen Freunden zu einer Gedenkfeier in der Universität Oldenburg trafen. Das war wirklich ein freudiges Erinnerungsfest, und von Berthas nachwirkender Ausstrahlung waren alle ergriffen.

Ein Gedenkheft dieser Erinnerungsfeier des 100. Geburtstages von Bertha Ramsauer kann bezogen werden von der "Bertha Ramsauer-Stiftung" Oldenburg, Markt 1. Die zwischen 1924 und 1937 regelmäßig, gegen Ende nur noch selten verschickten "Mitteilungsblätter für alle Freunde und Anhänger der Volks- und Heimhochschule im Freistaat Oldenburg", liegen gesammelt in der Universität Oldenburg, Fachbereich Soziologie.

Literatur

Behrendt, Harald: Geschichte der Heim-VHS, in: Pöggeler, Franz (Hrsg.): Geschichte der Erwachsenenbildung, Handbuch, Bd. IV. Kohlhammer. Stuttgart 1975.

Hornbüssel, Dora: Bertha Ramsauer. Anwalt der Seele, ein Lebensbild aufgezeichnet von Dora Hornbüssel. Selbstverlag der VHS-Stiftung Oldenburg 1962.

Laack, Fritz: Das Zwischenspiel freier Erwachsenenbildung. Klinkhardt-Verlag. Bad Heilbrunn 1984.

Meyer, Friedrich (Hrsg.): Bertha Ramsauer: Berichte - Reden - Briefe. Selbstverlag der VHS-Stiftung Oldenburg 1967.

Tiedgens, Hans: Erwachsenenbildung zwischen Romantik und Aufklärung, Dokumente zur Erwachsenenbildung in der Weimarer Republik. Vandenhoeck und Rupprecht. Göttingen 1969.

Sozialpädagoginnen

Alice Salomon,
die Gründerin der sozialen Frauenschule

Susanne Zeller

An dieser Stelle kann nicht das gesamte umfangreiche Lebenswerk dieser bedeutenden Frau skizziert, sondern es soll hier nur der pädagogische Aspekt ihres Wirkens
umrissen werden.

Alice Salomon war eine der führenden Frauen des Flügels der bürgerlichen Frauenbewegung ab 1900, der vorrangig mit den Belangen von Armen- und Wohlfahrtspflege befaßt war. Die Etablierung der Sozialarbeit/Sozialpädagogik als *Berufsfeld*,
die Gründung zweier programmatischer sozialpädagogischer Institutionen sowie die
ersten Ansätze zu einer sozialpädagogischen Methodenkonzeption für das deutsche
Fürsorgewesen gehörten zu den spezifisch pädagogischen Tätigkeitsfeldern dieser
vielseitigen Sozialreformerin. Salomon prägte den historischen Prozeß von der cari-
tativ-privaten Liebestätigkeit des 19. Jahrhunderts zur sozialen Berufsarbeit für
Frauen konzeptionell und institutionell entscheidend mit. Ihr Hauptanliegen war dabei die Synthese zwischen der Frauenbewegung und sozialer Hilfstätigkeit. Dahinter
stand die Überzeugung, daß gerade Frauen aufgrund eines "weiblichen Wesens" spezielle Elemente zur Verbesserung gesellschaftlicher Verhältnisse beizutragen hatten.

Alice Salomon wurde 1872 in Berlin als viertes Kind eines wohlhabenden Kauf-
manns und einer Breslauer Bankierstochter geboren. Als junges Mädchen litt sie unter dem nutz- und sinnlosen Leben bürgerlicher Töchter des 19. Jahrhunderts. Den
Wunsch Lehrerin zu werden, konnte sie nicht durchsetzen. So begann ihr Leben nach
eigenen Beschreibungen erst mit dem 21. Lebensjahr durch den Besuch der Gründungsversammlung der Berliner "Mädchen- und Frauengruppen für soziale Hilfsarbeit" 1893. Innerhalb ihrer von da ab regelmäßig geleisteten ehrenamtlichen Tätigkeiten im sozialen Bereich lernte sie das Elend der Industriearbeiter/innen und deren
Kinder in Berlin kennen. 1899 übernahm Salomon die Leitung dieser "Gruppen" und
des ersten Jahreskurses für soziale Hilfsarbeit. Ein Jahr später wurde sie Schriftfüh-
rerin und später auch stellvertretende Vorsitzende des Bundes Deutscher Frauenvereine (bis 1920), sie war führend im Internationalen Frauenbund tätig (bis 1933), warb
durch regelmäßige Vorträge um junge bürgerliche Frauen für soziale Arbeit, engagierte sich sozialpolitisch für den Arbeiterinnenschutz und nahm darüberhinaus noch
ein Studium der Volkswirtschaft auf, das sie 1906 mit der Promotion abschloß. Das
Jahr 1908 brachte mit der Gründung der ersten zweijährigen überkonfessionellen Sozialen Frauenschule, deren Leiterin Salomon bis 1927 war, die programmatische
Ausbildungsstätte für junge bürgerliche Frauen, die ihre soziale Hilfstätigkeit von einer "Berufung", zum Beruf machen wollten. Alice Salomons energische Aufrufe an

die bürgerliche Töchtergeneration der Jahrhundertwende, sich nicht mit der aufgezwungene Leere ihres Daseins abzufinden, sondern den engen Lebenshorizont durch Ausübung sozialer Hilfstätigkeiten aufzubrechen, war ein wichtiger - wenn auch politisch insgesamt eingeschränkter - historischer Entwicklungsschritt der bürgerlichen Frauen in die Öffentlichkeit. Nach Salomons Überzeugung sollten vor allem die begüterten, unverheirateten Frauen den Massenpauperismus als Herausforderung annehmen und durch soziale Hilfstätigkeiten eine spezifisch "weibliche Kulturleistung" vollbringen. Bei der Formulierung ihrer berufsethischen Prinzipien für die Armen- und Wohlfahrtspflegerinnen verband Salomon idealistische Bewußtseinselemente des Frühbürgertums mit der protestantischen Arbeitsethik. Soziale Arbeit bedeutete das "Abtragen einer Schuld an die Gesamtheit" (Salomon 1912, S. IV). Sie begründete in ihrer Antrittsrede zur Eröffnung der Sozialen Frauenschule die Lehrplaninhalte der neuen Ausbildungsinstitution für Frauen aus dieser Sicht folgendermaßen: Bildung und fundierte sozialpolitische wie volkswirtschaftliche Kenntnisse sollten weniger einer gesellschaftskritischen Programmatik, oder der Befriedigung individueller Bildungsbedürfnisse dienen, sondern hatten auf soziale Pflichten vorzubereiten und eine soziale Einstellung zu stärken, um "dienen" zu können (Salomon 1908, S. 105f.). Durch die "unlösbaren Beziehungen" zwischen Begüterten und Besitzlosen müßten sich gerade die Frauen des Bürgertums ihrer sozialen Verantwortung bewußt werden und jene Aufgaben übernehmen, die Frauen von ihrem "weiblichen Wesen" her besser lösen könnten als Männer, da es charakteristisch für ihr "mütterliches Wesen" sei, das "Menschenleben hoch anzuschlagen" (Salomon 1912, S. 130).

Seit dem ersten Jahreskursus für soziale Hilfstätigkeit 1899 hatte Salomon gegen die allgemeine Überzeugung in der Öffentlichkeit gekämpft, daß ein gutes Herz zur Beseitigung des Elends ausreiche. Sie forderte deshalb differenzierte fachliche Kenntnisse als unverzichtbare Basisqualifikationen für die Ausübung sozialer Arbeit und begann mit der Initiierung einer Konferenz sozialer Frauenschulen Deutschlands 1917 erste curriculare Ansätze für die zweijährige Ausbildung zu entwickeln. Dabei warnte sie gleichzeitig immer wieder davor, Fachwissen zu überschätzen, welches die Frauen zwar lehren könnte, die Not zu begreifen. Zur konkreten Beseitigung gehöre aber ebenso die Fähigkeit, sich in andere gefühlsmäßig hineinversetzen, also auch mitleiden zu können (Salomon 1917 , S. 85). Diesen Anspruch auf Fachlichkeit bei der Ausübung von Wohlfahrtspflege erhob Salomon uneingeschränkt für die ehrenamtliche wie besoldete Arbeit. Der seit dem Ersten Weltkrieg fortschreitenden Entwicklung der Fürsorge zum Lohnberuf war sie dabei immer mit großer Skepsis begegnet, da sie den Verlust sozialethischer Prinzipien bei der finanziellen Entlohnung sozialer Arbeit befürchtete.

Seit dem Beginn der 20er Jahre wandte sich Salomon neuen Aufgaben zu. Sie unternahm Vortragsreisen in die USA und studierte das amerikanische Sozialwesen und dessen Methodenkonzeptionen, die sie für das deutsche Fürsorgewesen aufarbeitete und weiterentwickelte. Mit Salomons Fachbüchern "Leitfaden der Wohlfahrtspflege" (1921), "Soziale Diagnose" (1926) und "Soziale Therapie" (Wronsky/Salomon 1926) wurde erstmals in Deutschland der Versuch einer sozialpädagogischen Methodenkonzeption unternommen. Wenn auch Anspruch und Ergebnis noch vielfach auseinanderklafften, so war dies doch Salomons wichtiger Beitrag zur Weimarer Reformpädagogik - Diskussion. In ihrem Ansatz zu einer "Theorie des Helfens" ging sie über den Anspruch einer - die soziale Not von Hilfsbedürftigen lediglich - ermittelnden Fürsorgeleistung hinaus. Salomon formulierte einen Erziehungsanspruch in der Fürsorge, ohne den die eigentlichen Ziele einer sozialen Therapie unerreichbar wären. Der - in der alten polizeilichen Armenpflege zum Bittsteller degradierte - Hilfsbedürftige hatte, solchen neuen Ansprüchen nach, jetzt ein Recht darauf, als unteilbare Persönlichkeit angesehen zu werden und konnte sozialpädagogische Hilfsstellungen erwarten. Den hilfesuchenden Frauen, Kindern und Männern war also weiterhin jede mögliche materielle Hilfestellung zu gewähren. Gleichzeitig lag die fachlich methodische "Kunst" der Fürsorgerinnen bei einer erzieherischen Beeinflussung ihrer "Klientel", das Leben wieder selbstverantwortlich in die Hand zu nehmen. Es ging nach Salomon also darum, daß Fürsorgerinnen in der Lage waren, "die Haltung eines Menschen, seine Einstellung zu (ver)ändern". Die Effektivität von Fürsorgeleistungen hing also wesentlich von der jeweiligen Persönlichkeit der Fürsorgerin ab. Die Fähigkeit ein enges Vertrauensverhältnis zwischen Hilfsbedürftigen und sich selbst herstellen zu können, war jetzt ein "wesentliches Hilfsmittel" der Fürsorgerinnen (Salomon 1926, S. 51ff.). Aus diesem Grund verstand Salomon ihre Soziale Frauenschule auch nicht nur als Ausbildungsstätte zur Vermittlung von Fakten, sondern vor allem als Erziehungsinstitution für angehende Fürsorgerinnen, ethische Gesinnung und sozialpädagogische "Führungsqualitäten" des Helfens zu erlernen.

Ab der Mitte der 20er Jahre reduzierte Salomon ihre Leitungsfunktionen an der Sozialen Frauenschule, um eine weitere pädagogische Ausbildungsstätte für Frauen aufzubauen. Sie gründete im Herbst 1925 die "Deutsche Akademie für soziale und pädagogische Frauenarbeit". In dieser Frauenakademie konnten Fürsorgerinnen, Jugendleiterinnen, Hortnerinnen, Gewerbelehrerinnen und Hochschulabsolventinnen für Leitungspositionen in der Wohlfahrtspflege und als Lehrkräfte für die Sozialen Frauenschulen aus- und weitergebildet werden. Es war aber keine Fortbildungsinstitution im engen Sinne. Die Akademie bot ihren Teilnehmerinnen mit Jahres- und Zweijahreskursen an den Hochschulen orientierte sozialwissenschaftliche Studienmöglichkeiten zur Ausbildung für gehobene sozialpädagogische Berufsfunktionen. Neben der Erarbeitung gesetzgeberischer Neuerungen durch die Sozialreform (1922/1924), Problemen der Jugendwohlfahrtspflege, psychologischen, pädagogischen und sozialpolitischen Theorienentwicklungen lag ab 1928 ein weiterer Schwerpunkt der Berliner Frauenakademie bei der Herausgabe von Forschungsberichten über Struktur und Aufgabe der Familie in der modernen Industriegesellschaft. Salomon wollte mit ihrer Einrichtung, die sie selbst auch als Fachhochschule für Frauen kennzeichnete, der staatlich geregelten, eng berufsschulbezogenen Tendenz entgegenwirken, die sich zu ihrem Leidwesen an den Sozialen Frauenschulen während der 20er Jahre herausgebildet hatte. Salomon vollzog damit also bereits vor 1933 die qualitative Anhebung des Professionalisierungsanspruchs für die sozialpädagogische Ausbildung, was sich dann erst endgültig ab 1972 mit der Umwandlung der Höheren Fachschulen für soziale Arbeit in die Fachhochschulen für Sozialarbeit/Sozialpädagogik durchgesetzt hat.

Salomon betonte, daß an der Frauenakademie nicht eine "spezifisch weibliche Wissenschaft" vermittelt würde, da es eine solche nicht gäbe. Die wissenschaftlichen Erkenntnisse der einzelnen Fachdisziplinen sollten vielmehr "in einer für die Frauen wesentlichen Betrachtungsweise dargestellt (und) bearbeitet werden, mit Heraushebung der für die Frauenleistung entscheidenden Probleme"; dabei ginge es in erster

Linie um den Menschen, also um eine ganz bestimmte "Rangordnung der Werte" (Salomon 1928a, S. 3). Im Gesamtaufbau des Weimarer Bildungswesens nahm diese Frauenakademie eine besondere Stellung zwischen den Universitäten, den Verwaltungsakademien und den Sozialen Frauenschulen ein. Nicht abstrakte Theorie oder nur fachbezogene Fakten standen im Vordergrund der Studienkurse, sondern ein auf sozialpädagogisches Handeln bezogenes Erforschen und Verstehen wissenschaftlicher Zusammenhänge. Für Salomon hatte die Sozialpädagogik die Aufgabe, Veränderungen gesellschaftlicher Notstände herbeizuführen. Sie könne deshalb nicht nur auf wissenschaftliche Erkenntnisse zurückgreifen, sondern beruhe auch auf der "Kunst", die Zukunft gestalten zu können.

Salomon sah in dieser Zielsetzung eine wesentliche Bildungsaufgabe der Akademie für Frauen. Sie sollten sich auf ihre spezifisch "weibliche Kulturaufgabe" vorbereiten. Bis heute ist es nicht wieder gelungen, eine ähnliche Einrichtung aufbauen zu können. Die Frauenakademie war noch in der Experimentierphase, als Alice Salomon sie unter dem Zwang der Nationalsozialisten 1933 wieder auflösen müßte. Ebenso wurde sie gezwungen, alle anderen sozialpolitischen Funktionen und Ämter niederzulegen. Schließlich mußte sie 1937 nach einem Verhör bei der Gestapo über England in die USA emigrieren, um dem Konzentrationslager zu entgehen.

In den Vereinigten Staaten war Salomon durch ihre internationalen Kontakte zu der Sozialarbeiter/innen-Bewegung und als Gründerin des Internationalen Komitees sozialer Schulen sehr bekannt. Sie konnte sich anfangs noch teilweise mit Vorträgen durchbringen. Mit zunehmendem Alter und unter den schwierigen allgemeinen Bedingungen einer Emigrantin wurde sie mehr und mehr abhängig von Spenden durch Freunde und Verwandte (vgl. die Aufarbeitung ihrer Exilzeit bei Wieler 1987).

Nach dem Zweiten Weltkrieg war Salomon noch Ehrenpräsidenten des Internationalen Frauenbundes und des Internationalen Komitees Sozialer Schulen. Sie starb nach 11 schweren Exiljahren in New York.

Alice Salomons Bedeutung für die internationale Frauenbewegung, für die Entwicklung der deutschen Sozialarbeit als "Frauen"-Beruf und für die erste sozialpädagogische Methodenkonzeption geriet jahrzehntelang in Vergessenheit. In unseren Fachhochschulen für Sozialpädagogik/Sozialarbeit wird inzwischen in den Einführungssemestern auf ihr Lebenswerk und die Geschichte der sozialen Arbeit in Deutschland zumindest hingewiesen. Während der letzten Jahre hat auch eine intensive wissenschaftliche Auseinandersetzung mit Alice Salomon begonnen (vgl. Literaturverzeichnis).

Literatur

Baron, R. und Landwehr, R. (Hrsg.): Sozialarbeit und soziale Reform. Weinheim 1983.

Chronik der Sozialen Frauenschule 1899-1929. Berlin 1929.

Dürkop, M.: Alice Salomon und die feministische Sozialarbeit, in: Baron, R. und Landwehr, R., a.a.O. 1983.

Müller, C. W.: Wie helfen zum Beruf wurde. Band 1. Weinheim 1982.

ders.: Alice Salomon und die methodische Frage, in: Baron, R. und Landwehr, R, a.a.O. 1983.

Landwehr, R.: Alice Salomon und ihre Bedeutung für die soziale Arbeit. Berlin 1981.

ders. und Baron, R. (Hrsg.): Geschichte der Sozialarbeit. Weinheim 1983.

Peters, D.: Mütterlichkeit im Kaiserreich. Bielefeld 1984.

Peyser, D.: Alice Salomon. Ein Lebensbild, in: Schriften des Deutschen Vereins, a.a.O. 1958.

Riemann, I.: Soziale Arbeit als Hausarbeit. Von der Suppendame zur Sozialpädagogin. Frankfurt a.M. 1985.

Salomon, A. (1908): Zur Eröffnung der Sozialen Frauenschule in Berlin, in: Wronsky, S.: Quellenbuch zur Gesichte der Wohlfahrtspflege. Berlin 1925.

dies.: Was wir uns and anderen schuldig sind. Gesammelte Aufsätze. Berlin 1912.

dies.: Soziale Frauenbildung und soziale Berufsarbeit. Leipzig 1917.

dies.: Leitfaden der Wohlfahrtspflege. Leipzig 1921.

dies.: Soziale Diagnose. Berlin 1926.

dies.: Die Ausbildung zum sozialen Beruf. Leipzig 1927.

dies.: Die Deusche Akademie für soziale und pädagogische Frauenarbeit und die Geistesschulung der Wohlfahrtspflegerinnen, in: Soziale Berufsarbeit 8/1928a, H. 11-12.

dies.: Jugend- und Arbeitserinnerungen. in: Kern, E. (Hrsg.): Führende Frauen Europas. München 1928b.

dies.: Charakter ist Schicksal. Lebenserinnerungen, hrsg. von R. Baron und R. Landwehr, Weinheim 1983.

Schriften des Deutschen Vereins für öffentliche und private Fürsorge, in: Muthesius, H. (Hrsg.), Alice Salomon: Die Begründerin des sozialen Frauenberufs in Deutschland. Frankfurt a.M. 1958.

Simmel, M.: Alice Salomon. Vom Dienst der bürgerlichen Tochter am Volksganzen, in: Sachße, Chr. und Tennstedt, F. (Hrsg.): Jahrbuch der Sozialarbeit 4. Hamburg 1981.

Wieler, J.: Er-Innerung eines zerstörten Lebensabends, Alice Salomon während der NS-Zeit (1933-1937) und im Exil (1937-1948). Darmstadt 1987.

Wronsky, S.: Salomon, A. Soziale Therapie. Ausgewählte Akten aus der Fürsorgearbeit. Berlin 1926.

Zeller, S.: Volksmütter. Frauen im Wohlfahrtswesen der 20er Jahre. Düsseldorf 1987.

dies.: Maria von Graimberg. Vierzig Jahre Sozialarbeiterinnenausbildung in Heidelberg. Freiburg 1989.

Anna von Gierke:
Die Wegbereiterin der sozialpädagogischen Arbeit

Gabriele Hohenbild

Anna von Gierke war eine der größten Wegbereiterinnen der sozialpädagogischen Arbeit. Die Zusammensetzung der zwei Begriffe: 'sozial'und 'pädagogisch' in einem Wort "Sozialpädagogik" war eine Wortschöpfung von ihr, sie nannte ihr Seminar schon 1911 "Sozialpädagogisches Seminar". Ebenso sind das Wort Hort und die Berufsbezeichnungen Hortnerin und Schulpflegerin im wesentlichen auf sie zurückzuführen (Gruner o.J. und Buß 1974, S. 9).

Anna von Gierke wurde am 14. März 1874 als älteste Tochter von Otto von Gierke und seiner Frau Lili geboren. Der Vater, der 1911 zu seinem 70. Geburtstag den erblichen Adel erhielt, war ein bedeutender Rechtslehrer und seine akademische Arbeit führte ihn von Breslau über Heidelberg nach Berlin. Seine Tochter Anna lebte, nach ihrer Kinderzeit in Breslau und Heidelberg, seit dem Schulalter in Berlin. Sie hatte drei Brüder und zwei Schwestern. Eine Schwester, Hilde von Gierke, war auch im sozialpädagogischen Bereich tätig (Baum 1952).

Im Jahre 1890 mit 16 Jahren verließ Anna von Gierke die Patz'sche Schule; damit war nach der Sitte der Zeit ihre methodisch-geistige Bildung abgeschlossen. Sie stand zwei Jahre ihrer Mutter im Hause bei und ergriff aber die erste sich bietende Gelegenheit, auch außer Haus nützliche Arbeit zu übernehmen. Auf Anraten ihres Konfirmators Dryander trat sie 1890 in die Kleinkinderschule der Dreifaltigkeitsgemeinde als Helferin ein. Der weite Weg ins Innere von Berlin ließ sie aber bald eine Beschäftigung in ihrer damals noch selbständigen Stadtgemeinde Charlottenburg suchen. Dabei gab Helene Weber, Mutter der Soziologen Max und Alfred Weber, eifrige ehrenamtliche Sozialarbeiterin in Charlottenburg und Freundin von Hedwig Heyl, den Anstoß. Mit 17 Jahren 1981 begann Anna von Gierkes Einsatz im Jugendheim der Heylschen Fabrik am Salzufer als Helferin (Coler 1961).

Frau Weber und Frau Heyl planten damals, nach dem Vorbild der Heylschen Farbenfabrik, die für die Kinder der Arbeiterschaft 1883 ein Jugendheim gegründet hatte, ein ähnliches Heim für die Schulmädchen der Stadt Charlottenburg zu eröffnen. Anna von Gierke wurde für das Unternehmen geworben.

Der Anfang dieser Charlottenburger Hortarbeit wurde im Herbst 1892 in den Räumen der städtischen höheren Mädchenschule in der Rosinenstraße gemacht. Für die Arbeit standen nur freiwillige, ungelernte Hilfskräfte zur Verfügung. Dies war ein Nachteil; ein anderer war, daß die zur Verfügung stehenden Räume Schulklassen mit geneigten Tischen und festen Sitzen waren und daher für die Zwecke eines Hortes ungeeignet waren. Anna von Gierke schrieb selbst: "Zur Verfügung standen nur Schulklassen mit sehr ungeschickten Bänken - ich sehe noch, wie die im Keller in der Schuldienerwohnung gekochte Vespersuppe auf den schrägen Bänken über den Tellerrand eilte - es waren auch nur ungelernte Kräfte als Helferinnen bereit - ich war mit einer zweimaligen Korbflechtstunde in Frau Heyls Jugendheim die am meisten Vorgebildete!" (von Gierke 1924, S. 6).

Bei der Hortleitung trug Anna von Gierke die Hauptverantwortung. Frau Heyl gab durch persönliche Mitarbeit und Oberleitung stets Ermutigung. Trotz der ungünstigen Unterbringung hielt der Hort anderthalb Jahre vom Herbst 1892 bis April 1894 in den Schulräumen aus (Baum 1953).

Inzwischen hatte die Erkenntnis von der Notwendigkeit einer ergänzenden Fürsorge für einen Teil der Schulkinder dazu geführt, zur gesicherten Durchführung einen "Verein Jugendheim" zu gründen. Dies geschah am 9.2.1894. Bürgermeister Matting übernahm den Vorsitz der Gründungsversammlung und somit begann auch zugleich die städtische Fürsorge und das städtische Interesse. Neben Hedwig Heyl waren auch Helene Weber und Max Cassirer Vorstandsmitglieder (von Gierke 1924, S. 4).

Anna von Gierke war zu der Gründungsversammlung eingeladen und schrieb selbst dazu: "Es war die erste "Sitzung" meines Lebens, ich war ungeheuer stolz, daß ich von Frau Heyl und Frau Weber dazu eingeladen war. Erwartungsvoll, aber auch etwas ängstlich wanderte ich die Pestalozzistraße entlang bis zur Nr. 71, wo in einer kleinen Wohnung des Quergebäudes von einer Anzahl Damen und Herren die Gründung des Vereins beschlossen wurde und mir versichert wurde, daß man auf meine Mitarbeit rechne. Ich habe sie damals zugesagt und diese Zusage bis auf den heutigen Tag gehalten" (von Gierke 1924, S. 4).

In das Erdgeschoß des zweiten Quergebäudes des Hauses Pestalozzistraße 71 konnte der bisherige Hort mit 54 Mädchen aus den bisherigen Schulräumen umziehen. Nach Zumietung und Anbau war Platz für 80 Kinder. Frau Heyl hatte diese Wohnung gemietet. Marie Baum berichtete von der Arbeit in den neuen Räumen in einem Lebensbild von Anna von Gierke: "Kreisspiele im Hof, Handfertigkeiten in den Zimmern, Kochunterricht für zwölf größere Mädchen in der Küche, nachmittags für alle eine warme Vespermahlzeit - ..." (Baum 1953, S. 59).

Anna von Gierke leitete nicht nur den Hort in den ersten Jahren, sondern sie lebte auch mit den Kinder, probierte selbst alle Methoden und Beschäftigungen aus und gestaltete nach eigenen Wünschen und Vorstellungen die Räume, Bilder und Möbel. Somit legte sie die Grundzüge für moderne Kindertagesstätten.

Ihr Ziel war es, die Kinder aus den Mietskasernen und Hinterhöfen zu einem Kinderleben voller Freude und Glück zu führen und dadurch die Eltern auch zufriedener zu machen und somit zur Überwindung der sozialen Gegensätze beizutragen; so schreibt es Elly Coler in ihrem Lebensbild von Anna von Gierke als Wegbereiterin der Sozialpädagogik (Coler 1961, S. 8).

Auch Dietlinde Peters beschreibt Anna von Gierkes praktische und theoretische Arbeit als Tätigkeit im Sinne der Pazifizierungsstrategien der bürgerlichen Sozialarbeit, wenn sie sagt:

"Mit der *direkten* Ausweitung der praktischen Hilfe und der pädagogischen Bemühungen ... auf die Eltern der betreuten Kinder und Jugendlichen, auf die "Ehemaligen" und auf junge "Lädenmädchen", Dienstmädchen und Arbeiterinnen" wird durch den Verein Jugendheim endgültig und sichtbar *Volkserziehung* geleistet - immer noch im bewußten Rückgriff auf Hedwig Heyls Ideen und praktische Arbeit" (Peters 1984, S. 355).

Das Gesetz zum Schutze der Kinderarbeit in gewerblichen Betrieben trat erst am 1.1.1904 in Kraft und die Not der "Schlüsselkinder", die schon vor der Schulzeit mit dem Austragen von Zeitungen und Brötchen beschäftigt waren und nach der Schule niemanden zuhause vorfanden, lag Anna von Gierke am Herzen (von Gierke 1924, S. 7).

Dies war neben der übergeordneten Idee der Volkserziehung ein konkretes Problem und eine Forderung zu helfen.

Neben der Volkserziehung war also ein Ziel somit der Kampf gegen eine kurzsichtige und gedankenlose Ausnutzung der Kinderkräfte (von Gierke 1924, S. 7).

Damit arbeitete Anna von Gierke im Sinne der Vertreterinnen der gemäßigten Frauenbewegung, wenn sie ihre Arbeit im sozialen Bereich als Beitrag für die "Versöhnung der Klassen" ansah. Denn sie "bekämpfte" im Prinzip nur die Symptome und nicht die Ursache; später erkennt sie aber weitere Zusammenhänge (von Gierke 1924, S. 26).

Sie und auch ihre Mitarbeiterin Martha Abicht, die am Pestalozzi-Fröbel-Haus ihre Ausbildung erhielt, gehörten auch zu dem Kreis der Frauen der "Fröbel-Schule", die zum Ausgleich der Klassengegensätze "Volkserziehung" leisteten. Diese Bestrebungen werden von Monika Simmel in ihrem Buch "Erziehung zum Weibe. Mädchenbildung im 19. Jahrhundert" dargestellt:

"Das Ziel, das "veredelte" Proletariat, findet sich vor allem in den Vorstellungen der Fröbel-Anhängerinnen als die Summe glücklicher Familien: froh arbeitend, nicht trinkende oder politisierende Väter, klug hauswirtschaftende Mütter und "sinnvoll" lernende und spielende Kinder in sauberen und ordentlichen Wohnungen. So scheint das Proletariat als Klasse "aufgehoben", der solidarische, über die Familie hinausgehende Verbund ist zerstört" (Simmel 1980, S. 98ff.).

Als Ziel des Vereins Jugendheim wurde auch ausgeführt, daß der Verein zwar nicht die Summen aufbringen kann, die überbürdete Kinder mit äußerster Gefährdung ihrer körperlichen und sittlichen Entwicklung verdienen müssen. Er wollte durch Einwirken auf die Eltern und Kinder, durch Unterricht, Pflege und Erziehung und durch Gewährung von Essen zur körperlichen und geistigen Erstarkung der Kinder beitragen (Baum 1953, S. 59).

Auch von dem Verein Jugendheim wurde Volkserziehung geleistet. Dietlinde Peters schreibt dazu in ihrem Buch "Mütterlichkeit im Kaiserreich", daß mit Volkserziehung die "Versöhnung der Klassen" gemeint ist, und daß in diesem Zusammenhang auch die lokale "Kleinarbeit", hier die Hortbetreuung der Schulkinder und Vorschulkinder, zumindest den führenden Frauen des Vereins klar war (Peters 1984, S. 355).

Denn Anna von Gierke sagt selbst: "Es gilt ein hohes Ziel zu erreichen. Die leisen Bande gegenseitigen Verstehens und allmählich erwachenden Vertrauens, die gemeinsame Arbeit zwischen Helferin und Kind schlingt, die mittragende Sorge die Helferin und Mutter verbindet, sie werden eine Brücke schlagen über die Kluft, die heute weite Volkskreise trennt. Möchten viele dazu helfen, daß die Brücke immer fester und tragfähiger werde" (Peters 1984, S. 355/356).

Durch die Übernahme von sozialen Aufgaben und sozialer Verantwortung durch die bürgerlichen Frauen, die doch "als Mütter und Erzieherinnen die Schlüssel zu den Herzen der Jugend und damit zum sozialen Frieden künftiger Generationen in Händen haben", wurde den engagierten Frauen die Möglichkeit, den zukünftigen Frieden durch die soziale Arbeit vorzubereiten und zu sichern, suggeriert (Stritt 1907, S. 97).

Anna von Gierke besuchte über ein halbes Jahr Kurse im Pestalozzi-Fröbel-Haus I und II und in der Viktoria-Fortbildungsschule (Baum 1953, S. 56). Sie hätte gerne noch längere Zeit auf ihre Ausbildung verwandt, aber sie hatte Frau Heyl fest zugesagt, zum 1.10.1898 die Leitung des Charlottenburger Jugendheims zu übernehmen. Dies waren 144 Kinder, davon 43 Kindergartenkinder und darunter 25 Knaben.

Die Idee der Hortarbeit war in erster Linie auf Mädchen ausgerichtet. Von der Sammlung der Mädchen in ihrem Hort ging Anna von Gierke bald dazu über, auch die vorschulpflichtigen Geschwister im Kindergarten zu sammeln und den Kreis der Kinder auch auf Jungen auszuweiten (Coler 1961, S. 8). Denn es mußten viele Mädchen dem Hort fernbleiben, weil sie die kleineren Geschwister beaufsichtigen sollten. Die Kindergartengruppe für kleine Jungen und Mädchen war auch in der Pestalozzistraße untergebracht.

Die Leitung dieser neuen Gruppe übernahm Martha Abicht. Anna von Gierke und Martha Abicht hatten sich durch Frau Heyl kennengelernt, als Frau Abicht gerade eine zweijährige Ausbildung zur Kindergärtnerin am Pestalozzi-Fröbel-Haus beendet hatte.

Durch den Umstand, daß auch männliche Kinder durch die Kindergartengruppe ins Hortalter heranwuchsen und weiter betreut werden sollten, ergab sich die Notwendigkeit der Eröffnung einer Jungenhortgruppe. Dieses Jungenheim wurde nach dem Muster des Mädchenheims in einem Schulhaus in der Charlottenburger Bismarckstraße 49 untergebracht. Die Eröffnung war am 2.1.1901 und die Leitung dieses Jungenhortes übernahm die bisherige Leiterin der gemischten Kindergartengruppe Martha Abicht.

Die Knaben besorgten ihre Hausarbeit und nähten, servierten den Tee und kochten ihre Suppe, wie es die Mädchen taten (von Gierke 1924).

Neben dem wurde besonderer Wert auf Tischlern und Buchbindern bei den Beschäftigungen gelegt und als neuen Arbeitszweig wurde das Schustern aufgenommen (von Gierke 1924, S. 4). Diese erstaunlichen Aufgaben im Knabenheim, wie Anna von Gierke es nennt, nämlich die Hausarbeiten werden nicht näher erklärt.

Dietlinde Peters deutet sie folgendermaßen:

> "Da sie (die Knaben G.H.) als Erwachsene außerhalb des 'Hauses' arbeiten werden, bleibt allein eine durch die Hausarbeit während der Kindheit erlernte indirekte Verantwortung für das eigene Heim, der 'richtige' Blick auf die Arbeit der Ehefrau *und* ein früh erlerntes 'richtiges' Verhältnis zur Arbeit im allgemeinen: die Erfahrung von Arbeit als sinnvoller, ordnungstiftender, glückbringender Tätigkeit und nicht als entfremdetes 'Muß'" (Peters 1984, S. 353).

Martha Abicht leitete das Knabenheim in der Bismarckstraße 49. Nach Jahren gemeinsamer Arbeit trennten sich Anna von Gierke und Martha Abicht räumlich, sie trafen sich aber Abend für Abend, begleitet von den ältesten Kindern auf dem Heimweg. Auf diesem Weg wurden über sieben Jahre neue Erfahrungen ausgetauscht, frische Pläne entwickelt und Neuerungen besprochen (von Gierke 1924, S. 12).

Auch Isa Gruner[1], Mitarbeiterin von Anna von Gierke, berichtet von der jahrelangen fruchtbaren Arbeit der beiden:

> "Sie ergänzten sich in ihren genialen Begabungen, wie es für die jahrzehntelange gemeinsame Arbeit nicht wertvoller hätte sein können. Was die eine als Idee, als Vorstellung weit vorausschauend erkannte, ließ die andere in der Praxis, im täglichen Leben mit und für Kinder Wirklichkeit werden" (Gruner o.J.).

Als Ergebnisse und Neuerungen der Arbeit in den Horten soll nun genannt werden:
- Gesundheitliche Pflege, Ferienaufenthalte und Milchkuren;
- Tagesaufenthalte für Kindergartenkinder in einer unbenutzen Waldschule während der Kriegszeit;
- Einführung von Sparkarten und Sparmarken sowie die Eröffnung von Kinderkonten (Separatkonto Jugendheimkinder);
- die Einrichtung von Elternabenden und
- die Sammlung und Vorbereitung von Helferinnen.

Durch die Erweiterung der Arbeit in den beiden Heimen (dem Mädchen- und dem Jugendheim) und durch die Zubereitung und Austeilung von Mittagessen an bedürftige Schüler wurde das Mädchenheim in ein Tagesheim umgewandelt (von Gierke 1924, S. 23).

In der Zeit von 1907 bis 1920 existierten im Verein Jugendheim 20 Tagesheime und ein Nachtheim in Charlottenburg. Das Auffinden und die Auswahl der Kinder, die nun diese Einrichtungen besuchen sollten, war ein schwieriges Problem, es gab zwar seit 1908 die erste "Schulschwester", die für die medizinische Betreuung der Kinder in der Schule zuständig war (Brillenanpassung, Begleitung zu kleineren Operationen usw.) (Die Frau 1909, S. 628).

Aber der Aufgabenbereich einer "Schulpflegerin" (das Wort stammt von Anna von Gierke) sollte die hauptberufliche Erkundungsarbeit mit Anstellung an einer Schule sein. Das Wort "Schulpflegerin" wurde 1909 erstmalig geprägt, indem man im Jahresbericht des Vereins Jugendheim eine Schulpflegerin für jede Schule forderte (von Gierke 1924, S. 27). Den Schulpflegerinnen wurde dann auch am 1.7.1917 die Arbeit der Schulschwestern übertragen (von Gierke 1924, S. 28).

Anna von Gierke wollte vornehmlich bedürftige Kinder in die Hortbetreuung nehmen, ihr erstes Anliegen war, die "Kindernot" zu lindern; dabei ging sie zwar im Sinne der "Gemäßigten" Vertreterinnen der Frauenbewegung vor, aber nicht ohne auch schon kritisch Zusammenhänge der damaligen politischen Situation zu sehen. Sie schreibt selbst:

> "Da ging mir allmählich auf, welche Gefahren für die Volkssitte und das Familienleben die planlose Kinderfürsorge mit sich bringt, wie sie dazu beiträgt, daß es Gewöhnung wird, daß das Existenzminimum der Familie nicht mehr den Minimallohn des Mannes bestimmt, sondern sich aus Verdienst von Mann und Frau zusammensetzt, und wie so die Kinderfürsorge schließlich nur den Arbeitgeber unterstützt.

---

[1]   Isa Gruner arbeitete von 1918-1920 als Schulpflegerin in der Witzlebenschule in Charlottenburg. Ab 1920 richtete sie eine Familienfürsorgestelle in der Niederlausitz ein.

Und endlich schärfte sich mein Blick immer mehr über meine kleine Arbeit hinaus für die gesamte Kindernot, und ich erkannte, daß die Kinder, die von selbst kamen, oder deren Mutter sie uns brachte, gar nicht die am meisten bedürftigen waren. Die wirklich Vernachlässigten und Gefährdeten - die kamen nicht von selbst - an die kamen wir nicht heran" (von Gierke 1924, S. 26).

Die Auswahl und Auffindung der bedürftigen Kinder war die Aufgabe der Schulpflegerin.

Im Jahre 1910 war eine wesentliche Etappe in der Arbeit Anna von Gierkes erreicht. Am 19.11.1910 konnte das Zentralhaus in der Goethestraße 22 eingeweiht werden. An diesem Zentralhaus war nun Platz für die Bereiche Krippe, Kindergarten, Hort als Tagesheim, große Versorgungsküche, Lehrküche, Buchbinderei, Schneiderzimmer, Zimmer für die Lehrerinnen und Pensionärinnen usw. Anna von Gierke zog übrigens nach dem Ersten Weltkrieg aus der elterlichen Wohnung aus, um in ihrem Jugendheim zu wohnen (Baum 1953, S. 9).

Neben der Arbeit mit den Kindern konnten nun auch die Kurse zur berufsmäßigen Ausbildung errichtet werden; 1910 erst in loser Form, um 1911 dann unter dem Namen "Sozialpädagogisches Seminar" als ein Ausbildungskurs für Hortleiterinnen und Jugendleiterinnen und Schulpflegerinnen. Die erste staatliche Prüfung der Hortnerinnen fand im Herbst 1915, die erste staatliche Jugendleiterinnenprüfung Ostern 1918 statt, während die Ausbildung der Schulpflegerinnen noch keiner staatlichen Vorschrift unterlag (von Gierke 1924 und Coler 1961).

Die Schulpflege ging nach und nach aus der Vereinsarbeit im Jugendheim in die städtische Verwaltung über. 1924 bestanden in den einst 20 Tagesheimen beziehungsweise Horten, die den Berlin-Charlottenburger Schulen angegliedert waren, nur noch 10 Tagesheime mit Kindergarten und Hort und eine Krippe und eine Laufkrippe (von Gierke 1924, S. 55/56).

Bereichernd für alle "Jugendheime" und "Jugendheimer" war der Besitz in Finkenkrug; er lag in der Nähe von Spandau-Nauen, der seit 1912 zuerst als Erholungsstätte für Schülerinnen und Angestellte, später als Kinderlandheim und Bildungsstätte genutzt wurde.

1933 wurde Anna von Gierke von den Nationalsozialisten gezwungen, die Leitung des Jugendheims aufzugeben; bereits 1934 wurde das Jugendheim aufgelöst und seine Einrichtungen und das Seminar in das Pestalozzi-Fröbel-Haus überführt.

Anna von Gierke galt als "Halbjüdin", da ihre Mutter aus einer jüdischen Familie stammte, die zum evangelischen Glauben konvertiert war. Die Jahre nach der Machtergreifung der Nationalsozialisten bedeuteten für Anna von Gierke zwar ohne ihre Berufsarbeit zu sein, aber nicht ohne ihre Arbeit, bei der ja "immer der Mensch im Vordergrund stand" (Gruner o.J.).

Sie hatte weiterhin Kontakt zu den "ehemaligen Jugendheimern", führte einen Mittagstisch, für den sie selbst einkaufte und kochte. Es kamen täglich acht bis zehn Gäste und oft junge Freunde. Sie wandte sich auch der Bekennenden Kirche zu und es entstand ein Bibelkreis, der sich alle 14 Tage in ihrer Wohnung in der Carmerstraße 12 immer mittwochs traf. Dazu gehörte als Leiter der Pfarrer Dr. Jacobi von der Kaiser-Wilhelm-Gedächtniskirche und später auch Dr. Friedrich Smend. An diesen Abenden nahmen stets 40 bis 50 Menschen teil.

Jeden zweiten Donnerstag traf man sich zu einem historischen, literarischen oder religiösen Vortrag. Dabei gehörten Agnes von Zahn-Harnack, Theodor Heuss, Elly

Heuss-Knapp, Idamarie Solltmann und Marie Baum zu den Vortragenden. Helmut Gollwitzer und Romano Guardini und Alfred Niemöller gehörten ebenso zu diesem Kreis.

Anna von Gierke half illegal lebenden Juden und vermittelte auch Lebensmittelmarken, wechselnde Unterkünfte und Verbindungen zum rettenden Ausland (Gruner 1974).

Anna von Gierke starb mit 69 Jahren am 3.4.1943 in Berlin.

Agnes von Zahn-Harnack, eine Freundin von Anna von Gierke, beschrieb ihre charakteristischen Eigenschaften in ihrer Gedenkrede:

> "Ein reicher Mensch, ein starker Mensch, und als drittes ein Mensch von einer ganz ungewöhnlichen Verstandesschärfe und Schnelligkeit der Auffassung. Aber diese Worte geben noch nicht das wieder, was hier über sie gesagt werden muß; nicht um Intelligenz oder Klugheit handelt es sich bei ihr, sondern um einen Funken echter Genialität, durch den sie die Zusammenhänge der Dinge schneller erfühlte, als sie überhaupt erkennbar waren, und die notwendigen Dinge oft unter Überspringen all der Mittelglieder, an denen unser Durchschnittsverstand sich abmüht, ersah und einleitete" (Baum 1953, S. 56).

Literatur

Baum, Marie: Aus einem Lebensbild. Anna von Gierke, in: Mädchenbildung und Frauenschaffen, 2. Jg., Heft 12/1952, S. 1-12.

dies.: Aus einem Lebensbild. Anna von Gierke, in: Mädchenbildung und Frauenschaffen, 3 Jg., Heft 1-2/1953, S. 46-65.

Buß, Anneliese: Das Werk Anna von Gierkes. Idee und Wirklichkeit, in: Anna von Gierke zum 100. Geburtstag. (Fs) Berlin 1974, S. 2-13.

Coler, Elly: Anna von Gierke, in: Mädchenbildung und Frauenschaffen, 11. Jg., Heft 5/1961, S. 7-11.

Die Frau, 16 Jg., Heft 10/1909, S. 628.

Gierke, Anna von: Das Charlottenburger Jugendheim. Berlin 1910.

dies.: Jugendpflege im Charlottenburger Jugendheim, Versuche, die Pflege der Schulentlassenen mit der Pflege der Schulkinder zu verknüpfen, in: Deutsche Zentrale für Jugendfürsorge (Hrsg.): Handbuch für Jugendpflege. Langensalza 1913, S. 328-334.

dies.: Das Kinderhortwesen, in: Kriegswaisen und Jugendfürsorge. Schriften des Arbeitsausschusses der Kriegerwitwen- und -waisenfürsorge, Heft 5. Berlin 1917, S. 53ff.

dies.: 25 Jahre Jugendheim und 5 weitere Jahre, 1894-1924. Berlin 1924.

Gruner, Isa: Unveröffentlichte Rede vor den Mitarbeitern des Berliner Frauenbundes 1945. Berlin o.J.

dies.: Carmerstraße 12, in: Anna von Gierke zum 100. Geburtstag. (Fs) Berlin 1974, S. 23-28.

Hohenbild, Gabriele: Interview mit Frau Isa Gruner. Gesprächsprotokoll (unveröffentlicht). Berlin 1986.

Peters, Dietlinde: Mütterlichkeit im Kaiserreich. Die bürgerliche Frauenbewegung und der soziale Beruf der Frau. Wissenschaftliche Reihe, Band 29. Bielefeld 1984. (*)

Simmel, Monika: Erziehung zum Weibe, Mädchenbildung im 19. Jahrhundert. Frankfurt a.M. und New York 1980. (*)

Stritt, Marie: Der Soziale Friede und die Frauen, in: Zentralblatt des Bundes Deutscher Frauenvereine (Die Frauenfrage), 9. Jg., Heft 13/1907, S. 97ff.

Zerulli, Gerda: Das Jugendheim - ein Phänomen, in: Anna von Gierke zum 100. Geburtstag. (Fs) Berlin 1974, S. 14-22.

(Weiterführende Beiträge sind mit einem "*" gekennzeichnet.)

Frieda Dünsing und die Deutsche Zentrale für Jugendfürsorge Berlin

Susanne Zeller

Die Fürsorge für gefährdete und verwahrloste Kinder und Jugendliche hatte sich seit der Mitte des 19. Jahrhunderts zunehmend von der caritativen Liebestätigkeit auf staatliche und kommunale Einrichtungen verlagert. Ab 1900 trat das erste Jugendfürsorgeerziehungsgesetz in Kraft und 1922/1924 das Reichsjugendwohlfahrtsgesetz, was seinen vorläufigen Abschluss in unserer heutigen Jugendschutzgesetzgebung gefunden hat. Frieda Dünsing war hierbei eine jener herausragenden Persönlichkeiten in der Geschichte der (Sozial-) Pädagogik gewesen, ohne deren soziales und juristisches Engagement die Entwicklung des deutschen Jugendfürsorgewesens nicht denkbar ist.

Frieda Dünsing wurde 1864 in der Familie eines Ökonomierats in Diepholz/Niedersachsen geboren. Über ihre Mutter und die Kindheit Friedas ist nichts Näheres überliefert. Den allgemeinen gesellschaftlichen Beschränkungen für Frauen des 19. Jahrhunderts entsprechend, besuchte sie nach der höheren Töchterschule in Hannover das Lehrerinnenseminar und gab nach dieser Ausbildung Volksschulunterricht. Sie fühlte sich in diesem Beruf auf Dauer aber unausgelastet und kämpfte jahrelang mit dem inneren Zwiespalt, ob sie ihren stark ausgeprägten musischen Neigungen nachgeben - oder ihrem sozialen Verantwortungsbewußtsein folgen sollte. Sie gehörte keiner politischen Partei an. Auch in der bürgerlichen Frauenbewegung war sie nicht direkt organisiert. Zu einigen ihrer führenden Frauen pflegte sie aber Kontakte und teilte deren Grundüberzeugungen in bezug auf die "natürliche Bestimmung" des weiblichen Geschlechts für alle familiären und öffentlich sozialen Aufgaben in der Gesellschaft als spezifisch "weibliche Kulturleistungen".

Dünsing verließ zunächst die Schule und unternahm 1894/1895 Bildungsreisen nach Frankreich, England und Schottland, gab gelegentlich Deutschunterricht und informierte sich über die sozialen Einrichtungen dieser Länder. Ihr Konflikt zwischen perspektivlosem Müßiggang, Bildungshunger, Wirkungen der Emanzipationsideen und altruistischen Empfindungen war kennzeichnend für die bürgerliche Töchtergeneration der Jahrhundertwende. Alice Salomon - die Begründerin der ersten überkonfessionellen Sozialen Frauenschule in Deutschland - hatte genau bei diesen Konflikten begüteter Frauen angesetzt und zum sozialen Engagement aufgerufen. Frieda Dünsing entschloss sich nach ihren Reisen endgültig zur Aufgabe des Lehrerinnenberufs, um noch jene von der Frauenbewegung so schwer erkämpften Weiterbildungsmöglichkeiten für ein berufliches Fortkommen zu nutzen. Sie ging nach München und legte dort 1887 ihre Matura ab. Tagebuchaufzeichnungen aus dieser Zeit spiegeln noch große Selbstzweifel darüber wider, ob sie für einen ausgesprochen sozialen Beruf tatsächlich geeignet sein würde. Ihre intellektuellen Fähigkeiten schätzte sie dagegen hoch ein und kam für sich selbst schließlich zu dem Ergebnis, ihren scharfen Verstand, einen ausgeprägten Führungswillen und das soziale Verantwortungsbewußtsein beruflich miteinander verknüpfen zu wollen. Sie entschloss sich

1897 zum Jurastudium.[1] Mit Gesetzeskenntnissen werde es Frauen erst möglich, nicht nur Humanität zu fordern, sondern Rechte auch konkret durchsetzen zu können, schrieb sie in ihren Erinnerungen. Da Frauen in Deutschland damals noch nicht zur Advokatur zugelassen wurden, schrieb sich Dünsing Ende 1897 in Zürich zum Jurastudium ein. Dort promovierte sie dann im Wintersemester 1902/1903 als eine der ersten deutschen Frauen mit einer Arbeit über "Die Verletzung der Fürsorgepflicht gegenüber Minderjährigen. Ein Versuch zu ihrer strafrechtlichen Behandlung". Sie hatte sich Einblick in das unvorstellbare Elend von Kindern und Jugendlichen in den industriellen Ballungszentren der Großstädte mit hoher Säuglingssterblichkeit, Kinderarbeit, Kindermißhandlungen, Jugendkriminalität und allgemeiner physischer wie psychischer Verwahrlosung verschafft. Die Ursachen dieser elenden Verhältnisse lagen für sie ohne Zweifel in der herrschenden kapitalistischen Wirtschaftsweise begründet. Diese problematisierte sie allerdings nicht konsequent politisch weiter, sondern prangerte die katastrophalen Auswirkungen - vor allem die Erwerbsarbeit von Müttern - auf das proletarische Familienleben an. Diese Wirtschaftsordnung zerstöre alle Bedingungen familiärer Erziehungsprinzipien. Deshalb könne die moderne Arbeiterfamilie keine Gewähr mehr dafür bieten, eine geistig und körperlich gesunde Nachkommenschaft heranzubilden. Die Eltern beziehungsweise vorwiegend die prügelnden und trunksüchtigen Väter der Arbeiterklasse wurden damit hauptsächliche Zielscheibe ihrer Analyse und Kritik und nicht mehr die verursachenden ökonomischen Verhältnisse selbst. Im Verlauf ihrer Dissertation zeigte Dünsing dann die großen Mängel auf, die das geltende Familienrecht in bezug auf die uneingeschränkte elterliche, beziehungsweise "Schutzgewalt" aufwies. Proletarische Kinder und Jugendliche bräuchten angesichts ihrer unbeschreiblichen familiären Zustände einen wirksameren codifizierten Schutz vor dem elterlichen Machtmißbrauch. Dünsing plädierte aus diesem Grund für die Ausweitung staatlicher Kompetenzen zum Wohle von Minderjährigen. Nach § 1666 BGB konnte das elterliche Sorgerecht dann auf gesetzlich bestellte Personen übertragen werden, wenn Eltern ihren Erziehungsverpflichtungen nicht nachkamen. Im Rahmen der Konstituierung eines weiblichen Vormundschafts- und Pflegschaftswesens sollte Frieda Dünsing künftig nun ihren beruflichen Schwerpunkt finden.[2]

Der Vorsitzende des Vereins zum Schutz der Kinder vor Ausnutzung und Mißhandlung, Professor von Soden, beauftragte Frieda Dünsing 1904 mit der Geschäftsführung der ersten bereits seit 1901 bestehenden Berliner "Zentralstelle für Jugendfürsorge" (ZSJ). Diese neue Einrichtung nahm in sehr bescheidenem Rahmen ihren Anfang, da noch nicht einmal Räumlichkeiten dafür zur Verfügung standen. Auch die finanziellen Mittel mußten erst noch beschafft und freiwillige Mitarbeiterinnen geworben werden. Dünsing kritisierte scharf die gängige Praxis von männlichen Vormündern, die sich in der Regel kaum um ihre Mündel kümmerten und ihre Berichte mit stereotypen, lieblosen Phrasen versahen. Da es ab 1900 endlich auch Frauen gesetzlich möglich geworden war, Vormundschaften anzunehmen, galt Dünsings ganzes Engagement zunächst der Gewinnung freiwilliger Mitarbeiterinnen. Auf den Gebieten des Vormundschafts- und Pflegeschaftswesens sollten "brachliegende mütterliche Kräfte" begüterter Frauen zur Entfaltung kommen. Innerhalb weni-

---

1   Vgl. Buch der Erinnerungen 1922; Endres 1921; Bäumer 1939.

2   Vgl. Verletzung der Fürsorgepflicht 1903.

ger Monate gelang es Dünsing zusammen mit Anna Pappritz, der Vorsitzenden des Berliner Zweigvereins der abolitionistischen Förderation, den ersten eigenständigen *"Verband für weibliche Vormundschaft"* (später "Verein für Einzelvormundsschaft") mit etwa 80 Berliner Frauen zu konstituieren. Der Verband beriet die im Verkehr mit Behörden, Vormundschaftsgerichten und Gemeindewaisenräten noch ungeübten Frauen in allen juristischen Fragen.[3]

1905 konnte Dünsing mit ihrer Geschäftsstelle einen eigenen Raum beziehen und ein dichtes Kontaktnetz zwischen der ZSJ, den über 60 Berliner Fürsorgevereinen und den Vormundschaftsgerichten aufbauen. Sie organisierte große Fachkonferenzen, erarbeitete Gesetzesvorlagen zum Beispiel zur Alimentenprozeß-Praxis und zum Jugendstrafrecht, führte Beratungsstunden durch, hielt Vorträge, machte Eingaben bei Behörden, wie beispielsweise beim Berliner Polizeipräsidenten wegen der Beschäftigung von Mädchen in Varietévorstellungen und setzte sich dafür ein, auch seelische Mißhandlung unter Strafe zu stellen. Neben dieser umfangreichen Arbeit hatte sie noch zwei eigene Vormundschaften übernommen. Wenn es um anvertraute Mündel ging, bewegte sie sich manchmal hart an der Grenze der Legalität, um die Herausnahme von gefährdeten Kindern aus ihren Familien zu ermöglichen. Ihrer Auffassung nach tendierten Vormundschaftsrichter dazu, das Sorgerecht zu schnell wieder den Eltern zu übertragen und damit die Minderjährigen erneuten Mißhandlungen schutzlos auszuliefern. Dünsing setzte sich auch für die Übernahme von Pflegekindern in Familien auf dem Lande ein. Hieraus entstand der Verein *"Landaufenthalt für Kinder"*. Ein weiterer Schwerpunkt war das Engagement für psychiatrisch erkrankte Kinder und Jugendliche, die nicht in die "Irren"-Anstalten, sondern in besondere therapeutische Einrichtungen gehörten.

1907 wurde Dünsing noch die Geschäftsführung des *"Deutschen Zentralverein für Jugendfürsorge"* übertragen, dessen Aufgaben bis dahin lediglich in der Sammlung von Materialien, Statistiken und in der Organisierung von Fachkonferenzen bestanden hatte. Im April 1907 wurden dieser Zentralverein und die ZSJ in die *"Deutsche Zentrale für Jugendfürsorge"* (DZfJ) unter Dünsings Leitung zusammengefaßt. Dem Vorstand und dem Präsidium gehörten Frauen wie Gertrud Bäumer und Marie Baum an. Die DZfJ gab ab Januar auch ein eigenes Organ "Jugendwohlfahrt" unter der Schriftleitung Frieda Dünsings heraus. Zu den erweiterten Aufgaben der DZfJ gehörte jetzt noch die Entwicklung des Adoptionswesens, die Forcierung einer geregelten Jugendgerichtshilfe und die Anregung von Schulspeisungen und Kinderhorten für aufsichtslose Schulkinder. Frieda Dünsing hatte in nur sieben Jahren dieses umfangreiche Lebenswerk aufgebaut. Die damit verbundenen enormen Anstrengungen machten sich zunehmend in ihrem immer etwas labilen Gesundheitszustand bemerkbar.

1911 legte sie die anstrengende Geschäftsführung des DZfJ nieder und unterrichtete das Fach Rechtskunde an der Sozialen Frauenschule in Berlin. Daneben unternahm sie zahlreiche Vortragsreisen ins In- und Ausland. Die angeschlagene Gesundheit zwang sie nach Kriegsbeginn aber zur Aufgabe auch dieser Aktivitäten und zu langen Sanatoriumsaufenthalten bei München. Obwohl sie sich nicht wieder voll-

---

[3]   Vgl. Koepp 1927; Bäumer 1939.

ends erholt hatte, übernahm sie noch ab 1919 bis zu ihrem Tode 1921 die Leitung des Sozialen Frauenschule in München.[4]

Bei dem Lebenswerk von Frieda Dünsing sind sozialpädagogische Theorie und Praxis kaum voneinander zu trennen, da für sozial tätige bürgerliche Frauen der Jahrhundertwende zwischen Theorie und Praxis noch kein artifizieller Gegensatz bestand. Ihrer sozialpädagogischen Konzeption nach hieß Volks-Erziehung vor allem nicht mehr Drill, Zwang, Prügel oder pädagogische Gängelei. Erzieher/innen hatten demgegenüber durch entwicklungsfördernde Erziehungsmittel lediglich den "guten Anlagen des Kindes gegen die schlechten zum Durchbruch" zu verhelfen (Dünsing 1908, S. 312). Sie hatte bei ihren pädagogischen Vorträgen in erster Linie die Arbeiterjugend im Auge. Diese sollte durch günstige Entwicklungsbedingungen zur größtmöglichen körperlichen, charakterlichen und geistigen Leistungsfähigkeit und inneren Harmonie gebracht werden, um später als erwachsene Arbeiter/innen den Erfordernissen einer industriellen Produktionsweise entsprechen zu können. Ausreichender Schlaf, gesunde Ernährung, vor allem keinen Alkoholgenuß, trockene und helle Räume und viel körperliche Bewegung waren zunächst einmal unverzichtbare äußere Mindestvoraussetzungen für einen günstigen Entwicklungsverlauf von Heranwachsenden. Dünsing lag natürlich insgesamt nicht die Herausbildung eines revolutionären Subjektes am Herzen. Zur Charakterbildung eines "tüchtigen Arbeiters" gehörte ihrer Auffassung nach die Anpassung an die allgemeingültigen Normen einer bürgerlichen Industriegesellschaft. Dies bedeutete die Schulung von Konzentration, Selbstbeherrschung, Sorgfalt, Pünktlichkeit, Sauberkeit, Ordnung, Ausdauer, Sparsamkeit, Sittlichkeit und auch Gerechtigkeitsliebe.[5]

Erzieher/innen verglich Dünsing in Anlehnung an die Fröbelsche Pädagogik mit Gärtnern, die die hohe Kunst des Pflegens und Hegens beherrschen mußten, wenn sie erfolgreich sein wollten. In ihren Vorträgen äußerte sie sich zu konkreteren pädagogischen Fragen wie zum Beispiel zu der "besonderen" weiblichen Erziehung für alle häuslichen Pflichten, zu den Auswirkungen von Kinovorstellungen und Lektüre auf Kinder, zur Organisierung der Landjugend, der Heimerziehung und zur Fortbildungsfrage der erwerbstätigen Großstadtjugend.[6] Sozialpolitisch kritisierte sie die riesigen Summen, die der preußische Staat für das Militär und die Bürokratie ausgab und forderte die Bereitstellung größerer finanzieller Mittel zur Eindämmung des Massenpauperismus. Durch die Erneuerung allgemeiner ethischer Prinzipien insbesondere bei Unternehmern und Politikern und durch die freiwillige Mitarbeit begüterter Frauen innerhalb sozialer Hilfstätigkeit versprach sie sich aber insgesamt größere Wirkungen, als durch gesamtgesellschaftliche Umwälzungen der Verhältnisse.

Die programmatische Gesamtleistung von Frieda Dünsing innerhalb der historischen Entwicklung der sozialen Arbeit lag vor allem in ihrem Engagement als wohlfahrtspflegerisch tätige Juristin. In dieser Eigenschaft verfaßte sie zahlreiche Fachartikel in der von ihr redigierten "Jugendwohlfahrt". Dabei ließ sie sich ganz unmittelbar von ihren Beobachtungen und Erfahrungen leiten und versuchte von der Praxis aus grundsätzliche juristische, verwaltungstechnische, organisatorische und

---

4   Vgl. Buch der Erinnerungen 1922; Koepp 1927; Bäumer 1939.

5   Vgl. Buch der Erinnerungen 1922.

6   Vgl. Dünsing 1904, 1905, 1908, 1910, 1919, 1922.

sozialpädagogische Richtlinien und Prinzipien zu entwickeln. Sie besaß noch ein weitgehend ungebrochenes und instrumentelles Verhältnis zum Gesetz. Ihre Fürsorgeschülerinnen ließ sie akribisch Paragraphen aus dem Familienrecht auswendig lernen. Genaue Gesetzeskenntnisse waren für zukünftige Jugendfürsorgerinnen unverzichtare Mittel, später konkret im Interesse von Schutzbefohlenen handeln zu können. Dünsing schätzte das geltende Rechtssystem zwar noch als vollständig unvollkommene, aber insgesamt unentbehrliche-, die Gesellschaft regelnde und "zügelnde Macht" ein. Sie erwartete vor allem vom Familienrecht einen konkreten "erzieherischen Einfluß" für die Bewahrung "sittlicher Werte" in Familie und Ehe (Dünsing 1922, S. 235). Es ging Dünsing bei ihrem gesamten Lebenswerk immer um das unmittelbare funktionale Ineinandergreifen der gesellschaftlichen Faktoren Staat, Gesetzgebung und Charitas auf dem Gebiet der Jugendfürsorge und des Jugendstrafrechts. Deshalb begrüßte sie auch - im Gegensatz zu anderen führenden sozial tätigen Zeitgenossinnen, wie zum Beispiel Alice Salomon - ohne Einschränkungen die forcierte Verstaatlichung des Jugendfürsorgewesens zum Wohle der heranwachsenden Jugend. Bereits 1910 war sie für die Errichtung kommunaler *Jugendämter* eingetreten und hatte sich noch bis kurz vor ihrem Tode 1921 mit sozialpädagogischem Erfahrungsfundus und juristischem Sachverstand an der Entwicklung des Reichsjugendwohlfahrtsgesetzes beteiligt.

Literatur

Bäumer, Gertrud: Gestalt und Wandel. Frauenbildnisse. Frieda Dünsing. Berlin 1939.

Dünsing, Frieda: Die Verletzung der Fürsorgepflicht gegenüber Minderjährigen. Ein Versuch zu ihrer strafrechtlichen Behandlung. Diss.phil. Zürich 1903.

dies.: Dringende Aufgaben auf dem Gebiete der Jugendfürsorge. Centralstelle für Jugendfürsorge. Berlin 1904.

dies.: Vormündernot und weibliche Vormundschaft in: Die Frau 12/1905, Heft 5.

dies. (Hrsg.): Einige Gedanken über Erziehung von Kindern. Aus dem Arbeiter - Jahrbuch 1908, in: Erinnerungen, a.a.O. 1922.

dies.: Organisation der Jugendfürsorge. Referat auf der Jahresversammlung des Deutschen Vereins für Armenpflege und Wohltätigkeit in Königsberg am 16.9.1910.

dies.: Waisenpflege, Vormundschaft, in: Jahrbuch des Bundes Deutscher Frauenvereine 1919.

dies. (Hrsg.): Die Jugendpflege an der weiblichen Jugend. Vortrag 1913, in: Erinnerungen, a.a.O. 1922.

dies.: Schutz der Familie gegen den trunksüchtigen Familienvater. Tagung der Deutschen Zentrale für Jugendfürsorge am 29/30.9.1913. Berlin 1914.

dies.: Briefe von Frieda Dünsing, in: Die Frau 28/1921, Heft 6.

dies.: Ein Buch der Erinnerungen. Herausgegeben von ihren Freunden. Berlin 1922.

Endres, Fritz: Frieda Dünsing. Gedächtnisrede in der sozialen Frauenschule München, in: Die Frau 28/1921, Heft 5.

Frieda Dünsing als Lehrerin und Führerin, in: Neue Deutsche Frauenzeitschrift 2/1927, Heft 11.

Koepp, Lina: Soziale Persönlichkeitsarbeit, in: Die Frau 29/1922, Heft 5.

dies.: Frieda Dünsing als Lehrerin und Führerin. 12 Jahre Berliner Jugendfürsorge. Berlin 1927.

Zum zehnjährigen Todestag von Frieda Dünsing, in: Die Frau 38/1931, Heft 5.

Dozentinnen an Universitäten

Mathilde Vaerting:
Geschlechtscharakter und Pädagogik*

Margret Kraul

> "Laß Dich gelüsten nach der Männer Bil-
> dung, Kunst, Weisheit und Ehre" (Schleier-
> macher: Kathechismus der Vernunft für edle
> Frauen, 10. Gebot).

Als im Jahre 1923 die beiden ersten Frauen in Deutschland einen Lehrstuhl erhalten,
geht eine dieser Professuren an Mathilde Vaerting; sie wird zum 1.10.1923 zur ordentlichen Professorin für Pädagogik in Jena ernannt.[1] Ihre Berufung wird von ihren
Kollegen keineswegs als Sieg der Emanzipation gefeiert, im Gegenteil: Vaertings
Wirken beginnt mit Hindernissen und Beschränkungen seitens der Universität und
endet 1933 mit einer Eskalation von Vorwürfen und Vorurteilen; die erste Professorin in Deutschland muß trotz vehementer Versuche, sich gegen die männlich geprägte Universität durchzusetzen, ihre Entlassung aus, wie es heißt, politischen
Gründen hinnehmen.[2] Hatte sie in der Jenaer Zeit schon eine, wenn nicht gar völlig
negierte, so zumindest heftig umstrittene Stellung innerhalb der pädagogischen Zunft
eingenommen, gerät sie nun völlig aus dem Blickfeld: Sie erhält Publikationsverbot,
Neuauflagen und Übersetzungen werden untersagt, im pädagogischen Diskurs ist sie,
schon zuvor kaum wahrgenommen, nicht mehr existent. Doch nicht nur diese Umstände oder ein neu erwachtes biographisches Interesse an Frauen legen die Beschäftigung mit Mathilde Vaerting nahe, es ist auch auf dem Hintergrund einer Geschichte
der Disziplin und der Frauen zu prüfen, ob Leben und Werk paradigmatisch für den

---

* Bei dem Aufsatz handelt es sich um die geringfügig überarbeitete Fassung meiner
Antrittsvorlesung, gehalten am 30.5.1986 vor dem Fachbereich Erziehungswissenschaft I der
Universität Hannover.

1 Zur gleichen Zeit erhält Margarete von Wrangell eine ordentliche Professur (Landwirtschaftliche
Hochschule Hohenheim/Botanik). Vgl. Boedeker 1939, S. XLV. - Den Berufungen vorausge-
gangen war am 21. Februar 1920 - auf Anfrage der Husserl-Schülerin Edith Stein - ein Erlaß des
Preußischen Ministers für Wissenschaft, Kunst und Volksbildung, "daß in der Zugehörigkeit zum
weiblichen Geschlecht kein Hindernis gegen die Habilitierung erblickt werden darf", (Zentralblatt 1920, S. 240; vgl. auch Boedeker/Meyer-Plath 1974, S. 5).

2 Die Jenaer Universitätsgeschichte (1958, S. 630) stellt Mathilde Vaertings Entlassung in den
Kontext der Entlassungen sozialistischer Professoren. Nach erster Aktendurchsicht im Universi-
tätsarchiv Jena erscheint diese Sichtweise jedoch zweifelhaft.

Prozeß der Professionalisierung von ersten Frauen in der Erziehungswissenschaft sind. Themen ihrer Lehre und Forschung, ihre Karriere, ihre Position im pädagogischen Spektrum ihrer Zeit so wie ihre Stellung zu "weiblichen Aspekten" in der Pädagogik sind von Interesse. Hier eröffnet sich eine systematische Betrachtungsebene: Vaertings Thema der Jeaner Zeit ist das Geschlechterverhältnis; ihre Thesen, provozierend und auf Widerspruch stoßend, führen in die Auseinandersetzung mit heutigen Positionen. Um einige dieser Aspekte aufzunehmen, wird im folgenden zunächst versucht, Vaertings Leben zu rekonstruieren, in einem zweiten Schritt steht ihr Hauptwerk der 20er Jahre: "Neubegründung der Psychologie von Mann und Weib" im Vordergrund, und abschließend werden die zeitgenössische Rezeption skizziert und ein möglicher systematischer Ertrag für die heutige Diskussion zum Geschlechterverhältnis aufgezeigt.

1. Leben

Lebensdaten und Lebensweg von Mathilde Vaerting sind bisher unbekannt: Nachschlagewerke wie Kürschners Deutscher Gelehrtenkalender oder Minerva geben unzureichende oder falsche Daten, und auch die gelegentliche neuere Rezeption des ersten Teils von Vaertings Geschlechterpsychologie (Nachdruck 1975; Stefan 1975, Brinker-Gabler 1978, S. 71-91 und S. 353f.) bringt keine gesicherten Daten. So war ein geradezu detektivischer Prozeß notwendig, um Auskünfte zu gewinnen: von Einwohnermeldeämtern und Kirchenbüchern über Nachlässe von Zeitgenossen bis zur Suche nach letzten lebenden Zeitzeugen.[3]

Mathilde Vaerting (1884-1977) wird als fünftes von zehn Kindern in Messingen im katholischen Emsland, zwischen Lingen und Rheine, geboren. Ihr Vater ist Landwirt, offensichtlich wohlhabender als in der Gegend üblich: Das ehemalige Haus der Vaertings, erbaut 1882, mit seinen großen klassizistisch wirkenden Fenstern hebt sich noch heute von den umliegenden Häusern ab, und die alten Leute des Ortes wissen Wunderliches über Reichtum und Lebensstil der Familie zu berichten. Aus dem dörflichen Rahmen fallend muß auch die Kindheit der Mathilde und ihrer Schwestern verlaufen sein; die Kinder erhalten Unterricht durch eine Hauslehrerin, Mathilde Vaerting besucht dann eine höhere Mädchenschule in Köln und legt 1903 in Münster die Lehrerinnenprüfung ab. Es ist die typische Frauenkarriere der damaligen Zeit: Über den Lehrerinnenberuf eröffnet sich der Eintritt in die akademische Laufbahn. Vaerting legt 1907 in Wetzlar als Externe die Reifeprüfung ab und studiert. Bonn, München, Marburg, Gießen und wieder Bonn sind die Stationen. 1910 legt sie in Münster die Oberlehrerinnenprüfung in Mathematik, Physik und Chemie ab; 1911 promoviert sie in Bonn bei Dyroff über "Otto Willmanns und Benno Erdmanns Apperceptionsbegriff im Vergleich zu dem von Herbart", eine traditionelle Dissertation, die verschiedene Ausprägungen des Apperceptionsbegriffs vergleichend darstellt und seine Eignung für die Erklärung psychischer Prozesse beim Lernen prüft. Nach der Promotion unterrichtet sie in Berlin an einem (Ober-)Lyzeum, das später zu einer Oberrealschule umgewandelt wird.

---

3   Die Aufarbeitung aller dieser Quellen bleibt einer späteren Publikation vorbehalten.

Neben ihrer Unterrichtstätigkeit publiziert Mathilde Vaerting. Im pädagogischen Bereich ist sie an Lernen und Begabung interessiert: Aus dem Jahre 1913 findet sich eine Schrift mit dem provokativen Titel: "Die Vernichtung der Intelligenz durch Gedächtnisarbeit", in der die Schule angeklagt wird, durch Gedächtniszwang Produktivität und Selbständigkeit der Schüler zu verhindern, und die bestehende Oberlehrer(innen)ausbildung und -prüfung harter Kritik unterzogen wird: Sie sei am Lern- und Paukstoff orientiert und bringe nur Lehrer hervor, die ihrerseits den Kenntniszwang im Unterricht wieder verabsolutierten. Es ist eine Schrift, mit der sie sich in die reformpädagogische Bewegung gegen die Lernschule einreiht, in der zugleich aber ihr politisches Engagement deutlich wird:

"Der greise Zopf des Kenntniszwanges in Schule und Examen, dessen einzige Ehrwürdigkeit das Alter ist, wird fallen, wenn erst alle jene einmal für ihn die Schere der Erkenntnis schleifen, deren Verstand das Gedächtnis überragt. Wenn alle selbständigen und produktiven Denker klar erkennen, daß Schule und Examen, eingerichtet als *Förderungsmittel* der Kultur, schwere *Hemmsteine* der Rezeptivität und Reproduktion in den Lauf der Höherentwicklung schleudern, ihn um Jahrhunderte verlangsamend, dann werden sie sich im Haß gegen den Kenntniszwang erheben. Und wenn sie erst geschlossen kämpfen, dann ist ihnen der Sieg gewiß, kraft ihrer überragenden Intelligenz im Zeichen des Kulturfortschrittes und der Vervollkommnung des psychischen Organismus" (Vaerting 1913, S. 122).

Vaertings Glaube an eine Weiterentwicklung der Menschheit aufgrund deren Befähigung zur Vernunft wird deutlich; zur Aufgabe macht sie es sich, Vernunft zu fördern und zu entfalten. Ihr Plädoyer gilt hier, wie auch in weiteren auf Schule und Unterricht bezogenen Schriften (vgl. u.a. Vaerting 1921b), einer Schule, die "selbständiges Denken, Phantasie, Initiative" (Vaerting 1921b, S. 8) anregt und durch die Forderung nach Selbständigkeit den Schülern dazu verhilft, ihre Begabung zu entwickeln. Einen statischen Begabungsbegriff lehnt Vaerting ebenso ab wie die Behauptung geschlechtsspezifischer Begabung: "Jede Berücksichtigung des Geschlechts bedeutet Verkürzung des Individuums" (Vaerting 1921b, S. 38), und ebenso wie sie tradierte Lehr- und Lernmethoden in Frage stellt, kämpft sie auch im Bereich des Geschlechterverhältnisses für eine Abwehr gesellschaftlich produzierter Vorurteile.

Mit dieser kritischen, den entschiedenen Schulreformern nahestehenden Haltung empfiehlt sie sich für eine Berufung nach Thüringen, wo sich - in einer Linksregierung - das Ministerium für Volksbildung darum bemüht, gemäß Art. 143 WRV die Lehrerausbildung für alle Schulformen an den Universitäten durchzuführen. Die Universität Jena hat sich nun auch mit der Volksschullehrer(innen)ausbildung zu befassen, und der damalige Volksbildungsminister Greil, zunächst SPD, später USPD, beruft entgegen dem erklärten Willen der Philosophischen Fakultät in einem Eilverfahren Erziehungswissenschaftler/innen, von denen er sich die Durchsetzung der Reformpläne zur Lehrerausbildung verspricht: Peter Petersen und Mathilde Vaerting werden zu ordentlichen Professoren ernannt, Otto Scheibner, Reinhard Strecker und Anna Siemsen zu Honorarprofessoren, die besonders mit der schulpraktischen Ausbildung betraut werden (vgl. Geschichte der Universität Jena 1958, S. 572). Die Berufungen haben einen heftigen Konflikt zwischen Philosophischer Fakultät und Universität einerseits und der Regierung Fröhlich/Greil andererseits zur Folge; die Universität sieht die akademische Freiheit bedroht - und in der Tat wird ihre Stellungnahme zu den Berufungen gar nicht abgewartet -, und die Thüringer Regierung hat Sorge um ihre Lehrerbildungskonzeption. Während Peter Petersen, auch keine Wahl der Fakultät, zunehmend akzeptiert wird, setzt gegen die Berufung von Mathilde Vaerting der Kampf ein; vor allem, als sich die politischen Machtverhältnisse in Thüringen 1924 ändern. 1933 gibt das Gesetz zur Wiederherstellung des Berufsbeamtentums dann - endlich - die formale Handhabe, Mathilde Vaerting, die Jenaer "Zwangsprofessorin" (Plate 1930, S. 206), wie es in einer nationalsozialistischen Schmähschrift von 1930 heißt, aus politischen Gründen zu entlassen. Als ihr Rückzug in die Privatheit nach 1945 beendet werden kann und die Pädagogik sich neu formiert, erinnert man sich nicht an sie. Ihre Bewerbungen bleiben unberücksichtigt; sie wird nicht wahrgenommen.[4] Mathilde Vaerting wendet sich der Staatssoziologie zu; die Analyse der Macht gilt ihr als Schlüssel aller gesellschaftlichen Vorgänge, auch der Erziehung. Ihr Institut für Staatssoziologie und ihre Zeitschrift für Staatssoziologie (1953-1971), getragen von Edwin Elmerich, einem Doktoranden aus der Jenaer Zeit, und Vaerting selbst, bleiben bis ins hohe Alter die Plattform, von der aus sie das wirtschaftliche und politische Zeitgeschehen kommentiert und zu gesellschaftlichen Themen aller Art - von der Erziehung bis zur Literatur - Stellung nimmt. Sie stirbt 1977, 93jährig in Schönenberg/Schwarzwald.

2. Geschlechterpsychologie

Es ist die alte Frage nach dem Wesen von Mann und Frau, die Mathilde Vaerting in ihrer Schrift "Die Neubegründung der Psychologie von Mann und Weib" stellt (Bd. 1: "Die weibliche Eigenart im Männerstaat und die männliche Eigenart im Frauenstaat", Bd. 2: "Wahrheit und Irrtum in der Geschlechterpsychologie", 1921ff.), jener Schrift, mit der sie auf größte Begeisterung sowie auf schärfste Ablehnung stößt. Vaerting untersucht die sichtbaren Unterschiede zwischen den Geschlechtern auf ihre Genese hin. Dabei muß sie feststellen, daß alle bisherigen Aussagen, Thesen und Ergebnisse zu diesem Problem auf einem Vergleich des "herrschende(n) Männergeschlecht(s) mit dem unter- oder zum mindesten nachgeordneten Weibergeschlecht" beruhen. Geschlechtsspezifische Unterschiede, die auf dieser Basis erhoben werden, "können deshalb", so Vaerting, "ebenwohl soziologisch bedingt sein durch die gegensätzliche Lage der Geschlechter als durch *angeborene* Verschiedenheiten" (Vaerting 1921a, S. 1); Macht und Unterordnung verschleierten die Erkenntnis des wahren Wesens der Geschlechter. Geschlechtsspezifische Herrschaftsverhältnisse determinieren damit den Geschlechtscharakter. Für die Frage eines Vergleichs von Mann und Frau wirft das forschungslogische Probleme auf, denn es *"dürfen nur Geschlechter verglichen werden in völlig gleicher Lage, also Männer bei männlicher Vorherrschaft mit Frauen bei weiblicher Vorherrschaft, oder Frauen bei männlicher Vorherrschaft mit Männern bei weiblicher Vorherrschaft oder Männer und Frauen bei völliger Gleichberechtigung der Geschlechter"* (ebd.). So versucht Vaerting - zum Vergleich mit der Männerherrschaft ihrer Zeit - Beispiele aus der Geschichte zu

---

4   So bleiben etwa ihre Schreiben an Nohl um Protektion an der Universität Göttingen ohne Erfolg (Schreiben vom 15.7.1945 und vom 21.8.1945; aus dem bisher unveröffentlichten Nachlaß Nohl). Auch ihre weiteren Bemühungen sind vergebens.

finden, in denen weibliche Vorherrschaft konstitutiv ist: Ein solches methodisches
Vorgehen lasse Rückschlüsse auf jene Eigenschaften zu, die sich bei beiden Geschlechtern aufgrund von Herrschaft entwickeln, bei den Herrschenden ebenso wie
bei den Beherrschten.

Auf der Grundlage dieser Vorüberlegungen beschreibt Vaerting nun unter Einbeziehung vorliegender Ergebnisse aus Anthropologie, Ethnologie und Soziologie die
typischen Merkmale von Männer- und Frauenherrschaften. Für die Frauenherrschaft
klingt das folgendermaßen:

> "*Wenn die Frau herrscht*, so ist sie der werbende Teil in der Liebe. Der Mann bringt die
> Mitgift mit, die Frau läßt sich in der Ehe Gehorsam vom Manne geloben, sie hat das al-
> leinige Verfügungsrecht über den gemeinsamen Besitz. Sie allein hat das Recht, sich
> vom Gatten zu scheiden und ihn zu verstoßen, wenn er ihr nicht mehr gefällt. Vom
> Manne wird Keuschheit und eheliche Treue verlangt, und er wird für Übertretungen oft
> schwer bestraft, die Frau nimmt es mit der Treue weniger genau. Der Ehemann nimmt
> den Namen und die Nationalität der Frau an. Die Kinder werden nach der Mutter ge-
> nannt und erben von der Mutter. Der Stand der Mutter entscheidet über die gesell-
> schaftliche Stellung der Kinder. Die Frau besorgt die Geschäfte außerhalb des Hauses,
> und der Mann führt den Haushalt. Der Mann schmückt sich, und die Frau hat eine mehr
> eintönige Kleidung. Die ehelosen Männer werden der Verachtung preisgegeben. Die
> Männer gelten als das gütigere, wohlwollende, aber geistig weniger befähigte Ge-
> schlecht. Die weiblichen Kinder werden höher bewertet als die männlichen" (ebd., S.
> 3f.).

Das Prinzip, und damit auch Vaertings Botschaft, wird deutlich: Das jeweils herrschende Geschlecht nimmt, ebenso wie das beherrschte, bestimmte durch Herrschaft
determinierte Eigenschaften an; das gilt für Männer wie für Frauen, ihre Eigenschaften sind prinzipiell austauschbar.

Wenn Vaerting unter dieser Prämisse Gesellschaften mit Frauenherrschaft beschreibt, dann klingt das provokativ, erinnert heutige Leser fast an Brantenbergs
"Töchter Egalias" (1979) und läßt sich nicht gut einpassen in die männliche Wissenschaft der Weimarer Zeit, erst recht nicht in die damals herrschenden Vorstellungen
vom Geschlechtscharakter, die, wie Simmel analysiert, von der Frau das fordern, was
dem Mann "in seiner polaren Beziehung zu ihr wünschenswert ist, das im traditionellen Sinne Weibliche, das aber nicht eine selbstgenügsame, in sich zentrierende
Eigenart bedeutet, sondern das auf den Mann orientierte, das ihm gefallen, ihm dienen, ihn ergänzen soll" (Simmel 1985 [1911], S. 203).

Aber auch heute kann Vaertings Schrift nicht auf einhelige Zustimmung stoßen.
Das hat mehrere Gründe, an erster Stelle ihre geschichtsphilosophische Position: Für
Vaerting vollzieht sich Geschichte in einem ständigen zyklischen Auf und Ab, von
der Vorherrschaft des einen Geschlechts über eine Phase relativer Gleichberechtigung zur Vorherrschaft des anderen Geschlechts. Herrschaft ist dabei Vaertings leitende Analysekategorie, Entwicklungen aber innerhalb einer Herrschaftsperiode,
unterschiedliche ökonomische und gesellschaftliche Bedingungen in verschieden
Phasen der jeweiligen Herrschaft gehen nicht in die Analyse ein; das Machtprinzip
absorbiert jegliche Differenzierung. Vaertings Annahmen führen sie zu dem simpli-
fizierenden Schluß, daß die Auswirkungen der Vorherrschaft auf die Geschlechter zu
verschiedenen Zeiten und in verschiedenen Phasen der Kulturentwicklung "ewig und

unveränderlich dieselben sind, ob die Vorherrschaft in einem Naturvolk, ob sie zur Zeit höchster Kultur stattfand" (Vaerting 1921a, S. 3).

Auch ihr methodisches Vorgehen kann nicht kritiklos bleiben: Es ist eine Mischung aus interessanten Sekundäranalysen vorliegender Materialien und verallgemeinerter Beobachtungen. Das erste ist anregend, so wenn sie die Geschichte von Joseph und Potiphar nicht als gottgewollte Prüfung des Joseph versteht, sondern sie in den frauenrechtlichen Kulturkreis des alten Ägypten einordnet, in dem der Frau die Werbung zukam und der Mann bemüht war, seine Unschuld zu erhalten (vgl. ebd., S. 8). Ihre Verallgemeinerungen einzelner Beobachtungen sind jedoch nur teilweise zutreffend: Wenn sie das neue knabenhafte Schönheitsideal der Frau in der Weimarer Zeit im Hinblick auf eine Angleichung von Mann und Frau interpretiert und als Kriterium für eine bevorstehende, auch faktische Gleichberechtigung wertet, so mag das gelten (vgl. ebd., S. 65); behauptet sie dagegen generelle Veränderungen der Körperformen von Mann und Frau bei veränderter geschlechtlicher Vorherrschaft, so bleibt das Spekulation (vgl. ebd., S. 62ff.); vielleicht ist es ganz amüsant, wenn sie, nachdem Simmel die undifferenzierten üppigen weiblichen Formen beschworen hatte (Simmel 1985 [1890], S. 27-59), ihrerseits den Männern in der Lage der Beherrschten üppige Körperformen zuschreibt, letztlich aber wohl kaum haltbar. Und nicht zuletzt sind ihre Äußerungen zur Eugenik fatal.[5]

Kann man über diese Punkte diskutieren, Vaertings Beispiele im einzelnen für mehr oder weniger zutreffend halten, so ist ein anderer Punkt in ihren Schriften viel interessanter und weiterführend, zugleich aber auch in seinen Konsequenzen schwererwiegend und noch weniger akzeptabel für die damalige scientific community: Es sind die Folgerungen, die Mathilde Vaerting aus ihrer Neubegründung der Geschlechterpsychologie zieht, vor allem jene, die für pädagogisches Handeln und erziehungswissenschaftliche Forschung einschlägig sind. Drei Ebenen lassen sich unterscheiden: Zum einen analysiert sie die herrschende Vorstellung vom Geschlechtscharakter der Frau, zum zweiten kritisiert sie Untersuchungen der experimentellen Pädagogik und Psychologie in bezug auf einen männlichen *bias* und formuliert ein Forschungsprogramm, das die geschlechtsspezifische Komponente weitgehend isolieren soll, und im einem dritten Schritt stellt sie pädagogische und bildungspolitische Forderungen zur Erziehung der Geschlechter auf, insbesondere zur Mädchenerziehung. Ihre Position wird anhand einiger ihrer Beispiele vorgestellt, zunächst ihre Auseinandersetzung mit dem Geschlechtscharakter.

Es sind die typischen geschlechtsspezifischen Zuschreibungen, die Vaerting aufgreift und analysiert: Emotionalität der Frau und Kühlheit und Sachlichkeit des Mannes - bei Simmel standen dem Ahnungsvermögen, der Instinktsicherheit und der Emotionalität der Frau die Rationalität und das zergliedernde Denken des Mannes gegenüber -, ihr Mitleid und sein Egoismus, männlicher Mut und weibliche Furchtsamkeit, die Frau, die dem Manne gehorsam zu sein hat. Aber Stereotypen dieser Art läßt Vaerting nicht unhinterfragt bestehen, sie prüft sie auf ihre Widersprüchlichkeit: So kontrastiert sie Schopenhauers Ansicht, daß es die höchste Wollust des Weibes sei, zu gehorchen, mit Verhaltensweisen von Männern in männlichen Organisatio-

---

5   Vgl. Vaerting 1921a, S. 145. Vaerting vertritt hier die These, daß spätes Zeugungsalter und frühe Schwangerschaft sich nachteilig auf die "Qualität des Nachwuchses" auswirkten. Vgl. dazu auch Vaerting 1916.

nen, in denen sie Gehorsam in höchstem Ausmaß praktiziert sieht: ob das nun die Oberlehrer in der Weimarer Republik sind, die sich obrigkeitshörig gegen kollegiale Schulverfassungen aussprechen, ob das Primaner sind, die Gehorsam als Tugend höher bewerten als Mut (vgl. Vaerting 1923, S. 20ff.), oder ob es der Militarismus ist, dem der "Glanz eines Knopfes, eine Grußbewegung, eine Fußstellung (...) zu Dingen von höchster Wichtigkeit" werden, und für den Rangabstufungen und deren Einhaltung entscheidendes Konstituens sind (ebd., S. 32). Gehorsam, so zeigt sich hier, ist eine Eigenschaft, die die Herrschenden von den Beherrschten verlangen, keine geschlechtsspezifische Eigenschaft, eher ein funktionales, Herrschaft konservierendes Element.

Andere Unterschiede hingegen räumt Vaerting auf der Phänomenenebene ein: So konstatiert sie ein vorrangig personengerichtetes Interesse von Frauen, das einem sachgerichteten Interesse der Männer gegenübersteht (vgl. ebd., S. 122ff.), im übrigen eine Zuschreibung, die konstitutiv für die jüngst von Carol Gilligan behauptete Dichotomie der Ethik der Gerechtigkeit bei Männern und der Ethik der Fürsorge bei Frauen ist (vgl. Gilligan, S. 200ff.). Wenn diese Unterschiede jedoch bestehen, werden sie schon bei Vaerting durch unterschiedliche Sozialisationen und Erwartungshaltungen erklärt: Die Mütterlichkeit der Frau und die Berufstätigkeit des Mannes als Ziele der Erziehung werden in frühester Kindheit durch vorgelebte Rollenmuster vorbereitet; Spielzeug und Lektüre, Curriculum, in der Weimarer Zeit kaum problematisiert, tun ein übriges. Der Mann erwartet zudem die Fürsorge der Frau, nicht nur für die Kinder, auch für sich selbst; er, als Herrschender, schreibt, nicht zuletzt durch seine Erwartungshaltung, der Frau die Personenbezogenheit zu, ein weiteres Beispiel dafür, wie Eigenschaften der Frau aus den Bedürfnissen des Mannes definiert werden. Die Fähigkeit zur Sachorientierung wird der Frau jedoch damit abgesprochen.

Mit solchen Thesen, in denen aus feministischer Sicht Irrtümer in der Geschlechterpsychologie vorgetragen und bestehende Verhaltensweisen mit dem Konstrukt der geschlechtsspezifischen Herrschaft erklärt werden, begnügt sich Vaerting jedoch nicht. Ihre Kritik wird im Bereich von Pädagogik konkret, vor allem in bezug auf die Ergebnisse der experimentellen Pädagogik, deren Resultate nur allzu leicht dafür verwandt werden, die Vorstellung von emotionalen sowie kognitiven Unterschieden zwischen Jungen und Mädchen zu stützen und angeblich wissenschaftlich zu untermauern. Vor allem Intelligenz- und Begabungsuntersuchungen bieten da ein reichhaltiges Material für Vaertings Behauptung, daß "*schlechtere Leistungen des weiblichen Geschlechts zwar als Beweis der Minderbegabung*" gewertet, "*bessere Leistungen aber nicht*" entsprechend als Zeichen geistiger Überlegenheit" (Vaerting 1923, S. 10) anerkannt werden. Untersuchungsergebnisse zur mathematischen Begabung von Mädchen und Jungen, bei denen die Mädchen eindeutig besser abschneiden als die Jungen, werden auf das verschiedene Entwicklungstempo von Mädchen und Jungen zurückgeführt, mit größerer Vorübung der Mädchen erklärt oder aber, wie in einer weiteren Untersuchung, auf die Persönlichkeit des Lehrers geschoben, der in den Mädchen größere Vorliebe zur Mathematik zu erwecken vermag (vgl. ebd., S. 11f.).

Nun mögen solche Erklärungen im Einzelfall zutreffend gewesen sein, in der von Vaerting aufgespürten Häufung scheinen die am Gewünschten orientierten Interpretationen jedoch Methode zu haben. Das, was von Vorteil ist, wird der männlichen Jugend zuerkannt, selbst auf die Gefahr hin, daß in einer Untersuchung dem Knaben so verschiedene Eigenschaften zugeschrieben werden wie das "himmlische, himmelstürmende" und "die ruhige Würde" (vgl. Giese 1914, bes. Teil 1, S. 133ff., zit. nach Vaerting 1923, S. 13). Sind Ergebnisse ungünstig, werden sie uminterpretiert oder nicht zur Kenntnis genommen: Beispielhaft dafür steht Hartnacke, der spätere NS-Begabungsideologe, der aus der Tatsache, daß mehr Arbeiterkinder als Kinder aus anderen Schichten sitzenbleiben, eine schichtenspezifische Begabung zuungunsten der Arbeiterkinder folgert, er jedoch keineswegs geneigt ist, aus dem in der gleichen Untersuchung ermittelten Ergebnis, daß weniger Mädchen als Jungen sitzenbleiben, analog auf eine höhere Begabung der Mädchen zu schließen (vgl. Vaerting 1923, S. 14).[6] Ihre besseren Leistungen werden mit Fleiß erklärt, und das ist eine Erklärung, die die Annahme von der Höherbegabung der Männer in keiner Weise gefährdet, und darüber hinaus hat der Fleiß, wie auch schon der Gehorsam, seinen Platz in dem dem beherrschten Geschlecht zugeordneten Spektrum von funktionalen Eigenschaften.

Das, was Vaerting hier anprangert, ist das Messen mit zweierlei Maß; tradierte Annahmen vom Geschlechtscharakter verstellen objektive Wahrnehmung und adäquate Interpretation der Ergebnisse. Für die Erziehungswissenschaft müssen derartige Erkenntnisse nicht nur einen außerordentlich kritischen Umgang mit vorliegenden Ergebnissen aus der experimentellen Pädagogik und den Anfängen empirischer Untersuchungen zur Folge haben, sie fordern zugleich eine umfassende Revision des bisherigen Wissens.

Mathilde Vaerting aber führt weitere Kritikpunkte an: Viele der Untersuchungsergebnisse würden nicht nur falsch interpretiert, sondern seien bereits, so ihre These, durch den Einfluß der "Sexualkomponente" (ebd., S. 45ff.) verfälscht, jenes gegengeschlechtlichen Einflusses, der emotionale Auswirkungen zur Folge haben könne und der bei empirischen Untersuchungen dann zum Tragen komme, wenn Versuchsleiter und Probanden nicht gleichgeschlechtlich seien. Führe nun ein Mann Untersuchungen zur Emotionalität von Frauen und Männern durch und steigere dabei - unbewußt oder gar bewußt - durch seine gegengeschlechtliche Wirkung gerade die Emotionalität von Frauen, während er auf die Männer eher neutral wirke, so seien Ergebnisse, die eine größere Emotionalität der Frau bestätigten, kein Wunder (vgl. ebd., S. 49ff). Der Einfluß der Sexualkomponente auf Untersuchungsergebnisse, seien es Intelligenz- und Begabungsuntersuchungen oder aber Studien zu Charaktereigenschaften, ist nach Vaerting entscheidend; allerdings räumt sie ein, daß dieser Faktor nicht gut meßbar sei, vor allem, weil viele dieser gegengeschlechtlichen Einflüsse im Unterbewußtsein abliefen. So bleibt ihr nur, auf der Grundlage ihrer Kritik, ein Forschungspostulat zu entwickeln: Nur Untersuchungen, bei denen die Sexualkomponente weitgehend isoliert wird, führen zu exakten Ergebnissen. Das aber bedeutet, daß Untersuchungen an Mädchen und Jungen entweder generell von gegengeschlechtlichen oder generell von gleichgeschlechtlichen Forschern durchgeführt werden müssen. Die herrschende Praxis: die Forscher sind männlichen, die Probanden männlichen *und* weiblichen Geschlechts, führe dagegen zu Verfälschungen, in den meisten Fällen zu Ergebnissen, die für die Mädchen als nachteilig gewertet werden. Ist aber die Sexualkomponente als Faktor erkannt, der die Ergebnisse von Untersuchungen zum Geschlechtervergleich verfälscht, so bedarf es auch aus diesem Grund einer Revision des angeblich gesicherten Wissens.

---

6 Vaerting bezieht sich hier auf eine Untersuchung Hartnackes zur Nichterreichung der Klassenziele in den Bremer Volksschulen (1917).

Die Einflüsse der Sexualkomponente haben nicht nur für die methodische Reflexion in der Erziehungswissenschaft Bedeutung, sondern auch für pädagogisches Handeln. Vaerting expliziert das an dem Problem der Mädchenerziehung: So hält sie es für bedenklich, Schülerinnen höherer Mädchenschulen von Lehrern unterrichten zu lassen, unabhängig davon, daß das häufig Lehrer seien, die mangels Fähigkeiten keine Stellung an einem Gymnasium für Jungen erhalten hätten. Bedenklich sei das zu einem, weil der männliche Blickwinkel bei der Stoffauswahl entscheidend sei, vor allem aber wegen der bewußten oder unbewußten Einwirkung der Sexualkomponente auf die Schülerinnen. Die gegengeschlechtliche Beeinflussung könne zu einer Verfrühung der sexuellen Reife führen, die wiederum zur Herabsetzung der Unterrichtsleistungen der Mädchen, die dann auf einer nächsten Stufe die allgemeine geringe Einschätzung der Kenntnisse der Mädchen zur Folge hätte. Ein circulus vitiosus, der nur durch schulpolitische Maßnahmen aufgebrochen werden kann, nämlich durch mehr weibliche Lehrkräfte an höheren Schulen, die die Mädchen entweder streng eingeschlechtlich unterrichten oder aber, was im Hinblick auf das Ideal der Gleichberechtigung von Vaerting bevorzugt wird, durch gemeinsam mit den männlichen Lehrern durchgeführten koedukativen Unterricht (vgl. ebd., S. 176ff.).

Männliche Definitionsmacht, Irrtümer, unreflektiert tradiert, oder bewußte Fälschungen zur Erhaltung der Vorherrschaft des Mannes, subjektiv verstellte Wahrnehmungen, aber auch objektive Verhaltensänderungen der Geschlechter unter dem Einfluß der Sexualkomponente, das sind die Resultate von Vaertings provokativem Nachdenken. Ihre feministische Kritik an dem sexistischen Verhalten der Männer bezieht sich dabei sowohl auf die gesellschaftliche Stellung der Frau in ihrer Zeit als auch auf die Konsequenzen, die die von ihr analysierte Situation in der Pädagogik für die nächste Generation hat.

Für ihre Generation liegt es für Vaerting auf der Hand, welche Auswirkungen die geschlechtsspezifischen Barrieren haben, und so liest es sich fast wie ein Stück ihrer Autobiographie, wenn sie über Karrieremöglichkeiten von Frauen nachdenkt: "Der Mann hält alle Zugänge zu den Erfolgen der Produktion in Kunst und Wissenschaft in seiner Hand (...). Es ist ein volkommen männliches System, an welches sich die Frau mit ihrer Leistung auf jedem Gebiet wenden muß, wenn sie Erfolg haben will (...). Nur durch einen Mann kann Frauenleistung das Licht der Welt erblicken. Dadurch wird das Vorwärtskommen der Frau auch deshalb erschwert, weil auf diese Weise die Gefahr besteht, daß rein künstlerische, wissenschaftliche, geschäftliche Angelegenheiten der Frau stets mit Sexualität vermengt werden" (ebd., S. 231). Das aber sei der Frau in höchstem Maße unzuträglich, denn es führe den Mann nur zu großem Mißtrauen der Sache gegenüber, die die Frau präsentiere. Und abgesehen davon, so ein weiteres Argument, daß dem "Wesen der Frau (...) die Männerkultur andersgeschlechtlich fremd" (ebd., S. 232) sei, wird die Frau nach wie vor zu einem weiblichen Ideal "einseitig generativer Art" erzogen, "für die geistige Produktion bleibt im Ideal der Weiblichkeit im Männerstaat kein Raum mehr"; "Vorbilder ihres Geschlechts" werden ihr "systematisch entzogen", ja man verschweigt ihr "sogar noch die wenigen weiblichen Vorbilder, deren Taten die Geschichte aufbewahrt". Der Frau wird so "ein Ansporn zum Schaffen genommen, der bei den männlichen Leistungen eine große Rolle spielt" (ebd., S. 234). Sollte sich jedoch eine Frau im Männerstaat über alle Normen und Hindernisse hinwegsetzen, "so hebt man sie aus ihrem Geschlecht heraus und nennt sie einfach männlich" (ebd., S. 235). Damit aber ist eine doppelte Diffamierung gelungen: Der einzelnen Frau wird all das abgesprochen, was ihr im Rahmen herrschender Vorstellungen vom Geschlechtscharakter gesellschaftliches Ansehen verschafft; für die Frauen als Gesamtheit kann durch diese Definition weiterhin jegliches Talent zu produktiver geistiger Arbeit verneint werden.

Vaerting bleibt angesichts dieses Tatbestandes nur, immer wieder ihre Forderung nach Gleichberechtigung geltend zu machen; sie zieht sich wie ein roter Faden durch ihre Schriften, auch da, wo Macht und Vorherrschaft nicht in bezug auf die Geschlechter, sondern in bezug auf Lehrer und Schüler, Ober- und Unterschicht, Rassen und Völker analysiert werden. "Harmonie und Totalität eines vollendeten Menschen" zeige sich erst dann, wenn beide - und das können sowohl Mann und Frau, Lehrer und Schüler, Angehörige der Ober- und Unterschicht wie Menschen verschiedener Rassen sein - "im vollen Gleichgewicht der Entwicklung stehen" (Vaerting 1931, S. 4).

Gleichberechtigung als höchstes Ideal, das könnte die Vermutung aufkommen lassen, hier werde wie in anderen geistigen Bewegungen der Weimarer Zeit eine Idealisierung vorgenommen, so wie die Idealisierung des Staates oder die der Weiblichkeit. Vaerting jedoch bemüht sich, das Ideal der Gleichberechtigung rückzubinden an die konkrete politische und gesellschaftliche Situation. Sie deckt die Hindernisse auf, die der Verwirklichung der Gleichberechtigung entgegenstehen, seien sie nun im Bewußtsein von Männern und Frauen aufzuspüren oder, konkret, als männlicher *bias* in erziehungswissenschaftlichen Untersuchungen. Das letztere ist, wie Herman Nohl in bezug auf Mathilde Vaerting zugibt, "für einen Mann beschämend zu lesen" und führt ihm "seine wissenschaftliche Objektivität in ihrer ganzen Gebrechlichkeit" (Nohl 1938/1947, S. 131) vor Augen. Wäre das wirklich so, dann müßte ein Einlassen auf Vaertings Beispiele und Argumente ein Umdenken für Männer und Frauen zur Folge gehabt haben, aber solche Prozesse sind anstrengend und hinderlich für das Denken in gewohnten Strukturen; und auch Nohl schafft mit seinen pädagogischen Konzeptionen jener Jahre, etwa dem Beruf der "Siedlungshelferin", den Frauen vorwiegend Betätigungen auf sozialpädagogischem Gebiet, da, wo sie ihre Mütterlichkeit verwirklichen können (vgl. Jacobi-Dittrich 1987, S. 237; Nohl 1932/1949, S. 220).

Mathilde Vaertings Versuch, sexistische Strukturen in der Wissenschaft aufzudecken, verhallt in der pädagogischen Zunft ungehört, ja stößt auch auf starke Ablehnung. Einige Frauenorganisationen und fortschrittliche Zeitschriten stehen ihr positiv gegenüber. Beispiele aus der zeitgenössischen Rezeptionsgeschichte wie die Auseinandersetzungen in Jena verdeutlichen die unterschiedliche Aufnahme ihrer Ideen.

3. Rezeption und Kritik

"Perspektiven einer neuen Kulturentfaltung" (Rosa Mayreder, zit. nach Vaerting 1928, S. 292), "eine heiße Esse, an der starke Hammerschläge klingen, aus der die heißen, lichten Funken stieben - weit ins Land, verwandte schöpferische Geister entzündend" (Schirmacher 1925, S. 32); eine Reihe von Frauen verschiedener politischer Couleur äußern sich begeistert zu Vaertings Thesen, selbst Pia S. Rogge, die antisemitisch argumentierende Führerin der völkischen Frauenbewegung, vereinnahmt Vaertings Thesen zur Gleichberechtigung für eine "Genesung der Volksseele" (Rogge 1924, S. 53). Auch Lehrerzeitschriften, wie "Der Schulwart", "Die Hamburger Lehrerzeitung" oder "Die neue Erziehung" nehmen ihre Schrift positiv auf (vgl. Vaerting 1928, S. 291ff.). Eine Rezeption ihrer professoralen Kollegen ist jedoch nur in geringem Maße zu finden. Kerschensteiner verhält sich zurückhaltend, Rudolf Lehmann, der Paulsen-Schüler, ablehnend, der Konflikt mit Petersen in Jena ist vorprogrammiert, und diejenigen, die sich ernsthaft mit ihr auseinandersetzen, finden sich nicht in den Reihen der etablierten Pädagogen.[7] Nohl bleibt da eine Ausnahme, obwohl er aus seiner Beschämung über "die Gebrechlichkeit" der Objektivität der Erkenntnisse nun auch kein weiterreichendes Forschungsprogramm ableitet. Seine Doktorandin Ursula Graf benennt die Trennungslinien zu Mathilde Vaerting: "Die Grenze des Buches aber wird gekennzeichnet durch seine Gebundenheit an die materialistisch-positivistische Grundanschauung", und Graf will die "Werte der Mütterlichkeit" und "der Versöhnung metaphysischer Gegensätze durch die Liebe" nicht aufgegeben wissen zugunsten jener Gleichberechtigung um jeden Preis, denn das ist "die Tendenz des Sozialismus, nicht der modernen Frauenbewegung, für welche die formale Gleichberechtigung nur das Mittel wurde, die neu verstandene weibliche Eigenart auszuwirken" (Graf 1925, S. 36). Und obwohl sie keine Legitimation mehr für eine besondere Mädchenbildung sieht, so hofft sie doch, daß das "Bewußtsein von dem Werte der Mütterlichkeit als einer spezifisch weiblichen Kraft und des Hauses als einer spezifisch weiblichen Leistung" (ebd., S. 64) dem Mädchen weiterhin vermittelt werde, Werte also, die die bürgerliche Frauenbewegung vertritt, die von Mathilde Vaerting jedoch als Produkt der "fremdgesetzlichen Weiblichkeit" beurteilt werden. Ihrer Ansicht nach schläft "die eigengesetzliche Weiblichkeit (...) noch den tiefen Dornröschenschlaf hinter den hohen Hecken der Fremdgesetzlichkeit, die in der Zeit der Männerherrschaft emporgewuchert sind. Und der Prinz der Gleichberechtigung, der ihr den lebenserweckenden Kuß geben will, wird als Vergewaltiger 'weiblicher Eigenart' zurückgewiesen" (Vaerting 1929, S. 159).

Zeigt sich bei Graf die Kluft zwischen Mathilde Vaerting und der bürgerlichen Frauenbewegung noch in gemäßigter Form, so wird die Konfrontation um so größer, je stärker politische Meinungen aufeinanderprallen: Leonore Kühn, in der Zeitschrift "Frau und Nation", fragt besorgt nach der Wirkung Vaertings Darstellung "auf unsere Frauenwelt" (Kühn 1924, S. 102) und muß in tiefer Sorge für alle national gesinnten Frauen sehen, wie Vaerting jegliche "Gesinnung von Ehrfurcht von überindividuellen Gütern und Institutionen" fehlt; statt hehrer Ideale setzt sie "gehässig gebrauchte(n) Begriffe wie: Militarismus (statt Idee des Heeres), Despotismus (statt Idee des Königtums), Ruhmsucht (statt Ehre), Knechtgeist (statt Disziplin)". Der Rezensentin ist die Herkunft dieses Denkens klar: "*Denn es ist genau derselbe Geist, der auf der radikalen Linken Brandreden hält, leicht verbrämt und verschleiert mit Menschheitsbeglückungsideen*". "Platt materialistisch und individualistisch" ist die Darstellung; Vaerting ist "im Bunde mit den rohesten und zersetzendsten Elementen unseres Volkes" (ebd., S. 104).

---

7   Die systematische Auswertung der Berufungsakten und Gutachten zu Vaerting erfolgt in einer geplanten größeren Publikation.

Die feindseligste Auseinandersetzung aber erlebt Mathilde Vaerting mit der eigenen Universität in Jena. Bald nach ihrer umstrittenen Berufung beginnt man, die "Arbeiten der Dame sorgfältig" zu prüfen, und Wortführer des zu diesem Zwecke gebildeten "Kreis(es) von Fachleuten" ist der Jenaer Zoologe Ludwig Plate, der seine Polemik unter dem Titel "Feminismus unter dem Deckmantel der Wissenschaft" (Plate 1930, S. 197) in dem Sammelband "Geschlechtscharakter und Volkskraft" publik macht. Plate, überzeugt von seiner Objektivität, zumal er "persönlich einer gemäßigten Frauenbewegung alles Gute" wünscht, vorausgesetzt natürlich, "daß die Frauen sich stets als Frauen fühlen und keiner Gleichmacherei der Geschlechter das Wort" (ebd., S. 198) geredet wird, greift Vaerting auf ganzer Linie an: Nicht nur, daß er ihre Thesen zur Vererbung und Eugenik einer Kritik unterzieht - da mag er als Zoologe sogar kompetent sein -, nein, er rollt die Frage nach der Autorschaft von Vaertings Schriften auf[8], diffamiert sie als Frau, als "unverheiratete(n) Lehrerin" (ebd., S. 199), die über Themen schreibt, von denen sie eigentlich nichts wissen dürfte, behauptet, daß sie ihren Lehrverpflichtungen nicht in angemessener Weise nachkomme und kritisiert die Themen ihrer Übungen: "Über die soziologische Bedingtheit der Prügelstrafe", "Über Erziehungsprobleme der Pubertätsjahre", "Vorlesungen über Sexualpädagogik" (ebd., S. 203), all das erscheint ihm im Höchstmaß suspekt. Vaertings kritische Position gegen die Lernschule, gegen Autoritäten kommentiert er mit dem Satz: "Ohne Unterordnung, Gehorsam und Disziplin gibt es keine Erziehung" (ebd., S. 205). Offensichtlich rüttelt Vaerting an den Festen des Männerstaats, zumindest "verkennt" sie "gänzlich", so Plate, "die ungeheure Bedeutung, welche den von der Natur geschaffenen Verhältnissen des Geschlechtslebens als Grundlage der Vermehrung, der Familie, des Staats und als Quelle reiner Freuden zukommt; sie übersieht, daß der Mensch nicht die Aufgabe hat, die natürlichen Gegensätze zu verwischen" (ebd., S. 212). Plate selbst, der als Vertreter der Universität schreibt, übersieht bei seiner Rezeption, daß er das beste Beispiel für alles ist, was Vaerting anprangert. - Mathilde Vaerting wird 1933 als Professorin entlassen.

Was aber ist der systematische Ertrag von Vaertings Auseinandersetzung mit dem Geschlechtscharakter und der Wissenschaft? Hat sie mit ihren Untersuchungen die Frage nach den natürlichen und gesellschaftlich bedingten Eigenschaften der Geschlechter einer Klärung zugeführt? Geht sie darüber hinaus in ihrer Wissenschaftskritik so weit, daß sie, ähnlich wie Evelyn Fox-Keller (1985), erkenntnis-theoretische Zugriffe auf die Welt durch das Geschlecht determiniert sieht? Wenn ich Mathilde Vaerting recht verstehe, so schließt sie aller kämpferischen Beteuerungen der prinzipiellen Gleichartigkeit von Mann und Frau zum Trotz die Möglichkeit geschlechtsspezifischer Eigenschaften nicht aus, nur, solche Eigenschaften sind bisher nicht er-

---

8 Mathilde Vaertings Hauptwerk aus jener Zeit: "Neubegründung der Psychologie von Mann und Weib" ist unterzeichnet mit "Dr. Mathilde Vaerting, Dr. Mathias Vaerting". Aus zeitgenössischen Rezensionen, etwa Käthe Schirmacher 1925, geht jedoch eindeutig Mathilde Vaerting als alleinige Autorin hervor. Mathilde Vaerting hatte sich offensichtlich ein männliches Pseudonym, beziehungsweise einen männlichen Ko-Autoren zugelegt; vermutlich erhoffte sie sich, daß ihre Thesen, vor allem auf sexualwissenschaftlichem Gebiet, eher akzeptiert würden, wenn sie von einem männlichen Autor stammen. Diesen Umstand, der sich insbesondere bei Schriften *vor* 1920, also vor ihrer Berufung, zeigt, greifen ihre Gegner an der Universität auf, um ihr Unfähigkeit und falsche Angaben vorzuwerfen.

kennbar; sie sind verdeckt, bei den Frauen überlagert von der Fremdbestimmung durch die männliche Vorherrschaft. Gesellschaftlich bedingte Implikationen müßten gleichsam erst abgetragen werden, bevor überhaupt etwas spezifisch Weibliches erkennbar wird, das sich nicht als Folge männlicher Definition, der Sexualkomponente, tradierter Irrtümer oder männlicher Erwartungen erweist.

Solche Überlegungen sind auch Vertreterinnen der heutigen Diskussion nicht fern: Carol Hagemann-White interpretiert "weibliches Verhalten und weibliche Eigenschaften" als "Produkt einer Interaktion zwischen dem angeeigneten kulturellen System und den Zufällen der individuellen Lebensgeschichte" (Hagemann-White 1984, S. 104) und dokumentiert darüber hinaus, daß die Unterschiede innerhalb der Geschlechter insgesamt größer sind als die Unterschiede zwischen den Geschlechtern (ebd., S. 12). Das sind zwei Thesen, die durchaus auf der Linie von Mathilde Vaerting liegen. Auch in bezug auf die Beurteilung von erziehungswissenschaftlichen Forschungen zeigt sich eine Parallele: Carol Hagemann-White muß für unsere Zeit noch immer feststellen, daß mit "Geschlechtsunterschieden unterschiedlich umgegangen wird"; "einiges an geschlechtstypischem Verhalten innerhalb der Wissenschaft" (ebd., S. 46f.) ist vor allem dann nicht auszuschließen, wenn die vermeintlichen Geschlechtsunterschiede eine unterschiedliche gesellschaftliche Wertung implizieren.

Im anderem Rahmen stehen dagegen Thesen, in denen der spezifisch weibliche Akzent als neueste Errungenschaft von Emanzipation gefeiert wird. Carol Gilligan (1985) kann als eine Vertreterin jener Richtung interpretiert werden. Sie betont im Zusammenhang mit ihrer Kritik an Kohlbergs Moralstufen, die ihrer Ansicht nach eindeutig auf die männliche Moralentwicklung bezogen sind, die Andersartigkeit der Entwicklung der Frau. Dabei kontrastiert sie die an Sachbezügen entwickelte Ethik der Gerechtigkeit des Mannes mit der an Personen und Beziehungen orientierten Ethik der Fürsorge der Frauen. Das läßt sie, so einleuchtend ihre Ausführungen auch sind, in Gefahr geraten, mit der "anderen Stimme" der Frau, an Fürsorge ausgerichtet, das alte bürgerliche Frauenbild wieder hervorzuholen, gegen das sich Mathilde Vaerting so vehement wehrte. Während Vaerting bemüht ist, fremdgeschlechtliche Einflüsse auf die Eigenschaften der Frau zu isolieren, werden hier eigengesetzliche Eigenschaften der Frau herausgestellt; sie werden bei Evelyn Fox-Keller sogar als konstitutiv für die Kategorien von Erkenntnis und Wahrnehmung genommen.

Mathilde Vaerting und ihr Forschungsprogramm sind damit in mehrerlei Hinsicht von Interesse. Auf methodenkritischer Ebene gilt es, Ansätze zu entwickeln, bei denen geschlechtsspezifische Faktoren weitgehend isoliert und kontrolliert werden; in bezug auf die Inhalte der Frauenbewegung können ihre Schriften davor bewahren, sich auf einer neuen Welle der Mystifizierung der Frau tragen zu lassen und die Frau als "andere" und damit bessere Stimme zu vernehmen; und nicht zuletzt kann Mathilde Vaertings Leben selbst als typisch für ein Stück Frauengeschichte interpretiert werden.

Literatur

Boedeker, E.: 25 Jahre Frauenstudium in Deutschland. Verzeichnis der Doktorarbeiten von Frauen, 1908-1933. Hannover 1939.

dies. und Meyer-Plath, M.: 50 Jahre Habilitation von Frauen in Deutschland. Eine Dokumentation über den Zeitraum von 1920-1970. Göttingen 1974.

Brantenberg, G.: Die Töchter Egalias. Ein Roman über den Kampf der Geschlechter. Berlin 1979.

Brinker-Gabler, G.: Zur Psychologie der Frau. Frankfurt a.M. 1978 (= Die Frau in der Gesellschaft. Frühe Texte).

Fox-Keller, E.: Reflections on Gender and Science. New Haven and London: Yale University Press 1985.

Geschichte der Universität Jena 1548/58-1958. Festgabe zum 400jährigen Universitätsjubiläum. Bd. I: Darstellung. Jena 1958.

Giese: Das freie literarische Schaffen bei Kindern und Jugendlichen. 2 Teile. Leipzig 1914 (= Beihefte zur Zeitschrift für angewandte Psychologie und psychologische Sammelforschung, Bd. 7).

Gilligan, C.: Die andere Stimme. Lebenskonflikte und Moral der Frau. München 21985 (Original "In a Different Voice", Cambridge 1982).

Graf, U.: Das Problem der weiblichen Bildung. Göttingen 1925 (= Göttinger Studien zur Pädagogik, 2. Heft).

Hagemann-White, C.: Sozialisation: Weiblich - männlich? Opladen 1984.

Hartnacke, W.: Die Ursachen der Nichterreichung der Klassenziele in den Bremer Volksschulen. Zugleich ein Beitrag der Korrelation zwischen sozialer Lage und Schultüchtigkeit, in: Zeitschrift für pädagogische Psychologie und experimentelle Pädagogik 18/1917, S. 442-456.

Jacobi-Dittrich, J.: Gibt es "weibliche" Aufgaben in der Pädagogik? Untersuchung der Konzeption der Geschlechterdifferenz in der Pädagogik Herman Nohls, in: Neue Sammlung 27/1987, S. 227-241.

Kassner, P. und Scheuerl, H.: Rückblick auf Peter Petersen, sein pädagogisches Denken und Handeln, in: Zeitschrift für Pädagogik 30/1984, S. 647-661.

Kühn: Klare Sicht! Zur Frage Frauenkultur und nationale Staatsauffassung, in: Frau und Nation 1924, H. 4-6, S. 100-109.

Mitzenheim, P.: Die Greilsche Schulreform in Thüringen. Friedrich-Schiller-Universität Jena 1965.

Nohl, H.: Die volkserzieherische Arbeit innerhalb der pädagogischen Bewegung [1932], in: Pädagogik aus 30 Jahren. Frankfurt a.M. 1949, S. 211-221.

ders.: Charakter und Schicksal. Eine pädagogische Menschenkunde. Frankfurt a.M. 31947 (1938).

Plate, L.: Feminismus unter dem Deckmantel der Wissenschaft, in: Eberhard, E.F.W.: Geschlechtscharakter und Volkskraft. Grundprobleme des Feminismus. Darmstadt 1930, S. 196-215.

Rogge, P.S.: Ist eine nationale Frauenbewegung nötig?, in: Frau und Nation 1924, H. 2, S. 51-55.

Schirmacher, K.: Von Mann und Weib. Einführung in den Gedankeninhalt Dr. M. Vaertings Schrift: Neubegründung der Psychologie von Mann und Weib. Karlsruhe 1925.

Simmel, G.: Zur Psychologie der Frauen [1890], in: Simmel, G.: Schriften zur Philosophie und Soziologie der Geschlechter. Hrsg. und eingel. von H.-J. Dahme und K.Ch. Köhnke. Frankfurt a.M. 1985, S. 27-59.

ders.: Das Relative und das Absolute im Geschlechter-Problem [1911], in: Simmel, G.: Schriften zur Philosophie und Soziologie der Geschlechter. Hrsg. und eingel. von H.-J. Dahme und K.Ch. Köhnke. Frankfurt a.M. 1985, S. 200-223.

Stefan, M.: Frauenherrschaft, Männerherrschaft, Gleichberechtigung. Berlin 1975.

Vaerting, Mathilde: Otto Willmanns und Benno Erdmanns Apperceptionsbegriff im Vergleich zu dem von Herbart. Diss.phil. Bonn 1911.

dies.: Die Vernichtung der Intelligenz durch Gedächtnisarbeit. München 1913.

dies.: Die Frau, die erblich-organische Höherentwicklung und der Krieg, in: Die neue Generation 12/1916, S. 24-28.

dies.: Neue Wege im mathematischen Unterricht, zugleich eine Anleitung zur Förderung und Auslese mathematischer und technischer Begabungen. Berlin 1921 (= Die Lebensschule. Schriftenfolge des Bundes entschiedener Schulreformer, Heft 6). (1921b).

dies.: Neubegründung der Psychologie von Mann und Weib. Bd. I: Die weibliche Eigenart im Männerstaat und die männliche Eigenart im Frauenstaat. Karlsruhe 1921; Bd. II: Wahrheit und Irrtum in der Geschlechterpsychologie. Karlsruhe 1923 (Raubdruck Berlin 1975, mit einem Nachwort von Änne Koedt: Der Mythos vom vaginalen Organismus). (1921a und 1923).

dies.: Die Macht der Massen. Berlin 1928 (Soziologie und Psychologie der Macht, Bd. 1).

dies.: Die Macht der Massen in der Erziehung. Machtsoziologische Entwicklungsgesetze der Pädagogik. Berlin 1929 (= Soziologie und Psychologie der Macht, Bd. 3).

dies.: Lehrer und Schüler. Ihr gegenseitiges Verhalten als Grundlage der Charaktererziehung. Leipzig 1931.

Zentralblatt für die gesamte Unterrichtsverwaltung in Preußen. Berlin 1920.

Elisabeth Blochmann
First-Lady der akademischen Pädagogik

Juliane Jacobi

Elisabeth Blochmann war die einzige Lehrstuhlinhaberin im Fach Pädagogik an einer westdeutschen Universität nach dem Zweiten Weltkrieg und blieb dies für fast zwei Jahrzehnte. Schon allein deshalb steht es heutigen Pädagoginnen gut an, sich mit ihrem Werk und Leben zu beschäftigen. Zudem hat sie seit dem Band III des Handbuchs der Frauenbewegung, das von Helene Lange und Gertrud Bäumer 1903ff. herausgegeben wurde, die erste umfassende Studie zur Mädchenbildung in Deutschland vorgelegt, die historiographischen Ansprüchen genügt. Diese Arbeit ist 1966 erschienen. Ein geplanter weiterer Band, der den vorläufigen Titel "Der Weg zur prekären Gleichberechtigung, eine Studie über die Geschichte der höheren Mädchenbildung im 19. und 20. Jahrhundert" trägt, konnte von ihr nicht mehr vollendet werden.

Geboren wurde Elisabeth Blochmann 1892 als Tochter einer begüterten Juristenfamilie. Ihr Bildungsgang ist nicht untypisch für Frauen der Generation, die als erste ein akademisches Studium in Deutschland anstreben konnte. Der Weg bis zur Berechtigung zum Hochschulstudium war trotz der Preußischen Mädchenschulreform (1908) und trotz der Immatrikulationsberechtigung für Frauen an deutschen Universitäten seit 1900 immer noch sehr weit. Die kühlen Zahlen des Lebensweges: 1911 Beendigung des Oberlyzeums (also mit 19 Jahren), 1913-1914 "praktisches" Seminarjahr und Lehrerinnenexamen, schließlich während des Krieges Vorbereitung auf das Abitur am humanistischen Gymnasium und Aufnahme des Studiums in Straßburg, erzählen nicht viel darüber, wie dieser Weg beschaffen war. Wir wissen aus den autobiographischen Schriften anderer Frauen ihrer Generation, daß dieser Weg immer noch mühsam war (Charlotte Wolff, Käte Frankenthal, Edith Stein waren ungefähr gleichaltrig). Für Elisabeth Blochmann mag er jedoch dadurch besonders erschwert gewesen sein, daß sie einer begüterten Familie entstammte und es keineswegs "nötig hatte", ein akademisches Studium zu späterem Broterwerb anzustreben. Auch für sie wird die Lebensperspektive gegolten haben, die Marianne Weber in ihren Lebenserinnerungen folgendermaßen charakterisierte: "Der Großvater war reich, Erwerbszwang fehlte, ich brauchte nicht auf eigenen Füßen zu stehen" (Weber 1948, S. 48f.).

Leonhard Froese zitiert in seinem "Lebensbild" von Elisabeth Blochmann eine autobiographische Notiz zu ihrer Kindheit und Jugend: "Weimar stand noch bis zum Ersten Weltkrieg unter der Nachwirkung der klassischen Zeit. Man kannte den Schillerenkel, die Herderenkelin, die Namen der Hofgesellschaft waren zum Teil noch die gleichen. Dem Leiter des Goethehauses war man befreundet. Das Theater pflegte die klassische Tradition. Die Schule, das Sophienstift, war eine großherzogliche Stiftung. Man erlebte in und an ihr als Schülerin und dann als junge Lehrerin den Übergang aus einem noch ständisch gebundenen in ein demokratisches Zeitalter" (Froese 1977, S. 43). Wieweit Froeses Interpretation, daß Blochmanns liberal-demokratische Gesinnung nun diesem Weimarer Geist der Kindheit und Jugend geschuldet sei, zu folgen ist, mag dahingestellt bleiben; ich vermag es der zitierten Selbstaussage so nicht zu entnehmen. Zu fragen ist, ob für diese politische Grundeinstellung nicht eher die Einflüsse der Frauenbewegung und die eigene Lage als akademisch ausgebildete Frau geltend zu machen sind.

Wie sah nach dem erreichten Abitur der weitere Studiengang dieser Frau aus? Blochmann studierte nach dem Krieg zunächst in Marburg und später dann vom Wintersemester 1919/1920 an in Göttingen. Sie belegte Geschichte, Germanistik, Französisch und Philosophie und Pädagogik. 1922 schloß sie mit dem Staatsexamen für das Höhere Lehramt ab, ihre Staatsexamensarbeit über "Die Volksdichtungsbewegung in Sturm und Drang und Romantik" wurde im ersten Jahrgang der Deutschen Vierteljahresschrift für Literaturwissenschaft und Geistesgeschichte veröffentlicht. 1923 wird sie mit einer Dissertation über die Flugschrift "Gedencke, daß Du ein Teutscher bist", die sie bei Brandi geschrieben hat, promoviert. Die Veröffentlichung dieser beiden Arbeiten zeigt, daß Elisabeth Blochmann, die wie viele akademische Pädagoginnen und Pädagogen ihrer Generation aus den philologischen Fächern der Philosophischen Fakultät kommt, Germanistin und Historikerin mit wissenschaftlichem Interesse und Vermögen war.

Nach der Referendarinnenzeit am Weimarer Sophienstift, der Schule, die sie selbst besucht hatte, nimmt Blochmanns weiterer Berufsweg seine Wendung zur Pädagogik, und zwar zur Sozialpädagogik. Diese Wendung ist der Freundschaft und dem Einfluß Herman Nohls geschuldet; für eine Universitätskarriere in den von ihr hauptsächlich studierten Fächern Germanistik und Geschichte war die Zeit noch nicht gekommen. Luise Bertholt, gleiche Generation wie Elisabeth Blochmann und spätere Kollegin an der Marburger Philosophischen Fakultät hat in ihren Lebenserinnerungen ihr Dasein als Sprachwissenschaftlerin an der Universität bis zur Berufung auf den Lehrstuhl beschrieben: es war das Schattendasein einer fleißigen "Projektarbeiterin", würde man heute sagen. Edith Stein erzählt in ihrer Autobiographie, wie sie wegen der Kriegsumstände, durch die die jungen Männer nicht zur Verfügung standen, zur Assistentin von Husserl wurde. Auch sie hatte keine Aussicht auf eine Universitätskarriere und wandte sich nach ihrer Privatassistentinnenzeit und Konversion zum Katholizismus dem Lehrerberuf in der höheren Mädchenerziehung zu. Noch in den 50er Jahren sah die Lebensperspektive akademisch gebildeter Frauen ähnlich aus, wie die Biographie von Doris Knab eindrücklich belegt (Astrid Kaiser und Monika Oubaid 1987). So schlug auch Elisabeth Blochmann den Weg zur Mädchenerziehung ein, im Gegensatz zu Edith Stein, die weltliche Variante, indem sie 1923 für dreieinhalb Jahre an die Soziale Frauenschule in Thale/Harz als Dozentin ging. Anschließend wurde sie an das Pestalozzi-Fröbel-Haus in Berlin berufen und lehrte zugleich an der Wernerschule des Deutschen Roten Kreuzes und am Zentral-Institut für Erziehung und Unterricht. Den Höhepunkt ihrer beruflichen Tätigkeit in dieser Lebensphase bildete die Berufung auf eine Professur mit sozialpädagogischem Schwerpunkt an der neueröffneten Pädagogischen Akademie in Halle/Saale im Jahre 1930.

1934 emigrierte Elisabeth Blochmann nach England. Über ihr Leben und ihre Arbeit in England schreibt sie selbst:

> "... So entschloß ich mich im Januar 1934 zu einer Erkundung der Möglichkeiten nach England zu fahren. Vom Hause der Nohltochter Mrs. Kuhn in Oxford entstand eine

Verbindung zu Miss Deneke, die Tutor für German and Fellow an einem der vier Frauencolleges der Universität, Lady Margaret Hall, war. Durch sie kam (nach einer deprimierenden Zeit der Stellungsuche in London) die Aufforderung, zu ihrer Unterstützung als 'Répétitrice for German' au pair, für einige Zeit in das College zu kommen, 'to live among the students'. Daraus ergab sich dann nach kurzer Zeit doch der Anschluß an die Dozentinnen ..., 1938 die volle Nachfolge von Miss Deneke, also eine der schönsten Positionen, die man in Oxford erstreben kann, die ich während des ganzen Krieges und bis Ende 1951 innegehabt habe, zuletzt mit der mehr formalen Ergänzung einer sogenannten University Lectureship ... Arbeitsmäßig war das neue Leben natürlich wieder teuer erkauft, denn es war nun wieder Deutsch, das ich zu vertreten hatte, in Sprachkursen und vor allem Tutorials und Vorlesungen über neuere deutsche Literatur, sowie in verschiedenen Prüfungskommissionen."

Im bisher unveröffentlichten Nachlaß finden sich aus den ersten Emigrationsjahren sehr anschauliche Briefe, in denen Elisabeth Blochmann an Herman Nohl über das Leben einer Emigrantin in Oxford berichtet. Blochmann beteiligte sich aktiv während des Krieges an der für den Fall der deutschen Niederlage gegründeten GER (German Educational Reconstruction), einer von dem Soziologen Karl Mannheim und dem Pädagogen Fritz Borinski gegründeten Vereinigung, die vorbereitende Arbeiten für eine Wiederherstellung des deutschen Erziehungswesens nach den Verheerungen durch den Nationalsozialismus vornahm (Vgl. Maria Halbritter 1977 und Günther Packschieß 1979). Seit dem Erscheinen der Zeitschrift "Die Sammlung", die Nohl 1946 begründete, gehörte Elisabeth Blochmann zu den festen Autorinnen. 1952 erging an sie der Ruf an die Universität Marburg auf einen Lehrstuhl für Pädagogik, den sie bis zu ihrer Emiritierung 1962 innehatte. Nach Nohls Tod gab sie zusammen mit Elisabeth Heimpel, Hellmut Becker und Hartmut von Hentig die "Neue Sammlung" heraus. Die Jahre nach ihrer Emiritierung sind pädagogisch-publizistisch ihre produktivsten gewesen. Nicht nur die Studie zur Mädchbildung (1966), sondern auch die Nohl-Biographie (1969) hat sie neben einer Reihe von Aufsätzen in diesen Jahren geschrieben. Sie starb 1972 kurz vor der Vollendung ihres achtzigsten Lebensjahres.

Um Leben und Werk Elisabeth Blochmanns zu würdigen, möchte ich drei Aspekte besonders beleuchten:
- den Einfluß Herman Nohls, die daraus sich entwickelnde Freundschaft zwischen Nohl und Blochmann und die Auswirkungen für ihren wissenschaftlichen Werdegang;
- die Emigration und ihre Bedeutung für die weitere Entwicklung Blochmanns;
- ihre Rolle als eine der ersten Universitätsprofessorinnen in der neugegründeten Bundesrepublik.

Obwohl Elisabeth Blochmann der Generation angehörte, die maßgeblich durch die Jugendbewegung geprägt war, kam sie erst als erwachsene Studentin in Göttingen in Kontakt mit jugendbewegten Gruppen. Das großbürgerliche Elternhaus hatte eine frühe Begegnung mit der Jugendbewegung verhindert. In der Akademischen Freischar, einer bündische Lebensformen im Studium pflegenden Gruppe, der auch Erich Weniger angehörte, nahm sie an Wanderungen und Diskussionen teil. Es waren die Jahre, in denen Herman Nohl als akademischer Lehrer nach Göttingen kam. (Nohl war 1920 auf ein Extraordinariat für praktische Philosophie berufen worden). Sein Einfluß auf die jugendbewegten Studenten und Studentinnen war bedeutend, so auch auf Elisabeth Blochmann. Der persönlichen Eindruck, den sie auf ihre Kommilitoninnen und Kommilitonen machte, wird von einer Freundin retrospektiv so beschrieben: "Sie war eigentlich nicht jugendbewegt, sondern immer sehr damenhaft." Daß sie mütterlicherseits jüdischer Herkunft war, war in ihrem Freundeskreis bekannt, aber man sprach nicht darüber. Ich stelle sie mir nicht als himmelstürmende Frauenrechtlerin vor, sondern eher als eine vornehm zurückhaltende junge Wissenschaftlerin, die den schwierigen Weg, den sie vor sich hatte, behutsam und eher bescheiden antrat.

Die Hinwendung zur Pädagogik ist, wie bereits erwähnt, sicher auf den Einfluß Nohls zurückzuführen. Akademische Förderung durch die Historiker Lehmann, Brandi oder den Germanisten Schroeter war wohl kaum zu erwarten. Eine beruflich anspruchsvolle und gesellschaftlich akzeptierte Tätigkeit in einer nicht männerdominierten Welt war Mitte der 20er Jahre nur im Bereich der allgemeinbildenden höheren Mädchenbildung oder der sozialen Frauenbildung möglich. Gerade für die Sozialarbeit hatten Frauen aus der ersten Frauenbewegung der Generation von Elisabeth Blochmann, ein Ausbildungswesen geschaffen, in dem akademisch vorgebildete Frauen gebraucht wurden. Nohl, der akademische Pädagoge der 20er Jahre, der für sich für alle Gebiete der Erziehung engagierte, hat sich für diese Frauenbildungseinrichtungen eingesetzt, was sich beispielsweise in seiner Mitherausgebertätigkeit der "Kinderforschung" dokumentierte. Blochmann selbst weist in ihrer Nohl-Biographie darauf hin, daß er durch seine Schwestern, die in Berlin im Pestalozzi-Fröbelhaus tätig waren, für die sozialpädagogischen Aufgaben für Frauen interessiert worden sei.

Über Blochmanns Arbeit in Thale an der sozialen Frauenschule ist wenig in Erfahrung zu bringen. Sie selbst liefert indirekt in ihrer Trauerrede auf Maria Keller, die Leiterin der Schule, einige Hinweise, welchen Sinn sie der Ausbildung an sozialen Frauenschulen damals gab: Sie schreibt über Maria Keller: Es gelang ihr "die verschiedenen Gruppen der Schule - Wohlfahrtsschule, Jugendleiterinnen- und Hortnerinnen-Seminar, allgemeine Frauenschule, Kinderpflegerinnenschule und Haushaltungskurse, dazu die ganze Kinder- und Jugendfürsorge, Erwerbslosenkurse undsoweiter langsam zusammenwachsen zu lassen und zu einem einheitlichen Ganzen zusammenzuschließen ... So verschieden nach Menschenart und Lehrinhalt die einzelnen Kurse, die die Schule bilden, auch sein mögen: eines verbindet sie alle: *die Gemeinsamkeit der Anforderung, praktische Aufgaben, die das Leben stellt, sachlich und heiter zu erfüllen, indem man sie zugleich geistig bewältigt*" (Die Erziehung, 8. Jg., 1933, S. 77-80). In dieser Beschreibung der Tätigkeit von Maria Keller mag auch Blochmanns Selbstverständnis für ihre Arbeit in Thale gelegen haben: Das auf Henriette Schrader-Breymann zurückgehende Konzept der sozialen Arbeit, theoretisch durch die Idee von der "Geistigen Mütterlichkeit" begründet, wird hier pädagogischwissenschaftlich, unter dem Einfluß Nohls, eingeordnet.

Als Berliner Dozentin hat Elisabeth Blochmann dieses Verständnis von Pädagogik weiterentwickelt in Aufsätzen zu Pestalozzi, Froebel und in dem Artikel "Kindergarten" im Nohl/Pallat-Handbuch der Pädagogik. Die neueröffnete Pädagogische Akademie in Halle, an die sie zusammen mit Adolf Reichwein, Martin Rang und Georg Geisler berufen wurde, war Blochmanns nächste Wirkungsstätte. Die Akademien, die gegen Ende der 20er Jahre in Preußen neu gegründet wurden, und die maßgeblich unter dem Einfluß Nohls und seiner Schüler konzipiert worden waren, sollten zu Reformstätten der Lehrerbildung werden. Sie standen von Anfang an unter dem Zeichen politischer und ökonomischer Restriktionen in der bereits geschwächten Republik.

In Adolf Reichwein traf Blochmann einen Kollegen, der zu den politisch prononciertesten Vertretern der "jungen Generation" der Reformpädagogen gehörte. Martin Rang beschreibt diese Phase von 1930 bis 1933 in Halle als sehr anregend und für die Neukonzipierung der akademischen Ausbildung von Volksschullehrern äußerst produktiv (Rang, in "Pädagogik in Selbstdarstellungen", Bd. II, S. 258). Elisabeth Blochmann hat an diesen Bemühungen ihren Anteil gehabt. Die politische Hellsichtigkeit, die sie 1934 bewogen hat, nach England auszuwandern, ist sicher auch diesem Milieu in Halle geschuldet, wo man sich über die Zukunft des NS-Staates weniger Illusionen machte als an den Universitäten.

Wissenschaftlich hat sich Elisabeth Blochmann in England dann wieder, diesmal gezwungenermaßen, der deutschen Literaturgeschichte zugewandt. Ihre Flexibilität erscheint uns heutigen Wissenschaftlerinnen, die ganz im Zeitalter der Spezialisierungen groß geworden sind, fast unmöglich und ruft Bewunderung hervor. Die Entscheidung zwischen der Übernahme einer Quaker-Schule für Flüchtlingkinder und der akademischen Lehrtätigkeit in Lady Margaret Hall-Oxford fiel zugunsten der letzteren aus. Die Begegnung mit der englischen höheren Frauenbildung, ihren Stärken in bezug auf die Bildung sozial kompetenter, selbstbewußter Frauen und ihre Schwächen in bezug auf die Ernsthaftigkeit der intellektuellen - Elisabeth Blochmann hätte "geistigen" gesagt - Bildung wird bestimmend für den weiteren Lebensweg und findet seinen letzten Niederschlag in der leider nicht vollendeten Konzeption der Geschichte der Mädchenbildung in Deutschland im 19. und 20. Jahrhundert, die auf einem Vergleich zwischen dieser Geschichte in England und Deutschland basiert und die die deutsche Entwicklung politisch und sozial als "Sonderweg" definiert, dessen Spezifikum in der deutschen mangelnden politischen Liberalität, der "Angst vor der Emanzipation" liegt. (Manuskript im unveröffentlichten Nachlaß).

Elisabeth Blochmann war in England eine etablierte Wissenschaftlerin, als sie 1952 der Ruf aus Marburg erreichte. Sie hatte in "Die Sammlung" zwischen 1946 und 1952 eine Reihe kleinerer literaturgeschichtlicher Arbeiten und Studien zur englischen Kultur und zum englischen Bildungswesen veröffentlicht. Als Sechzigjährige hat sie dann in Marburg noch einmal völlig neu angefangen, zuerst als Extraordinaria und Seminardirektorin, dann als Ordinaria. Aus der großen Anzahl von Kränkungen, denen Elisabeth Blochmann als Frau in der Universität ausgesetzt war, nur zwei Beispiele: Der Dekan der Philosophischen Fakultät teilte ihr bei ihrer Ernennung zunächst mit, daß er gegen ihre Berufung gewesen sei. Das Wissenschaftliche Prüfungsamt erkannte Scheine aus ihrer Platon-Veranstaltung nicht an, weil Platons "Staat" dort auf Deutsch gelesen wurde und sie keine Befugnis habe, über diesen Gegenstand überhaupt ein Seminar abzuhalten.[1] Blochmanns Schwerpunkte lagen in der Lehrerbildung, der Sozialpädagogik und der Vorschulerziehung. Mit Luise Berthold, Sprachforscherin von hohem wissenschaftlichen Ansehen und mit ihr als Ordinaria der zweite "weiße Elefant" an der Philosophischen Fakultät der Phillips-Universität in Marburg, verband sie in den letzten Lebensjahren Freundschaft. Diese "Mitstreiterin in der akademischen Männerwelt" (Froese) sagt in ihrem Nachruf: "Einzelheiten über die Mitarbeit von Frau Blochmann in der Fakultät erwähne ich

---

[1] Quelle: mündliche Mitteilung eines ehemaligen Assistenten.

nicht. Doch die Grundhaltung, die sie wie in aller ihrer Arbeit, so auch in der Fakultät gezeigt hat, muß herausgestellt werden. Es ist die Toleranz, zu deutsch Duldsamkeit ... Wirkliche Toleranz ist etwas, was Kraft und Liebe fordert ... Frau Blochmann hat die Kraft und Liebe durch ein langes Leben bewahrt. Wie nötig ist ein solches Verhalten gerade heute, gerade in diesen Zeitläufen! Wir alle sollten uns darin zu ihren Testamentsvollstreckern machen. Dann würde die Erzieherin noch über ihr Scheiden hinaus erziehen!" Seinen institutionellen Niederschlag fand diese Grundhaltung Elisabeth Blochmanns auch darin, daß sie sich in den letzten Lebensjahren maßgeblich für die Einrichtung einer psychosozialen Beratungsstelle für Studenten an der Universität Marburg einsetzte.

Das für Elisabeth Blochmann die eigene "Emanzipation" ein wissenschaftliches Thema war, ist ihrer Studie zur Mädchenbildung "'Das Frauenzimmer' und die 'Gelehrsamkeit'" zu entnehmen. Mit dieser Studie legte sie einen bemerkenswerten Versuch vor, die Frühphase der deutschen pädagogischen Klassik unter dem Aspekt der Geschlechterpolarität bildungstheoretisch zu erfassen. Sie hat die einzelnen Varianten der polaristischen Geschlechteranthropologie deutlich herausgearbeitet. Daß sie als Schülerin Herman Nohls selbst zunächst von einer ergänzungstheoretischen Bildungstheorie ausging, ist nicht erstaunlich. Erstaunlich ist jedoch ihr "Nachwort aus heutiger Sicht", in dem sie in durchaus unüblicher Form Mitte der 60er Jahre persönliche Hoffnungen und Wünsche für die Frauenbildung darlegt und aus "heutiger Sicht" bin ich versucht zu sagen, fast visionär eine neue Stärkung von Frauen in Wissenschaft und Bildung heraufziehen sieht.

In diesem Nachwort hat Blochmann ganz im Nohlschen lebensphilosophischen Verständnis und doch mit deutlichen Warnungen versehen, auf die Schwierigkeiten der Selbstdefinition von Frauen aufmerksam gemacht. "Die bloße Anpassung an den männlichen Maßstab oder die Übertreibung des rein Femininen sind aktuelle Gefahren" (S. 125). Die Studie ist im gleichen Jahr wie Betty Friedans "Der Weiblichkeitswahn" erschienen, ob Blochmann Friedans Arbeit zu dem Zeitpunkt schon kannte, läßt sich nicht mehr feststellen. Blochmann sieht es als pädagogische Aufgabe an, einen "neuen Typ der Frau", der sich abzuzeichnen beginnt, zu fördern, vor allem den "Unsichereren" zu einer Annäherung an einen solchen Typ zu verhelfen. In besonderer Weise gelte es Mädchen pädagogisch zu stützen, zur "Sicherung ihres immer noch von außen und innen bedrohten Selbstbewußtseins" beizutragen. Es ist immer noch die Geschlechteranthropologie der ersten Frauenbewegung, die sich auf das geistige Element der weiblichen Eigenart beruft, eine theoretische Konstruktion, die Blochmann aus ihrem pädagogisch lebensphilosophischen Herkommen nahegelegen hat.

In einem Aufsatz über "Die Krisis der Frauenbildung", in: Die Erziehung 1931, S. 429-433, hat sie in den 20er Jahren auf der Basis dieser theoretischen Annahmen Schlüsse gegen eine allgemeine intellektuelle Bildung von Mädchen gezogen, die in den 60er Jahren so nicht mehr von ihr vertreten werden. Gleich blieb jedoch die Grundannahme, daß "Frauen als Frauen in Familie und Gesellschaft auch heute etwas Besonderes beizusteuern haben" (Blochmann 1966, S. 124).

Nicht unerwähnt bleiben soll die Nohl-Biografie (1969), die Blochmann im Anschluß an die Mädchenbildungsstudie schrieb. Eine Arbeit, in der sie ihre enge Beziehung zu Nohl in wissenschaftlich-biografischer Form zu gestalten sucht. Im Anschluß an dieses Werk wandte sie sich wieder der Mädchenerziehung zu.

In dem bereits genannten Manuskript zur Geschichte der Mädchenbildung im 19. und 20. Jahrhundert versucht Blochmann den polaristischen, lebensphilosophischen Ansatz der Frauenbewegung zu transzendieren. Sie rezipierte die Arbeiten von Simone de Beauvoir, Alva Myrdal-Klein und Betty Friedan und kam dadurch zu einer Kritik der geschlechtlichen Arbeitsteilung, der patriarchalisch geprägten Technik, der ihr zugrunde liegenden Technologie und zu Ansätzen einer grundsätzlichen Patriarchatskritik. Sie hat dieses Manuskript nicht mehr beenden können und es drängt sich der Eindruck aus den Notizen zu diesem Thema, die unter der Überschrift "Morgengedanken" abgelegt sind, auf, daß sie selbst erschrocken war darüber, wo diese Gedanken hinführen könnten. Die intellektuelle Borniertheit der bürgerlichen Reformpädagogik war nicht leicht abzustreifen und die stickige Luft der 50er und frühen 60er Jahre wird ihr Übriges getan haben, diese Erkenntnisse zunächst zurückhaltend zu behandeln. So wurde beispielsweise Simone de Beauvoirs bahnbrechende Schrift "Das andere Geschlecht" in den 50er Jahren im Marburger Seminar von Elisabeth Blochmann im Giftschrank vor unsachgemäßer Benützung behütet. Sollte das Werk in Veranstaltungen zur Mädchenbildung von Studentinnen oder Studenten referiert werden, wurden diese aufgefordert, die psychoanalytischen sexualtheoretischen Überlegungen, die in dem Buch angestellt werden, in der Präsentation doch bitte zu vernachlässigen (mündliche Mitteilung).

Die Fragen, die Elisabeth Blochmann als Lebensfragen ebenso wie als bildungstheoretische stellte, sind bis heute nicht beantwortet. Pädagoginnen sind überwiegend im traditionellen Frauenbereich als Erzieherinnen, Sozialpädagoginnen und Lehrerinnen tätig. Wieweit ihre Tätigkeit spezifisch "weiblich" ist, in Blochmanns Worten, ob "Frauen als Frauen etwas Besonderes beizusteuern" haben, und ob es dieses zu fördern gilt, wird auch heute von Frauen noch immer unterschiedlich beantwortet.

Und selbst die Pädagoginnen, die Blochmanns Meinung teilen, trennen sich doch hart an der Frage: welches Besondere nun bei Mädchen pädagogisch gefördert werden soll oder ob es überhaupt gefördert werden soll. In dem Wunsch nach "starken Frauen" sind sich alle einig, worin Frauenstärke aber liegt, da gehen die Meinungen weit auseinander. Im Nachdenken dessen, was Elisabeth Blochmann gedacht hat, ertappe ich mich dabei, resignierend festzustellen: wir sind in unseren theoretischen Vorstellungen nicht so sehr viel weitergekommen. Den Gedankengang von Blochmann aus dem Nachwort aus heutiger Sicht möchte ich abschließend kommentierend weiterdenken: Blochmann schreibt: "Doch es bleibt eine Tatsache alltäglicher Erfahrung, daß Frauen in vielen Situationen anders reagieren als Männer, einerlei, ob dies historisch oder auch biologisch, das heißt durch die primären Erfahrungen des Geschlechts, mitbedingt ist. - Während Blochmann fortfährt: "Das geistige Element ist hier das Entscheidende, und auf ihm beruht der Ergänzungscharakter, der das gemeinsame Leben bereichert", also vorgeblich nicht-normativ sehr wohl normierend argumentiert, möchte ich sagen: Das Entscheidende ist, daß Männer nicht mehr darüber bestimmen, wie diese "unterschiedlichen Reaktionsweisen" von Frauen auszusehen haben. Ein "positiver Typ der neuen Frau" als pädagogische Zielvorstellung ließe sich nur dann konstruieren, wenn gleichberechtigte Entwicklungschancen für beide Geschlechter bestünden. Vorher muß eine pädagogisch verantwortbare Mädchenerziehung vor allem dafür sorgen, daß es für Mädchen Spielräume gibt, in denen sie so wenig wie möglich von "weiblichen" Idealvorstellungen geplagt und soviel wie möglich von "menschlichen" gefordert werden. Elisabeth Blochmann hat in ihren letzten Überlegungen zur Mädchenbildung, die sie nicht mehr veröffentlichen konnte, in ähnliche Richtung gedacht.

[Ich danke vor allem Benedicte Henke (1892-1987), Göttingen, deren Erinnerung an die lange Freundschaft mit Elisabeth Blochmann bis in die Göttinger Studienjahre zurückreichte, für die Anstrengung der Erzählung im Mai 1986. Otto Friedrich Bollnow, Tübingen; Leonhard Froese, Marburg; Carl-Ludwig Furck, Hamburg; Karl-Ernst Nipkow, Tübingen und Elisabeth Siegel, Osnabrück, haben mir für Gespräche zur Verfügung gestanden. Von Elisabeth Engelhardt wurden mir Fotos überlassen. Ihnen sei herzlich gedankt.]

Literatur

Bibliographien

Festgabe für Elisabeth Blochmann, Pädagogische Rundschau 1962, Heft 4.

Pädagogische Analysen und Reflexionen, Festschrift für Elisabeth Blochmann zum 75. Geburtstag, hrsg. von Peter Martin Roeder u.a.. Weinheim 1967.

Über Elisabeth Blochmann

Froese, Leonhard: Lebensbild, Marburger Gelehrte in der ersten Hälfte des 20. Jahrhunderts, hrsg. von Ingeborg Schnack. Marburg 1977, a.a.O.

Roeder, Peter Martin: Elisabeth Blochmann, Neue Sammlung 12/1972, S. 84-89.

Im Text zitierte Literatur

Blochmann, Elisabeth: Das "Frauenzimmer" und die "Gelehrsamkeit". Eine Studie über die Anfänge des Mädchenschulwesens in Deutschland. Heidelberg 1966.

dies.: Herman Nohl (1879-1960) in der pädagogischen Bewegung seiner Zeit. Göttingen 1969.

Halbritter, Maria: Schulreformpolitik in der britischen Zone. Karlsruhe 1977.

Kaiser, Astrid und Oubaid, Monika: Pädagoginnen der Gegenwart . Köln 1987.

Packschieß, Günter: Umerziehung in der britischen Zone. Weinheim 1979.

Weber, Marianne: Lebenserinnerungen. Bremen 1948.

Stichwortverzeichnis

Personenregister

Frauen in Geschichte und Gesellschaft
Herausgegeben von Annette Kuhn und Valentine Rothe

Gertrud Pfister (Hrsg.)
Zurück zur Mädchenschule?
Beiträge zur Koedukation
1988. Ca. 240 Seiten, br., zahlreiche Quellen,
ISBN 3-89085-226-2, 38,- DM

Bärbel Clemens
'Menschenrechte haben kein Geschlecht!'
Zum Politikverständnis der bürgerlichen Frauenbewegung
1988. 214 Seiten, br., ISBN 3-89085-227-0, 38,- DM

Elke Harten/Hans-Christian Harten
Frauen - Kultur - Revolution 1789-1799
Feminismus und Politik in der Französischen Revolution
1989. Ca. 250 Seiten, br., zahlreiche Abbildungen und
Quellen, ISBN 3-89085-257-2, 36,- DM

Ilse Brehmer (Hrsg.)
Mütterlichkeit als Profession?
Lebensläufe von deutschen Pädagoginnen in der
ersten Hälfte dieses Jahrhunderts
1989. Ca. 250 Seiten, br., ISBN 3-89085-258-0,
32,- DM

Ilse Brehmer/Karin Ehrich
Mütterlichkeit als Profession?
- Biographien -
1989. Ca. 250 Seiten, br., ISBN 3-89085-259-9,
32,- DM

Leonore Siegele-Wenschkewitz/
Gerda Stuchlik (Hrsg.)
Frauen und Faschismus in Europa
Der faschistische Körper
1989. Ca. 240 Seiten, br., zahlreiche Abbildungen,
ISBN 3-89085-254-8, 38,- DM

Irmgard Klönne
Mädchen und Frauen in der deutschen Jugendbewegung
Weibliche Selbstbefreiung von den Weiblichkeitsbildern
1989. Ca. 200 Seiten, br., ISBN 3-89085-264-5,
ca. 28,- DM

Régine Pernoud
Leben der Frauen im Hoch- und Spätmittelalter
aus dem Französischen von Claudia Opitz-Belakhal/
Roswitha Schmid
1989. Ca. 250 Seiten, br., ISBN 3-89085-265-3,
ca. 38,- DM

Ursula Aumüller-Roske (Hrsg.)
Frauenleben - Frauenbilder - Frauengeschichte
1988. Ca. 250 Seiten, br., ISBN 3-89085-277-7,
28,- DM

Ute Weinmann
Frauenbewegungen im Mittelalter
1989. Ca. 300 Seiten, br., ISBN 3-89085-278-5,
38,- DM

Marion Klewitz/Ulrike Schildmann/
Theresa Wobbe (Hrsg.)
Frauenberufe - hausarbeitsnah?
Zur Erziehungs-, Bildungs- und Versorgungsarbeit
von Frauen
1989. Ca. 300 Seiten, zahlreiche Abbildungen, br.,
ISBN 3-89085-325-0, ca. 28,- DM

Irmgard Roebling (Hrsg.)
Lulu, Lilith, Mona Lisa ...
Frauenbilder der Jahrhundertwende
1989. Ca. 250 Seiten, zahlreiche Abbildungen, br.,
ISBN 3-89085-318-8, 28,- DM

Arbeitsgemeinschaft interdisziplinäre Frauenforschung
und -studien (Hrsg.)
Frauenforschung und Kunst von Frauen
Feministische Beiträge zu einer Erneuerung von
Wissenschaft und Kunst

Teilband 1: "Das Verhältnis der Geschlechter", Katalog zur Ausstellung im BONNER KUNSTVEREIN,
1989. 148 Seiten, 11 Farb-, 87 s/w-Abbildungen,
ISBN 3-89085-319-6, 28,- DM

Teilband 2: Wissenschaftliche Ergebnisse des gleichnamigen Symposiums, 1989.
Ca. 250 Seiten, ISBN 3-89885-320-X, 38,- DM

(Beide Teilbände zusammen zum Vorzugspreis von
56,- DM, ISBN 3-89085-332-3)

Centaurus-Verlagsgesellschaft · Pfaffenweiler

Forum Frauengeschichte

Angelika Nowicki-Pastuschka
Frauen in der Reformation
Untersuchungen zum Verhalten von Frauen in den Reichsstädten Augsburg und Nürnberg zur reformatorischen Bewegung zwischen 1517 und 1537
Forum Frauengeschichte, Band 2, 1990. 167 Seiten, br., 28,- DM, ISBN 3-89085-322-6

Auf welche Weise unterstützten oder behinderten Frauen die reformatorische Bewegung? Welche Folgen hatte die Abkehr vom katholischen Glauben für Frauen? Warum wehrten sich Nonnen gegen Klosterauflösungen? Konnte die Forderung nach der 'Gleichheit von Frauen und Männern vor Gott' auf kirchlicher oder politischer Ebene umgesetzt werden? Diesen und ähnlichen Fragen geht die Arbeit anhand einer Fülle von Quellenmaterial nach und konstatiert als Ergebnis die Verschlechterung der Situation von Frauen durch die Reformation.

Kerstin Michalik
Der Marsch der Pariser Frauen nach Versailles am 5. und 6. Oktober 1789
Eine Studie zu weiblichen Partizipationsformen in der Frühphase der Französischen Revolution
Forum Frauengeschichte, Band 3, 1990. 175 Seiten, br., mit Abbildungen, 28,- DM, ISBN 3-89085-363-3

Der Marsch der Pariser Frauen nach Versailles ist als 'Brotmarsch' in die Geschichte der Revolution eingegangen. Der vorliegende Band untersucht die Oktobertage im Kontext der Entwicklung weiblicher Interventionsformen seit dem Beginn der Revolution und weist nach, daß die Versorgungsfrage zwar eine notwendige Bedingung für die massenhafte Mobilisierung von Frauen war, daneben aber auch politische Faktoren eine entscheidende Rolle spielten, was der Bewegung insgesamt eine neue Qualität verlieh.

Birgit Panke-Kochinke
Göttinger Professorenfamilien
Forum Frauengeschichte, Band 4, 436 Seiten, br., zahlreiche Abbildungen, ca. 48,- DM, ISBN 3-89085-382-X
(in Vorbereitung)

Am Beispiel der Göttinger Professorenfamilien im 18. und beginnenden 19. Jahrhundert unternimmt die Autorin eine fundierte historische Untersuchung der sozialen und ideologischen Determinanten weiblichen Lebenszusammenhanges. Dabei wird das Leben von Frauen in Haushalt, Familie, Ehe, Geselligkeit und Gesellschaft nicht isoliert betrachtet, sondern in seiner Verflechtung mit den sozialen Rahmenbedingungen, die sich über den Beruf des Mannes und die gesellschaftliche Position der Professorenfamilien in der Stadt Göttingen ergeben.

Centaurus-Verlagsgesellschaft Pfaffenweiler